영상강의 www.pmg.co.kr

박문
감정평가사

1차 ## 설민법
기본서

설신재 편저

감정평가사 6년 연속
전체수석/실무수석 합격자 배출

(2017년~2022년 박문각 서울법학원 온/오프 수강생 기준)

안녕하세요. 감정평가사를 준비하는 수험생 여러분!

2024년 제35회 감정평가사 시험을 대비한 민법 기본서는 다음과 같이 구성하였습니다.

1. 민법총칙

첫째, 기본에 충실하게 구성하였습니다. 시험의 출제범위에 포함된 법조문, 판례, 법률용어 등을 혼자서도 학습할 수 있도록 기본에 충실하였습니다.

둘째, 이해하기 어려운 판례를 도식화하여 이해하기 쉽게 편집하였습니다.

셋째, 시험의 50%가 출제되는 민법총칙은 고득점의 지름길로 여겨집니다. 어느 타 출판사의 교재에 비하여 수험생의 입장에서 간단하고 명료하게 시험에 출제되는 핵심요약만 수록하였습니다.

2. 물권법

첫째, 물권법의 출제비중도 50%로 출제되므로, 시험에 맞추어서 도식화 또는 요약화를 수험생의 입장에서 편집했습니다.

둘째, 어려운 물권법의 용어를 혼자서도 독학할 수 있도록 이해 위주로 편집하였습니다.

본 설민법 기본서만으로도 제35회 시험에서 민법 100점을 목표로 할 수 있도록 정성을 다하여 시험에 맞추어서 편집하였습니다.

여러분이 지금 접하고 있는 민법 기본서가 제35회 감정평가사 1차 시험의 합격에 초석이 되기를 바랍니다.

마지막으로 이 책을 출간할 수 있도록 도와주신 박문각 회장님 및 출판부 관계자님에게

감사드립니다.

설신재 배상

⊞ 감정평가사란?

감정평가란 토지 등의 경제적 가치를 판정하여 그 결과를 가액으로 표시하는 것을 말한다. 감정평가사(Certified Appraiser)는 부동산·동산을 포함하여 토지, 건물 등의 유무형의 재산에 대한 경제적 가치를 판정하여 그 결과를 가액으로 표시하는 전문직 업인으로 국토교통부에서 주관, 산업인력관리공단에서 시행하는 감정평가사시험에 합격한 사람으로 일정기간의 수습과정을 거친 후 공인되는 직업이다.

⊞ 시험과목 및 시험시간

가. 시험과목(감정평가 및 감정평가사에 관한 법률 시행령 제9조)

시험구분	시험과목
제1차 시험	❶ 「민법」 중 총칙, 물권에 관한 규정 ❷ 경제학원론 ❸ 부동산학원론 ❹ 감정평가관계법규(「국토의 계획 및 이용에 관한 법률」, 「건축법」, 「공간정보의 구축 및 관리 등에 관한 법률」 중 지적에 관한 규정, 「국유재산법」, 「도시 및 주거환경정비법」, 「부동산등기법」, 「감정평가 및 감정평가사에 관한 법률」, 「부동산 가격공시에 관한 법률」 및 「동산·채권 등의 담보에 관한 법률」) ❺ 회계학 ❻ 영어(영어시험성적 제출로 대체)
제2차 시험	❶ 감정평가실무 ❷ 감정평가이론 ❸ 감정평가 및 보상법규(「감정평가 및 감정평가사에 관한 법률」, 「공익사업을 위한 토지 등의 취득 및 보상에 관한 법률」, 「부동산 가격공시에 관한 법률」)

나. 과목별 시험시간

시험구분	교시	시험과목	입실완료	시험시간	시험방법
제1차 시험	1교시	❶ 민법(총칙, 물권) ❷ 경제학원론 ❸ 부동산학원론	09:00	09:30~11:30(120분)	객관식 5지 택일형
	2교시	❹ 감정평가관계법규 ❺ 회계학	11:50	12:00~13:20(80분)	

제2차 시험	1교시	❶ 감정평가실무	09:00	09:30~11:10(100분)	과목별 4문항 (주관식)
	중식시간 11:10 ~ 12:10(60분)				
	2교시	❷ 감정평가이론	12:10	12:30~14:10(100분)	
	휴식시간 14:10 ~ 14:30(20분)				
	3교시	❸ 감정평가 및 보상법규	14:30	14:40~16:20(100분)	

※ 시험과 관련하여 법률·회계처리기준 등을 적용하여 정답을 구하여야 하는 문제는 시험시행일 현재 시행 중인 법률·회계처리기준 등을 적용하여 그 정답을 구하여야 함

※ 회계학 과목의 경우 한국채택국제회계기준(K-IFRS)만 적용하여 출제

다. 출제영역 : 큐넷 감정평가사 홈페이지(www.Q-net.or.kr/site/value) 자료실 게재

ㅋ 응시자격 및 결격사유

가. 응시자격 : 없음

※ 단, 최종 합격자 발표일 기준, 감정평가 및 감정평가사에 관한 법률 제12조의 결격사유에 해당하는 사람 또는 같은 법 제16조 제1항에 따른 처분을 받은 날부터 5년이 지나지 아니한 사람은 시험에 응시할 수 없음

나. 결격사유(감정평가 및 감정평가사에 관한 법률 제12조, 2023.5.9. 개정)

다음 각 호의 어느 하나에 해당하는 사람

1. 파산선고를 받은 사람으로서 복권되지 아니한 사람
2. 금고 이상의 실형을 선고받고 그 집행이 종료(집행이 종료된 것으로 보는 경우를 포함한다)되거나 그 집행이 면제된 날부터 3년이 지나지 아니한 사람
3. 금고 이상의 형의 집행유예를 받고 그 유예기간이 만료된 날부터 1년이 지나지 아니한 사람
4. 금고 이상의 형의 선고유예를 받고 그 선고유예기간 중에 있는 사람
5. 제13조에 따라 감정평가사 자격이 취소된 후 3년이 지나지 아니한 사람. 다만 제6호에 해당하는 사람은 제외한다.
6. 제39조 제1항 제11호 및 제12호에 따라 자격이 취소된 후 5년이 지나지 아니한 사람

※ 이하 생략(공고문 참조)

CONTENTS_차례　PREFACE　GUIDE

PART 01 민법총칙

CONTENTS_차례

PART 02 물권법

CONTENTS_차례 PREFACE GUIDE

민법총칙

CHAPTER 01 통칙

제1조 법원(法源)

> 민사에 관하여 **법률에 규정**이 없으면 **관습법**에 의하고 관습법이 없으면 **조리**에 의한다.

1 '법원(法源)'이란 법의 존재형식, 법의 적용순서를 의미한다.

2 민법 제1조의 법률의 의미

(1) 민법 제1조의 "법률"은 형식적 의미의 법률(=고유한 의미의 법률로서 입법기관인 국회에서 제정한 법률)뿐만 아니라 실질적 의미의 법률(= 입법기관 또는 그 밖의 기관에서 제정한 모든 의미의 법률)를 의미한다.

(2) 법률에 해당하는 것들(법원에 해당하는 것들)

① 민법전
② 민법전 이외의 민사에 관한 법률(예를 들어 주택임대차보호법 등)
③ 대통령의 긴급재정명령
④ 행정기관에서 제정된 명령
⑤ 대법원규칙(등기규칙 등)
⑥ 자치법규(조례)
⑦ 국제조약, 국제법규, 국제연합협약
⑧ 헌법재판소의 결정
⑨ 공법규정 등

> 민사에 관한 것이라면 민법의 법원이 될 수 있다.

1. 우리나라가 가입한 <u>국제조약</u>은 일반적으로 민법이나 상법 또는 국제사법보다 <u>우선적</u>으로 적용된다(대판 2016.3.24, 2013다81514).
2. 헌법상의 기본권은 제1차적으로 개인의 자유로운 영역을 공권력의 침해로부터 보호하기 위한 방어적 권리이지만 다른 한편으로 헌법의 기본적인 결단인 객관적인 가치질서를 구체화한 것으로서, 사법(私法)을 포함한 모든 법 영역에 그 영향을 미치는 것이므로 사인간의 사적인 법률관계도 헌법상의 기본권 규정에 적합하게 규율되어야 한다. 다만 기본권 규정은 그 성질상 사법관계에 직접 적용될 수 있는 예외적인 것을 제외하고는 사법상의 일반원칙을 규정한 민법 제2조, 제103조, 제750조, 제751조 등의 내용을 형성하고 그 해석 기준이 되어 <u>간접적</u>으로 사법관계에 효력을 미치게 된다(대판 2010.4.22, 2008다38288 전합).

3 관습법

(1) 관습법과 사실인 관습의 차이(판례는 관습법과 사실인 관습을 엄격하게 구별한다)

구분	관습법	사실인 관습
의의	사회의 거듭된 관행으로서 생성한 사회생활규범이 사회의 법적 확신과 인식에 의하여 법적 규범으로 승인·강행되기에 이르른 것	사회의 관행에 의하여 발생한 사회생활규범인 점에서는 관습법과 같으나 사회의 법적 확신이나 인식에 의하여 법적 규범으로서 승인된 정도에 이르지 않은 것
효력 (역할의 차이)	<u>법령에 저촉되지 않는 한</u> 법령과 같은 효력	• 법령과 같은 효력은 없다 • 당사자의 의사를 보충하는 역할(제106조) • 법률행위의 해석의 기준(묵 → 사 → 임 → 신)
입증책임	• 법원에서 <u>직권</u>으로 고려 • 다만 **법원에서 알 수 없는 경우** 당사자가 주장, 입증	• **당사자가 주장, 입증** • 사실인 관습이 일종의 **경험칙**에 속한 경우 법원에서 직권으로 고려

(2) 관습법의 성립요건과 성립시기

① 관습법의 성립요건 = "오랜 관행 + 법적 확신"만 있으면 관습법으로 성립하고 법원의 판결은 관습법의 성립요건이 아니다.

② 관습법의 성립시기 – 법원의 판결 시가 아니라 법적 확신을 얻은 때로 소급하여 성립한다.

(3) 이미 성립한 관습법이더라도 ① 관습법이 전체 법질서에 부합하지 않거나, ② 헌법 정신에 부합하지 않거나, ③ 정당성과 합리성이 없거나, ④ 법적 확신이 흔들린다면 더 이상 관습법으로 효력을 인정할 수 없다.

---

1. [1] **관습법과 사실인 관습의 역할의 차이**

　　관습법이란 사회의 거듭된 관행으로 생성한 사회생활규범이 사회의 법적 확신과 인식에 의하여 법적 규범으로 승인·강행되기에 이르른 것을 말하고, 사실인 관습은 사회의 관행에 의하여 발생한 사회생활규범인 점에서 관습법과 같으나 사회의 법적 확신이나 인식에 의하여 법적 규범으로서 승인된 정도에 이르지 않은 것을 말하는바, <u>관습법은 바로 법원으로서 법령과 같은 효력을 갖는 관습으로서 법령에 저촉되지 않는 한</u> 법칙으로서의 효력이 있는 것이며, 이에 반하여 사실인 관습은 법령으로서의 효력이 없는 단순한 관행으로서 법률행위의 당사자의 의사를 보충함에 그치는 것이다.

　　[2] **관습법과 사실인 관습의 증명책임의 차이**

　　법령과 같은 효력을 갖는 <u>관습법</u>은 당사자의 주장 입증을 기다림이 없이 <u>법원이 직권으로 이를 확정</u>하여야 하고 <u>사실인 관습</u>은 그 존재를 <u>당사자가 주장·입증</u>하여야 하나, <u>관습</u>은 그 존부 자체도 명확하지 않을 뿐만 아니라 그 관습이 사회의 법적 확신이나 법적 인식에 의하여 법적 규범으로까지 승인되었는지의 여부를 가리기는 더욱 어려운 일이므로 법원이 이를 알 수 없는 경우 결국은 당사자가 이를 주장·입증할 필요가 있다.

[3] 사실인 관습의 기능

사실인 관습은 사적자치가 인정되는 분야, 즉 그 분야의 제정법이 주로 임의규정일 경우에는 법률행위의 해석기준으로서 또는 의사를 보충하는 기능으로서 이를 재판의 자료로 할 수 있을 것이나 이 이외의, 즉 그 분야의 제정법이 주로 강행규정일 경우에는 그 강행규정 자체에 결함이 있거나 강행규정 스스로가 관습에 따르도록 위임한 경우 등 이외에는 법적 효력을 부여할 수 없다(대판 1983.6.14, 80다3231).

2. 사실인 관습은 일종의 경험칙에 속하고 경험칙은 일종의 법칙이므로 이러한 경험칙의 유무를 판단함에 있어서는 당사자의 주장이나 입증에 구애됨이 없이 법관이 스스로 직권에 의하여 판단할 수 있다(대판 1976.7.13, 76다983).

3. [1] 관습법이 사회의 거듭된 관행으로 생성한 어떤 사회생활규범이 법적 규범으로 승인되기에 이르렀다고 하기 위하여는 헌법을 최상위 규범으로 하는 전체 법질서에 반하지 아니하는 것으로서 정당성과 합리성이 있다고 인정될 수 있는 것이어야 하고, 그렇지 아니한 사회생활규범은 비록 그것이 사회의 거듭된 관행으로 생성된 것이라고 할지라도 이를 법적 규범으로 삼아 관습법으로서의 효력을 인정할 수 없다.

[2] 사회의 거듭된 관행으로 생성된 사회생활규범이 관습법으로 승인되었다고 하더라도 사회 구성원들이 그러한 관행의 법적 구속력에 대하여 확신을 갖지 않게 되었다거나, 사회를 지배하는 기본적 이념이나 사회질서의 변화로 인하여 그러한 관습법을 적용하여야 할 시점에 있어서의 전체 법질서에 부합하지 않게 되었다면 그러한 관습법은 법적 규범으로서의 효력이 부정될 수밖에 없다.

[3] 종원의 자격을 성년 남자로만 제한하고 여성에게는 종원의 자격을 부여하지 않는 종래 관습에 대하여 (중략) 변화된 우리의 전체 법질서에 부합하지 아니하여 정당성과 합리성이 있다고 할 수 없으므로, 종중 구성원의 자격을 성년 남자만으로 제한하는 종래의 관습법은 이제 더 이상 법적 효력을 가질 수 없게 되었다(대판 2005.7.21, 2002다13850 전합).

(4) 관습법의 효력(보충적 효력, 판례)

① 원칙(보충적 효력) : 법률의 규정이 없는 경우에만 관습법을 적용시키고, 법률의 규정이 있으면 관습법을 적용시킬 수 없다.

② 예외(우선적 효력) : 다만 상관습법과 민법의 규정이 충돌하는 경우에는 상관습법이 민법의 규정보다 우선하여 적용된다.

가정의례준칙 제13조의 규정과 배치되는 관습법의 효력을 인정하는 것은 관습법의 제정법에 대한 열후적·보충적 성격에 비추어 민법 제1조의 취지에 어긋나는 것이다(대판 1983.6.14, 80다3231).

(5) 판례가 인정하는 관습법

① 관습법상의 법정지상권, 분묘기지권, 동산의 양도담보, 수목의 집단이나 미분리과실에 관한 명인방법 등이 판례가 인정한 관습법에 해당한다.
② 관습법으로도 (새로운) 물권을 창설할 수 있다(민법 제185조).

(6) 관습법이 아닌 것

부동산의 양도담보, 온천권, 관습법상의 통행권(사도통행권), 공원이용권 등은 관습법에 해당하지 않는다.

1. 장사법의 시행 전에 설치된 분묘에 대한 분묘기지권의 존립 근거가 위 법률의 시행으로 상실되었다고 볼 수 없다.
   그렇다면 타인 소유의 토지에 분묘를 설치한 경우에 20년간 평온, 공연하게 분묘의 기지를 점유하면 지상권과 유사한 관습상의 물권인 분묘기지권을 시효로 취득한다는 점은 오랜 세월 동안 지속되어 온 관습 또는 관행으로서 법적 규범으로 승인되어 왔고, 이러한 법적 규범이 장사법 시행일인 2001.1.13. 이전에 설치된 분묘에 관하여 현재까지 유지되고 있다고 보아야 한다(대판 2017.1.19, 2013다17292 전합).
2. **온천에 관한 권리**를 관습법상의 물권이라고 볼 수 없고 또한 온천수는 민법 제235조, 제236조 소정의 공용수 또는 생활상 필요한 용수에 해당하지 아니한다(대판 1970.5.26, 69다1239).
3. 관습상의 사도통행권 인정이 물권법정주의에 위배된다(대판 2002.2.26, 2001다64165).
4. (구)도시공원법상 근린공원으로 지정된 공원은 일반 주민들이 다른 사람의 공동 사용을 방해하지 않는 한 자유로이 이용할 수 있지만, 그러한 사정만으로 인근 주민들이 누구에게나 주장할 수 있는 공원이용권이라는 배타적인 권리를 취득하였다고는 할 수 없다(대결 1995.5.23, 94마2218).
5. **미등기 무허가건물의 양수인**이라 할지라도 그 소유권이전등기를 경료받지 않는 한 그 건물에 대한 소유권을 취득할 수 없고, 그러한 상태의 건물 양수인에게 소유권에 준하는 관습상의 물권이 있다고 볼 수도 없다(대판 2007.6.15, 2007다11347)

4 조리(=신의성실의 원칙)

(1) '조리'도 법원이다.

(2) 가치관등의 변천으로 기존 관습법의 효력이 부정되면 그 관습법에 의하여 규율되던 영역은 조리에 의하여 보충된다.

> 종중이란 공동선조의 분묘수호와 제사 및 종원 상호간의 친목 등을 목적으로 하여 구성되는 자연발생적인 종족집단이므로 종중의 이러한 목적과 본질에 비추어 볼 때 공동선조와 성과 본을 같이 하는 후손은 성별의 구별 없이 성년이 되면 당연히 그 구성원이 된다고 보는 것이 조리에 합당하다(대판 2005.7.21, 2002다1178 전합).

5 판례

(1) 대법원 판례는 법원이 아니다.

(2) 즉 상급심의 판단은 장래의 다른 사건을 재판함에 있어서 하급심을 기속하지 않는다.

(3) 상급법원 재판에서의 판단은 해당 사건에 관하여 하급심을 기속한다(법원조직법 제8조).

(4) 판결은 1차적으로 개별적인 사건에 법적인 해결을 부여하는 것을 지향하는 것이고, 대법원 판결에서의 추상적·일반적 법명제의 설시도 기본적으로 당해 사건의 해결을 염두에 두고 행하여지므로, 그 설시의 위와 같은 '의미'는 당해 사건의 사안과의 관련에서 이해되어야 한다(대판 2009.7.23, 2009재다516).

제2조　신의성실의 원칙

① 권리의 행사와 의무의 이행은 신의에 좇아 성실히 하여야 한다.
② 권리는 남용하지 못한다.

1 의의 및 특징

1. 추상적 규범	민법상의 신의성실의 원칙(신의칙이라고도 한다)은 법률관계의 당사자는 상대방의 이익을 배려하여 형평에 어긋나거나 신뢰를 저버리는 내용 또는 방법으로 권리를 행사하거나 의무를 이행하여서는 아니된다는 '**추상적 규범**'을 말한다.
2. 강행규정성	신의성실의 원칙에 위반여부는 <u>당사자의 주장이 없더라도</u> 법원에서 <u>직권으로 판단</u>할 수 있다.
	신의성실의 원칙(권리남용금지의 원칙)의 적용여부를 당사자의 약정으로 배제할 수 <u>**없다**</u>.
3. 보충성	① 원칙 : 강행규정을 위반한 법률행위를 한 사람이 스스로 그 무효를 주장하는 것이 신의칙에 위배되는 권리의 행사라는 이유로 이를 배척한다면 강행규정의 입법 취지를 몰각시키는 결과가 되므로 그러한 주장은 신의칙에 위배된다고 볼 수 없음이 원칙이다. ② 예외 : 다만 신의칙을 적용하기 위한 일반적인 요건을 갖추고 강행규정성에도 불구하고 신의칙을 우선하여 적용할 만한 특별한 사정이 있는 예외적인 경우에는 강행규정을 위반한 법률행위의 무효를 주장하는 것이 신의칙에 위배될 수 있다 (대판 2021.11.25, 2019다277157). ③ 단체협약 등 노사합의의 내용이 근로기준법의 강행규정을 위반하여 무효인 경우에, 그 무효를 주장하는 것이 신의칙에 위배되는 권리의 행사라는 이유로 이를 배척한다면, 강행규정으로 정한 입법 취지를 몰각시키는 결과가 될 것이므로, 그러한 주장은 신의칙에 위배된다고 볼 수 없음이 원칙이다. 그러나 <u>노사합의의 내용이 근로기준법의 강행규정을 위반</u>한다고 하여 그 노사합의의 무효 주장에 대하여 예외 없이 신의칙의 적용이 배제되는 것은 아니다. 위에서 본 신의칙을 적용하기 위한 일반적인 요건을 갖춤은 물론, 근로기준법의 강행규정성에도 불구하고 신의칙을 우선하여 적용하는 것을 수긍할만한 특별한 사정이 있는 <u>예외적인 경우에 한하여</u>, 그 <u>노사합의의 무효를 주장하는 것은</u> 신의칙에 위배되어 <u>허용될 수 없다</u>(대판 2019.2.14, 2015다217287).
	④ 법정대리인의 동의 없이 신용구매계약을 체결한 미성년자가 사후에 법정대리인의 동의 없음을 사유로 들어 이를 취소하는 것이 신의성실의 원칙에 위배된 것이라고 할 수 없다(대판 2007.11.16, 2005다71659).

4. 적용범위	① 사적 자치의 영역을 넘어 공공질서를 위하여 공익적 요구를 선행시켜야 할 경우 <u>합법성의 원칙은 신의성실의 원칙보다 우월</u>한 것이므로, 신의성실의 원칙은 합법성의 원칙을 희생하여서라도 구체적 신뢰보호의 필요성이 인정되는 경우에 한하여 예외적으로 적용된다(대판 2014.5.29, 2012다44518).
	② 신의칙은 비단 계약법의 영역에 한정하지 않고 <u>**모든 법률관계**</u>를 규제 지배하는 원리이다(대판 1983.5.24, 82다카1919).
	③ 신의성실의 원칙은 사법관계뿐만 아니라 공법관계에도 적용된다. 재산관계뿐만 아니라 신분관계에도 적용되고, 또한 채권관계뿐만 아니라 물권관계에도 적용된다.

2 신의성실의 원칙의 기능

(1) 신의성실의 원칙은 강행규정과 더불어 권리행사의 한계 또는 제한의 기능을 한다.

(2) 법률행위 해석의 기준이 된다.

(3) 권리의 발생·변경·소멸적 기능을 한다.

(4) 권리와 의무의 내용을 보다 구체화하는 기능을 한다.

> 1. <u>숙박계약</u>은 숙박업자가 고객에게 숙박을 할 수 있는 객실을 제공하여 고객으로 하여금 이를 사용할 수 있도록 하고 고객으로부터 그 대가를 받는 <u>일종의 일시사용을 위한 임대차계약</u>으로서 (중략) 더 나아가 고객에게 위험이 없는 안전하고 편안한 객실 및 관련 시설을 제공함으로써 고객의 안전을 배려하여야 할 보호의무를 부담하며 이러한 의무는 숙박계약의 특수성을 고려하여 <u>신의성실의 원칙상 인정되는 부수적인 의무</u>로서 숙박업자가 이를 위반하여 고객의 생명·신체를 침해하여 투숙객에게 손해를 입힌 경우 <u>불완전이행으로 인한 채무불이행책임을 부담</u>한다(대판 2000.11.24, 2000다38718·38725).
> 2. 환자가 병원에 입원하여 치료를 받는 경우에 있어서, 병원은 진료뿐만 아니라 환자에 대한 숙식의 제공을 비롯하여 간호, 보호 등 입원에 따른 포괄적 채무를 지는 것인 만큼, 병원은 병실에의 출입자를 통제·감독하든가 그것이 불가능하다면 최소한 입원환자에게 휴대품을 안전하게 보관할 수 있는 시정장치가 있는 사물함을 제공하는 등으로 입원환자의 휴대품 등의 도난을 방지함에 필요한 적절한 조치를 강구하여 줄 <u>신의칙상의 보호의무</u>가 있다(대판 2003.4.11, 2002다63275).
> 3. 부동산 거래에 있어 거래 상대방이 일정한 사정에 관한 고지를 받았더라면 그 거래를 하지 않았을 것임이 경험칙상 명백한 경우에는 신의성실의 원칙상 사전에 상대방에게 그와 같은 사정을 고지할 의무가 있으며, 그와 같은 고지의무의 대상이 되는 것은 <u>직접적인 법령의 규정</u>뿐 아니라 널리 <u>계약상, 관습상 또는 조리상의 일반원칙</u>에 의하여도 인정될 수 있다(대판 2006.10.12, 2004다48515).

4. 아파트 분양자는 아파트 단지 인근에 공동묘지가 조성되어 있는 사실을 수분양자에게 고지할 신의칙상의 의무가 있다(대판 2007.6.1, 2005다5843).

5. 유효하게 성립한 계약상의 책임을 공평의 이념 또는 신의칙과 같은 일반원칙에 의하여 제한하는 것은 사적 자치의 원칙이나 법적 안정성에 대한 중대한 위협이 될 수 있으므로, 채권자가 유효하게 성립한 계약에 따른 급부의 이행을 청구하는 때에 법원이 <u>급부의 일부를 감축</u>하는 것은 원칙적으로 허용되지 않는다(대판 2016.12.1, 2016다240543).

3 모순행위금지의 원칙(=금반언(禁反言)의 원칙)

(1) 농지의 명의수탁자가 적극적으로 농가이거나 자경의사가 있는 것처럼 하여 소재지관서의 증명을 받아 그 명의로 소유권이전등기를 마치고 그 농지에 관한 소유자로 행세하면서, 한편으로 증여세 등의 부과를 면하기 위하여 농가도 아니고 자경의사도 없었음을 들어 (구)농지개혁법에 저촉되기 때문에 그 등기가 무효라고 주장함은 전에 스스로 한 행위와 모순되는 행위를 하는 것으로 자기에게 유리한 법 지위를 악용하려 함에 지나지 아니하므로 이는 신의성실의 원칙이나 반금언의 원칙에 위배되는 행위로서 법률상 용납될 수 없다(대판 1990.7.24, 89누8224).

(2) 근저당권자가 담보로 제공된 건물에 대한 담보가치를 조사할 당시 대항력을 갖춘 임차인이 그 임대차 사실을 부인하고 임차보증금에 대한 권리주장을 않겠다는 내용의 확인서를 작성해 준 경우, 그 후 그 건물에 대한 경매절차에서 이를 번복하여 대항력 있는 임대차의 존재를 주장함과 아울러 근저당권자보다 우선적 지위를 가지는 확정일부 임차인임을 주장하여 그 임차보증금반환채권에 대한 배당요구를 하는 것은 특별한 사정이 없는 한 금반언 및 신의성실의 원칙에 위반되어 허용될 수 없다(대판 1997.6.27, 97다12211).

(3) 자신의 친딸로 하여금 그 소유의 대지상에 건물을 신축하도록 승낙한 자가 위 건물이 친딸의 채권자에 의한 강제경매신청에 따라 경락되자 경락인에 대하여 그 철거를 구하는 행위는 신의성실의 원칙에 위배된다(대판 1991.6.11, 91다9299).

(4) 취득시효완성 후에 그 사실을 모르고 당해 토지에 관하여 어떠한 권리도 주장하지 않기로 하였다 하더라도 이에 반하여 시효주장을 하는 것은 특별한 사정이 없는 한 신의성실의 원칙상 허용되지 않는다(대판 1998.5.22, 96다24101).

(5) 대리권한 없이 타인의 부동산을 매도한 자가 그 부동산을 상속한 후 소유자의 지위에서 자신의 대리행위가 무권대리이므로 무효임을 주장하여 등기말소 등을 구하는 것은 금반언의 원칙이나 신의성실의 원칙에 반하여 허용될 수 없다(대판 1994.9.27, 94다20617).

(6) 근로자가 사직원의 작성·제출이 자신이 아닌 그의 형에 의하여 이루어졌음을 이유로 의원면직의 무효확인을 구하는 사안에서, 근로자의 형이 사직원을 제출하게 된 경위 및 근로자가 아무런 이의 없이 퇴직금을 수령한 점 등 제반 사정에 비추어 볼 때, 의원면직일로부터 5년여가 경과한

후에 위와 같은 소를 제기하는 것은 신의성실의 원칙 내지 금반언의 원칙에 반하는 것으로서 부적법하다(대판 2005.10.28, 2005다45827).

(7) 상속인 중의 1인이 피상속인의 생존 시에 피상속인에 대하여 상속을 포기하기로 약정하였다고 하더라도, 상속개시 후 민법이 정하는 절차와 방식에 따라 상속포기를 하지 아니한 이상, 상속개시 후에 자신의 상속권을 주장하는 것은 정당한 권리행사로서 권리남용에 해당하거나 또는 신의성실의 원칙에 반하는 권리의 행사라고 할 수 없다(대판 1998.7.24, 98다9021).

4 실효(失效)의 원칙

(1) '실효의 원칙'이란 권리자가 권리행사의 기회가 있었음에도 불구하고 장기간 권리행사를 하지 않은 결과로 의무자가 더 이상 권리자가 권리행사를 하지 않을 것이라고 믿을 만한 정당한 기대를 가지고 이에 따라 신뢰를 하였는데, 후에 권리자가 권리주장을 한다면 이 권리주장은 신의성실의 원칙에 위배되어 권리행사의 효력이 발생하지 않는다는 원칙을 의미한다.

(2) 실효의 원칙을 적용하기 위한 요건
① 권리자의 권리 불행사 + 상대방의 신뢰
② 따라서 권리자가 권리를 장기간에 걸쳐 권리를 행사하지 않았다는 사실만으로는 곧바로 실효의 원칙이 적용될 수 없다.

(3) 실효의 원칙은 소멸시효 제도의 불완전성을 보완하는 기능이 있다. 형성권, 소유권 등은 소멸시효에는 걸리지 않지만, 실효의 원칙이 적용되어 소멸될 수 있다.

(4) 관련판례
① 일반적으로 권리의 행사는 신의에 좇아 성실히 하여야 하고 권리는 남용하지 못하는 것이므로 권리자가 실제로 권리를 행사할 수 있는 기회가 있었음에도 불구하고 상당한 기간이 경과하도록 권리를 행사하지 아니하여 의무자인 상대방으로서도 이제는 권리자가 권리를 행사하지 아니할 것으로 신뢰할 만한 정당한 기대를 가지게 된 다음에 새삼스럽게 그 권리를 행사하는 것이 법질서 전체를 지배하는 신의성실의 원칙에 위반하는 것으로 인정되는 결과가 될 때에는 이른바 실효의 원칙에 따라 그 권리의 행사가 허용되지 않는다(대판 2005.10.28, 2005다45827).
② 회사의 자신에 대한 징계면직처분에 대하여 재심청구를 하였으나 기각되자 회사가 자신의 급여구좌에 입금한 해고예고수당을 반환하기 위하여 이를 공탁까지 하였다가 그 후 아무런 이의 없이 회사로부터 퇴직금을 수령하고 그 후로는 부당노동행위구제신청을 하는 등으로 징계면직처분을 다툼이 없이 다른 생업에 종사하여 오다가 징계면직일로부터 2년 10개월 가량이 경과한 후 제기한 <u>해고무효확인의 소</u>는 노동분쟁의 신속한 해결이라는 요청과 신의성실의 원칙 및 실효의 원칙에 비추어 <u>허용될 수 없다</u>(대판 1996.11.26, 95다49004).

③ 종전 토지소유자가 자신의 권리를 행사하지 않았다는 사정은 그 토지의 소유권을 적법하게 취득한 새로운 권리자에게 실효의 원칙을 적용함에 있어서 고려하여야 할 것은 아니다(대판 1995.8.25, 94다27069).

④ 토지소유자가 그 점유자에 대하여 부당이득반환청구권을 장기간 적극적으로 행사하지 아니하였다는 사정만으로는 부당이득반환청구권이 이른바 실효의 원칙에 따라 소멸하였다고 볼 수 없다(대판 2002.1.8, 2001다60019).

⑤ 항소권과 같은 소송법상의 권리에도 실효의 법리가 적용될 수 있다(대판 1996.7.30, 94다51840).

⑥ **인지청구권**은 본인의 일신전속적인 신분관계상의 권리로서 포기할 수도 없으며 포기하였더라도 그 효력이 발생할 수 없는 것이고, 이와 같이 인지청구권의 포기가 허용되지 않는 이상 거기에 실효의 법리가 적용될 여지도 없다(대판 2001.11.27, 2001므1353).

5 사정변경의 원칙

(1) '사정변경의 원칙'이란 법률관계의 당사자가 행위할 당시에 예견할 수 없었던 사정의 변경이 발생하였을 경우, 행위 당시의 행위를 요구한다면 오히려 당사자에게 부당한 결과가 발생할 수 있으므로 신의성실의 원칙에 입각하여 당사자 상대방에게 행위의 내용을 변경할 수 있도록 하거나 계약을 해지 또는 해제할 수 있도록 하여야 한다는 원칙을 말한다.

(2) 민법은 사정변경의 원칙에 대해서 일반적인 규정은 없고 필요한 경우에 개별적으로 규정하고 있다(제286조, 제312조의2, 제627조, 제628조 등).

(3) 판례의 태도

① 현재 판례는 (일시적) 계약에 대해서는 사정변경의 원칙을 적용함에 부정적인 태도를 보인다.
② 다만, 보증계약과 같은 계속적 계약의 경우에는 사정변경의 원칙을 적용하여 해지할 수 있다고 한다.

(4) 관련판례

① 이른바 사정변경으로 인한 계약해제는, 계약성립 당시 당사자가 예견할 수 없었던 현저한 사정의 변경이 발생하였고 그러한 사정의 변경이 해제권을 취득하는 당사자에게 책임 없는 사유로 생긴 것으로서, 계약내용대로의 구속력을 인정한다면 신의칙에 현저히 반하는 결과가 생기는 경우에 계약준수 원칙의 예외로서 인정되는 것이고, 여기에서 말하는 사정이라 함은 계약의 기초가 되었던 객관적인 사정으로서, 일방당사자의 주관적 또는 개인적인 사정을 의미하는 것은 아니다. 또한, 계약의 성립에 기초가 되지 아니한 사정이 그 후 변경되어 일방당사자가 계약 당시 의도한 계약목적을 달성할 수 없게 됨으로써 손해를 입게 되었다 하더라도 특별한 사정이 없는 한 그 계약내용의 효력을 그대로 유지하는 것이 신의칙에 반한다고 볼 수도 없다(대판 2007.3.29, 2004다31302).

② 매매계약체결 후 9년이 지났고 시가가 올랐다는 사정만으로 계약을 해제할 만한 사정변경이 있다고 볼 수 없고, 매수인의 소유권 이전등기 절차이행 청구가 신의칙에 위배된다고도 할 수 없다(대판 1991.2.26, 90다19664).

③ 계속적 거래관계로 인하여 발생하는 <u>불확정한 채무를 보증하기 위한 이른바 계속적 보증에 있어서는 (중략) 그 보증계약을 일방적으로 해지할 수 있다</u>(대판 2000.3.10, 99다61750).

④ 회사의 이사가 <u>채무액과 변제기가 특정되어 있는 회사 채무</u>에 대하여 보증계약을 체결한 경우에는 계속적 보증이나 포괄근보증의 경우와는 달리 이사직 사임이라는 사정변경을 이유로 보증인인 이사가 일방적으로 보증계약을 <u>해지할 수 없다</u>(대판 2006.7.4, 2004다30675).

⑤ 임대차계약에 있어서 차임불증액의 특약이 있더라도 그 약정 후 그 특약을 그대로 유지시키는 것이 신의칙에 반한다고 인정될 정도의 사정변경이 있다고 보여지는 경우에는 형평의 원칙상 임대인에게 차임증액청구를 인정하여야 한다(대판 1996.11.12, 96다34061).

⑥ 채권자와 채무자 사이에 계속적인 거래관계에서 발생하는 불확정한 채무를 보증하는 이른바 계속적 보증의 경우뿐만 아니라 <u>특정채무를 보증하는 일반보증의 경우</u>에 있어서도, 채권자의 권리행사가 신의칙에 비추어 용납할 수 없는 것인 때에는 보증인의 책임을 제한하는 것이 예외적으로 허용될 수 있을 것이나, 일단 유효하게 성립한 보증계약에 따른 책임을 신의칙과 같은 일반원칙에 의하여 제한하는 것은 자칫하면 사적 자치의 원칙이나 법적 안정성에 대한 중대한 위협이 될 수 있으므로 신중을 기하여 극히 예외적으로 인정하여야 한다(대판 2013.7.12, 2011다66252).

⑦ 경제상황 등의 변동으로 당사자에게 손해가 생기더라도 합리적인 사람의 입장에서 사정변경을 예견할 수 있었다면 사정변경을 이유로 계약을 해제할 수 없다(대판 2017.6.8, 2016다249557).

6 권리남용 금지의 원칙

(1) 성립요건

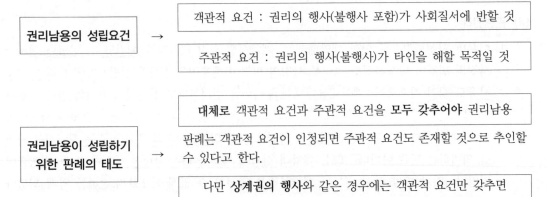

(2) 권리남용의 효과

① 권리의 행사(불행사)가 권리남용에 해당하더라도 권리 그 자체가 소멸하는 것은 아니다. 예를 들어서 건물의 철거청구가 권리남용에 해당하더라도 토지소유자의 토지불법점유자에 대한 지료상당의 손해배상청구권 또는 부당이득반환청구권까지 배제되는 것은 아니다.

② 다만 일정한 경우(친권이 남용된 경우)에는 권리 자체가 소멸하는 경우도 있다.

(3) 관련판례

① 권리의 행사가 주관적으로 오직 상대방에게 고통을 주고 손해를 입히려는 데 있을 뿐 이를 행사하는 사람에게는 아무런 이익이 없고, 객관적으로 사회질서에 위반된다고 볼 수 있으면, 그 권리의 행사는 권리남용으로서 허용되지 아니하고, 그 권리의 행사가 상대방에게 고통이나 손해를 주기 위한 것이라는 주관적 요건은 권리자의 정당한 이익을 결여한 권리행사로 보여지는 객관적인 사정에 의하여 <u>추인</u>할 수 있으며, 어느 권리행사가 권리남용이 되는가의 여부는 개별적이고 구체적인 사안에 따라 판단되어야 한다(대판 2003.11.27, 2003다40422).

② 비록 그 권리의 행사에 의하여 권리행사자가 얻는 이익보다 상대방이 입을 손해가 크다고 하여도 그러한 사정만으로는 이를 권리남용이라고 할 수 없다(대판 2006.11.23, 2004다44285).

③ <u>동시이행의 항변권의 행사</u>가 주로 자기 채무의 이행만을 회피하기 위한 수단이라고 보여지는 경우에는 그 항변권의 행사는 권리남용으로서 배척되어야 할 것이다(대판 2001.9.18, 2001다9304).

④ 상계제도의 목적이나 기능을 일탈하고, 법적으로 보호받을 만한 가치가 없는 경우에는, 그 <u>상계권의 행사</u>는 신의성실의 원칙에 반하거나 상계에 관한 권리를 남용하는 것으로서 허용되지 않는다고 함이 상당하고, 상계권 행사를 제한하는 위와 같은 근거에 비추어 볼 때 일반적인 권리남용의 경우에 요구되는 <u>주관적 요건을 필요로 하는 것은 아니다</u>(대판 2003.4.11, 2002다59481).

⑤ 채무자의 소멸시효를 이유로 한 항변권의 행사도 민법의 대원칙인 신의성실의 원칙과 권리남용금지의 원칙의 지배를 받는 것이어서 채권자가 권리를 행사할 수 없는 객관적 장애사유가 있었다면 채무자가 소멸시효완성을 주장하는 것은 신의성실원칙에 반하는 권리남용으로 허용될 수 없다(대판 2013.12.26, 2013다212646).

⑥ 소유권에 기한 물권적 청구권(건물철거청구)
소송을 통하여 이루려는 목적 및 침범된 부분의 면적과 침범건축물의 형태 등에 비추어 토지소유자가 침범부분의 토지에 대한 부당이득을 구함은 별론으로 하고 그 소유권에 기하여 침범된 건축물의 철거와 그 부분 토지의 인도를 구하는 것은 권리남용에 해당한다(대판 1992.7.28, 92다16911).

⑦ 어떤 토지가 개설경위를 불문하고 일반 공중의 통행에 공용되는 도로, 즉 공로가 되면 그 부지의 소유권 행사는 제약을 받게 되며, 이는 소유자가 수인하여야만 하는 재산권의 사회적 제약에 해당한다. 따라서 공로 부지의 소유자가 이를 점유·관리하는 지방자치단체를 상대

로 공로로 제공된 도로의 철거, 점유 이전 또는 통행금지를 청구하는 것은 법질서상 원칙적으로 허용될 수 없는 '권리남용'이라고 보아야 한다(대판 2021.10.14, 2021다242154).

⑧ 외국에 이민을 가 있어 주택에 입주하지 않으면 안 될 급박한 사정이 없는 딸이 고령과 지병으로 고통을 겪고 있는 상태에서 달리 마땅한 거처도 없는 아버지와 그를 부양하면서 동거하고 있는 남동생을 상대로 자기소유 주택의 명도 및 퇴거를 청구하는 행위는 인륜에 반하는 행위로서 권리남용에 해당한다(대판 1998.6.12, 96다52670).

⑨ 신축 중인 건물부지를 경락받은 자가 완공된 건물의 철거를 구하는 것은 권리남용에 해당하지 않는다(대판 2002.2.14, 2002다62319).

⑩ 국가에게 국민을 보호할 의무가 있다는 사유만으로 국가가 소멸시효의 완성을 주장하는 것 자체가 신의성실의 원칙에 반하여 권리남용에 해당한다고 할 수 없다(대판 2005.5.13, 2004다71881).

⬚ 법률관계

1 법률관계

(1) '법률관계'란 인간의 사회생활관계 가운데 법에 의하여 규율되는 생활관계를 의미한다. 보편적으로 법률관계는 권리와 의무의 관계를 의미한다.

(2) 호의관계와의 구별

① 호의관계란 인간관계 중에서 법적으로 구속받으려는 의사 없이 행하여진 생활관계를 의미한다.

② 호의관계는 법률관계가 아니므로 이행청구권, 손해배상청구권 등이 발생하지 않는다.

③ 판례는 호의동승(=무상동승)의 경우에 상대방에게 손해가 발생하는 경우에는 예외적으로 법률관계화된다고 한다. 이 경우 상대방에게 과실이 있는 경우 '자초한 손해' 등의 표현을 통해 과실상계의 법리를 적용하여 운전자의 책임을 경감하고 있다.

> 1. 피해자가 사고차량에 무상으로 동승하다가 사고를 당한 경우 운행의 목적, 호의동승자와 운행자와의 인적 관계, 피해자의 동승경위 등 제반 사정에 비추어 사고차량의 운전자에게 일반의 교통사고와 같은 책임을 지우는 것이 매우 불합리한 것으로 인정되는 경우에는 그 배상액을 감경할 사유로 삼을 수 있으나 사고차량에 단순히 호의로 동승하였다는 사실만으로 그 감경사유로 삼을 수는 없다(대판 1991.3.27, 90다13284).
>
> 2. 차량에 무상으로 동승하였다고 하더라도 그와 같은 사실만으로 운전자에게 안전운행을 촉구하여야 할 주의의무가 있다고는 할 수 없다(대판 1999.2.9, 98다53141).

2 권리의 종류

(1) 내용에 따른 분류

① 인격권

② 재산권

③ 신분권(가족권)

④ 사원권

> 인격권은 그 성질상 일단 침해된 후의 구제수단(금전배상이나 명예회복 처분 등)만으로는 그 피해의 완전한 회복이 어렵고 손해전보의 실효성을 기대하기 어려우므로 <u>인격권 침해에 대하여는 사전(예방적)구제수단으로 침해행위정지·방지 등의 금지청구권도 인정된다</u>(대판 1997.10.24, 93다40614).

(2) 효력(작용)에 따른 분류

① 지배권

② 청구권

    ㉠ 청구권은 주로 채권에서 발생하는 채권적 청구권이지만, 물권에서도 발생할 수 있고, 그 밖의 권리 등에서 발생할 수 있다. 즉 청구권은 채권에서만 발생하는 것은 아니다.

    ㉡ 채권과 청구권은 동일한 개념은 아니다.

③ 형성권(形成權)

    ㉠ 형성권이란 권리자의 일방적 의사표시에 의하여 법률관계의 변동(=권리의 발생, 변경, 소멸 등)이 일어나게 하는 권리를 의미한다.

    ㉡ 형성권의 행사에는 원칙적으로 조건이나 기한을 붙일 수 없다.

    ㉢ 형성권의 행사기간은 소멸시효가 아니라 제척기간의 대상이다.

    ㉣ 형성권의 종류

        ⓐ 일방적 의사표시만으로도 효력이 생기는 형성권

            - 동의권, 취소권, 추인권, 계약의 해제권, 해지권, 상계권, 일방예약완결권 등

        ⓑ 법원의 판결에 의하여만 효력이 생기는 형성권(=<u>반드시 재판상 행사하여야 하는 또는 소를 제기하여야 하는 권리</u>)

            - 채권자취소권, 입양취소권, 친생부인권, 재판상이혼권 등

        ⓒ 명칭은 ○○○청구권이지만 실질은 형성권에 속하는 권리

            - 공유물분할청구권, 지상물매수청구권, 지료증감청구권, 지상권소멸청구권, 전세권소멸청구권, 부속물매수청구권 등

④ 항변권(抗辯權)

    ㉠ 항변권이란 상대방의 청구권의 행사에 대하여 급부하기를 거절할 수 있는 권리를 의미한다.

     ⓒ 항변권은 상대방의 권리를 소멸시키거나 부정하는 권리가 아니라 상대방의 권리행사의
       작용을 일시적 또는 영구적으로 저지할 수 있는 권리를 의미한다.

     ⓒ 항변권은 소송에서 권리자의 원용이 없으면 법원에서 직권으로 고려할 수 없다.

     ⓔ 종류

        ⓐ **연기적 항변권(원칙)** : 동시이행의 항변권, 보증인의 최고·검색의 항변권

        ⓑ **영구적 항변권(예외)** : 상속인의 한정승인의 항변권, 소멸시효완성에 따른 항변권

(3) 기타 분류

  ① 절대권과 상대권

  ② 일신전속권(一身專屬權)과 비전속권

     ㉠ 일신전속권의 종류

        ⓐ 귀속상의 일신전속권 – 타인에게 양도 또는 상속할 수 없는 권리

        ⓑ 행사상의 일신전속권 – 타인이 대리 또는 대위할 수 없는 권리

        ⓒ 귀속상의 일신전속권과 행사상의 일신전속권은 대부분은 일치하지만, 반드시 일치하
         는 것은 아니다. 예를 들어 위자료청구권은 행사상의 일신전속권에 속하지만 상속될
         수 있다는 점에서 귀속상의 일신전속권은 아니다.

     ㉡ 비전속권

       양도, 상속, 대리, 대위할 수 있는 권리로서 대부분의 권리는 여기에 속한다.

  ③ 주된 권리와 종된 권리

     ㉠ 건물의 소유권이 주된 권리에 속하고, 토지의 지상권(또는 임차권)이 종된 권리에 속한다.

     ㉡ 구분건물의 소유권이 주된 권리에 속하고, 대지사용권이 종된 권리이다.

     ㉢ 원본채권이 주된 권리이고, 이자채권이 원본채권의 종된 권리이다.

     ㉣ 주된 권리가 시효로 인하여 소멸하면 종된 권리도 시효로 소멸한다.

  ④ 기대권과 기성권

     ㉠ 기대권이란 조건부 권리 또는 기한부 권리처럼 장래에 요건이 충족되면 권리를 취득할
       수 있는 상태에 대하여 법이 보호를 해주는 권리를 의미한다.

     ㉡ 기대권도 기성권처럼 처분, 상속, 보존, 담보로 할 수 있다.

3 권리의 충돌(衝突)과 권리의 경합(競合)

(1) 권리의 충돌

  ① 권리의 충돌이란 동일한 객체에 대하여 수개의 권리가 존재하여 모든 권리를 만족시킬 수
    없는 경우에, 어느 권리를 우선할 것인지를 정하는 것을 의미한다.

  ② 소유권과 제한물권이 충돌하는 경우에는 성질상 제한물권이 소유권에 우선한다.

  ③ 제한물권과 제한물권이 충돌하는 경우에는 먼저 성립한(등기된) 제한물권이 우선한다.

④ 채권과 채권이 충돌하는 경우에는 성립의 선후를 불문하고 원칙적으로 채권자평등주의이다. 다만 채권자평등주의의 원칙이 적용되는 경우는 파산과 경매의 경우이고, 실무에서는 선행주의이다.

⑤ 물권과 채권이 충돌하는 경우

   ㉠ 원칙 : 성립의 시간적 선후에 관계없이 물권이 채권에 우선한다(매매는 임대차를 깨뜨린다).

   ㉡ 예외 : 채권이 물권보다 우선하는 경우

      ⓐ 성립순서에 의하여 채권이 물권보다 우선하는 경우

         – 임차권은 채권이지만 등기된 임차권이나 대항력 있는 임차권의 경우 먼저 성립한 채권이 후에 성립한 물권보다 우선한다.

      ⓑ 성립순서에 관계없이 항상 채권이 물권보다 우선하는 경우

         – 근로자의 임금우선채권, 임대차에서 소액보증금에 대한 우선특권 등은 성립순서와 관계없이 채권이 물권보다 우선한다.

(2) 권리의 경합과 법규의 경합

① 권리의 경합이란 동일한 당사자 사이에 하나의 사실이 둘 이상의 법규가 정하는 요건을 충족시켜서 두 개 이상의 권리가 발생하는 경우에 선택적으로 권리를 행사할 수 있는 경우를 의미한다.

   ㉠ 자신의 소유의 물건을 타인에게 임대한 경우 임대차계약이 종료되면 임대인은 임대차계약상의 채권적 반환청구권을 행사할 수도 있고, 소유권에 기한 반환청구권을 행사할 수 있는데, 이를 권리의 경합이라고 한다.

   ㉡ 권리의 경합에서 권리자가 하나의 권리를 행사하여 만족을 얻으면 행사하지 않는 다른 권리는 소멸한다.

② 법규의 경합이란 동일한 사실이 둘 이상의 법규의 요건을 충족시켜서 두 개 이상의 권리가 발생하는 경우처럼 보이지만 일반법과 특별법의 관계(특별법은 일반법에 우선한다)처럼 선택할 수 없고 하나의 권리만 행사할 수 있음을 의미한다.

   ㉠ 공무원이 직무수행과 관련하여 고의 또는 과실로 타인에게 손해를 가한 경우, 피해자는 국가배상법(특별법)에 의하여 손해배상을 청구할 수 있고 또는 민법(일반법)상 손해배상을 청구할 수도 있는데, 이 경우 국가배상법에 의한 손해배상청구권만 행사할 수 있다.

   ㉡ 자동차 운행으로 인한 사고에 대해서도 자동차손해배상 보장법이 민법에 우선하여 적용된다.

CHAPTER 02 자연인

📑 민법상 능력

구분	권리능력	의사능력	행위능력	책임능력
민법의 규정여부	민법 제3조(강행규정)	규정 **없음** (**제한능력규정 유추 적용**)	민법 제5조 이하 (강행규정)	민법 제750조 이하
판단기준	획일적, 객관적 기준 (생존)	**구체적** 법률행위와 관련하여 **개별적**으로 판단	획일적, 객관적 기준으로 판단 (연령, 법원의 선고)	구체적, 개별적 판단

1 권리능력(權利能力)

> **제3조** **권리능력의 존속기간**
>
> 사람은 생존하는 동안 권리와 의무의 주체가 된다.

(1) 민법상 권리능력의 주체는 원칙적으로 자연인과 법인이다.

　① 다만 예외적으로 태아에게도 일정한 경우에는 권리능력이 인정된다.

　② 종중, 교회 등 설립등기가 되어 있지 않은 법인 아닌 사단(=비법인사단)에게는 권리능력이 인정되지 않는다.

　③ 조합은 구성원 사이의 일종의 계약관계를 의미하므로, 조합에는 권리능력이 인정되지 않는다.

(2) **권리능력의 취득과 소멸**

　① 자연인의 권리능력은 출생에 의하여 취득하고, 사망에 의하여 소멸한다(**출생신고, 사망신고**는 보고적 신고에 불과하므로, 출생신고에 의하여 권리능력을 취득하는 것은 아니며, 사망신고에 의하여 권리능력을 상실하는 것은 아니다).

　② **실종선고나 인정사망**에 의해서 **권리능력을 상실하지 않는다**. 그러나 동시사망의 추정의 경우에는 권리능력을 상실한다.

　③ 법인은 설립등기에 의하여 권리능력을 취득하고, 실질적인 청산의 사무가 종결된 때 권리능력이 소멸된다(법인의 청산종결등기는 대항등기이므로, 청산종결등기를 한 때 권리능력이 소멸된 것은 아니다).

(3) 권리능력에 관한 규정은 **강행규정** 권리능력을 제한하거나 포기하는 약정은 무효이다.

(4) 외국인도 내국인과 동일한 권리능력을 갖는 것이 원칙이다. 그러나 예외적으로

① 처음부터 선박 또는 항공기의 소유권은 취득할 수 없고, 도선사는 될 수 없다.

② 또한 상호주의에 의해서 외국인의 권리능력이 제한될 수 있으며

③ 어업권 등 국회의 동의나 인허를 받아야 권리능력이 인정되는 경우도 있다.

2 의사능력(意思能力)

(1) 의사능력의 유무는 객관적, 획일적 기준에 의해서 판단할 수 없고, **구체적** 법률행위와 관련하여 **개별적**으로 판단한다.

(2) 민법에는 의사능력에 관한 규정이 없다(따라서 제한능력자에 관한 규정을 의사무능력자의 법률 행위에 유추적용한다).

(3) 의사무능력자(유아, 광인, 술에 만취한 자)의 법률행위는 **무효**이다.

> 1. 의사능력이란 자신의 행위의 의미나 결과를 정상적인 인식력과 예기력을 바탕으로 합리 적으로 판단할 수 있는 정신적 능력 내지는 지능을 말하는 것으로서, 의사능력의 유무는 구체적인 법률행위와 관련하여 개별적으로 판단되어야 하므로, 특히 어떤 법률행위가 그 일상적인 의미만을 이해하여서는 알기 어려운 특별한 법률적인 의미나 효과가 부여되어 있는 경우 의사능력이 인정되기 위하여는 그 행위의 일상적인 의미뿐만 아니라 법률적인 의미나 효과에 대하여도 이해할 수 있을 것을 요한다(대판 2009.1.15, 2008다58367).
> 2. 제한능력자의 책임을 제한하는 민법 제141조 단서는 (중략) 의사능력의 흠결을 이유로 법률 행위가 무효가 되는 경우에도 유추적용되어야 할 것이다(대판 2009.1.15, 2008다58367).

3 행위능력(行爲能力)

(1) '행위능력'이란 독자적으로 유효하게 (법률)행위를 할 수 있는 능력을 의미한다.

(2) 민법상의 제한능력자에는 미성년자, 피성년후견인, 피한정후견인이 있다(피특정후견인은 행위 능력자이다).

(3) 행위능력의 유무는 객관적, 획일적 기준(연령, 법원의 선고)에 의하여 판단한다.

(4) 제한능력자의 법률행위는 유효하다. 후에 제한능력을 이유로 취소할 수 있다.

(5) 행위의 의미는 재산행위만을 의미하고, 신분행위를 의미하지 않으므로, 제한능력자에 관한 규 정은 재산관계에서만 적용되고, 신분관계(신분행위)에는 적용되지 않는다.

4 책임능력(責任能力)

(1) 책임능력이란 위법행위로 인한 자기 행위에 대해 책임을 질 수 있는 능력의 의미한다(책임능력은 경우에 따라서 불법행위능력으로 표현되기도 하고, 의사능력과 동일시되는 개념이다).

(2) 책임능력은 획일적으로 판단할 수 없고, 구체적 법률행위에서 개별적으로 판단하여야 한다.

① 미성년자는 책임능력이 있을 수 있고(변식의 지능이 있는 경우), 책임능력이 없을 수 있다(변식의 지능이 없는 경우).

② 심신상실자는 책임능력이 없다. 그러나 고의 또는 과실로 심심상실을 초래한 경우에는 책임능력이 있다.

5 당사자능력(當事者能力)

(1) 민사소송법상 원고・피고 또는 참가인으로서 자기의 명의로 소송을 하고 소송상의 법률효과를 받을 수 있는 자격, 즉 소송법상의 권리능력이다. 당사자능력은 민법상의 권리능력에 대응하는 개념이다.

(2) 권리능력을 가진 자는 당사자능력을 가지지만, 당사자능력을 가진 자가 반드시 권리능력이 있는 것은 아니다(예를 들어서 법인 아닌 사단은 권리능력이 없지만, 당사자능력은 있다).

(3) 당사자능력의 주체

① 민법과 그 밖의 법률에 의하여 권리능력을 가진 자는 민사소송에 있어서 당사자능력을 가진다(민소법 제51조). 여기에는 모든 자연인과 법인이 해당된다(미성년자의 경우라면 소송상 당사자능력이 인정되지 않는다. 그러나 미성년자라도 허락받은 특정한 영업의 경우, 임금의 청구, 성년의제된 혼인한 경우라면 당사자능력이 인정된다).

② 법인이 아닌 사단이나 재단은 대표자 또는 관리인이 있는 경우에는 그 사단이나 재단의 이름으로 당사자가 될 수 있다(즉 비법인사단 또는 비법인재단도 당사자능력이 있다).

③ 조합(組合)은 당사자능력이 없다.

6 등기능력(登記能力)

(1) '등기능력'이란 등기의 당사자가 될 수 있는 자격이다.

(2) 자연인 또는 법인은 등기능력이 인정된다. 또한 권리능력 없는 사단 또는 재단도 등기능력이 인정된다.

(3) 현행법상 등기를 필요로 하는 권리는 원칙적으로 토지 또는 건물에 대한 물권(物權), 즉 부동산 물권이다. 그러나 부동산 물권이 모두 등기될 수 있는 권리는 아니고 부동산에 관한 점유권・유치권(留置權) 그리고 민법 제302조의 특수지역권(特殊地役權)은 그 성질상 등기를 요하지 않으

며, 등기를 할 수도 없다. 따라서 그 밖의 민법상의 부동산물권, 즉 부동산소유권·지상권·지역권·전세권·저당권·권리질권이 등기될 수 있는 물권, 즉 등기능력이 있는 물권이다

(4) 다만 법률에 의하여 물권은 아니지만 등기능력이 인정되는 것이 있다. 즉, <u>부동산임차권과 부동산환매권은 등기할 수 있다</u>.

태아의 권리능력

1 태아보호에 관한 입법주의

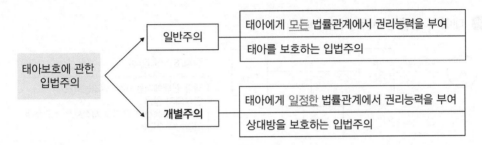

태아보호에 관한 입법주의
- 일반주의
  - 태아에게 <u>모든</u> 법률관계에서 권리능력을 부여
  - 태아를 보호하는 입법주의
- 개별주의
  - 태아에게 <u>일정한</u> 법률관계에서 권리능력을 부여
  - 상대방을 보호하는 입법주의

2 현행 민법의 태도

(1) 민법은 **개별주의**를 취한다.

(2) 현행 민법에 의하여 태아에게 <u>일정한 법률관계</u>에서 권리능력이 인정되더라도, 태아가 권리능력이 인정되기 위해서는 반드시 살아서 출생하여야 권리능력이 인정된다. 따라서 태아가 **사산된 경우**에는 어떤 경우에도 태아에게 권리능력이 인정되는 경우는 없다.

3 현행 민법상 태아에게 인정되는 개별적 권리능력

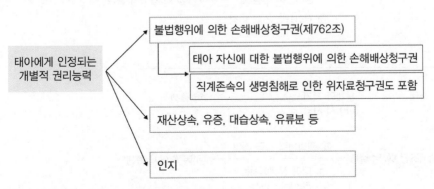

태아에게 인정되는 개별적 권리능력
- 불법행위에 의한 손해배상청구권(제762조)
  - 태아 자신에 대한 불법행위에 의한 손해배상청구권
  - 직계존속의 생명침해로 인한 위자료청구권도 포함
- 재산상속, 유증, 대습상속, 유류분 등
- 인지

※ <u>사인증여, 인지청구권</u>은 태아에게 인정되지 않는다.

> 1. 부의 사망 당시 아직 태아인 상태이어서 정신적 고통에 대한 감수성이 없었다 하더라도 장래 이를 감수할 것임이 합리적으로 기대할 수 있는 경우에는 <u>태아 자신이 가해자에 대해 위자료청구권을 가진다</u>(대판 1962.3.15, 4252민상903).
> 2. 임신 중의 모가 교통사고를 당하여 그 충격으로 <u>태아가 조산되고 그것 때문에 제대로 성장하지 못하고 사망한 경우</u> 위 불법행위는 산모에 대한 불법행위인 동시에 한편으로는 태아 자신에 대한 불법행위이며, 따라서 <u>그 아이는 그 생명침해로 인한 재산상 손해를 청구할 수 있다</u>(대판 1968.3.5, 67다2869).
>
> **cf** 따라서 태아도 살아서 출생한 이상 모의 사망으로 인한 위자료청구권을 가지며, 태아가 출생 후 사망하였으므로 이러한 권리가 그의 직계존속(父)에게 상속된다.

4 태아의 법률상 지위(학설의 대립)

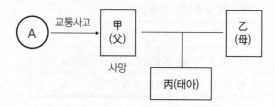

정지조건설(판례)

태아 상태에서는 어떤 권리능력도 인정되지 않음
살아서 출생하면 문제의 시점으로 소급하여 권리능력 인정

1. 정지조건설에 의하면 <u>태아 상태에서</u>
   가해자 A를 상대로 불법 행위로 인한 손해배상청구 인정 안됨. 다만 후에 살아서 출생하면 손해배상청구 (위자료청구권) 행사 가능

2. 해제조건설에 의하면 <u>태아 상태에서</u>
   가해자 A를 상대로 불법 행위로 인한 손해배상청구 인정됨

해지조건설(다수설)

태아 상태에서도 모든(X), 일정한(O) 권리능력 인정
시신의 경우에는 문제의 시점으로 소급하여 권리능력 소멸

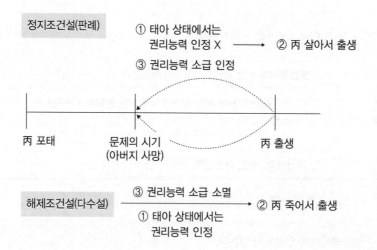

※ 양 학설의 차이점

1. 어느 학설을 취하든지, 결론은 동일하다. 따라서 태아가 살아서 태어난 경우 태아에게 권리능력이 인정되는 시기는 문제의 사건이 발생한 때(아버지가 사망한 때) 권리능력을 취득한다.

2. 양 학설의 유일한 차이점은 법정대리인의 유무(有無)에 있다.

   ① 정지조건설에 의하면 태아상태에서는 권리능력이 인정되지 않으므로, 태아를 위한 법정대리인이 필요 없다.

   ② 해제조건설에 의하면 태아상태에서도 권리능력이 인정되므로, 태아를 위한 법정대리인이 필요하다.

> 현행 민법이 태아의 권리능력에 관하여 <u>개별주의</u>를 취하고 있으므로 증여는 증여자와 수증자 간의 계약으로서 수증자의 승낙을 요건으로 하는 것이므로 태아에 대한 증여에 있어서도 태아의 수증행위가 필요한 것인바, <u>태아인 동안에는 법정대리인이 있을 수 없고</u>, 따라서 법정대리인에 의한 수증행위도 불가능한 것이어서 증여와 같은 쌍방행위가 아닌 손해배상청구권의 취득이나 상속 또는 유증의 경우를 유추하여 <u>태아의 수증능력을 인정할 수 없는 것이다</u> (대판 1982.2.9, 81다534).

* 실종선고와 인정사망의 차이

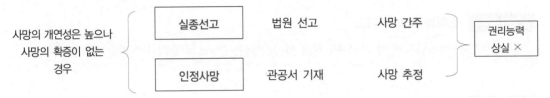

Chapter 02 자연인 31

미성년자

제4조 │ 성년

사람은 19세로 성년에 이르게 된다.

제5조 │ 미성년자의 능력

① 미성년자가 법률행위를 함에는 법정대리인의 동의를 얻어야 한다. 그러나 **권리만을 얻거나 의무만을 면하는 행위**는 그러하지 아니하다.

② 전항의 규정에 위반한 행위는 취소할 수 있다.

제6조 │ 처분을 허락한 재산

법정대리인이 **범위를 정하여 처분을 허락한 재산**은 미성년자가 임의로 처분할 수 있다.

제7조 │ 동의와 허락의 취소

법정대리인은 미성년자가 아직 법률행위를 하기 전에는 전2조의 동의와 허락을 취소할 수 있다.

제8조 │ 영업의 허락

① 미성년자가 법정대리인으로부터 **허락을 얻은 특정한 영업**에 관하여는 **성년자와 동일한 행위능력**이 있다.

② 법정대리인은 전항의 **허락을 취소 또는 제한**할 수 있다. 그러나 **선의의 제삼자에게 대항하지 못한다.**

1 │ 미성년자의 행위능력

원칙	1. 미성년자는 제한능력자이므로, 단독으로 법률행위를 할 수 없다. 2. 따라서 법정대리인의 동의 없이 행한 법률행위는 일단은 유효하고(유동적 유효상태), 후에 제한능력을 이유로 취소할 수 있다. 3. 미성년자의 법률행위의 취소는 　① <u>소급적으로 무효</u>가 되며, 　② <u>선의의 제3자에게도 대항할 수 있다</u>(절대적 취소).

1. 미성년자도 일정한 경우에는 예외적으로 행위능력이 인정된다.
2. 미성년자에게 행위능력이 인정되는 경우에는 더 이상 제한능력을 이유로 취소할 수 없다(유효로 확정).
3. 미성년자에게 행위능력이 인정되는 경우(취소할 수 **없는** 경우)

예외	① 권리만을 얻거나 의무만을 면하는 행위	⑤ 17세 이상의 미성년자의 유언
	② 범위를 정하여 처분을 허락받은 재산	⑥ 무한책임사원의 자격에서 행한 행위
	③ 허락을 얻은 특정한 영업	⑦ 근로계약과 임금청구
	④ 타인의 대리행위	⑧ 제한능력을 이유로 한 취소권 행사
		⑨ 혼인한 미성년자

2 미성년자에게 행위능력이 인정되는 경우(더 이상 제한능력을 이유로 취소할 수 **없는** 경우)

(1) 권리만을 얻거나 의무만을 면하는 행위(제5조 단서)

법정대리인의 동의 없이 단독으로 할 수 있는 것	법정대리인의 동의를 얻어 할 수 있는 것 (= 법정대리인의 동의 없이 행한 경우 취소)
1. 부담 없는 증여를 받는 것 2. 부양하지 않는 친권자를 상대로 한 부양료 청구 3. 무상임치물의 반환(무상임치계약의 해지) 4. 제3자를 위한 계약에서 부담 없는 수익의 의사표시 5. 서면에 의하지 않는 증여계약의 해제 6. 채무면제를 받는 것	1. 부담부 증여를 받는 것 2. **경제적으로 유리한 매매계약의 체결** 3. 상속의 승인·포기 4. 채무의 변제를 수령하는 행위 5. 소멸시효 중단사유인 승인 6. 상계 7. 쌍무계약의 체결 8. 채무면제를 하는 것

(2) 처분을 허락한 재산(제6조)

> 미성년자가 월 소득범위 내에서 신용구매계약을 체결한 사안에서, 스스로 얻고 있던 소득에 대하여는 법정대리인의 묵시적 처분허락이 있었다고 보아 위 신용구매계약은 처분허락을 받은 재산범위 내의 처분행위에 해당한다(대판 2007.11.16, 2005다71659).

(3) 특정한 영업의 허락(제8조)

① 반드시 영업의 종류는 **특정**하여야 한다. 따라서 특정된 이상 여러 개의 영업도 허락할 수 있다.
② 그러나 모든 종류의 영업에 대한 **포괄적 허락**이나 영업의 일부에 대한 허락이나 영업의 일부를 제한할 수 없다.

③ 허락된 영업에 관하여는 미성년자도 성년자와 동일한 행위능력이 인정되므로, 그 영업에 관하여는 **법정대리인의 법정대리권은 소멸**한다. 따라서 영업에 관하여는 영업에 관하여 직접, 간접으로 필요한 행위(소송행위 포함)를 할 수 있다.

④ 법정대리인은 특정한 영업의 허락을 취소 또는 제한할 수 있고, 취소한 경우 **선의의 제3자에게 대항하지 못한다**.

(4) 타인의 대리행위

① 미성년자도 타인의 대리인이 될 수 있다.

② 미성년자가 타인의 대리인으로서 행한 대리행위는 미성년자가 제한능력자임을 이유로 취소할 수 없다.

(5) 만 17세 이상이면 단독으로 유언할 수 있다.

단 17세 미만의 미성년자는 법정대리인의 동의가 있더라도 유언할 수 없다.

(6) 무한책임사원의 자격에서 행한 행위

단 미성년자가 무한책임사원이 되는 것은 법정대리인의 동의를 요한다.

(7) 임금청구와 근로계약

친권자 또는 후견인은 미성년자의 근로계약을 <u>대리할 수 없다</u>.

(8) 제한능력을 이유로 한 취소

① 미성년자도 법정대리인의 동의를 얻지 않고 행한 법률행위를 단독으로, 법정대리인의 동의 없이 취소할 수 있다.

② 그러나 미성년자는 법정대리인의 동의를 얻지 않고 행한 법률행위를 단독으로 추인할 수 없다. 그러나 성년이 된 후나 법정대리인의 동의를 얻어서 추인할 수 있다.

(9) 혼인에 의한 성년의제

① 성년으로 의제되는 혼인은 **법률혼만을 의미**하고, **사실혼은 포함되지 않는다**.

② 성년의제되는 범위는 **사법상의 법률관계에서만 의제**되고, 공법적 법률관계에서는 성년으로 의제되지 않는다. 따라서 **성년의제는 공직선거법에는 적용되지 않는다**.

③ 후에 이혼하더라도 미성년자로 복귀하는 것은 아니다. 따라서 이혼할 때는 법정대리인의 동의를 요하지 않고 단독으로 할 수 있다.

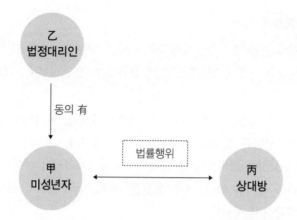

1. 법정대리인의 동의는 명시적 동의뿐만 아니라 <u>묵시적 동의가 가능</u>하다.
2. 법정대리인의 동의를 얻어서 한 미성년자의 행위는 더 이상 제한능력을 이유로 취소할 수 없다.
3. <u>법정대리인의 동의에 대한 증명책임</u>은 <u>상대방(유효를 주장하는 자)</u>에게 있다.

피성년후견인

제9조   성년후견개시의 심판

① 가정법원은 질병, 장애, 노령, 그 밖의 사유로 인한 정신적 제약으로 사무를 처리할 능력이 지속적으로 결여된 사람에 대하여 본인, 배우자, 4촌 이내의 친족, 미성년후견인, 미성년후견감독인, 한정후견인, 한정후견감독인, 특정후견인, 특정후견감독인, 검사 또는 지방자치단체의 장의 청구에 의하여 성년후견개시의 심판을 한다.
② 가정법원은 성년후견개시의 심판을 할 때 본인의 의사를 고려하여야 한다.

제10조   피성년후견인의 행위와 취소

① 피성년후견인의 법률행위는 취소할 수 있다.
② 제1항에도 불구하고 가정법원은 취소할 수 없는 피성년후견인의 법률행위의 범위를 정할 수 있다.
③ 가정법원은 본인, 배우자, 4촌 이내의 친족, 성년후견인, 성년후견감독인, 검사 또는 지방자치단체의 장의 청구에 의하여 제2항의 범위를 변경할 수 있다.
④ 제1항에도 불구하고 일용품의 구입 등 일상생활에 필요하고 그 대가가 과도하지 아니한 법률행위는 성년후견인이 취소할 수 없다.

제11조　성년후견종료의 심판

성년후견개시의 원인이 소멸된 경우에는 가정법원은 본인, 배우자, 4촌 이내의 친족, 성년후견인, 성년후견감독인, 검사 또는 지방자치단체의 장의 청구에 의하여 성년후견종료의 심판을 한다.

1. 질병, 장애, 노령 그 밖의 사유로 인한 정신적 제약으로 사무를 처리할 능력이 지속적으로 결여되어 있더라도 법원의 심판을 없다면 피성년후견인이 아니다.
2. 실질적 요건과 형식적 요건을 모두 갖추면 법원은 성년후견개시의 심판을 거부할 수 없고 <u>반드시</u> 성년후견개시의 심판을 하여야 한다. 또는 **법원은** 일정한 청구권자의 청구에 의해서만 심판할 수 있고 **직권으로 심판하지 못한다**.
3. 가정법원은 성년후견개시의 심판을 할 때 직권으로 성년후견인을 선임하여야 한다.
4. 성년후견인의 권한에는 대리권, 취소권, 추인권만 있을 뿐 **재산상 법률행위에 대한 동의권이 없다**. 따라서 피성년후견인이 성년후견인의 동의를 얻어서 한 부동산 매도행위도 취소할 수 있다.
5. 성년후견의 종료 심판은 소급효가 없으므로, 종료 심판 전의 피성년후견인의 법률행위는 취소할 수 있다.

🖻 피한정후견인

제12조　한정후견개시의 심판

① 가정법원은 질병, 장애, 노령, 그 밖의 사유로 인한 정신적 제약으로 사무를 처리할 능력이 부족한 사람에 대하여 본인, 배우자, 4촌 이내의 친족, 미성년후견인, 미성년후견감독인, 성년후견인, 성년후견감독인, 특정후견인, 특정후견감독인, 검사 또는 지방자치단체의 장의 청구에 의하여 한정후견개시의 심판을 한다.
② 한정후견개시의 경우에 제9조 제2항을 준용한다.

제13조　피한정후견인의 행위와 동의

① 가정법원은 피한정후견인이 한정후견인의 동의를 받아야 하는 행위의 범위를 정할 수 있다.
② 가정법원은 본인, 배우자, 4촌 이내의 친족, 한정후견인, 한정후견감독인, 검사 또는 지방자치단체의 장의 청구에 의하여 제1항에 따른 한정후견인의 동의를 받아야만 할 수 있는 행위의 범위를 변경할 수 있다.
③ 한정후견인의 동의를 필요로 하는 행위에 대하여 한정후견인이 피한정후견인의 이익이 침해될 염려가 있음에도 그 동의를 하지 아니하는 때에는 가정법원은 피한정후견인의 청구에 의

하여 한정후견인의 동의를 갈음하는 허가를 할 수 있다.
④ 한정후견인의 동의가 필요한 법률행위를 피한정후견인이 한정후견인의 동의 없이 하였을 때에는 그 법률행위를 취소할 수 있다. 다만, 일용품의 구입 등 일상생활에 필요하고 그 대가가 과도하지 아니한 법률행위에 대하여는 그러하지 아니하다.

제14조 한정후견종료의 심판

한정후견개시의 원인이 소멸된 경우에는 가정법원은 본인, 배우자, 4촌 이내의 친족, 한정후견인, 한정후견감독인, 검사 또는 지방자치단체의 장의 청구에 의하여 한정후견종료의 심판을 한다.

1. 한정후견개시의 심판을 할 때도 본인의 의사를 고려하여야 한다.
2. 가정법원은 피한정후견인이 한정후견인의 동의를 받아야 하는 행위의 범위를 정할 수 있다. 따라서 한정후견인의 동의를 받아야 하는 행위의 범위를 정하지 않았다면 한정후견인의 동의를 받을 필요가 없으므로 그 범위 내에서는 행위능력자이다.
3. 피한정후견인의 모든 법률행위를 취소할 수 있는 것이 아니라, 한정후견인의 동의를 받아야 하는 행위 중에서 한정후견인의 동의 없이 행한 피한정후견인의 법률행위는 취소할 수 있다.
4. 한정후견의 종료 심판은 소급효가 없고 장래에 향하여 효력을 가진다.
5. 성년후견이나 한정후견 개시의 청구가 있는 경우 가정법원은 청구 취지와 원인, 본인의 의사, 성년후견 제도와 한정후견 제도의 목적 등을 고려하여 어느 쪽의 보호를 주는 것이 적절한지를 결정하고, 그에 따라 필요하다고 판단하는 절차를 결정해야 한다. 따라서 한정후견의 개시를 청구한 사건에서 의사의 감정 결과 등에 비추어 성년후견 개시의 요건을 충족하고 본인도 성년후견의 개시를 희망한다면 법원이 성년후견을 개시할 수 있고, 성년후견 개시를 청구하고 있더라도 필요하다면 한정후견을 개시할 수 있다고 보아야 한다(대결 2021.6.10, 2020스596).

피특정후견인

제14조의2 특정후견의 심판

① 가정법원은 질병, 장애, 노령, 그 밖의 사유로 인한 정신적 제약으로 일시적 후원 또는 특정한 사무에 관한 후원이 필요한 사람에 대하여 본인, 배우자, 4촌 이내의 친족, 미성년후견인, 미성년후견감독인, 검사 또는 지방자치단체의 장의 청구에 의하여 특정후견의 심판을 한다.
② 특정후견은 본인의 의사에 반하여 할 수 없다.
③ 특정후견의 심판을 하는 경우에는 특정후견의 기간 또는 사무의 범위를 정하여야 한다.

1. 성년후견개시의 심판과 한정후견개시의 심판은 본인의 의사를 고려할 뿐, 본인의 의사에 반하여 도 할 수 있지만, **특정후견심판은 본인의 의사에 반하여 할 수 없다**.
2. 피특정후견인은 원칙적으로 **행위능력자**이다. 따라서 피특정후견인의 행위는 제한되는 것은 아니므로 제한능력을 이유로 취소할 수 없다.
3. 특정후견의 기간 또는 사무의 범위가 종료되면 별도의 심판 없이 심판이 종료된다.

제14조의3 심판 사이의 관계

① 가정법원이 피한정후견인 또는 피특정후견인에 대하여 성년후견개시의 심판을 할 때에는 종전의 한정후견 또는 특정후견의 종료 심판을 한다.
② 가정법원이 피성년후견인 또는 피특정후견인에 대하여 한정후견개시의 심판을 할 때에는 종전의 성년후견 또는 특정후견의 종료 심판을 한다.

* 법정대리인의 종류와 권한의 범위

	법정대리인의 명칭	후견인 수	법정대리인의 권한
미성년자	1. 친권자(부, 모)	오로지 1인	1. 대리권 2. 동의권 3. 추인권 4. 취소권
	2. 미성년후견인 　① 지정후견인 　② (법원)선임후견인		
피성년후견인	성년후견인(선임후견인)	2인 이상 (자연인은 물론 **법인도 될 수 있음**)	1. 대리권 2. **동의권** ✕ 3. 추인권 4. 취소권
피한정후견인	한정후견인(선임후견인)		1. 대리권 2. 동의권 3. 추인권 4. 취소권

* 친권자의 주의의무는 자기재산과 동일한 주의의무이며, 후견인은 선량한 관리자의 주의의무이다.

제한능력자의 상대방 보호

제15조 제한능력자의 상대방의 확답을 촉구할 권리

① 제한능력자의 상대방은 제한능력자가 능력자가 된 후에 그에게 1개월 이상의 기간을 정하여 그 취소할 수 있는 행위를 추인할 것인지 여부의 확답을 촉구할 수 있다. 능력자로 된 사람이 그 기간 내에 확답을 발송하지 아니하면 그 행위를 추인한 것으로 본다.

② 제한능력자가 아직 능력자가 되지 못한 경우에는 그의 법정대리인에게 제1항의 촉구를 할 수 있고, 법정대리인이 그 정하여진 기간 내에 확답을 발송하지 아니한 경우에는 그 행위를 추인한 것으로 본다.

③ 특별한 절차가 필요한 행위는 그 정하여진 기간 내에 그 절차를 밟은 확답을 발송하지 아니하면 취소한 것으로 본다.

1 확답을 촉구하는 권리(=최고권)

(1) 최고는 의사의 통지에 속한다.

(2) 상대방의 제한능력자 측에 대한 확답을 촉구하는 권리는 반드시 행위능력자(=수령능력자)에게 행사하여야 한다. 즉 최고의 상대방은 행위능력자(=추인 또는 취소할 수 있는 자)에 한한다.

(3) **제한능력자(미성년자, 피성년후견인, 피한정후견인)에 대한 최고는 효력이 없다.**

(4) 상대방의 최고는 행위 당시에 제한능력자임에 대한 선의, 악의를 불문하고 인정된다. 따라서 **악의의 상대방**도 확답을 촉구할 수 있다.

2 조문의 차이점

(1) 제15조 1항은 행위 당시에는 제한능력자이었지만, 현재는 행위능력자인 경우에 그 행위능력자에 최고하는 경우이다.

(2) 제15조 제2항은 행위 당시에 제한능력자가 현재도 제한능력자인 경우에, 제한능력자에게 최고할 수 없으므로 제한능력자의 법정대리인에게 최고하는 경우이다.

(3) 제15조 제3항은 행위 당시에 제한능력자가 현재도 제한능력자인 경우에, 제한능력자의 법정대리인에게 최고를 한다는 점에는 제15조 제2항과 같으나, 법정대리인이 독자적으로 추인을 결정하지 못하고 특별한 절차(제950조, 후견감독인의 동의를 받아야 하는 경우)를 요하는 경우를 규정하고 있다.

3 상대방의 최고권 행사의 효과

(1) 최고를 받은 제한능력자 측에서 그 기간 내에 추인 또는 취소의 의사표시를 하면 그 의사표시에 따라서 효과가 발생한다.

(2) 최고를 받은 제한능력자 측에서 그 기간 내에 확답을 발하지 않으면 제한능력자의 행위를 추인한 것으로 간주한다. 따라서 더 이상 취소할 수 없다.

(3) 다만 특별한 절차를 요하는 경우에는 취소한 것으로 간주된다.

📑 제한능력자의 상대방의 철회권과 거절권

제16조 제한능력자의 상대방의 철회권과 거절권

① 제한능력자가 맺은 계약은 추인이 있을 때까지 상대방이 그 의사표시를 철회할 수 있다. 다만, 상대방이 계약 당시에 제한능력자임을 알았을 경우에는 그러하지 아니하다.
② 제한능력자의 단독행위는 추인이 있을 때까지 상대방이 거절할 수 있다.
③ 제1항의 철회나 제2항의 거절의 의사표시는 제한능력자에게도 할 수 있다.

1 철회권

(1) 철회란 제한능력자와 상대방이 체결한 계약을 무효화시키는 권리를 의미한다.
따라서 제한능력자 측에서 추인 있기 전에만 철회권을 행사할 수 있고, 제한능력자 측에서 추인한 후에는 철회할 수 없다.

(2) **계약에 한하여** 상대방에게 인정된다.

(3) 선의의 상대방만 행사할 수 있고, <u>**악의의 상대방은 철회권을 행사할 수 없다**</u>.

(4) 철회권은 행위능력자뿐만 아니라 제한능력자에게도 행사할 수 있다.

2 거절권

(1) 거절이란 제한능력자와 상대방이 행한 단독행위를 무효화시키는 권리를 의미한다(따라서 추인 있기 전에만 거절할 수 있고, 제한능력자 측의 추인있은 후에는 거절하지 못한다).

(2) **단독행위에 한하여** 상대방에게 인정된다.

(3) 선의의 상대방도 거절할 수 있지만, <u>**악의의 상대방도 거절권을 행사할 수 있다**</u>.

(4) 거절권은 행위능력자뿐만 아니라 제한능력자에게도 행사할 수 있다.

3 철회와 거절의 차이점(제한능력자가 상대방과 행한 것이 계약인지, 단독행위인지 파악하는 것이 핵심)

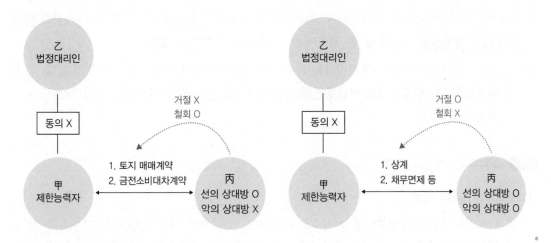

| 제17조 | 제한능력자의 속임수 |

① 제한능력자가 속임수로써 자기를 능력자로 믿게 한 경우에는 그 행위를 취소할 수 없다.
② 미성년자나 피한정후견인이 속임수로써 법정대리인의 동의가 있는 것으로 믿게 한 경우에도
제1항과 같다.

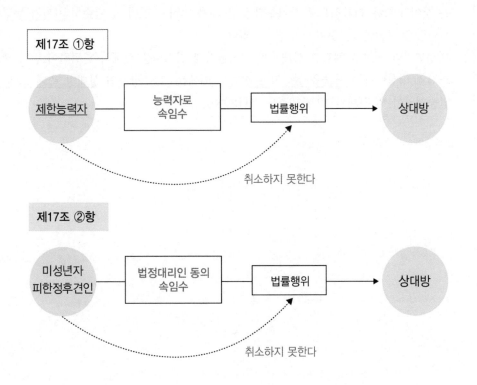

4 제17조 제1항과 제2항의 차이점

(1) 제1항은 제한능력자이므로 미성년자, 피한정후견인, 피성년후견인 모두 포함한다. 따라서 **피성년후견인 능력자로 속임수를 쓴 경우**에는 그 행위를 **취소할 수 없다**.

(2) 제2항은 미성년자와 피한정후견인만을 의미하고, 피성년후견인은 규정이 되어 있지 않다. 따라서 **피성년후견인 법정대리인(성년후견인)의 동의가 있는 것처럼 속임수**를 쓴 경우에는 그 행위를 **취소할 수 있다**.

5 속임수의 의미와 효과

(1) 속임수(사술)의 의미

판례는 적극적인 기망행위만을 속임수로 이해하고, 소극적인 기망('성년이다, 군대갔다 왔다, 회사의 사장이다')은 속임수에 해당하지 않으므로 소극적인 기망을 쓴 경우에는 취소할 수 있다.

> **cf** 제110조의 사술은 적극적인 기망뿐만 아니라 소극적인 사술까지 의미한다.

(2) "취소하지 못한다"의 의미는 유효로 확정되기에 제한능력자뿐만 아니라 법정대리인도 취소하지 못하고, 상대방도 철회권이나 거절권을 행사할 수 없음을 의미한다.

> 1. 민법 제17조에 이른바 '제한능력자가 사술로써 능력자로 믿게 한 때'에 있어서의 사술을 쓴 것이라 함은 적극적으로 사기수단을 쓴 것을 말하는 것이고, 단순히 자기가 능력자라 사언함은 사술을 쓴 것이라고 할 수 없다.
> 2. 미성년자와 계약을 체결한 상대방이 미성년자의 취소권을 배제하기 위하여 민법 제17조 소정의 미성년자가 사술을 썼다고 주장하는 때에는 그 주장자인 상대방 측에 그에 대한 입증책임이 있다(대판 1971.12.14, 71다2045).

주소

제18조 주소
① 생활의 근거되는 곳을 주소로 한다.
② 주소는 **동시에 두 곳 이상** 있을 수 있다.

제19조 거소
주소를 알 수 없으면 거소를 주소로 **본다.**

제20조 거소
국내에 주소 없는 자에 대하여는 국내에 있는 거소를 주소로 **본다.**

제21조 가주소
어느 행위에 있어서 가주소를 **정한 때**에는 그 행위에 관하여는 이를 주소로 **본다.**

1 주소를 정하는 기준

(1) **실질주의**(생활의 근거 되는 곳)
(2) **복수주의**(동시에 두 곳 이상)
(3) **객관주의**(규정 없음. 정주의 사실만 요구하고, 정주의 의사는 요건이 아니다)

2 주소의 법률상 효과

(1) 주소는 **부재자 및 실종자의 표준**이 된다.
(2) 주소는 **변제의 장소**가 될 수 있다.
(3) 주소는 **상속의 개시지**가 될 수 있다. 그러나 주소는 유언의 장소는 될 수 없다.

3 주소에 관한 중요지문

(1) 거소는 주소와 동시에 존재할 수도 있지만, 거소만 가지는 경우도 있다.
(2) 가주소는 모든 법률관계에서가 아니라 특정한 법률관계에서만 주소의 역할을 한다.
(3) 가주소는 제한능력자는 가질 수 없다(주소는 제한능력자도 가질 수 있다).
(4) **주민등록지는 주소로 추정된다.**
(5) 민법은 현재지에 대하여 규정하고 있지 않다.

🗗 부재자

제22조   부재자의 재산의 관리

① 종래의 주소나 거소를 떠난 자가 재산관리인을 정하지 아니한 때에는 법원은 이해관계인이나 검사의 청구에 의하여 재산관리에 관하여 필요한 처분을 명하여야 한다. 본인의 부재 중 재산관리인의 권한이 소멸한 때에도 같다.

② 본인이 그 후에 재산관리인을 정한 때에는 법원은 본인, 재산관리인, 이해관계인 또는 검사의 청구에 의하여 전항의 명령을 취소하여야 한다.

제23조   관리인의 개임

부재자가 재산관리인을 정한 경우에 부재자의 생사가 분명하지 아니한 때에는 법원은 재산관리인, 이해관계인 또는 검사의 청구에 의하여 재산관리인을 **개임할 수 있다.**

제24조   관리인의 직무

① 법원이 선임한 재산관리인은 관리할 재산목록을 작성하여야 한다.

② 법원은 그 선임한 재산관리인에 대하여 부재자의 재산을 보존하기 위하여 필요한 처분을 명할 수 있다.

③ 부재자의 생사가 분명하지 아니한 경우에 이해관계인이나 검사의 청구가 있는 때에는 법원은 부재자가 정한 재산관리인에게 전2항의 처분을 명할 수 있다.

④ 전3항의 경우에 그 비용은 부재자의 재산으로써 지급한다.

제25조   관리인의 권한

법원이 선임한 재산관리인이 **제118조에 규정한 권한을 넘는 행위**를 함에는 **법원의 허가를 얻어**야 한다. 부재자의 생사가 분명하지 아니한 경우에 부재자가 정한 재산관리인이 권한을 넘는 행위를 할 때에도 같다.

제26조   관리인의 담보제공, 보수

① 법원은 그 선임한 재산관리인으로 하여금 재산의 관리 및 반환에 관하여 **상당한 담보를 제공하게 할 수 있다.**

② 법원은 그 선임한 재산관리인에 대하여 부재자의 재산으로 상당한 보수를 지급할 수 있다.

③ 전2항의 규정은 부재자의 생사가 분명하지 아니한 경우에 부재자가 정한 재산관리인에 준용한다.

1 민법상 부재자의 의미

1. 민법상 부재자는 성질상 자연인에 한하며, 법인에게는 부재자에 관한 규정이 적용될 수 없다 (대결 1965.2.9, 64스9).
2. 당사자가 외국에 가 있다 하여도 그것이 정주(定住)의 의사로써 한 것이 아니고 유학의 목적 으로 간 것에 불과하고, 현재 그 나라의 일정한 주거지에 거주하여 그 소재가 분명할 뿐만 아 니라, 부동산이나 그 소유재산을 국내에 있는 사람을 통하여 그 당사자가 직접 관리하고 있는 사실이 인정되는 때에는 부재자라고 할 수 없다(대판 1960.4.21, 4292민상252).
3. 실종자는 생사불명이어야 하지만, 부재자는 생사불명이어야 할 필요는 없다.

2 재산관리인의 종류

(1) 임의대리인

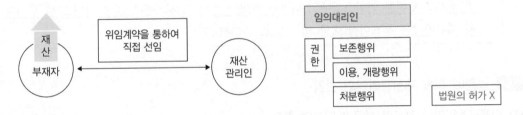

(2) 법정대리인

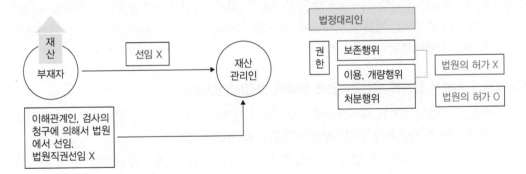

3 임의대리인에서 법정대리인의 바뀌는 경우

(1) 부재자의 부재중 재산관리인의 권한이 소멸한 경우(제22조)

(2) 부재자의 생사가 불명한 경우(제23조)

이 경우의 재산관리인의 **처분행위**를 하고자 하는 경우 **반드시 법원의 허가**를 얻어야 한다.

> 1. 부재자로부터 재산처분권까지 위임받은 재산관리인은 그 재산을 처분함에 있어 법원의 허가를 요하는 것은 아니다(대판 1973.7.24, 72다2136).
> 2. 부재자가 6·25사변 전부터 가사 일체와 재산의 관리 및 처분의 권한을 그 모(母)인 '甲'에 위임하였다 가정하더라도 '甲'이 부재자의 실종 후 법원에 신청하여 동 부재자의 재산관리인으로 선임된 경우에는 부재자의 생사가 분명하지 아니하여 민법 제23조의 규정에 의한 개임이라고 보지 못할 바 아니므로 이때부터 부재자의 위임에 의한 '甲'의 재산관리 처분권한은 종료되었다고 봄이 상당하고, 따라서 그 후 '甲'의 부재자 재산처분에 있어서는 민법 제25조에 따른 권한초과행위 허가를 받아야 하며 그 허가를 받지 아니하고 한 부재자의 재산매각은 무효이다(대판 1977.3.22, 76다1437).

4 법원에 의한 재산관리인의 선임

(1) 이해관계인이나 검사의 청구가 있어야 한다.

① 따라서 법원에서 직권으로 재산관리인을 선임하는 것은 아니다.
② 이해관계인은 법률상 이해관계인만 청구할 수 있고, 사실상 이해관계인은 청구할 수 없다. 부재자의 채권자는 법률상 이해관계인이므로 청구할 수 있다. 친권자는 법률상 이해관계인일지라도 청구할 수 없다.

(2) 법원에 의해서 선임된 재산관리인은 일종의 법정대리인이다.

① 법원에 의해서 선임된 재산관리인도 부재자와 재산관리인 사이에 위임계약에 준하여 취급되기에 선량한 관리자의 주의의무로 사무를 처리하여야 한다.
② 위임계약과 유사하므로 법정대리인일지라도 재산관리인은 언제든지 사임할 수 있고 법원도 언제든지 개임할 수 있다.
③ 재산관리인이 재산관리를 위하여 지출한 필요비와 그 이자 및 과실 없이 입은 손해의 배상을 청구할 수 있다.

(3) 재산관리인의 권한

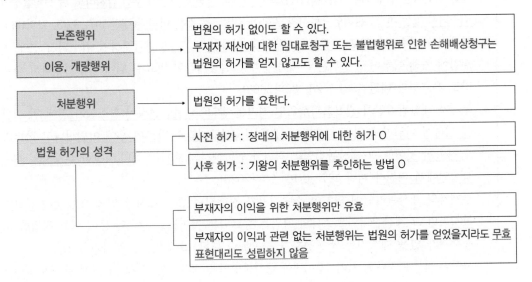

(4) 재산관리인의 권한이 소멸하는 시기는

① 부재자의 사망을 확인한 때(×)

② 부재자가 돌아온 때(×)

③ 법원에서 선임결정을 취소한 때이다.

④ 후에 법원의 허가 또는 선임결정이 취소되더라도 취소에는 **소급효가 없으므로** 그 전에 법원의 허가를 얻어서 행한 처분행위는 유효하다.

1. 부재자의 재산관리인에 의한 부재자소유 부동산매각행위의 추인행위가 법원의 허가를 얻기 전이어서 권한 없이 행하여진 것이라고 하더라도 법원의 재산관리인의 초과행위결정의 효력은 그 허가받은 재산에 대한 장래의 처분행위뿐만 아니라 기왕의 처분행위를 추인하는 행위로도 할 수 있는 것이므로 그 후 법원의 허가를 얻어 소유권이전등기절차를 경료하게 한 행위에 의하여 종전에 권한 없이 한 처분행위를 추인한 것이라 할 것이다(대판 1982.12.14, 80다1872).

2. 법원의 허가를 얻어서 하는 처분행위의 경우에도 그것은 부재자의 이익을 위하여 처분되어야 하는 것을 전제로 한다(대결 1976.12.21, 75마551).

3. 부재자 재산관리인이 법원의 매각처분허가를 얻었다 하더라도 부재자와 아무런 관계가 없는 남의 채무의 담보만을 위하여 부재자 재산에 근저당권을 설정하는 행위는 통상의 경우 객관적으로 부재자를 위한 처분행위로서 당연하다고는 경험칙상 볼 수 없다(대결 1976.12.21, 75마551).

4. 법원이 선임한 부재자의 재산관리인은 그 부재자의 사망이 확인된 후라 할지라도 위 선임결정이 취소되지 않는 한 그 관리인으로서의 권한이 소멸되는 것은 아니다(대판 1971.3.23, 71다189).

5. 부재자 재산관리인으로서 권한초과행위의 허가를 받고 그 선임결정이 취소되기 전에 위 권한에 기해 이루어진 행위는 부재자에 대한 실종기간이 만료된 뒤에 이루어졌다고 하더라도 유효하다(대판 1981.7.28, 80다2668).

6. 부재자 재산관리인이 권한초과행위의 허가를 받고 그 선임결정이 취소되기 전에 위 권한에 의하여 이뤄진 행위는 부재자에 대한 실종선고기간의 만료된 후에 이뤄졌다고 하더라도 유효한 것이고 그 재산관리인의 적법한 권한행사의 효과는 이미 사망한 부재자의 재산상속인에게 미친다(대판 1975.6.10, 73다2023).

7. 부재자의 재산관리인에 의하여 소송절차가 진행되던 중 부재자 본인에 대한 실종선고가 확정되면 그 재산관리인으로서의 지위는 종료되는 것이므로 상속인 등에 의한 적법한 소송수계가 있을 때까지는 소송절차가 중단된다(대판 1987.3.24, 85다카1151).

8. 사망한 것으로 간주된 자가 그 이전에 생사불명의 부재자로서 그 재산관리에 관하여 법원으로부터 재산관리인이 선임되어 있었다면 재산관리인은 그 부재자의 사망을 확인했다고 하더라도 선임결정이 취소되지 아니하는 한 계속하여 권한을 행사할 수 있다 할 것이므로 재산관리인에 대한 선임결정이 취소되기 전에 재산관리인의 처분행위에 기하여 경료된 등기는 법원의 처분허가 등 모든 절차를 거쳐 적법하게 경료된 것으로 추정된다(대판 1991.11.26, 91다11810).

📄 실종선고의 요건

제27조 실종의 선고

① 부재자의 생사가 **5年간** 분명하지 아니한 때에는 법원은 이해관계인이나 검사의 청구에 의하여 실종선고를 하여야 한다.

② 전지에 임한 자, 침몰한 선박 중에 있던 자, 추락한 항공기 중에 있던 자 기타 사망의 원인이 될 위난을 당한 자의 생사가 전쟁종지후 또는 선박의 침몰, 항공기의 추락 기타 위난이 종료한 후 **1년간** 분명하지 아니한 때에도 제1항과 같다.

1 부재자의 생사불명(生死不明)일 것

1. <u>호적상 이미 사망한 것으로 기재되어 있는 자</u>에 대해서는 호적부의 추정력 때문에 실종선고를 할 수 없다(대판 1997.11.27, 97스4).
2. 실종자에 대하여 1950.7.30. 이후 5년간 생사불명을 원인으로 이미 1988.11.26. 실종선고가 되어 확정되었는데도, 그 이후 타인의 청구에 의하여 1992.12.28. 새로이 확정된 실종신고를 기초로 상속관계를 판단한 것은 잘못이다(대판 1995.12.22, 95다12736).

   cf 즉, 첫 번째 실종선고가 취소되지 않는 한 **이중실종선고는 무효**이다.

2 실종기간의 경과

(1) 보통실종(가출, 생존이 확인된 최후의 시기 등)의 실종기간은 **5년**이다.

(2) 특별실종(전쟁실종, 비행기실종, 선박실종, 위난실종)의 실종기간은 **1년**이다.

> 甲이 잠수장비를 착용한 채 바다에 입수하였다가 부상하지 아니한 채 행방불명되었다 하더라도 이는 '사망의 원인이 될 위난'이라고 할 수 없다(대결 2011.1.31, 2010스165).

3 이해관계인 또는 검사의 청구가 있을 것

(1) 법률상 이해관계인만 청구할 수 있고, 사실상 이해관계인(사실혼 배우자, 사실상 동거하는 자 등)은 실종선고를 청구할 수 없다.

(2) 1순위 상속인이 존재하면, 2순위상속인(형, 제, 자, 매 등)은 실종선고를 청구할 수 없다.

(3) 실종선고의 요건을 갖추면 법원은 반드시 실종선고를 하여야 한다. 즉 실종선고를 거부할 수 없다. 또한 법원에서 직권으로 실종선고를 할 수 없다.

> <u>부재자의 자매로서 제2순위 상속인에 불과한 자</u>는 부재자에 대한 실종선고를 청구할 이해관계인이 될 수 없다(대결 1986.10.10, 86스20).

4 6개월 이상의 공시최고후 실종선고를 한다.

🗐 실종선고의 효과

제28조 실종선고의 효과

실종선고를 받은 자는 **전조의 기간이 만료한 때에 사망한 것으로 본다.**

1 사망간주

1. 민법 제28조는 "실종선고를 받은 자는 민법 제27조 제1항 소정의 생사불명기간이 만료된 때에 사망한 것으로 본다."라고 규정하고 있으므로 실종선고가 취소되지 않는 한 반증을 들어 실종 선고의 효과를 다툴 수는 없다(대판 1995.2.17, 94다52751).
2. 실종선고를 받은 자는 실종기간이 만료한 때에 사망한 것으로 간주되므로 실종선고로 인하여 실종기간 만료 시를 기준으로 상속이 개시된 이상 만약 나중에 실종선고가 취소되어야 할 사 유가 생겼다고 하더라도 실제로 실종선고가 취소되지 아니하는 한, 임의로 실종기간이 만료하 여 사망한 때로 간주되는 시점과 다른 시점을 정하여 이미 개시된 상속을 부정하고 다른 상속 관계를 인정할 수 없다(대판 1994.9.27, 94다21542).

2 사망으로 간주되는 시기

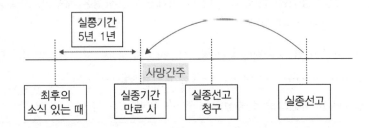

실종선고에 의하여 실종자가 사망으로 간주되는 시기는 "실종기간 만료 시"이다.

3 사망으로 간주되는 범위

(1) 사법적 법률관계에서만 사망으로 간주되고, 공법적 법률관계(선거권 등)에서는 영향을 미치지 아니한다(실종선고를 받으면 선거권을 상실한다 ×).

(2) 실종선고를 받은 자도 권리능력은 있다.

(3) 실종선고를 받은 자라도 다른 지역에서 행한 법률행위나 종전의 주소로 돌아와 체결한 법률행 위는 실종선고가 취소되지 않았더라도 유효하다.

1. 실종선고의 효력이 발생하기 전에는 실종기간이 만료된 실종자라 하여도 소송상 당사자
   능력을 상실하는 것은 아니므로 실종선고가 확정된 때에 소송절차가 중단되어 부재자의
   상속인 등이 이를 수계할 수 있을 뿐이고, 위 소 제기 자체가 소급하여 당사자능력이 없는
   사망한 자가 제기한 것으로 되는 것은 아니다(대판 2008.6.26, 2007다11057).
2. 소외망인이 1951.7.2 사망하였으며, 그의 장남인 소외 (甲)은 1970.1.30 서울가정법원의
   실종선고에 의하여 소외망인 사망 전인 1950.8.1 생사 불명기간 만료로 사망 간주된 사실
   이 인정되는 사안에 있어서 소외 (甲)은 소외망인의 사망 이전에 사망한 것으로 간주되었
   으므로 소외망인의 재산상속인이 될 수 없다(대판 1982.9.14, 82다144). 따라서 피상속인
   의 사망 후 그 상속인에 대한 실종선고가 이루어졌으나 실종기간 만료시점이 피상속인의
   사망 이전인 경우, 실종선고된 자는 상속인이 될 수 없다.

📋 실종선고의 취소

제29조 실종선고의 취소

① 실종자의 생존한 사실 또는 전조의 규정과 상이한 때에 사망한 사실의 증명이 있으면 법원은
   본인, 이해관계인 또는 검사의 청구에 의하여 실종선고를 **취소하여야 한다.** 그러나 **실종선고
   후 그 취소 전에 선의로 한 행위의 효력에 영향을 미치지 아니한다.**
② 실종선고의 취소가 있을 때에 실종의 선고를 직접원인으로 하여 재산을 취득한 자가 **선의인
   경우**에는 그 받은 이익이 현존하는 한도에서 반환할 의무가 있고 **악의인 경우**에는 그 받은
   이익에 이자를 붙여서 반환하고 손해가 있으면 이를 배상하여야 한다.

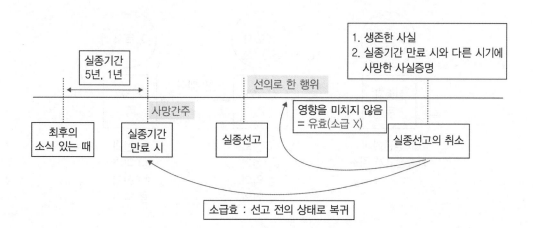

1 실종선고의 취소의 효과

(1) 원칙

소급효(실종선고전의 상태로 복귀, 취소 전에 행한 행위는 소급적으로 무효가 된다)

(2) 예외

"실종선고(**실종기간 만료 후** ×) 후 취소 전"에 선의로 한 행위는 유효하다(실종선고가 취소되더라도 영향을 받지 않는다).

2 실종선고를 직접 원인으로 하여 재산을 취득한 자의 반환범위

(1) 선의라면 "현존이익"을 반환하면 된다.

(2) 악의라면 "이익" + "이자" + "손해"까지 배상하여야 한다.

3 제29조 제1항의 "선의" 의미

(1) 통설인 '쌍방선의설' 의하면 관계 당사자 모두 선의라면 실종선고가 취소되더라도 관계 당사자 사이의 법률행위는 영향을 받지 않아서 유효하다.

(2) 신분행위에도 양 당사자가 모두 선의라면 후혼만 유효하고, 전혼은 부활하지 않지만, 어느 일방이 악의이거나 쌍방이 악의라면 후혼은 중혼이 되어 <u>취소할 수 있고</u>, 전혼은 부활하여 이혼할 수 있다.

4 실종선고가 실종자의 생환으로 인하여 실종선고가 취소된 경우의 재산관계

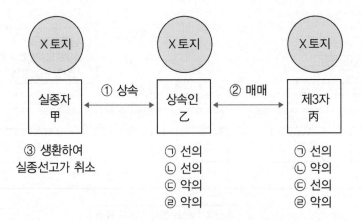

(1) 실종자 甲의 제3자 丙에 대한 토지반환청구여부

① ㉠의 경우 쌍방 당사자 모두 즉 상속인, 제3자가 모두 선의라면 실종선고가 취소되더라도 丙은 소유권을 취득한다. 따라서 실종자는 丙에게 토지의 반환을 청구하지 못한다(丙은 실종자의 甲의 토지반환청구를 거절할 수 있다).

② ㉡, ㉢, ㉣ 의 경우, 일방의 악의이거나, 쌍방 모두 악의라면 실종자는 丙에게 토지의 반환을 청구할 수 있다(즉 丙은 실종자 甲의 토지반환청구를 거절하지 못한다).

(2) 실종자 甲의 乙(실종선고를 직접원인으로 하여 재산을 취득한 자)에 대한 반환청구

① ㉠의 경우, 실종자 甲은 丙에게 토지의 반환은 청구하지 못하더라도, 乙(선의)에게는 현존이익의 반환을 청구할 수 있다(즉 양 당사자 모두 선의인 경우, 실종자는 누구에게도 반환을 청구하지 못한다 ×).

② ㉡, ㉢, ㉣ 의 경우, 실종자는 丙에게 토지의 반환을 청구할 수 있고, 또는(선택) 乙에게 선의라면 현존이익의 반환을, 악의라면 이익에 이자에 손해가 있으면 손해까지 청구할 수 있다.

5 **실종선고와 실종선고의 취소의 차이점**

구분	공통점	차이점	
		청구권자	공시최고
실종선고	소급효	이해관계인, 검사의 청구	6월의 공시최고를 요함
실종선고의 취소		**본인**, 이해관계인, 검사의 청구	공시최고를 요하지 않음

동시사망의 추정

제30조 **동시사망**

2인 이상이 동일한 위난으로 사망한 경우에는 동시에 사망한 것으로 **추정한다.**

1 동시사망은 추정규정이다(동시에 사망한 것으로 본다 ×).

2 동시사망자 사이에서는 **상속의 문제가 일어나지 않는다.**

3 다만 판례는 **대습상속을 인정**한다.

4 동시사망의 추정은 권리능력을 상실한다.

5 동시사망의 추정은 법률상 추정이다(동시사망은 사실상 추정이다 ✕).

1. 원래 대습상속제도는 대습자의 상속에 대한 기대를 보호함으로써 공평을 꾀하고 생존 배우자의 생계를 보장하여 주려는 것이고, 또한 동시사망 추정규정도 자연과학적으로 엄밀한 의미의 동시사망은 상상하기 어려운 것이나 사망의 선후를 입증할 수 없는 경우 동시에 사망한 것으로 다루는 것이 결과에 있어 가장 공평하고 합리적이라는 데에 그 입법 취지가 있는 것인바, 상속인이 될 직계비속이나 형제자매(피대습자)의 직계비속 또는 배우자(대습자)는 피대습자가 상속개시 전에 사망한 경우에는 대습상속을 하고, 피대습자가 상속개시 후에 사망한 경우에는 피대습자를 거쳐 피상속인의 재산을 본위상속을 하므로 두 경우 모두 상속을 하는데, 만일 피대습자가 피상속인의 사망, 즉 상속개시와 동시에 사망한 것으로 추정되는 경우에만 그 직계비속 또는 배우자가 본위상속과 대습상속의 어느 쪽도 하지 못하게 된다면 동시사망 추정 이외의 경우에 비하여 현저히 불공평하고 불합리한 것이라 할 것이고, 이는 앞서 본 대습상속제도 및 동시사망 추정규정의 입법 취지에도 반하는 것이므로, <u>민법 제1001조의 '상속인이 될 직계비속이 상속개시 전에 사망한 경우'</u>에는 '상속인이 될 직계비속이 상속개시와 동시에 사망한 것으로 추정되는 경우'도 포함하는 것으로 합목적적으로 해석함이 상당하다.
2. 피상속인의 자녀가 상속개시 전에 전부 사망한 경우 피상속인의 손자녀는 본위상속이 아니라 대습상속을 한다(대판 2001.3.9, 99다13157).

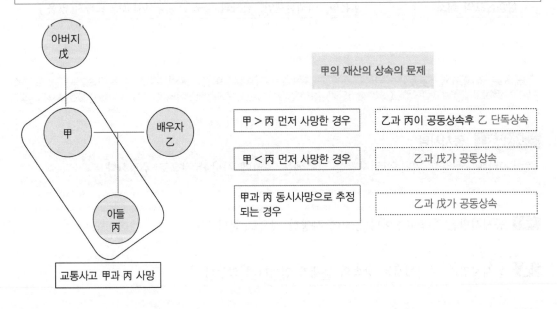

CHAPTER 03 법인

법인 서론

1 법인의 종류

(1) 사단법인이란 일정한 목적을 위하여 결합한 사람의 집단으로서 법률상 권리·의무의 주체임을 인정받은 법인을 의미한다.

(2) 재단법인이란 일정한 목적에 바쳐진 재산에 관하여 독립한 법인격을 부여받은 법인을 의미한다.

(3) '영리'란 이익을 구성원들에게 분배함을 의미한다. 이런 의미에서 재단법인에는 구성원이 없으므로 '영리재단법인'은 존재하지 않는다. 따라서 '영리법인'이란 사단법인만을 의미한다. 즉 법인에는 민법상의 '비영리사단법인'과 '비영리재단법인' 그리고 상법상의 영리법인인 '주식회사' 등이 있다.

2 법인 설립의 원칙(입법주의)

(1) **자유설립주의**

(2) **준칙주의**

> **제31조** **법인성립의 준칙**
>
> 법인은 법률의 규정에 의함이 아니면 성립하지 못한다.

(3) **인가주의**

(4) **허가주의**

> **제32조** **비영리법인의 설립과 허가**
>
> 학술, 종교, 자선, 기예, 사교 기타 영리 아닌 사업을 목적으로 하는 사단 또는 재단은 **주무관청의 허가**를 얻어 이를 법인으로 할 수 있다.

(5) **특허주의**

(6) **강제주의**

3 법인에게 법인격(권리능력)을 인정하는 이유

(1) 단체의 재산을 개인의 재산과 분리하여 개인의 재산을 보호하기 위해서이다. 즉 자연인 누구나 독립된 법인을 운영하면서 채권, 채무관계가 발생하는 경우, 그 채권, 채무를 법인에게만 귀속되게 하기 위하여 법인에게 독자적으로 법인격(권리능력)을 부여한다.

(2) 법인에게 법인격(권리능력)이 인정되면 상대방은 법인에게만 책임을 물을 수 있고 그 <u>구성원에게는 책임을 물을 수 없다</u>(**구성원의 유한책임**).

4 법인에게 법인격이 부인되는 경우(법인격남용이론)

(1) '법인격남용이론'이란 법인에게 인정되는 법인격을 처음부터 악용하는 경우에는 그러한 법인에게 인정되는 법인격을 부정하는 이론을 의미한다.

(2) 법인의 법인격이 부정되면 상대방은 법인뿐만 아니라 그 구성원에게도 책임을 물을 수 있다.

> 1. 회사가 외형상으로는 법인의 형식을 갖추고 있으나 이는 법인의 형태를 빌리고 있는 것에 지나지 아니하고 그 실질에 있어서는 완전히 <u>그 법인격의 배후에 있는 타인의 개인기업에 불과하거나 그것이 배후자에 대한 법률적용을 회피하기 위한 수단으로 함부로 쓰여지는 경우에는</u> 비록 외견상으로는 회사의 행위라 할지라도 회사와 그 배후자가 별개의 인격체임을 내세워 회사에게만 그로 인한 법적 효과가 귀속됨을 주장하면서 배후자의 책임을 부정하는 것은 신의성실의 원칙에 위반되는 법인격의 남용으로서 심히 정의와 형평에 반하여 허용될 수 없고, 따라서 <u>회사는 물론 그 배후자인 타인에 대하여도 회사의 행위에 관한 책임을 물을 수 있다</u>고 보아야 한다(대판 2001.1.19, 97다21604).
> 2. <u>기존회사가 채무를 면탈하기 위하여 기업의 형태·내용이 실질적으로 동일한 신설회사를 설립하였다면,</u> 신설회사의 설립은 기존회사의 채무면탈이라는 위법한 목적 달성을 위하여 회사제도를 남용한 것에 해당한다. 이러한 경우에 기존회사의 채권자에 대하여 위 두 회사가 별개의 법인격을 갖고 있음을 주장하는 것은 <u>신의성실의 원칙상 허용될 수 없으므로 기존회사의 채권자는 위 두 회사 어느 쪽에 대하여도 채무의 이행을 청구할 수 있다</u>(대판 2008.8.21, 2006다24438).
> 3. 사단법인은 일정한 목적을 위해 결합한 사람의 단체에 법인격이 인정된 것을 말하고, 사단법인에 있어 사원 자격의 득실변경에 관한 사항은 정관의 기재사항이므로(민법 제40조 제6호), 어느 사단법인과 다른 사단법인이 동일한 것인지 여부는 그 구성원인 사원이 동일한지 여부에 따라 결정됨이 원칙이다(대판 2008.9.25, 2006다37021).

PART · 01

법인격이 인정되는 경우

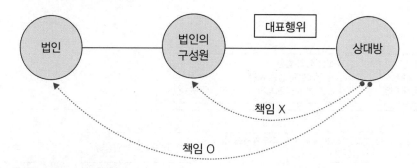

법인격이 부정되는 경우

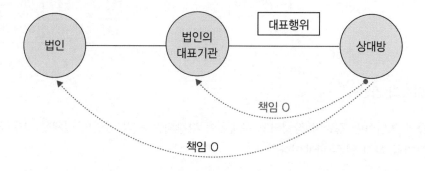

📑 법인의 성립과정

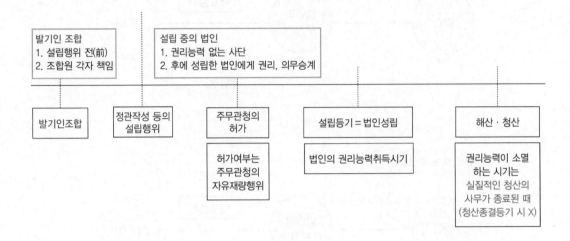

1 설립중의 법인

(1) 설립중의 법인이란 정관이 작성되고 구성원이 확장되는 등의 법인의 실체를 갖추었지만 아직 설립등기를 하지 않은 단체이다.

(2) 설립중의 법인은 권리능력 없는 사단이다.

(3) 설립중의 법인 단계에서 취득한 권리·의무는 후에 성립한 법인에 승계된다. 다만 승계되는 권리·의무는 법인의 설립과 관련되는 것에 한해 후에 성립한 법인이 그 책임을 승계한다.

> **cf** 법인 아닌 사단의 경우에는 개인(구성원)이 취득한 권리·의무는 후에 성립한 법인 아닌 사단에 승계되지 않는다는 점이다.

교회가 그 실체를 갖추어 법인 아닌 사단으로 성립한 경우에 교회의 대표자가 교회를 위하여 취득한 권리의무는 교회에 귀속되나, 교회가 아직 실체를 갖추지 못하여 법인 아닌 사단으로 성립하기 전에 설립의 주체인 개인이 취득한 권리의무는 그것이 앞으로 성립할 교회를 위한 것이라 하더라도 바로 법인 아닌 사단인 교회에 귀속될 수는 없고, 또한 설립중의 회사의 개념과 법적 성격에 비추어, 법인 아닌 사단인 교회가 성립하기 전의 단계에서 설립중의 회사의 법리를 유추적용할 수는 없다(대판 2008.2.28, 2007다37394).

2 법인의 권리능력 취득시기와 소멸시기

(1) 법인은 설립등기한 때 권리능력을 취득한다.

> **제33조** **법인설립의 등기**
>
> 법인은 그 주된 사무소의 소재지에서 **설립등기를 함으로써 성립**한다.

(2) 법인은 실질적인 청산의 사무가 종결된 때 소멸한다(청산종결등기는 대항등기이므로 청산종결
등시에 소멸하는 것은 아니다).

비영리사단법인의 설립요건

1. 목적의 비영리성 → 2. 설립행위 → 3. 주무관청의 허가 → 4. 설립등기

1 목적의 비영리성

> **제31조** **법인성립의 준칙**
>
> 법인은 법률의 규정에 의함이 아니면 성립하지 못한다.

> **제32조** **비영리법인의 설립과 허가**
>
> 학술, 종교, 자선, 기예, 사교 기타 영리 아닌 사업을 목적으로 하는 사단 또는 재단은 **주무관청
> 의 허가**를 얻어 이를 법인으로 할 수 있다.

(1) '비영리(非營利)'란 구성원들에게 수익을 분배하지 않는 것을 의미한다.

(2) 목적을 달성하기 위하여 부수적으로 영리활동을 하더라도 그것이 비영리사단의 본지에 반하지
않는 한 허용된다.

2 설립행위(정관작성)

제40조 사단법인의 정관

사단법인의 설립자는 다음 각 호의 사항을 기재한 정관을 작성하여 기명날인하여야 한다.

1. **목적**
2. **명칭**
3. **사무소의 소재지**
4. **자산**에 관한 규정
5. **이사**의 임면에 관한 규정
6. **사원자격**의 득실에 관한 규정
7. **존립시기**나 해산사유를 정하는 때에는 그 시기 또는 사유

(1) 비영리사단법인의 설립행위는 요식행위이다.

(2) 비영리사단법인의 설립행위는 2인 이상이 설립하여야 하므로 합동행위이다.

(3) 사단법인의 정관의 법적 성질

> 사단법인의 정관은 이를 작성한 사원뿐만 아니라 그 후에 가입한 사원이나 사단법인의 기관 등도 구속하는 점에 비추어 보면 그 법적 성질은 계약이 아니라 자치법규로 보는 것이 타당하므로, 이는 어디까지나 객관적인 기준에 따라 그 규범적인 의미 내용을 확정하는 법규해석의 방법으로 해석되어야 하는 것이지, 작성자의 주관이나 해석 당시의 사원의 다수결에 의한 방법으로 자의적으로 해석될 수는 없다 할 것이어서, 어느 시점의 사단법인의 사원들이 정관의 규범적인 의미 내용과 다른 해석을 사원총회의 결의라는 방법으로 표명하였다 하더라도 그 결의에 의한 해석은 그 사단법인의 구성원인 사원들이나 법원을 구속하는 효력이 없다(대판 2000.11.24, 99다12437).

3 주무관청의 허가

(1) 허가의 성질은 주무관청의 자유재량에 속한다.

(2) 따라서 주무관청의 불허가처분에 대하여 불복할 수 없다(행정쟁송의 대상이 아니다).

(3) 법인의 설립에 대한 주무관청의 허가는 특별성립요건이다.

4 설립등기

법인이 권리능력을 취득하는 시기는 설립등기를 한 때이다. 따라서 설립등기는 성립등기이다.

제49조 법인의 등기사항

① 법인설립의 허가가 있는 때에는 3주간 내에 주된 사무소소재지에서 설립등기를 하여야 한다.

② 전항의 등기사항은 다음과 같다.

1. 목적
2. 명칭
3. 사무소
4. 설립허가의 연월일
5. 존립시기나 해산이유를 정한 때에는 그 시기 또는 사유
6. 자산의 총액
7. 출자의 방법을 정한 때에는 그 방법
8. 이사의 성명, 주소
9. 이사의 대표권을 제한한 때에는 그 제한

* 정관의 필요적 기재사항과 설립등기사항의 비교

비영리사단법인의 정관의 필요적 기재사항	법인의 설립등기 시 등기사항
1. 목적	1. 목적
2. 명칭	2. 명칭
3. 사무소의 소재지	3. 사무소
4. 자산에 관한 규정	4. 설립허가의 연월일
5. 이사의 임면에 관한 규정	5. 존립시기나 해산사유를 정한 때에는 그 시기 또는 사유
6. 사원자격의 득실에 관한 규정	6. 자산의 총액
7. 존립시기나 해산사유를 정한 때에는 그 시기 또는 사유	7. 출자의 방법을 정한 때에는 그 방법
	8. 이사의 성명, 주소
	9. 이사의 대표권을 제한한 때에는 그 제한

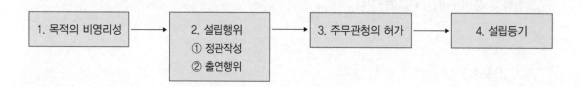

1 목적의 비영리성

재단법인은 구성원이 존재하지 않으므로 영리재산법인은 이론상 있을 수 없다.

제43조   재단법인의 정관

재단법인의 설립자는 일정한 재산을 출연하고 제40조 제1호 내지 제5호의 사항을 기재한 정관을 작성하여 기명날인하여야 한다.

2 비영리재단법인의 설립행위(정관작성)

(1) 비영리재단법인의 설립행위 역시 '요식행위'이다.

(2) 1인에 의한 비영리재단법인의 설립행위는 상대방 없는 단독행위이다(설립자가 2인 이상인 경우 단독행위의 경합).

(3) 법인의 존립시기나 해산사유는 비영리재단법인에서는 임의적 기재사항에 불과하다.

(4) 재단법인의 정관의 보충

제44조   재단법인의 정관의 보충

재단법인의 설립자가 그 **명칭, 사무소소재지 또는 이사임면의 방법을** 정하지 아니하고 **사망한 때**에는 이해관계인 또는 검사의 청구에 의하여 **법원이** 이를 정한다.

① 그러나 설립자가 목적 또는 자산에 관한 규정을 정하지 않고 사망한 때에는 정관을 보충할 수 없다.
② 사단법인의 경우 정관의 보충은 인정되지 않는다.

3 재산의 출연행위

(1) 민법의 규정

> **제47조** 증여, 유증에 관한 규정의 준용
>
> ① 생전처분으로 재단법인을 설립하는 때에는 증여에 관한 규정을 준용한다.
> ② 유언으로 재단법인을 설립하는 때에는 유증에 관한 규정을 준용한다.

> **제48조** 출연재산의 귀속시기
>
> ① 생전처분으로 재단법인을 설립하는 때에는 출연재산은 **법인이 성립된 때**로부터 법인의 재산이 된다.
> ② 유언으로 재단법인을 설립하는 때에는 출연재산은 **유언의 효력이 발생한 때**로부터 법인에 귀속한 것으로 본다.

(2) 출연재산의 법인 귀속시기

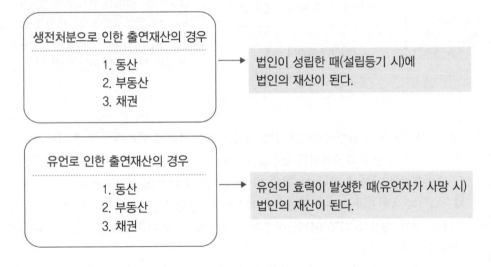

(3) 사례를 통한 연습

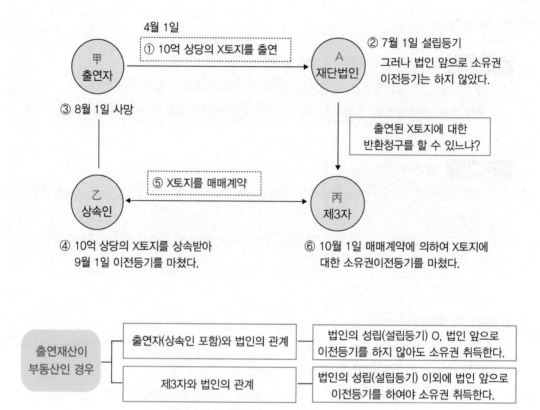

1. (생략) 서면에 의한 출연이더라도 민법 총칙규정에 따라 출연자가 착오에 기한 의사표시라는 이유로 출연의 의사표시를 취소할 수 있고, 상대방 없는 단독행위인 재단법인에 대한 출연행위라고 하여 달리 볼 것은 아니다(대판 1999.7.9, 98다9045).
2. 재단법인의 출연자가 착오를 원인으로 취소를 한 경우에는 출연자는 재단법인의 성립 여부나 출연된 재산의 기본재산인 여부와 관계없이 그 의사표시를 취소할 수 있다(대판 1999.7.9, 98다9045).
3. 민법 제48조는 재단법인 성립에 있어서 재산출연자와 법인과의 관계에 있어서의 출연재산의 귀속에 관한 규정이고, 이 규정은 그 기능에 있어서 출연재산의 귀속에 관하여 출연자와 법인과의 관계를 상대적으로 결정함에 있어서의 기준이 되는 것에 불과하여, 출연재산은 출연자와 법인과의 관계에 있어서 그 출연행위에 터 잡아 법인이 성립되면 그로써 출연재산은 민법의 위 조항에 의하여 법인 성립 시에 법인에게 귀속되어 법인의 재산이 되는 것이고, 출연재산이 부동산인 경우에 있어서도 위 양 당사자 간의 관계에 있어서는 <u>위 요건(법인의 성립) 외에 등기를 필요로 하는 것이 아니나, 제3자에 대한 관계에 있어서</u>

는 출연행위가 법률행위이므로 출연재산의 법인에의 귀속에는 부동산의 권리에 관해서는 법인 성립 외에 등기를 필요로 한다. 그리고 유언으로 재단법인을 설립하는 경우에도 제3자에 대한 관계에서는 출연재산이 부동산인 경우는 그 법인에의 귀속에는 법인의 설립 외에 등기를 필요로 하는 것이므로 재단법인이 그와 같은 등기를 마치지 아니하였다면 유언자의 상속인의 한 사람으로부터 부동산의 지분을 취득하여 이전등기를 마친 선의의 제3자에 대하여 대항할 수 없다(대판 1993.9.14, 93다8054).

4. 지명채권을 재단법인에 유언방식에 의하여 출연한 경우 유언자가 사망하면(지명채권증서를 교부한 때 ×, 지명채권의 대항요건을 갖춘 때 ×) 이는 법인의 것으로 되고, 유언자의 상속인이 처분하면 무권한자의 처분행위가 될 수밖에 없다(대판 1984.9.11, 83누578).

5. 재단법인의 기본재산은 재단법인의 실체를 이루는 것이므로, 재단법인 설립을 위한 기본재산의 출연행위에 관하여 그 재산출연자가 소유명의만을 재단법인에 귀속시키고 실질적 소유권은 출연자에게 유보하는 등의 부관을 붙여서 출연하는 것은 재단법인 설립의 취지에 어긋나는 것이어서 관할 관청은 이러한 부관이 붙은 출연재산을 기본재산으로 하는 재단법인의 설립을 허가할 수 없다(대판 2011.2.10, 2006다65774).

6. 재단법인의 설립을 위한 재산의 기증(기부행위)에 있어 재산기증자는 소유명의만을 재단법인에 귀속시키고 실질적 소유권은 기증자에게 보류하는 따위의 부관을 붙여도 그 부관의 효력은 재단법인에 미치지 않는다(대판 1971.8.31, 71다1176).

7. 비영리재단법인의 정관 중 설립자에게 잔여재산의 분배를 받을 권리를 부여하는 조항은 재단법인의 본질에 반하여 무효이다.

🗂 법인의 권리능력

제34조 법인의 권리능력

법인은 법률의 규정에 좇아 정관으로 정한 목적의 범위 내에서 권리와 의무의 주체가 된다.

1 법인도 주된 사무소의 소재지에서 설립등기를 하면 권리능력을 갖는다.

2 다만 일정한 경우에는 법인의 권리능력을 제한할 수 있다.

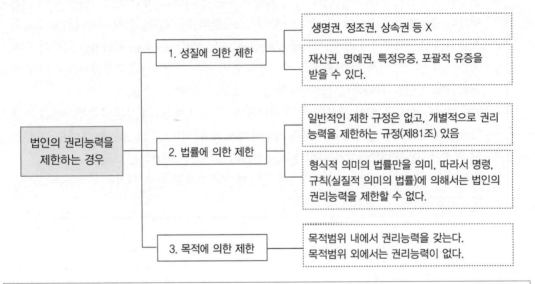

1. 법인의 명예가 훼손된 경우에 그 법인은 상대방에 대하여 불법행위로 인한 손해배상과 함께 명예회복에 적당한 처분을 청구할 수 있고, 종중과 같이 소송상 당사자능력이 있는 비법인사단 역시 마찬가지이다(대판 1997.10.24, 96다17851).
2. 법인의 권리능력은 법인의 설립근거가 된 법률과 정관상의 목적에 의하여 제한되나 그 목적의 범위 내의 의미는 법률이나 정관에 명시된 목적 자체에 국한되는 것이 아니라 그 목적을 수행하는 데 있어 직접·간접으로 필요한 행위를 모두 포함한다(대판 1991.11.22, 91다8821).
3. 벽지제조, 국내외 수출업 등과 이에 부대하는 사업을 목적으로 하는 영리회사가 부정수표 단속법 위반으로 구속되어 있는 그 대표이사의 아들을 석방시키기 위하여 다른 회사의 손해배상 채무를 인수한 행위는 목적범위에 해당한다(대판 1968.5.21, 68다461).
4. 건설공제조합 출장소장이 비조합원의 차금행위에 대하여 한 보증행위는 목적범위 내에 들어가지 않는다(대판 1972.7.11, 72다80).

3 법인의 행위능력

(1) 법인은 권리능력의 범위 내에서 행위능력을 갖는다.

(2) 법인의 대표기관의 행위만이 법인의 행위가 된다. 법인의 대표기관에는 이사, 이사의 직무대행자, 임시이사, 특별대리인, 청산인이 있다.

(3) 대표행위에서도 대리행위와 마찬가지로 법인을 위하여 하는 것임을 표시하여야 한다(제59조).

> 법인이 대표기관을 통하여 법률행위를 한 때에는 대리에 관한 규정이 준용된다(민법 제59조 제2항). 따라서 적법한 대표권을 가진 자와 맺은 법률행위의 효과는 대표자 개인이 아니라 본인인 법인에 귀속하고, 마찬가지로 그러한 법률행위상의 의무를 위반하여 발생한 <u>채무불이행으로 인한</u> 손해배상책임도 대표기관 개인이 아닌 <u>법인만이 책임의 귀속주체</u>가 되는 것이 원칙이다(대판 2019.5.30, 2017다53265).

4 대표권 남용이론

(1) '대표권 남용'이란 대표자가 대표자 개인의 사리를 도모하기 위하여 대표권을 행사하는 것을 의미한다. 예를 들면, 법인의 이사가 법인 명의로 대출을 받으면서 대출금을 법인의 이익을 위해서 사용하지 않고, 이사의 개인적인 용도로 대출금을 사용하는 경우처럼 법인의 대표기관이 외형적·형식적으로 대표권의 범위 내에서 대표행위를 하였으나, 실질적으로는 자기 또는 제3자의 이익을 위하여 대표행위를 하는 것을 '대표권 남용'이라 한다.

(2) 판례의 태도

> 대표이사가 대표권의 범위 내에서 한 행위는 설사 <u>대표이사가 회사의 영리목적과 관계없이 자기 또는 제3자의 이익을 도모할 목적으로 그 권한을 남용한 것이라 할지라도 일단 회사의 행위로서 유효</u>하고, 다만 <u>그 행위의 상대방이 대표이사의 진의를 알았거나 알 수 있었을 때에는 회사에 대하여 무효가 되는 것</u>이며, 이는 민법상 법인의 대표자가 대표 권한을 남용한 경우에도 마찬가지이다(대판 2004.3.26, 2003다34045).

🗇 법인의 불법행위능력

제35조 법인의 불법행위능력

① 법인은 이사 기타 대표자가 그 직무에 관하여 타인에게 가한 손해를 배상할 책임이 있다. **이사 기타 대표자는 이로 인하여 자기의 손해배상책임을 면하지 못한다.**
② 법인의 목적범위 외의 행위로 인하여 타인에게 손해를 가한 때에는 그 사항의 의결에 찬성하거나 그 의결을 집행한 사원, 이사 및 기타 대표자가 연대하여 배상하여야 한다.

1 법인의 불법행위가 성립하기 위한 요건

① 대표기관의 행위일 것	이사, 직무대행자, 임시이사, 특별대리인, 청산인의 대표기관의 행위에 대해서만 불법행위가 성립한다.
	대표권 없는 이사, 감사, 사원총회 등 법인의 대표기관의 아닌 자의 행위에 대해서는 법인의 불법행위는 성립하지 않는다.
	법인의 대표자에는 그 명칭이나 직위 여하 또는 대표자로 등기되었는지 여부를 불문하고 당해 법인을 실질적으로 운영하면서 법인을 사실상 대표하여 법인의 사무를 집행하는 사람도 포함한다.
② 직무관련성이 있을 것	직무에 관하여는 행위의 외형상 직무행위와 상당한 견련성을 가지는 행위를 포함한다(외형이론).
	법령에 규정에 위배된 것(강행규정에 위반한 행위)에 대해서도 직무에 해당한다.
	대표자 개인의 사리를 도모하기 위한 것(대표권 남용)의 경우에도 직무에 해당한다.
③ 제750조의 일반적 불법행위의 요건을 갖출 것	대표자의 고의, 과실이 있을 것(대표자에게 고의, 과실이 없는 경우 법인의 불법행위는 성립하지 않음)
	대표자의 행위가 위법할 것
	상대방에게 손해가 발생할 것 (간접적인 손해에 대해서는 법인의 불법행위 성립 X)

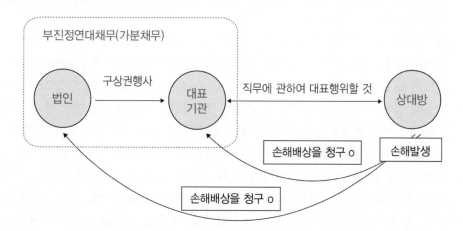

1. 법인이 그 대표자의 불법행위로 인하여 손해배상의무를 지는 것은 그 대표자의 직무에 관한 행위로 인하여 손해가 발생한 것임을 요한다 할 것이나, 그 직무에 관한 것이라는 의미는 행위의 외형상 법인의 대표자의 직무행위라고 인정할 수 있는 것이라면 설사 <u>그것이 대표자 개인의 사리를 도모하기 위한 것이었거나</u> 혹은 <u>법령의 규정에 위배된 것</u>이었다 하더라도 위의 직무에 관한 행위에 해당한다고 보아야 한다(대판 2004.2.27, 2003다15280).
2. 법인의 대표자의 행위가 직무에 관한 행위에 해당하지 아니함을 피해자 자신이 <u>알았거나 또는 중대한 과실로 인하여 알지 못한 경우</u>에는 법인에게 손해배상책임을 물을 수 없다(대판 2009.11.26, 2009다57033).

2 법인의 불법행위의 법률적 효과

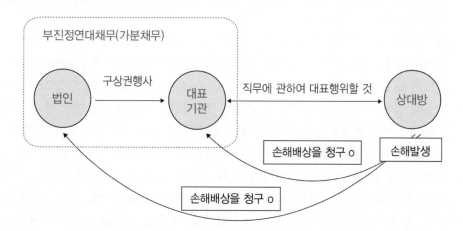

(1) 법인의 불법행위가 성립하여 법인의 책임이 인정되더라도, 대표기관 역시 책임을 면하지 못한다.

(2) 법인의 불법행위가 성립하여 법인이 상대방에게 손해를 배상하면 법인은 대표기관에게 선량한 관리자의 주의의무 위반을 이유로 구상권을 행사할 수 있다.

(3) 법인이 상대방에게 부담하는 책임의 유형은 법인의 무과실책임이므로, 법인이 대표기관의 선임·감독상의 주의의무를 다하였다고 입증하더라도 책임을 면하지 못한다.

(4) 민법 제35조 법인의 불법행위능력은 법인뿐만 아니라 모든 사법인에게 적용되며, 법인 아닌 사단에도 유추적용된다.

1. 법인에 대한 손해배상책임원인이 대표기관의 고의적인 불법행위라고 하더라도 피해자에게 그 불법행위 내지 손해발생에 과실이 있다면 법원은 <u>과실상계의 법리에 좇아 손해배상의 책임 및 그 금액을 정함에 있어 이를 참작하여야 한다</u>(대판 1987.12.8, 86다카1170).
2. 법인의 대표자가 그 직무에 관하여 타인에게 손해를 가함으로써 법인에 손해배상책임이 인정되는 경우에, 대표자의 행위가 제3자에 대한 불법행위를 구성한다면 그 대표자도 제3자에 대하여 손해배상책임을 면하지 못하며(민법 제35조 제1항), 또한 사원도 위 대표자와 공동으로 불법행위를 저질렀거나 이에 가담하였다고 볼 만한 사정이 있으면 제3자에 대하여 위 대표자와 연대하여 손해배상책임을 진다. 그러나 사원총회, 대의원 총회, 이사회의 의결은 원칙적으로 법인의 내부행위에 불과하므로 특별한 사정이 없는 한 그 사항의 의결에 찬성하였다는 이유만으로 제3자의 채권을 침해한다거나 대표자의 행위에 가공 또는 방조한 자로서 제3자에 대하여 불법행위책임을 부담한다고 할 수는 없다(대판 2009.1.30, 2006다37465).
3. 법인의 대표자가 피해자의 부주의를 이용하여 고의의 불법행위를 저지른 경우에, 대표자는 과실상계를 주장하지 못하지만, 법인의 배상범위를 정함에는 피해자의 부주의가 고려되므로 대표자와 법인의 배상범위가 달라질 수 있다(대판 2008.6.12, 2008다22276).
4. 법인에 있어서 그 대표자가 직무에 관하여 불법행위를 한 경우에는 민법 제35조 제1항에 의하여, 법인의 <u>피용자</u>가 사무집행에 관하여 불법행위를 한 경우에는 민법 제756조 제1항에 의하여 각기 손해배상책임을 부담한다(대판 2009.11.26, 2009다57033).
5. 노동조합의 간부들이 불법쟁의행위를 기획, 지시, 지도하는 등으로 주도한 경우에 이와 같은 간부들의 행위는 조합의 집행기관으로서의 행위라 할 것이므로 이러한 경우 민법 제35조 제1항의 유추적용에 의하여 노동조합은 그 불법쟁의행위로 인하여 사용자가 입은 손해를 배상할 책임이 있다(대판 1994.3.25, 93다32828·32835).

📄 법인의 기관

1 법인의 기관

(1) 사단법인의 기관

(2) 재단법인의 기관

재단법인의 기관에는 필요기관인 이사와 임의기관인 감사가 있으며, 사원총회는 존재하지 않는다.

2 이사

제57조 이사

법인은 이사를 **두어야 한다.**

제58조 이사의 사무집행

① 이사는 법인의 사무를 집행한다.
② 이사가 수인인 경우에는 정관에 다른 규정이 없으면 **법인의 사무집행은 이사의 과반수로써 결정**한다.

제59조 이사의 대표권

① 이사는 **법인의 사무에 관하여 각자 법인을 대표**한다. 그러나 정관에 규정한 취지에 위반할 수 없고 특히 사단법인은 총회의 의결에 의하여야 한다.
② 법인의 대표에 관하여는 대리에 관한 규정을 준용한다.

제41조   이사의 대표권에 대한 제한

이사의 대표권에 대한 제한은 이를 **정관에 기재하지 아니하면 그 효력이 없다.**

제60조   이사의 대표권에 대한 제한의 대항요건

이사의 대표권에 대한 제한은 등기하지 아니하면 제삼자에게 대항하지 못한다.

제60조의2   직무대행자의 권한

① 제52조의2의 직무대행자는 가처분명령에 다른 정함이 있는 경우 외에는 **법인의 통상사무에 속하지 아니한 행위를 하지 못한다.** 다만, 법원의 허가를 얻은 경우에는 그러하지 아니하다.
② 직무대행자가 제1항의 규정에 위반한 행위를 한 경우에도 **법인은 선의의 제3자에 대하여 책임을 진다.**

제61조   이사의 주의의무

이사는 선량한 관리자의 주의로 그 직무를 행하여야 한다.

제62조   이사의 대리인 선임

이사는 정관 또는 총회의 결의로 금지하지 아니한 사항에 한하여 타인으로 하여금 **특정한 행위를 대리하게 할 수 있다.**

제63조   임시이사의 선임

이사가 없거나 결원이 있는 경우에 이로 인하여 손해가 생길 염려 있는 때에는 법원은 이해관계인이나 검사의 청구에 의하여 임시이사를 선임하여야 한다.

제64조   특별대리인의 선임

법인과 이사의 이익이 상반하는 사항에 관하여는 이사는 대표권이 없다. 이 경우에는 전조의 규정에 의하여 **특별대리인을 선임**하여야 한다.

제65조   이사의 임무해태

이사가 그 임무를 해태한 때에는 그 이사는 법인에 대하여 연대하여 손해배상의 책임이 있다.

(1) 이사는 사단법인 그리고 재단법인의 대표기관이고 상설필수기관이다.

(2) 이사는 자연인만 될 수 있고, 법인은 이사가 될 수 없다.

(3) 이사의 임면에 관한 사항은 정관의 필요적 기재사항이고, 이사의 성명과 주소는 설립등기사항 이다.

(4) 이사는 정관 또는 총회의 결의로 금지하지 아니한 사항에 관하여 타인으로 하여금 특정한 행위 (포괄적 행위 ×)를 대리하게 할 수 있다.

(5) 이사의 대표권을 제한하는 경우

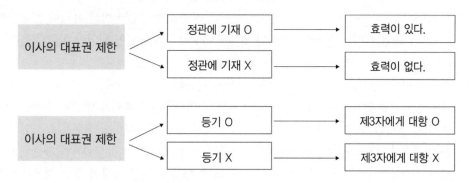

> 1. 법인의 정관에 법인 대표권의 제한에 관한 규정이 있으나 그와 같은 취지가 등기되어 있 지 않다면 법인은 그와 같은 정관의 규정에 대하여 <u>선의냐 악의냐에 관계없이 제3자에 대 하여 대항할 수 없다</u>(대판 1992.2.14, 91다24564).
> 2. 재단법인의 대표자가 그 법인의 채무를 부담하는 계약을 함에 있어서 이사회의 결의를 거쳐 노회와 설립자의 승인을 얻고 주무관청의 인가를 받도록 정관에 규정되어 있다면 그와 같은 규정은 법인 대표권의 제한에 관한 규정으로서 이러한 제한은 등기하지 아니하 면 제3자에게 대항할 수 없다(대판 1992.2.14, 91다24564).

(6) 임시이사, 특별대리인(선임하는 절차와 방식은 동일)

임시이사	이사가 없거나 결원이 있는 경우	이해관계인 검사 청구	법원에서 선임
특별대리인	법인과 이사의 이익상반하는 경우	이해관계인 검사 청구	법원에서 선임

(7) 이사의 직무대행자

직무대행자의 권한	원칙	법인의 통상사무에 속하는 행위만 할 수 있다. 따라서 통상사무에 속하지 않는 행위는 원칙적으로 할 수 없다.
	예외	가처분명령에 다른 정함이 있는 경우 또는 법원의 허가를 얻은 경우에는 통상사무에 속하지 않는 행위도 할 수 있다.

1. 학교법인의 이사는 <u>법인에 대한 일방적인 사임의 의사표시</u>에 의하여 법률관계를 종료시킬 수 있고, 그 의사표시는 <u>수령권한 있는 기관에 도달됨으로써 바로 효력을 발생하는 것</u>이며, <u>그 효력발생을 위하여 이사회의 결의나 관할관청의 승인이 있어야 하는 것은 아니다</u>(대판 2003.1.10, 2001다1171).

2. <u>법인의 이사를 사임하는 행위는 상대방 있는 단독행위</u>라 할 것이어서 그 의사표시가 상대방에게 도달함과 동시에 그 효력을 발생하고 그 의사표시가 효력을 발생한 후에는 마음대로 이를 철회할 수 없음이 원칙이나, 사임서 제시 당시 즉각적인 철회권유로 사임서 제출을 미루거나, 대표자에게 사표의 처리를 일임하거나, 사임서의 작성일자를 제출일 이후로 기재한 경우 등 사임의사가 즉각적이라고 볼 수 없는 특별한 사정이 있을 경우에는 별도의 사임서 제출이나 대표자의 수리행위 등이 있어야 사임의 효력이 발생하고, 그 이전에 사임의사를 철회할 수 있다(대판 2011.9.8, 2009다31260).

3. <u>법인이 정관에서 이사의 사임절차나 사임의 의사표시의 효력발생시기 등에 관하여 특별한 규정을 둔 경우에는 그에 따라야 하는바</u>, 위와 같은 경우에는 <u>이사의 사임의 의사표시가 법인의 대표자에게 도달하였다고 하더라도 그와 같은 사정만으로 곧바로 사임의 효력이 발생하는 것은 아니고 정관에서 정한 바에 따라 사임의 효력이 발생하는 것</u>이므로 이사가 사임의 의사표시를 하였더라도 정관에 따라 사임의 효력이 발생하기 전에는 그 사임의사를 자유롭게 철회할 수 있다(대판 2008.9.25, 2007다17109).

4. <u>사임한 대표자의 직무수행권은 법인이 정상적인 활동을 중단하게 되는 처지를 피하기 위하여 보충적으로 인정</u>된다(대판 2003.3.14, 2001다7599).

5. 사임한 이사에게 직무수행권을 인정하는 것은 그 사임한 이사가 아니고서는 <u>법인이 정상적인 활동을 중단할 수밖에 없는 급박한 사정이 있는 경우에 한정되는 것</u>이고, 아직 임기가 만료되지 않거나 사임하지 아니한 다른 이사들로서 정상적인 법인의 활동을 할 수 있는 경우에는 사임한 이사에게 직무를 계속 행사하게 할 필요는 없다(대판 2010.9.30, 2010다4358).

6. 후임이사가 유효히 선임되었는데도 그 <u>선임의 효력을 둘러싼 다툼이 있다고 하여 그 다툼이 해결되기 전까지는 후임이사에게 직무수행권한이 없고 임기가 만료된 구 이사만이 직무수행권한을 가진다고 할 수는 없다</u>(대판 2006.4.27, 2005다8875).

7. 법인과 이사의 법률관계는 신뢰를 기초로 한 위임 유사의 관계로 볼 수 있는데, 민법 제689조 제1항에서는 위임계약은 각 당사자가 언제든지 해지할 수 있다고 규정하고 있으므로, 법인은 원칙적으로 이사의 임기 만료 전에도 이사를 해임할 수 있지만, 이러한 민법의 규정은 임의규정에 불과하므로 법인이 자치법규인 정관으로 이사의 해임사유 및 절차 등에 관하여 별도의 규정을 두는 것도 가능하다. 그리고 이와 같이 법인이 정관에 이사의 해임사유 및 절차 등을 따로 정한 경우 그 규정은 법인과 이사와의 관계를 명확히 함은 물론 이사의 신분을 보장하는 의미도 아울러 가지고 있어 이를 단순히 주의적 규정으로 볼 수는 없다. 따라서 법인의 정관에 이사의 해임사유에 관한 규정이 있는 경우 법인으로서는 이사의 중대한 의무위반 또는 정상적인 사무집행 불능 등의 특별한 사정이 없는 이상, 정관에서 정하지 아니한 사유로 이사를 해임할 수 없다(대판 2013.11.28, 2011다41741).

8. 법인 대표자의 유임 내지 중임을 금지하는 규약이 없는 경우에 임기만료된 대표자 개임이 없었다면 그 대표자를 묵시적으로 다시 대표자로 선임하였다고 볼 수 있다(대판 1970.9.17, 70다1256).

3 사원총회

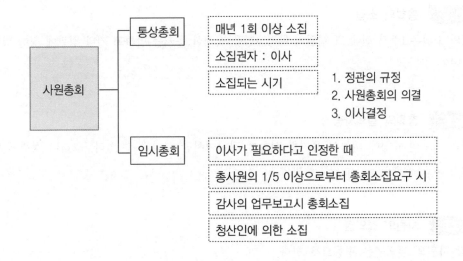

제68조 　총회의 권한

사단법인의 사무는 정관으로 이사 또는 기타 임원에게 위임한 사항 외에는 총회의 결의에 의하여야 한다.

제69조 　통상총회

사단법인의 이사는 매년 1회 이상 통상총회를 소집하여야 한다.

제70조 　임시총회

① 사단법인의 이사는 필요하다고 인정한 때에는 임시총회를 소집할 수 있다.
② 총사원의 5분의 1 이상으로부터 회의의 목적사항을 제시하여 청구한 때에는 이사는 임시총회를 소집하여야 한다. 이 정수는 정관으로 증감할 수 있다.
③ 전항의 청구 있는 후 2주간 내에 이사가 총회소집의 절차를 밟지 아니한 때에는 청구한 사원은 법원의 허가를 얻어 이를 소집할 수 있다.

제71조 　총회의 소집

총회의 소집은 1주간 전에 그 회의의 목적사항을 기재한 통지를 **발하고** 기타 정관에 정한 방법에 의하여야 한다.

제72조 　총회의 결의사항

총회는 전조의 규정에 의하여 **통지한 사항에 관하여서만 결의**할 수 있다. 그러나 정관에 다른 규정이 있는 때에는 그 규정에 의한다.

제73조 　사원의 결의권

① **각 사원의 결의권은 평등**으로 한다.
② 사원은 서면이나 대리인으로 결의권을 행사할 수 있다.
③ 전2항의 규정은 **정관에 다른 규정이 있는 때에는 적용하지 아니한다.**

제74조 　사원이 결의권 없는 경우

사단법인과 어느 사원과의 관계사항을 의결하는 경우에는 그 사원은 결의권이 없다.

> **제75조** 　총회의 결의방법
>
> ① 총회의 결의는 본법 또는 정관에 다른 규정이 없으면 **사원 과반수의 출석과 출석사원의 결의권의 과반수로써** 한다.
> ② 제73조 제2항의 경우에는 당해사원은 출석한 것으로 한다.

> **제76조** 　총회의 의사록
>
> ① 총회의 의사에 관하여는 의사록을 작성하여야 한다.
> ② 의사록에는 의사의 경과, 요령 및 결과를 기재하고 의장 및 출석한 이사가 기명날인하여야 한다.
> ③ 이사는 의사록을 주된 사무소에 비치하여야 한다.

(1) 사원총회는 사단법인의 최고의사결정기관이다.

(2) 사원총회는 사단법인의 대표기관도 아니고 사단법인의 대내적 업무기관도 아니다.

(3) 사원총회의 소집통지는 관념의 통지이고, 1주일 전에 발송하여야 한다.

(4) 정관에 다른 규정이 없으면 통지한 사항에 대해서만 결의할 수 있다. 따라서 통지하지 않는 사항에 대하여 결의한 경우에는 그 결의는 무효이다. 다만 정관에 다른 규정이 있으면 통지하지 않는 사항도 결의할 수 있다.

(5) 정관의 변경과 해산결의는 사원총회의 고유한 권한(=전권사항)이므로 사단법인의 다른 기관에서 할 수 없다(즉 사단법인의 이사회의 결의로 정관을 변경할 수 있다는 정관의 규정은 무효이다).

(6) **사원총회의 결의방식**

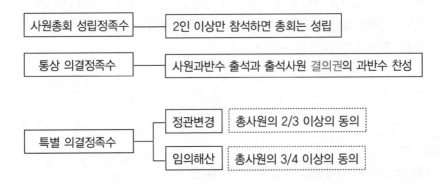

(7) 사원권

> **제56조** **사원권의 양도, 상속금지**
>
> 사단법인의 사원의 지위는 양도 또는 상속할 수 없다.

"사단법인의 사원의 지위는 양도 또는 상속할 수 없다."라고 한 <u>민법 제56조의 규정은 강행규정은 아니라고 할 것</u>이므로 정관에 의하여 이를 인정하고 있을 때에는 <u>양도·상속이 허용된다</u>(대판 1992.4.14, 91다26850).

---

1. <u>소집권한 없는 자에 의한 총회소집</u>이라고 하더라도 소집권자가 소집에 동의하여 그로 하여금 소집하게 한 것이라면 그와 같은 총회소집을 권한 없는 자의 소집이라고 볼 수 없으나 단지 <u>소집권한 없는 자에 의한 총회에 소집권자가 참석하여 총회소집이나 대표자 선임에 관하여 이의를 하지 아니하였다고 하여</u> 이것만 가지고 총회가 소집권자의 동의에 의하여 소집된 것이라거나 그 총회의 소집절차상의 하자가 치유되어 <u>적법하게 된다고는 할 수 없다</u>(대판 1994.1.11, 92다40402).

2. 법인이나 법인 아닌 사단의 총회에 있어서 총회의 소집권자가 총회의 소집을 철회·취소하는 경우에는 반드시 <u>총회의 소집과 동일한 방식으로 그 철회·취소를 총회 구성원들에게 통지하여야 할 필요는 없고</u>, 총회 구성원들에게 소집의 철회·취소결정이 있었음이 알려질 수 있는 적절한 조치가 취하여지는 것으로써 충분히 그 소집 철회·취소의 효력이 발생한다(대판 2007.4.12, 2006다77593).

3. 민법 제74조는 사단법인과 어느 사원과의 관계사항을 의결하는 경우 그 사원은 의결권이 없다고 규정하고 있으므로, 민법 제74조의 유추해석상 민법상 법인의 이사회에서 법인과 어느 이사와의 관계사항을 의결하는 경우에는 그 이사는 의결권이 없다. 이때 <u>의결권이 없다는 의미</u>는 상법 제368조 제4항, 제371조 제2항의 유추해석상 이해관계 있는 이사는 이사회에서 의결권을 행사할 수는 없으나 <u>의사정족수 산정의 기초가 되는 이사의 수에는 포함되고, 다만 결의 성립에 필요한 출석이사에는 산입되지 아니한다</u>고 풀이함이 상당하다(대판 2009.4.9, 2008다1521).

---

4 감사

> **제66조** **감사**
>
> 법인은 정관 또는 총회의 결의로 감사를 둘 수 있다.

제67조 **감사의 직무**

감사의 직무는 다음과 같다.
1. 법인의 재산상황을 감사하는 일
2. 이사의 업무집행의 상황을 감사하는 일
3. 재산상황 또는 업무집행에 관하여 부정, 불비한 것이 있음을 발견한 때에는 이를 총회 또는 주무관청에 보고하는 일
4. 전호의 보고를 하기 위하여 필요 있는 때에는 총회를 소집하는 일

정관의 변경

1 정관변경의 의의

(1) 정관의 변경이란 법인이 그 동일성(同一性)을 유지하면서 그 목적이나 조직을 변경하는 것을 의미하고, 종래의 규정을 개폐(開閉)하는 경우는 물론 자구(字句)의 수정이나 신규정의 절차를 모두 포함한다.

(2) 사단법인의 정관의 변경은 사원총회의 결의에 의한 자유로운 정관의 변경이 허용된다.

(3) 재단법인은 설립자의 의사에 의하여 타율적으로 운영되는 법인이므로 원칙적으로 정관의 변경이 허용되지 않지만, 일정한 경우에 예외적으로 정관의 변경이 허용된다.

2 사단법인의 정관의 변경

제42조 **사단법인의 정관의 변경**

① 사단법인의 정관은 **총사원 3분의 2 이상의 동의**가 있는 때에 한하여 이를 변경할 수 있다. 그러나 정수에 관하여 정관에 다른 규정이 있는 때에는 그 규정에 의한다.
② 정관의 변경은 주무관청의 허가를 얻지 아니하면 그 효력이 없다.

(1) 사단법인의 정관은 총 사원의 2/3 이상의 동의만 있으면 언제든지 자유롭게 변경할 수 있다.

(2) 동일성을 해하거나 사단법인의 본질에 반하는 정관의 변경은 허용되지 않는다. 또는 비영리를 영리로 변경하는 것은 허용되지 않는다.

> 종원 일부만이 참석한 종중회합에서 종중원의 일부를 종원으로 취급하지도 않고 또 일부 종원에 대하여는 영원히 종원으로서의 자격을 박탈하는 것으로 규약을 개정한 것은 종중의 원래의 설립목적과 종중으로서의 본질에 반하는 것으로서 그 규약개정의 한계를 넘어 무효이다 (대판 1978.9.26, 78다1435).

3 재단법인의 정관의 변경

제45조 재단법인의 정관변경

① 재단법인의 정관은 그 변경방법을 정관에 정한 때에 한하여 변경할 수 있다.
② 재단법인의 목적달성 또는 그 재산의 보전을 위하여 적당한 때에는 전항의 규정에 불구하고 명칭 또는 사무소의 소재지를 변경할 수 있다.
③ 제42조 제2항의 규정은 전2항의 경우에 준용한다.

제46조 재단법인의 목적 기타의 변경

재단법인의 목적을 달성할 수 없는 때에는 설립자나 이사는 주무관청의 허가를 얻어 설립의 취지를 참작하여 그 목적 기타 정관의 규정을 변경할 수 있다.

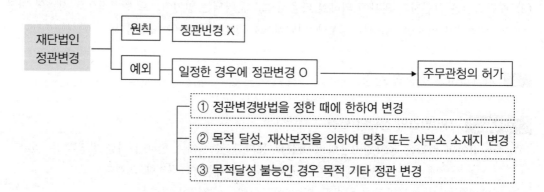

1. 민법 제45조와 제46조에서 말하는 <u>재단법인의 정관변경 '허가'</u>는 법률상의 표현이 허가로 되어 있기는 하나, 그 성질에 있어 <u>법률행위의 효력을 보충해 주는 것이지 일반적 금지를 해제하는 것이 아니므로 그 법적 성격은 인가</u>라고 보아야 한다(대판 1996.5.16, 95누4810 전합).

2. <u>재단법인의 기본재산의 처분은 정관변경을 요하는 것</u>이므로 주무관청의 허가가 없으면 그 처분행위는 물권계약으로 무효일 뿐만 아니라 채권계약으로서도 무효이다(대판 1974.6.11, 73다1975).

3. 재단법인의 <u>기본재산을 증가시키는 것은 기부행위의 변경</u>이 되므로 주무관청의 인가를 받아야만 효력이 발생한다(대판 1978.7.25, 78다783).

4. 재단법인의 기본재산에 관한 사항은 정관의 기재사항으로서 기본재산의 변경은 정관의 변경을 초래하기 때문에 주무장관의 허가를 받아야 하고, 따라서 <u>기존의 기본재산을 처분하는 행위는 물론 새로이 기본재산으로 편입하는 행위</u>도 주무장관의 허가가 있어야 유효하다(대판 1991.5.28, 90다8558).

5. 재단법인의 기본재산 처분은 정관변경행위이므로 주무관청의 허가를 받지 아니하면 그 효력이 없고 <u>재단의 채권자가 그 기본재산에 대하여 강제집행을 실시하여 경락이 된 경우도 동일</u>하다고 하여야 할 것이다(대판 1965.5.18, 65다114).

6. 재단법인의 기본재산에 속하는 채권에 대하여 <u>법인에 대한 채권자가 자신의 채권을 가지고 상계하는 것은 기본재산의 처분에 해당</u>한다(대판 1998.12.11, 97다9970).

7. 민법상 재단법인의 <u>기본재산에 관한 저당권 설정행위</u>는 특별한 사정이 없는 한 정관의 기재사항을 변경하여야 하는 경우에 해당하지 않으므로, 그에 관하여는 주무관청의 <u>허가를 얻을 필요가 없다</u>(대결 2018.7.20, 2017마15650).

8. 재단법인의 기본재산의 처분은 정관변경을 요하는 것이므로 주무관청의 허가가 없으면 그 처분행위는 물권계약으로 무효일 뿐 아니라 채권계약으로서도 무효이다(대판 1974.6.11, 73다1975).

9. 반드시 기본재산의 매매 등 계약 성립 전에 감독청의 허가를 받아야만 하는 것은 아니고, 매매 등 계약 성립 후에라도 감독청의 허가를 받으면 그 매매 등 계약이 유효하게 된다(대판 1998.7.24, 96다27988).

10. 재단법인의 정관변경에 대한 주무관청의 허가는 경매개시요건은 아니고 경락인의 소유권취득에 관한 요건이므로 경매신청 시에 그 허가서를 제출하지 아니하였다 하여 경매신청을 기각할 것은 아니다(대결 1986.1.17, 85마720).

📑 법인의 소멸과정

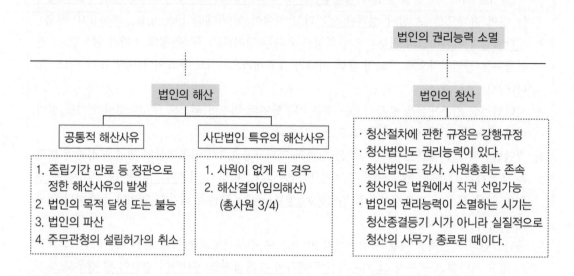

법인의 권리능력 소멸

법인의 해산

공통적 해산사유	사단법인 특유의 해산사유

1. 존립기간 만료 등 정관으로
   정한 해산사유의 발생
2. 법인의 목적 달성 또는 불능
3. 법인의 파산
4. 주무관청의 설립허가의 취소
	1. 사원이 없게 된 경우
	2. 해산결의(임의해산)
	   (총사원 3/4)

법인의 청산

· 청산절차에 관한 규정은 강행규정
· 청산법인도 권리능력이 있다.
· 청산법인도 감사, 사원총회는 존속
· 청산인은 법원에서 직권 선임가능
· 법인의 권리능력이 소멸하는 시기는
  청산종결등기 시가 아니라 실질적으로
  청산의 사무가 종료된 때이다.

제77조　해산사유

① 법인은 존립기간의 만료, 법인의 목적의 달성 또는 달성의 불능 기타 정관에 정한 해산사유의 발생, 파산 또는 설립허가의 취소로 해산한다.
② 사단법인은 사원이 없게 되거나 총회의 결의로도 해산한다.

제78조　사단법인의 해산결의

사단법인은 총사원 4분의 3 이상의 동의가 없으면 해산을 결의하지 못한다. 그러나 정관에 다른 규정이 있는 때에는 그 규정에 의한다.

제79조　파산신청

법인이 채무를 완제하지 못하게 된 때에는 이사는 지체 없이 파산신청을 하여야 한다.

제38조　법인의 설립허가의 취소

법인이 목적 이외의 사업을 하거나 설립허가의 조건에 위반하거나 기타 공익을 해하는 행위를 한 때에는 주무관청은 그 허가를 취소할 수 있다.

1 법인의 해산사유가 발생하면 법인은 당연히(주무관청의 허가 ×) 해산한다.

2 해산과 청산은 구별되어야 한다. 즉 사원이 없게 되면 사단법인은 소멸하는 것이 아니라 해산한다.

3 법인의 파산은 지급불능을 요하지 아니하고 채무초과상태면 족하다. 법인의 채무초과상태는 파산사유이고, 해산사유는 아니다.

제80조 잔여재산의 귀속

① 해산한 법인의 재산은 정관으로 지정한 자에게 귀속한다.
② 정관으로 귀속권리자를 지정하지 아니하거나 이를 지정하는 방법을 정하지 아니한 때에는 이사 또는 청산인은 주무관청의 허가를 얻어 그 법인의 목적에 유사한 목적을 위하여 그 재산을 처분할 수 있다. 그러나 사단법인에 있어서는 총회의 결의가 있어야 한다.
③ 전2항의 규정에 의하여 처분되지 아니한 재산은 국고에 귀속한다.

제81조 청산법인

해산한 법인은 청산의 목적범위 내에서만 권리가 있고 의무를 부담한다.

제82조 청산인

법인이 해산한 때에는 파산의 경우를 제하고는 이사가 청산인이 된다. 그러나 정관 또는 총회의 결의로 달리 정한 바가 있으면 그에 의한다.

제83조 법원에 의한 청산인의 선임

전조의 규정에 의하여 청산인이 될 자가 없거나 청산인의 결원으로 인하여 손해가 생길 염려가 있는 때에는 법원은 직권 또는 이해관계인이나 검사의 청구에 의하여 청산인을 선임할 수 있다.

제84조 법원에 의한 청산인의 선임

중요한 사유가 있는 때에는 법원은 직권 또는 이해관계인이나 검사의 청구에 의하여 청산인을 해임할 수 있다.

제85조 　해산등기

① 청산인은 파산의 경우를 제하고는 그 취임 후 3주간 내에 해산의 사유 및 연월일, 청산인의 성명 및 주소와 청산인의 대표권을 제한한 때에는 그 제한을 주된 사무소 및 분사무소소재지에서 등기하여야 한다.

② 제52조의 규정은 전항의 등기에 준용한다.

제86조 　해산신고

① 청산인은 파산의 경우를 제하고는 그 취임 후 3주간 내에 전조 제1항의 사항을 주무관청에 신고하여야 한다.

② 청산중에 취임한 청산인은 그 성명 및 주소를 신고하면 된다.

제87조 　청산인의 직무

① 청산인의 직무는 다음과 같다.

　1. 현존사무의 종결

　2. 채권의 추심 및 채무의 변제

　3. 잔여재산의 인도

② 청산인은 전항의 직무를 행하기 위하여 **필요한 모든 행위를 할 수 있다.**

제88조 　채권신고의 공고

① 청산인은 취임한 날로부터 2월내에 3회 이상의 공고로 **채권자**에 대하여 일정한 기간 내에 그 채권을 신고할 것을 최고하여야 한다. 그 기간은 2월 이상이어야 한다.

② 전항의 공고에는 채권자가 기간 내에 신고하지 아니하면 **청산으로부터 제외될 것**을 표시하여야 한다.

③ 제1항의 공고는 법원의 등기사항의 공고와 동일한 방법으로 하여야 한다.

제89조 　채권신고의 최고

청산인은 **알고 있는 채권자**에게 대하여는 각각 그 채권신고를 최고하여야 한다. **알고 있는 채권자는 청산으로부터 제외하지 못한다.**

제90조 **채권신고기간 내의 변제 금지**

청산인은 제88조 제1항의 **채권신고기간 내에는 채권자에 대하여 변제하지 못한다.** 그러나 법인은 채권자에 대한 지연손해배상의 의무를 면하지 못한다.

제91조 **채권변제의 특례**

① 청산중의 법인은 **변제기에 이르지 아니한 채권에 대하여도 변제할 수 있다.**
② 전항의 경우에는 조건 있는 채권, 존속기간의 불확정한 채권 기타 가액의 불확정한 채권에 관하여는 법원이 선임한 감정인의 평가에 의하여 변제하여야 한다.

제92조 **청산으로부터 제외된 채권**

청산으로부터 제외된 채권자는 법인의 채무를 완제한 후 귀속권리자에게 인도하지 아니한 재산에 대하여서만 변제를 청구할 수 있다.

제93조 **청산중의 파산**

① 청산중 법인의 재산이 그 채무를 완제하기에 부족한 것이 분명하게 된 때에는 청산인은 지체 없이 파산선고를 신청하고 이를 공고하여야 한다.
② 청산인은 파산관재인에게 그 사무를 인계함으로써 그 임무가 종료한다.
③ 제88조 제3항의 규정은 제1항의 공고에 준용한다.

제94조 **청산종결의 등기와 신고**

청산이 종결한 때에는 청산인은 3주간 내에 이를 등기하고 주무관청에 신고하여야 한다.

---

1. 법인에 대한 청산종결등기가 경료되었다고 하더라도 <u>청산사무가 종결되지 않는 한</u> 그 범위 내에서는 청산법인으로서 존속한다(대판 2003.2.11, 99다66427).
2. <u>민법 제80조 제1항, 제81조 및 제87조 등 청산절차에 관한 규정</u>은 모두 제3자의 이해관계에 중대한 영향을 미치는 것으로서 <u>강행규정이므로</u> 해산한 법인이 잔여재산의 귀속자에 관한 정관규정에 반하여 잔여재산을 달리 처분할 경우 그 처분행위는 청산법인의 목적범위 외의 행위로서 특단의 사정이 없는 한 무효이다(대판 2000.12.8, 98두5279).
3. <u>청산법인이나 그 청산인이 청산법인의 목적범위 외의 행위를 한 때는 무효라 아니할 수 없다</u> (대판 1980.4.8, 79다2036).

4. 민법 제80조 제1항과 제2항의 각 규정 내용을 대비하여 보면, <u>법인 해산시 잔여재산의 귀속권리자를 직접 지정하지 아니하고 사원총회나 이사회의 결의에 따라 이를 정하도록 하는 등 간접적으로 그 귀속권리자의 지정방법을 정해 놓은 정관규정도 유효하다</u>(대판 1995.2.10, 94다 13473).

5. <u>이사 전원의 의결에 의하여 잔여재산을 처분하도록 한 정관규정은 성질상 등기하여야만 제3자에게 대항할 수 있는 청산인의 대표권에 관한 제한이라고 볼 수 없다</u>(대판 1995.2.10, 94다 13473).

제36조 법인의 주소

법인의 주소는 그 주된 사무소의 소재지에 있는 것으로 한다.

제37조 법인의 사무의 검사, 감독

법인의 사무는 **주무관청**이 검사, 감독한다.

제95조 해산, 청산의 검사, 감독

법인의 해산 및 청산은 **법원**이 검사, 감독한다.

제54조 설립등기 이외의 등기의 효력과 등기사항의 공고

① 설립등기 이외의 본절의 등기사항은 그 등기 후가 아니면 제삼자에게 대항하지 못한다.
② 등기한 사항은 법원이 지체 없이 공고하여야 한다.

제55조 재산목록과 사원명부

① 법인은 성립한 때 및 매년 3월 내에 재산목록을 작성하여 사무소에 비치하여야 한다. 사업연도를 정한 법인은 성립한 때 및 그 연도 말에 이를 작성하여야 한다.
② 사단법인은 사원명부를 비치하고 사원의 변경이 있는 때에는 이를 기재하여야 한다.

제96조 준용규정

제58조 제2항, 제59조 내지 제62조, 제64조, 제65조 및 제70조의 규정은 청산인에 이를 준용한다.

🗂 법인 아닌 사단

1 비영리사단법인과 법인 아닌 사단과 조합의 비교

		구별방법	권리능력 有無	등기능력 有無	당사자능력 有無	재산의 소유형태
사단 법인		법인격 유무	권리능력 ○	등기능력 ○	당사자능력 ○	법인의 단독소유
법인 아닌 사단			권리능력 ×	등기능력 ○	당사자능력 ○	구성원의 총유
조합		단체성의 강약	권리능력 ×	등기능력 ×	당사자능력 ×	구성원의 합유

> 민법상의 조합과 법인격은 없으나 사단성이 인정되는 비법인사단을 구별함에 있어서는 일반
> 적으로 그 단체성의 강약을 기준으로 판단하여야 하는바, 조합은 2인 이상이 상호간에 금전
> 기타 재산 또는 노무를 출자하여 공동사업을 경영할 것을 약정하는 계약관계에 의하여 성립
> 하므로 어느 정도 단체성에서 오는 제약을 받게 되는 것이지만 구성원의 개인성이 강하게
> 드러나는 인적 결합체인데 비하여 비법인사단은 구성원의 개인성과는 별개로 권리·의무의
> 주체가 될 수 있는 독자적 존재로서의 단체적 조직을 가지는 특성이 있다 하겠는데, 어떤 단
> 체가 고유의 목적을 가지고 사단적 성격을 가지는 규약을 만들어 이에 근거하여 의사결정기
> 관 및 집행기관인 대표자를 두는 등의 조직을 갖추고 있고, 기관의 의결이나 업무집행방법이
> 다수결의 원칙에 의하여 행하여지며, 구성원의 가입, 탈퇴 등으로 인한 변경에 관계없이 단
> 체 그 자체가 존속되고, 그 조직에 의하여 대표의 방법, 총회나 이사회 등의 운영, 자본의
> 구성, 재산의 관리 기타 단체로서의 주요사항이 확정되어 있는 경우에는 비법인사단으로서
> 의 실체를 가진다고 할 것이다(대판 1999.4.23, 99다4504).

2 법인 아닌 사단(권리능력 없는 사단, 비법인사단)

(1) '법인 아닌 사단'이란 사단의 실질은 가지고 있으나 법인격(설립등기)를 취득하지 않은 단체를
말한다.

(2) 사단의 실질

> 사단법인의 하부조직의 하나라 하더라도 스스로 단체로서의 실체를 갖추고 독자적인 활동을 하고 있다면 사단법인과는 별개의 독립된 비법인사단으로 볼 수 있다(대판 2009.1.30, 2006다60908).

(3) 법인 아닌 사단의 성립요건

설립등기는 갖추지 못하였더라도 사단의 실체는 가져야 한다. 그리고 반드시 성문의 규약은 아니더라도 사단법인의 정관에 상응하는 것은 있어야 한다.

> 종중은 공동선조의 후손 중 성년 이상의 남자를 종원으로 하여 구성되는 종족의 자연발생적 집단이므로, <u>그 성립을 위하여 특별한 조직행위를 필요로 하는 것이 아니고</u>, 다만 그 목적인 공동선조의 분묘 수호, 제사 봉행, 종원 상호간의 친목을 규율하기 위하여 규약을 정하는 경우가 있고, 또 대외적인 행위를 할 때에는 대표자를 정할 필요가 있는 것에 지나지 아니하며, 반드시 특별한 명칭의 사용 및 <u>서면화된 종중규약</u>이 있어야 하거나 종중의 대표자가 선임되어 있는 등 조직을 갖추어야 성립하는 것은 아니다(대판 1997.11.14, 96다25715).

(4) 민법의 규정

> **제275조 물건의 총유**
> ① **법인이 아닌 사단**의 사원이 집합체로서 물건을 소유할 때에는 **총유로** 한다.
> ② 총유에 관하여는 사단의 정관 기타 계약에 의하는 외에 다음 2조의 규정에 의한다.

> **제276조 총유물의 관리, 처분과 사용, 수익**
> ① **총유물의 관리 및 처분은 사원총회의 결의**에 의한다.
> ② 각 사원은 정관 기타의 규약에 좇아 총유물을 사용, 수익할 수 있다.

> **제277조 총유물에 관한 권리의무의 득상**
> 총유물에 관한 사원의 권리의무는 사원의 지위를 취득상실함으로써 취득상실된다.

(5) 총유물의 관리 · 처분행위

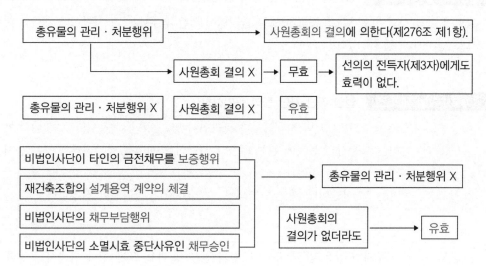

(6) 법인에 관한 규정의 유추적용 여부

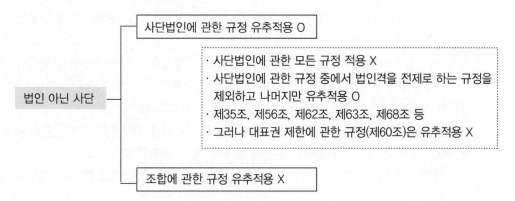

(7) 판례가 인정한 법인 아닌 사단

종중, 교회, 어촌계, 아파트입주자대표회의, 연합주택조합, 아파트부녀회, (구)주택건설촉진법에 의하여 설립된 재건축조합, 동·리, 자연부락, 성균관(재단법인)의 설립 이전부터 존재하던 성균관, 친목계, 등록되어 있지 않은 사찰, 채권자들로 구성된 청산위원회 등

(8) 법인 아닌 사단의 법률관계

① 법인 아닌 사단의 재산소유형태는 '총유'이다. 채무 등도 구성원 전원에게 준총유적으로 귀속된다.

② 총유에는 지분이 인정되지 않으며, 총유물에 대한 분할청구권도 인정되지 않는다.

③ 법인 아닌 사단도 당사자능력 또는 등기능력이 인정된다.

민사소송법 제52조 **법인이 아닌 사단 등의 당사자능력**

법인이 아닌 사단이나 재단은 대표자 또는 관리인이 있는 경우에는 그 사단이나 재단의 이름
으로 당사자가 될 수 있다.

부동산등기법 제26조 **법인 아닌 사단 등의 등기신청**

① 종중(宗中), 문중(門中), 그 밖에 대표자나 관리인이 있는 법인 아닌 사단(社團)이나 재단
(財團)에 속하는 부동산의 등기에 관하여는 그 사단이나 재단을 등기권리자 또는 등기의
무자로 한다.
② 제1항의 등기는 그 사단이나 재단의 명의로 그 대표자나 관리인이 신청한다.

---

1. 공동주택의 입주자가 같은 법 제38조 제7항과 같은 영 제10조 제1항에 따라서 구성한 입
   주자대표회의는 단체로서의 조직을 갖추고 의사결정기관과 대표자가 있을 뿐만 아니라,
   또 현실적으로도 자치관리기구를 지휘, 감독하는 등 공동주택의 관리업무를 수행하고 있
   으므로 특별한 다른 사정이 없는 한 법인 아닌 사단으로서 당사자능력을 가지고 있는 것
   으로 보아야 한다(대판 1991.4.23, 91다4478).

2. (구)주택건설촉진법에 의하여 설립된 재건축조합은 민법상의 비법인사단에 해당하고, 재
   건축조합의 실체가 비법인사단이라면 재건축조합이 주체가 되어 신축 완공한 상가건물은
   조합원 전원의 총유에 속한다(대판 2001.5.29, 2000다10246).

3. 비법인사단에 대하여는 사단법인에 관한 민법규정 가운데서 법인격을 전제로 하는 것을
   제외하고는 이를 유추적용하여야 한다(대판 1996.9.6, 94다18522).

4. 민법 제63조는 법인 아닌 사단이나 재단에도 유추적용할 수 있다(대결 2009.11.19, 2008
   마699 전합).

5. 민법상 법인의 이사는 특별한 사정이 없는 한 법인의 사무에 관하여 각자 법인을 대표하
   고, 민법상 법인이나 법인이 아닌 사단에 대하여 민법 제63조에 의하여 법원이 선임한 임
   시이사는 원칙적으로 정식이사와 동일한 권한을 가진다(대판 2018.5.15, 2017다56967).

6. 민법 제62조에 비추어 보면 비법인사단의 대표자는 정관 또는 총회의 결의로 금지하지 아
   니한 사항에 한하여 타인으로 하여금 특정한 행위를 대리하게 할 수 있을 뿐 비법인사단의
   제반 업무처리를 포괄적으로 위임할 수는 없으므로 비법인사단 대표자가 행한 타인에 대
   한 업무의 포괄적 위임과 그에 따른 포괄적 수임인의 대행행위는 민법 제62조를 위반한
   것이어서 비법인사단에 대하여 그 효력이 미치지 않는다(대판 2011.4.28, 2008다15438).

7. 비법인사단의 경우에는 대표자의 대표권 제한에 관하여 등기할 방법이 없어 민법 제60조
   의 규정을 준용할 수 없고, 비법인사단의 대표자가 정관에서 사원총회의 결의를 거쳐야
   하도록 규정한 대외적 거래행위에 관하여 이를 거치지 아니한 경우라도, 이와 같은 사원

총회 결의사항은 비법인사단의 내부적 의사결정에 불과하다 할 것이므로 그 거래상대방이 그와 같은 대표권 제한 사실을 알았거나 알 수 있었을 경우가 아니라면 그 거래행위는 유효하다고 봄이 상당하고, 이 경우 거래의 상대방이 대표권 제한 사실을 알았거나 알 수 있었음은 이를 주장하는 비법인사단 측이 주장·입증하여야 한다(대판 2003.7.22, 2002다64780).

8. 총유물의 보존에 있어서는 <u>공유물의 보존에 관한 민법 제265조의 규정이 적용될 수 없고</u>, 민법 제276조 제1항의 규정에 따른 사원총회의 결의를 거치거나 정관이 정하는 바에 따른 절차를 거쳐야 하므로, 법인 아닌 사단인 교회가 총유재산에 대한 보존행위로서 소송을 하는 경우에도 교인 총회의 결의를 거치거나 정관이 정하는 바에 따른 절차를 거쳐야 한다(대판 2014.2.13, 2012다112299).

9. 총유재산에 관한 소송은 법인 아닌 사단이 그 명의로 사원총회의 결의를 거쳐 하거나 또는 <u>그 구성원 전원이 당사자가 되어 필수적 공동소송의 형태로 할 수 있을 뿐 그 사단의 구성원은 설령 그가 사단의 대표자라거나 사원총회의 결의를 거쳤다 하더라도 그 소송의 당사자가 될 수 없고</u>, 이러한 법리는 <u>총유재산의 보존행위로서 소를 제기하는 경우에도 마찬가지</u>라 할 것이다(대판 2005.9.15, 2004다44971 전합).

10. 비법인사단이 <u>총유물에 관한 매매계약을 체결하는 행위</u>는 총유물 그 자체의 처분이 따르는 채무부담행위로서 <u>총유물의 처분행위에 해당</u>하나, 그 매매계약에 의하여 부담하고 있는 채무의 존재를 인식하고 있다는 뜻을 표시하는 데 불과한 소멸시효 중단사유로서의 <u>승인은 총유물 그 자체의 관리·처분이 따르는 행위가 아니어서 총유물의 관리·처분행위라고 볼 수 없다</u>(대판 2009.11.26, 2009다64383).

11. 비법인사단이 <u>타인 간의 금전채무를 보증하는 행위</u>는 총유물 그 자체의 관리·처분이 따르지 아니하는 단순한 채무부담행위에 불과하여 이를 <u>총유물의 관리·처분행위라고 볼 수는 없다</u>. 따라서 비법인사단인 재건축조합의 조합장이 채무보증계약을 체결하면서 조합규약에서 정한 조합 임원회의 결의를 거치지 아니하였다거나 조합원총회 결의를 거치지 않았다고 하더라도 그것만으로 바로 그 <u>보증계약이 무효라고 할 수는 없다</u>(대판 2007.4.19, 2004다60072 전합).

12. 총유물의 관리 및 처분행위라 함은 그 총유물 그 자체에 관한 법률적·사실적 처분행위와 이용·개량행위를 말하는 것으로서 <u>재건축조합이 재건축사업의 시행을 위하여 설계용역 계약을 체결하는 것</u>은 단순한 채무부담행위에 불과하여 총유물 그 자체에 대한 관리 및 처분행위라고 볼 수 없다(대판 2003.7.22, 2002다64780).

13. 종중도 그 명의로 시효취득할 수 있다(대판 1983.4.12, 82누4214).

14. 종중이 비법인사단으로서 당사자능력이 있느냐의 문제는 소송요건에 관한 것으로서 <u>사실심의 변론종결 시를 기준</u>으로 판단하여야 하는 것이다(대판 2010.3.25, 2009다95387).

15. <u>종중의 규약이나 관행에 의하여 매년 일정한 날에 일정한 장소에서 정기적으로 종중원들</u>

이 집합하여 종중의 대소사를 처리하기로 되어 있는 경우에는 별도로 종중총회의 소집절차를 필요로 하지 않는다(대판 1994.9.30, 93다27703).

16. 종중이 당사자인 사건에 있어서 그 종중의 대표자에게 적법한 대표권이 있는지의 여부는 소송요건에 관한 것으로서 법원의 직권조사사항이다(대판 2002.5.14, 2000다42908).

17. 대표자를 선임하기 위하여 개최되는 종중총회의 소집권을 가지는 연고항존자를 확정함에 있어서 여성을 제외할 아무런 이유가 없으므로, 여성을 포함한 전체 종원 중 항렬이 가장 높고 나이가 가장 많은 사람이 연고항존자가 된다(대판 2010.12.9, 2009다26596).

18. 고유의 의미의 종중의 경우에는 종중이 종중원의 자격을 박탈한다든지 종중원이 종중을 탈퇴할 수 없다(대판 1998.2.27, 97도1993).

19. 종중의 토지에 대한 수용보상금은 종원의 총유에 속하고, 수용보상금의 분배는 총유물의 처분에 해당하므로 정관 기타 규약에 달리 정함이 없는 한 종중총회의 분배결의가 없으면 종원이 종중에 대하여 직접 분배청구를 할 수 없지만, 수용보상금을 종원에게 분배하기로 결의하였다면 종원은 종중에 대하여 직접 분배금의 지급을 청구할 수 있다(대판 1994.4.26, 93다32446).

20. 소집절차에 하자가 있어 그 효력을 인정할 수 없는 종중총회의 결의라도 후에 적법하게 소집된 종중총회에서 이를 추인하면 처음부터 유효로 된다(대판 1996.6.14, 96다2729).

21. 종중 유사단체는 비록 그 목적이나 기능이 고유한 의미의 종중과 별다른 차이가 없다 하더라도 공동선조의 후손 중 일부에 의하여 인위적인 조직행위를 거쳐 성립된 경우에는 사적 임의단체라는 점에서 자연발생적인 종족집단인 고유한 의미의 종중과 그 성질을 달리하므로, 그러한 경우에는 사적 자치의 원칙 내지 결사의 자유에 따라 그 구성원의 자격이나 가입조건을 자유롭게 정할 수 있음이 원칙이다. 따라서 그러한 종중 유사단체의 회칙이나 규약에서 공동선조의 후손 중 남성만으로 그 구성원을 한정하고 있다 하더라도 특별한 사정이 없는 한 이는 사적 자치의 원칙 내지 결사의 자유의 보장범위에 포함되고, 위 사정만으로 그 회칙이나 규약이 양성평등 원칙을 정한 헌법 제11조 및 민법 제103조를 위반하여 무효라고 볼 수는 없다(대판 2011.2.24, 2009다17783).

22. 우리 민법이 사단법인에 있어서 구성원의 탈퇴나 해산은 인정하지만 사단법인의 구성원들이 2개의 법인으로 나뉘어 각각 독립한 법인으로 존속하면서 종전 사단법인에게 귀속되었던 재산을 소유하는 방식의 사단법인의 분열은 인정하지 아니한다. 그 법리는 법인 아닌 사단에 대하여도 동일하게 적용되며, 법인 아닌 사단의 구성원들의 집단적 탈퇴로써 사단이 2개로 분열되고 분열되기 전 사단의 재산이 분열된 각 사단들의 구성원들에게 각각 총유적으로 귀속되는 결과를 초래하는 형태의 법인 아닌 사단의 분열은 허용되지 않는다. 따라서 교인들은 교회 재산을 총유의 형태로 소유하면서 사용·수익할 것인데, 일부 교인들이 교회를 탈퇴하여 그 교회 교인으로서의 지위를 상실하게 되면 탈퇴가 개별적인 것이든 집단적인 것이든 이와 더불어 종전 교회의 총유 재산의 관리처분에 관한

의결에 참가할 수 있는 지위나 그 재산에 대한 사용·수익권을 상실하고, 종전 교회는 잔존 교인들을 구성원으로 하여 실체의 동일성을 유지하면서 존속하며 <u>종전 교회의 재산은 그 교회에 소속된 잔존 교인들의 총유로 귀속됨이 원칙이다</u>(대판 2006.4.20, 2004다37775 전합).

23. 비법인사단의 구성원 중 일부가 탈퇴하여 새로운 비법인사단을 설립하는 경우에 종전의 비법인사단에 남아 있는 구성원들이 자신들이 총유의 형태로 소유하고 있는 재산을 새로이 설립된 비법인사단의 구성원들에게 양도하거나, 비법인사단이 해산한 후 그 구성원들이 나뉘어 여러 개의 비법인사단들을 설립하는 경우에 <u>해산되기 전의 비법인사단의 구성원들이 자신들이 총유의 형태로 소유하고 있던 재산을 새로 설립된 비법인사단들의 구성원들에게 양도하는 것은 허용된다</u>(대판 2008.1.31, 2005다60871).

24. 특정 교단에 가입한 지교회가 교단이 정한 헌법을 지교회 자신의 자치규범으로 받아들였다고 인정되는 경우에는 소속 교단의 변경은 실질적으로 지교회 자신의 규약에 해당하는 자치규범을 변경하는 결과를 초래하고, 만약 지교회 자신의 규약을 갖춘 경우에는 교단 변경으로 인하여 지교회의 명칭이나 목적 등 지교회의 규약에 포함된 사항의 변경까지 수반하기 때문에, 소속 교단에서의 탈퇴 내지 소속 교단의 변경은 사단법인 정관변경에 준하여 의결권을 가진 교인 2/3 이상의 찬성에 의한 결의를 필요로 하고, 그 결의요건을 갖추어 소속 교단을 탈퇴하거나 다른 교단으로 변경한 경우에 종전 교회의 실체는 이와 같이 교단을 탈퇴한 교회로서 존속하고 종전 교회 재산은 위 탈퇴한 교회 소속 교인들의 총유로 귀속된다(대판 2006.4.20, 2004다37775 전합).

3 법인 아닌 재단

(1) 재단의 실질을 갖추고 있으나 설립등기를 갖추지 아니하여 법인격을 취득하지 못한 재단을 의미한다.

(2) 한정승인을 한 상속재산, 상속인이 없는 상속재산, 파산재산 등이 있다.

(3) 재단법인에 관한 민법의 규정 가운데 법인격을 전제로 하는 규정을 제외하고 나머지 규정은 법인 아닌 재단에 유추적용된다.

(4) 법인 아닌 재단 역시 당사자능력 또는 등기능력을 가진다.

(5) 법인 아닌 재단의 재산소유는 법인 아닌 재단의 '단독소유'에 속한다.

CHAPTER 04 물건

> ### 제98조　물건의 정의
> 본법에서 물건이라 함은 유체물 및 전기 기타 관리할 수 있는 자연력을 말한다.

1 물건의 요건

(1) 유체물, 무체물 중에서 관리가능할 것

> "관리할 수 있다"의 의미는 배타적 지배가 가능하는 것을 의미
>
> 전파, 프로그램은 물건이 아니다.
>
> 바다는 물건이 아니지만, 바다의 일부는 어업권, 공유수면매립권의 객체가 될 수 있다.

(2) 사람의 신체의 일부가 아닐 것

> 피상속인의 생전행위 또는 유언으로 자신의 유체, 유골을 처분하거나 매장장소를 지정한 경우.
> 피상속인의 의사를 존중해야 하는 의무는 도의적인 의무에 그치고 법적 의무는 부담하지 않는다.
>
> 사람의 유체, 유골은 유체물로서, 제사용 재산에 준하여 그 제사주재자에게 속한다

(3) 독립한 물건일 것

> 물권의 일부나 구성부분에는 하나의 물권을 설정할 수 없다(원칙).
> 토지의 일부에 소유권을 인정할 수 없다.
> 토지의 일부에 저당권을 설정할 수 없다.
>
> 물권의 일부나 구성부분에도 하나의 물권을 설정할 수 있다(예외).
> 건물의 일부에 구분소유권을 인정할 수 있다.
> 부동산의 일부에 지상권, 지역권, 전세권(용익물권)을 설정할 수 있다.

(4) 현존하는 물건일 것

> 물건이 멸실되면 그 물건에 대한 물권도 소멸한다. 예를 들면 건물이 멸실되면 그 건물의 소유권뿐만 아니라 그 건물에 설정된 저당권도 소멸한다.
> 또한 토지가 포락되면 토지의 소유권, 토지의 지상권도 소멸한다.
>
> 장래의 물건에 대해서도 물권을 설정할 수 없다.

(5) 특정물일 것

2 물건의 분류

(1) 단일물, 합성물, 집합물

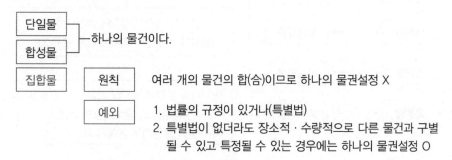

일반적으로 일단의 증감 · 변동하는 동산을 하나의 물건으로 보아 이를 채권담보의 목적으로 삼으려는 이른바 집합물에 대한 양도담보설정계약체결도 가능하며 이 경우 그 목적동산이 담보설정자의 다른 물건과 구별될 수 있도록 그 종류, 장소 또는 수량지정 등의 방법에 의하여 특정되어 있으면 그 전부를 하나의 재산권으로 보아 이에 유효한 담보권의 설정이 된 것으로 볼 수 있다(대판 1990.12.26, 88다카20224).

(2) 융통물, 불융통물

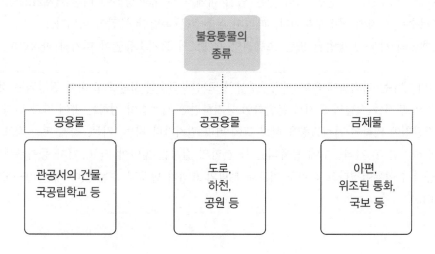

(3) 기타의 분류

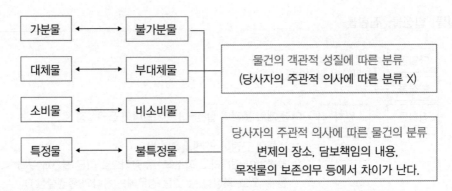

제99조 **부동산, 동산**

① 토지 및 그 정착물은 부동산이다.
② 부동산 이외의 물건은 동산이다.

---

1 부동산(不動産)

(1) 토지

① 토지의 소유권은 정당한 이익 있는 범위 내에서 토지의 상하에 미친다(제212조).
② 온천수는 토지의 구성부분이다. 따라서 온천권은 독립한 물권이 아니다.
③ 미채굴의 광물은 광업권 또는 조광권의 객체로서 토지소유권이 미치지 아니한다.

> 토지의 개수는 지적법에 의한 지적공부상의 토지의 필수를 표준으로 하여 결정되는 것으로서 1필지의 토지를 수필의 토지로 분할하여 등기하려면 지적법이 정하는 바에 따라 먼저 지적공부 소관청에 의하여 지적측량을 하고 그에 따라 필지마다 지번, 지목, 경계 또는 좌표와 면적이 정하여진 후 지적공부에 등록되는 등 분할의 절차를 밟아야 되고, 가사 등기부에만 분필의 등기가 이루어졌다고 하여도 이로써 분필의 효과가 발생할 수는 없다(대판 1995.6.16, 94다4615).

(2) 토지의 정착물

종속정착물	도로의 포장, 교량, 담 등 항상 토지와 일체로서 거래
독립정착물	건물, 농작물 등 항상 토지와 독립하여 거래

건물	토지로부터 건물이 독립되는 시기는 최소한 기둥과 지붕 그리고 주벽을 갖추면 독립된다. 따라서 보존등기와 상관없이 건물에 대한 소유권을 취득한다.
	사회통념상 독립한 건물이라고 볼 수 있는 미완성의 건물을 인도받아 완공한 경우, 그 소유권의 원시취득자는 완공 건축주가 아니라 원래의 건축주이다.
	건물의 개수는 건물의 물리적 구조 등의 객관적 사정뿐만 아니라 건축한 자의 주관적 사정도 함께 고려하여 판단
농작물	권원없이 타인의 토지에서 경작, 재배한 경우 명인방법을 갖추지 않더라도 그 농작물의 소유권은 경작자에게 있다.
	농작물은 토지에 부합하지 않는다.

반독립정착물	원칙적으로 수목은 토지의 일부로서 독립하지 못한다.

	입목등기에 의한 수목(집단)	소유권 O, 저당권을 설정 가능 O
수목	명인방법에 의한 수목(집단)	소유권 O, 저당권을 설정 가능 X

명인방법을 갖춘 미분리과실	독립한 물건으로서 소유권의 객체 가능

1. 독립된 부동산으로서의 건물이라고 하기 위하여는 최소한의 기둥과 지붕 그리고 주벽이 이루어지면 된다(대판 2001.1.16, 2000다51872).
2. 건물의 개수를 판단함에 있어서는 물리적 구조뿐만 아니라 거래 또는 이용의 목적물로서 관찰한 건물의 상태도 그 개수 판단요건의 중요한 자료가 될 것이며 이러한 상태를 판별하기 위하여는 주위건물과 인근의 정도, 주위의 상황 등 객관적 사정은 물론 건축한 자의 의사와 같은 주관적 사정도 고려하여야 할 것으로서 단순히 건물의 물리적 구조로서만 그 개수를 판단할 수 없는 것이다(대판 1961.11.28, 4293민상623·624).
3. 경매의 대상이 된 토지 위에 생립하고 있는 채무자 소유의 미등기 수목은 토지의 구성부분으로서 토지의 일부로 간주되어 특별한 사정이 없는 한 토지와 함께 경매되는 것이므로 그 수목의 가액을 포함하여 경매 대상 토지를 평가하여 이를 최저 경매가격으로 공고하여야 하고, 다만 입목에 관한 법률에 따라 등기된 입목이나 명인방법을 갖춘 수목의 경우에는 독립하여 거래의 객체가 되므로 토지 평가에 포함되지 아니한다(대결 1998.10.28, 98마1817).

4. 쪽파와 같은 수확되지 아니한 농작물에 있어서는 명인방법을 실시함으로써 그 소유권을 취득한다(대판 1996.2.23, 95도2754).

5. 적법한 경작권 없이 타인의 토지를 경작하였더라도 그 경작한 입도(농작물)가 성숙하여 독립한 물건으로서의 존재를 갖추었으면 입도(농작물)의 소유권은 경작자에게 귀속한다 (대판 1979.8.28, 79다784).

6. 명인방법을 갖춘 미분리과실도 독립한 물건으로서 거래의 객체가 된다(대판 1972.2.29, 71다2573).

2 동산

(1) 부동산 이외의 물건은 동산이다.

(2) 전기, 가스, 기타 관리 가능한 자연력도 동산이다.

(3) 무기명채권은 채권이지, 물건이 아니므로 동산에 해당하지 않는다.

(4) 금전도 동산이다.

① 금전은 항상 점유와 소유가 일치하므로 선의취득의 대상이 아니다.

② 금전채무에서는 이행불능의 문제는 발생하지 않고, 이행지체의 문제만 발생한다.

③ 금전을 탈취당한 자는 소유권에 기한 반환청구권을 행사할 수 없고, 채권적 부당이득반환청구권을 행사할 수 있다.

3 부동산과 동산의 구별실익

구분	부동산	동산
의의	토지와 그 정착물	부동산 이외의 것
공시방법	등기	점유
공신의 원칙	공신력 ×	공신력 ○
선의취득	인정 ×	인정 ○
취득시효기간	20년, 10년	10년, 5년
용익물권	지상권, 지역권, 전세권 설정 ○	용익물권 설정 ×
상린관계	상린관계 적용 ○	상린관계 적용 ×

종물의 요건

제100조 주물, 종물

① 물건의 소유자가 그 **물건의 상용에 공하기 위하여** 자기소유인 다른 물건을 이에 **부속**하게 한 때에는 그 부속물은 종물이다.

1. **독립**한 물건일 것

종물은 반드시 독립한 물건이어야 한다. 따라서 독립성이 없는 것은 종물이 될 수 없다.
동산은 물론 독립성이 있으면 **부동산도 종물**이 될 수 있다.
즉 부동산과 부동산 사이에도 주물, 종물관계가 인정된다.

2. **주물의 상용**(常用)에 이바지 할 것

주물의 소유자나 이용자의 상용에 공여되고 있더라도, **주물 자체의 효용과 관계되지 않은 물건을 종물이 아니다.**
주물의 효용과 관계없는 주물의 소유자의 편익에 필요한 선풍기, 냉장고, 전화, 침구 등은 종물이 아니다.

3. 주물의 소유자와 종물의 소유자가 **동일**할 것

원칙적으로 주물과 다른 사람의 소유에 속하는 물건은 종물이 될 수 없다.
다만 예외적으로 타인의 소유(3자의 물건)의 물건도 종물이 될 수 있다.

4. 밀접한 장소적 관련성이 있을 것

1. 주유소의 주유기는 계속해서 주유소 건물 자체의 경제적 효용을 다하게 하는 작용을 하고 있으므로 주유소 건물의 상용에 공하기 위하여 부속시킨 종물이다(대판 1995.6.29, 94다 6345).

   cf 주유소의 '유류저장탱크'는 종물이 아니라 토지의 부합물이다.

2. 백화점 건물의 지하 2층 기계실에 설치된 전화교환설비는 백화점 건물의 종물이다(대판 1993.8.13, 92다43142).

3. 횟집으로 사용할 점포 건물에 거의 붙여서 횟감용 생선을 보관하기 위하여, 즉 위 점포 건물의 상용에 공하기 위하여 신축한 수족관 건물은 위 점포 건물의 종물이다(대판 1993.2.12, 92도3234).

4. 낡은 가재도구 등의 보관장소로 사용되고 있는 방과 연탄창고 및 공동변소가 본채에서 떨어져 축조되어 있기는 하나 본채의 종물이다(대판 1991.5.14, 91다2779).

5. 정화조는 건물의 구성부분이므로 종물이 아니다(대판 1993.12.10, 93다42399).

6. 종물은 주물의 상용에 이바지하는 관계에 있어야 하고, 주물의 상용에 이바지한다 함은 주물 그 자체의 경제적 효용을 다하게 하는 것을 말하는 것으로서 주물의 소유자나 이용자의 상용에 공여되고 있더라도 주물 그 자체의 효용과 직접 관계가 없는 물건은 종물이 아니다(대판 1997.10.10, 97다3750).

7. 종물은 물건의 소유자가 그 물건의 상용에 공하기 위하여 자기 소유인 다른 물건을 이에 부속하게 한 것을 말하므로(제100조 제1항) 주물과 다른 사람의 소유에 속하는 물건은 종물이 될 수 없다(대판 2008.5.8, 2007다36933·36940).

8. 민법 제100조는 종물에 관하여 '자기 소유의 다른 물건'이라고 규정하고 있어 종물이 주물 소유자의 소유물인 것을 전제로 하고 있지만, 종물이 타인의 소유라고 하더라도 그 타인의 권리를 해하지 아니하는 범위에서 민법 제100조가 적용된다(대판 2002.2.5, 2000다 38527).

종물의 효과

> **제100조** 주물, 종물
> ② 종물은 주물의 처분에 따른다.

1. 주물이 처분되면 종물도 처분된다. 즉 주물과 종물은 법률적 운명을 같이한다. 법률적 운명을 같이 한다고 하더라도 종물은 독립물이므로 1개의 물건이 아니라 <u>2개의 물건</u>이다.

2. 제100조 2항은 **임의규정**이다. 따라서 종물만을 당사자의 약정으로 분리하여 처분할 수 있다. 즉 종물만을 주물과 분리하여 양도하기로 하는 약정은 유효(무효 ×)하다.

3. 제100조 제2항의 "처분"의 의미는 처분행위에 의한 권리변동뿐만 아니라 주물의 권리관계가 <u>압류와 같은 공법상의 처분</u> 등에 의하여 생긴 경우도 적용된다.
   그러나 점유 기타 사실관계에 기한 권리의 득실변경(취득시효, 선의취득 등)에 대해서는 제100조 제2항이 적용되지 않는다. 즉, 주물에 대한 취득시효가 완성되었다고 하더라도 종물을 점유하지 않는 한 종물을 시효취득할 수 없다.

4. 민법 제100조 제2항의 종물과 주물의 관계에 관한 법리(종물이론)는 물건 상호간의 관계뿐만 아니라 **권리 상호간에도 적용**된다. 즉 주된 권리가 처분되면 종된 권리도 함께 처분된다.

5. 저당권의 효력은 저당권 설정 **전후를 불문하고**(항상) 부합물과 종물이 미친다(제358조). 또한 저당권의 효력은 종물뿐만 아니라 **종된 권리(지상권, 임차권, 대지사용권)에도 미친다**.

---

1. 종물은 주물의 처분에 수반된다는 <u>민법 제100조 제2항은 임의규정</u>이므로 당사자는 주물을 처분할 때에 특약으로 종물을 제외할 수 있고 종물만을 별도로 처분할 수도 있다(대판 2012.1.26, 2009다76546).

2. <u>민법 제100조 제2항의 종물과 주물의 관계에 관한 법리는 물건 상호간의 관계뿐 아니라 권리 상호간에도 적용</u>되고, <u>위 규정에서의 처분은 처분행위에 의한 권리변동뿐 아니라 주물의 권리관계가 압류와 같은 공법상의 처분 등에 의하여 생긴 경우에도 적용되어야 하는 점</u>, 저당권의 효력이 종물에 대하여도 미친다는 민법 제358조 본문 규정은 같은 법 제100조 제2항과 이론적 기초를 같이 하는 점, 집합건물의 소유 및 관리에 관한 법률 제20조 제1항·제2항에 의하면 구분건물의 대지사용권은 전유부분과 종속적 일체불가분성이 인정되는 점 등에 비추어 볼 때, 구분건물의 전유부분에 대한 소유권보존등기만 경료되고 대지지분에 대한 등기가 경료되기 전에 <u>전유부분만에 대해 내려진 가압류결정의 효력</u>은, 대지사용권의 분리처분이 가능하도록 규약으로 정하였다는 등의 특별한 사정이 없는 한, <u>종물 내지 종된 권리인 그 대지권에까지 미친다</u>(대판 2006.10.26, 2006다29020).

3. 저당권의 효력이 저당부동산에 부합된 물건과 종물에 미친다는 민법 제358조 본문을 유추하여 보면 건물에 대한 저당권의 효력은 그 건물에 종된 권리인 건물의 소유를 목적으로 하는 지상권에도 미치게 되므로 건물에 대한 저당권이 실행되어 경락인이 그 건물의 소유권을 취득하였다면 경락 후 건물을 철거한다는 등의 매각조건에서 경매되었다는 등 특별한 사정이 없는 한, 경락인은 건물 소유를 위한 지상권도 민법 제187조의 규정에 따라 등기 없이 당연히 취득하게 되고, 한편 이 경우에 경락인이 건물을 제3자에게 양도한 때에는 특별한 사정이 없는 한 민법 제100조 제2항의 유추적용에 의하여 건물과 함께 종된 권리인 지상권도 양도하기로 한 것으로 봄이 상당하다(대판 1996.4.26, 95다52864).

4. 건물의 소유를 목적으로 하여 토지를 임차한 사람이 그 토지 위에 소유하는 건물에 저당권을 설정한 때에는 민법 제358조 본문에 따라서 저당권의 효력이 건물뿐만 아니라 건물의 소유를 목적으로 한 토지의 임차권에도 미친다고 보아야 할 것이므로, 건물에 대한 저당권이 실행되어 경락인이 건물의 소유권을 취득한 때에는 특별한 다른 사정이 없는 한 건물의 소유를 목적으로 한 토지의 임차권도 건물의 소유권과 함께 경락인에게 이전된다(대판 1993.4.13, 92다24950).

5. 건물이 증축된 경우에 증축부분의 기존건물에 부합 여부는 증축부분이 기존건물에 부착된 물리적 구조뿐만 아니라, 그 용도와 기능의 면에서 기존건물과 독립한 경제적 효용을 가지고 거래상 별개의 소유권의 객체가 될 수 있는지의 여부 및 증축하여 이를 소유하는 자의 의사 등을 종합하여 판단하여야 한다(대판 1994.6.10, 94다11606).

6. 경매법원이 기존건물의 종물이라거나 부합된 부속건물이라고 볼 수 없는 건물에 대하여 경매신청된 기존건물의 부합물이나 종물로 보고서 경매를 같이 진행하여 경락허가를 하였다 하더라도 그 독립된 건물에 대한 경락은 당연무효이고, 따라서 그 경락인은 위 독립된 건물에 대한 소유권을 취득할 수 없다(대판 1988.2.23, 87다카600).

7. 이자채권은 원본채권에 대하여 종속성을 갖고 있으나 이미 변제기에 도달한 이자채권은 원본채권과 분리하여 양도할 수 있고 원본채권과 별도로 변제할 수 있으며 시효로 인하여 소멸되기도 하는 등 어느 정도 독립성을 갖게 되는 것이므로, 원본채권이 양도된 경우 이미 변제기에 도달한 이자채권은 원본채권의 양도 당시 그 이자채권도 양도한다는 의사표시가 없는 한 당연히 양도되지는 않는다(대판 1989.3.28, 88다카12803).

8. 그 부동산의 상용에 공하여진 물건일지라도 그 물건이 부동산의 소유자가 아닌 다른 사람의 소유인 때에는 이를 종물이라고 할 수 없으므로 부동산에 대한 저당권의 효력에 미칠 수 없다(대판 2008.5.8, 2007다36933).

과실(果實)

제101조 천연과실, 법정과실

① 물건의 용법에 의하여 수취하는 산출물은 **천연과실**이다.
② 물건의 사용대가로 받는 금전 기타의 물건은 **법정과실**로 한다.

제102조 과실의 취득

① 천연과실은 그 원물로부터 분리하는 때에 이를 수취할 권리자에게 속한다.
② 법정과실은 수취할 권리의 존속기간일수의 비율로 취득한다.

1 민법상 과실의 종류

천연과실	물건의 용법에 의하여 수취되는 산출물	원물로부터 분리할 때 수취할 권리자
법정과실	물건의 사용대가로 받은 금전 기타물건	수취할 권리의 존속기간일수의 비율

2 민법은 **물건의 과실만을 인정**하고, 권리의 과실(특허권의 사용료, 지적재산권의 저작권 등)은 민법상의 과실이 아니다.

(1) 과실의 열매, 가축의 새끼, 우유, 광물, 석재, 토사 등은 천연과실이다.

(2) 임료, 지료, 이자 등은 법정과실이다.

(3) 노동의 대가인 임금, 주식배당금, 지연이자, 특허권의 사용료, **국립공원의 입장료** 등은 과실이 아니다.

3 과실의 귀속에 관한 규정(제102조)은 임의규정이다. 따라서 당사자 간의 특약이 있으면 민법의 규정을 적용하지 않고 특약에 의한다.

4 저당권의 효력

(1) 원칙적으로 저당권은 과실에 미치지 않는다.

(2) 다만 저당권자가 과실에 대하여 압류한 후에는 저당권은 과실에 미친다(제359조). 따라서 압류 전이라면 저당권설정자가 과실을 수취하고, 압류 후에는 저당권자에게 과실수취권이 있다.

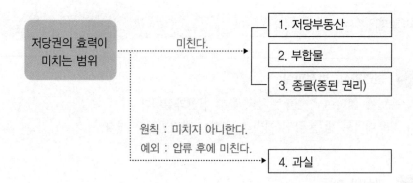

5 **과실의 수취권자**

(1) 선의의 점유자는 과실수취권이 있다. 그러나 <u>악의, 폭력, 은비의 점유자는 과실수취권이 없다</u>.

(2) 지상권자, 전세권자, 질권자, 유치권자, 사용차주, 친권자 등에게도 과실수취권이 있다.

(3) 소유자와 용익권자가 경합하면 용익권자가 우선한다. 또한 물권적 용익권자가 채권적 용익권자에 우선한다.

(4) 매매목적물로부터 과실이 발생한 경우 목적물을 인도 전이라면 매도인이 과실을 수취할 수 있고, 인도 후라면 과실은 매수인이 수취한다(제587조). 그러나 **인도 전이라도 매매대금을 완납한 경우** 매수인이 과실을 수취한다.

> 1. <u>국립공원의 입장료</u>는 토지의 사용대가라는 <u>민법상의 과실이 아니라</u> 수익자 부담의 원칙에 따라 국립공원의 유지·관리비용의 일부를 국립공원 입장객에게 부담시키고자 하는 것이어서 토지의 소유권이나 그에 기한 <u>과실수취권과는 아무런 관련이 없다</u>(대판 2001.12.28, 2000다27749).
> 2. 선의의 점유자는 점유물로부터 생기는 과실을 취득할 수 있으므로 비록 선의의 점유자가 과실을 취득함으로 인하여 타인에게 손해를 입혔다 할지라도 그 과실취득으로 인한 이득을 그 타인에게 반환할 의무는 없다(대판 1978.5.23, 77다2169).
> 3. 민법 제201조 제1항에 의하면 선의의 점유자는 점유물의 과실을 취득한다고 규정하고 있는바, 건물을 사용함으로써 얻는 이득은 그 건물의 과실에 준하는 것이므로, 선의의 점유자는 비록 법률상 원인 없이 타인의 건물을 점유·사용하고 이로 말미암아 그에게 손해를 입혔다고 하더라도 그 점유·사용으로 인한 이득을 반환할 의무는 없다(대판 1996.1.26, 95다44290).

4. 집합물에 대한 양도담보권설정계약이 이루어지면 그 집합물을 구성하는 개개의 물건이 변동되거나 변형되더라도 한 개의 물건으로서 동일성을 잃지 아니하므로 양도담보권의 효력은 항상 현재의 집합물 위에 미치는 것이고, 따라서 양도담보권자가 담보권설정계약 당시 존재하는 집합물을 점유개정의 방법으로 그 점유를 취득하면 그 후 양도담보설정자가 그 집합물을 이루는 개개의 물건을 반입하였다 하더라도 그때마다 별도의 양도담보권설정계약을 맺거나 점유개정의 표시를 하여야 하는 것은 아니다(대판 1990.12.26, 88다카20224).

5. 돼지를 양도담보의 목적물로 하여 소유권을 양도하되 점유개정의 방법으로 양도담보설정자가 계속하여 점유·관리하면서 무상으로 사용·수익하기로 약정한 경우 양도담보목적물로서 원물인 돼지가 출산한 새끼 돼지는 천연과실에 해당하고 그 천연과실의 수취권은 원물인 돼지의 사용·수익권을 가지는 양도담보설정자에게 귀속되므로 다른 특별한 약정이 없는 한 천연과실인 새끼돼지에 대하여는 양도담보의 효력이 미치지 않는다(대판 1996.9.10, 96다25463).

6. 돈사에서 대량으로 사육되는 돼지를 집합물에 대한 양도담보의 목적물로 삼은 경우 위 양도담보권의 효력은 양도담보설정자로부터 이를 양수한 양수인이 당초 양수한 돈사 내에 있던 돼지들 및 통상적인 양돈방식에 따라 그 돼지들을 사육·관리하면서 돼지를 출하하여 얻은 수익으로 새로 구입하거나 그 돼지와 교환한 돼지 또는 그 돼지로부터 출산시켜 얻은 새끼돼지에 한하여 미치는 것이지 양수인이 별도의 자금을 투입하여 반입한 돼지에까지는 미치지 않는다(대판 2004.11.12, 2004다22858).

△ 과실수취권자

과실수취권자	과실수취권이 없는 자
원물의 소유자(원칙)	
선의의 점유자	악의의 점유자, 폭력, 은비의 점유자
지상권자	지상권설정자
전세권자	전세권설정자
질권자	질권설정자
유치권자	유치물의 소유자(채무자)
목적물 인도 전의 매도인	매수인
사용차주	사용대주
임차인	임대인
친권자	미성년자
수증자	상속인
임치인	수치인
위임인	수임인
양도담보설정자(판례)	양도담보권자

CHAPTER 05 권리변동

📑 권리변동

1 권리변동(=법률관계의 변동)의 원인

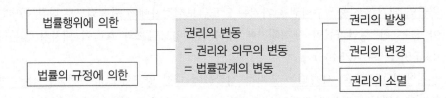

법률행위에 의한 물권의 취득	법률의 규정에 의한 물권의 취득
1. 법률행위에 의한 소유권의 취득 2. 지상권설정계약에 의한 지상권설정 3. 지역권설정계약에 의한 지역권설정 4. 전세권설정계약에 의한 전세권설정 5. 질권설정계약에 의한 질권의 취득 6. 저당권설정계약에 의한 저당권설정	1. 점유권의 취득 2. 법률의 규정에 의한 소유권의 취득 3. 법정지상권 4. 건물전세권의 법정갱신 5. 유치권의 취득 6. 법정질권 7. 법정저당권 * <u>등기 없이도 물권 취득</u>

법률의 규정에 의한 소유권의 취득	물권의 소멸사유	채권의 소멸사유
1. **취득시효**에 의한 소유권취득 2. **선의취득**에 의한 소유권취득 3. **무주물선점**에 의한 소유권 취득 4. **유실물습득**에 의한 소유권 취득 5. **매장물발견**에 의한 소유권 취득 6. **부합**에 의한 소유권 취득 7. **혼화**에 의한 소유권 취득 8. **가공**에 의한 소유권 취득	1. 목적물의 멸실 2. 토지의 포락 3. 물권의 포기 4. 공용징수 5. 몰수 6. 혼동 7. 소멸시효 (지상권, 지역권)	1. 변제 2. 대물변제 3. 공탁 4. 경개 5. 면제 6. 상계 7. 혼동 8. 소멸시효

📖 권리변동의 유형

1 권리의 발생

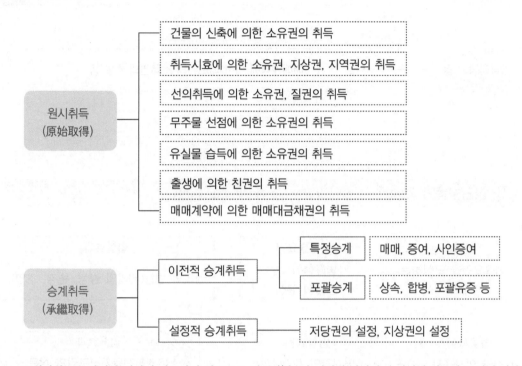

원시취득
(原始取得)
- 건물의 신축에 의한 소유권의 취득
- 취득시효에 의한 소유권, 지상권, 지역권의 취득
- 선의취득에 의한 소유권, 질권의 취득
- 무주물 선점에 의한 소유권의 취득
- 유실물 습득에 의한 소유권의 취득
- 출생에 의한 친권의 취득
- 매매계약에 의한 매매대금채권의 취득

승계취득
(承繼取得)
- 이전적 승계취득
  - 특정승계 ── 매매, 증여, 사인증여
  - 포괄승계 ── 상속, 합병, 포괄유증 등
- 설정적 승계취득 ── 저당권의 설정, 지상권의 설정

※ 원시취득은 타인의 권리에 기초하지 않으므로 전주(前主)의 권리의 하자가 승계되지 않는다는 점에 있다.

2 권리의 변경

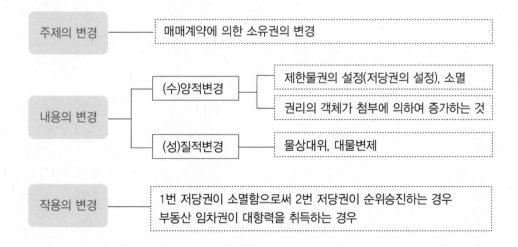

주제의 변경 ── 매매계약에 의한 소유권의 변경

내용의 변경
- (수)양적변경
  - 제한물권의 설정(저당권의 설정), 소멸
  - 권리의 객체가 첨부에 의하여 증가하는 것
- (성)질적변경 ── 물상대위, 대물변제

작용의 변경 ── 1번 저당권이 소멸함으로써 2번 저당권이 순위승진하는 경우
부동산 임차권이 대항력을 취득하는 경우

3 권리의 소멸

| 절대적 소멸 | ———— | 건물의 멸실, 토지의 포락에 의한 소유권의 소멸 등 |

| 상대적 소멸 | ———— | 매매계약에 의한 매도인의 소유권의 소멸 등 |

권리변동의 과정

법률사실		법률요건		법률효과
법률요건을 구성하는 개개의 사실	⇨	• 법률행위 • 법률의 규정	⇨	권리의 변동(권리의 발생, 변경, 소멸)

법률사실		법률요건		법률효과
• 청약 의사표시 • 승낙 의사표시	⇨	• 매매계약의 제결(성립) • 청약과 승낙의 일치	⇨	• 소유권이진등기칭구권의 취득 • 매매대금지급청구권의 취득

※ 법률사실의 종류

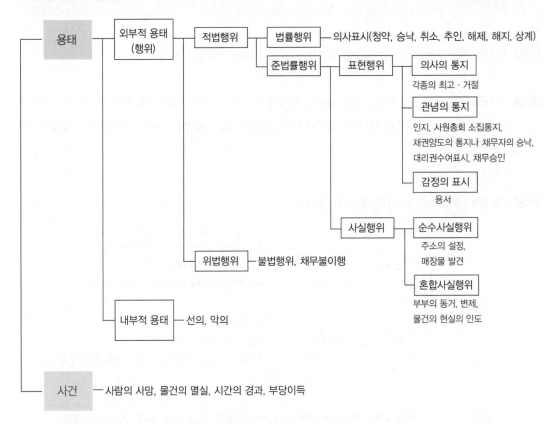

1. 의사의 통지 또는 관념의 통지도 대리할 수 있다. 예를 들면 채권양도에서 채무자에게 통지하는 것은 채권자를 대리하여 채권의 양수인이 할 수 있다.
2. 그러나 감정의 표시와 사실행위는 대리할 수 없다.
3. 의사표시의 효력발생시기에 관한 민법의 도달에 관한 규정(제111조)는 채권양도의 통지와 같은 관념의 통지에도 유추적용된다.

🗐 법률행위

1 법률행위는 의사표시를 필수불가결의 요소로 하는 법률요건이다.

2 의사표시는 법률사실이고, 법률행위는 법률요건이다. 의사표시와 법률행위는 개념이 다르다. 취소는 의사표시이면서 동시에 법률행위에 해당하지만, 청약은 의사표시이지만, 법률행위는 아니다.

3 의사표시의 개수에 따른 법률행위의 분류

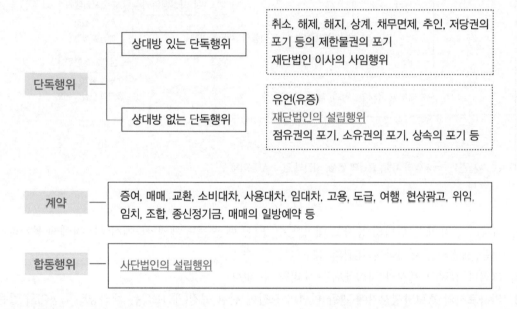

▷ 단독행위의 특징

• 법률에서 규정하고 있는 경우에만 단독행위를 행사할 수 있다. 따라서 법률의 규정이 없음에도 불구하고 당사자가 합의에 의하여 단독행위를 창설할 수 없다.

• 단독행위에는 원칙적으로 조건이나 기한을 붙이지 못한다.
상계의 의사표시에는 조건이나 기한을 붙이지 못한다.

• 그러나 단독행위 중에서 유증이나 채무면제에는 조건이나 기한을 붙일 수 있다.

4 출연에 대한 대가의 유무에 따른 분류

(1) 유상행위(출연에 대한 대가가 있으면) ————————— 매매, 임대차, 교환 등

(2) 무상행위(출연에 대한 대가가 없으면) ——————— 증여, 사용대차 등

(3) 유상행위에만 매매에 관한 규정이 준용된다(따라서 매매계약에서 계약금에 관한 규정, 담보책임에 관한 규정은 다른 유상계약 교환, 임대차에도 적용된다).

5 일정한 방식에 따른 분류

(1) 요식행위(要式行爲) ——————— **유언, 사단(재단)법인의 설립행위, 어음행위 등**

(2) 불요식행위(不要式行爲) ——————— 민법의 원칙, 매매계약 등 대부분의 계약

6 법률효과의 유형에 따른 분류

구분	종류	예(例)	특징 1	특징 2
의무부담 행위	채권행위	매매, 임대차 등	이행의 문제가 남음	처분권 없는 자의 의무부담행위 (=타인권리 매매)는 **유효**
처분행위	물권행위	저당권설정 지상권설정	이행의 문제가 남지 않음	처분권 없는 자의 처분행위는 **무효** **(후에 추인에 의해서 유효화)**
	준물권행위	**채무면제 (지명)채권의 양도**		

7 효력발생시기에 따른 분류

(1) 생전행위(生前行爲) ————————— 대부분의 법률행위

(2) 사후행위(死後行爲) ————————— **유증, 사인증여**

8 행위의 주·종에 따른 분류(주된 계약, 종된 계약)

(1) 금전소비대차계약이 '주된 계약'이고, 저당권설정계약이 '종된 계약'이다.

(2) 매매계약이 '주된 계약'이고, 계약금계약이 '종된 계약'이다.

(3) 혼인계약이 '주된 계약'이고, 부부재산계약이 '종된 계약'이다.

(4) 주된 계약이 실효되면 종된 계약도 실효된다.

9 권리변동에 관한 구체적 사례연습

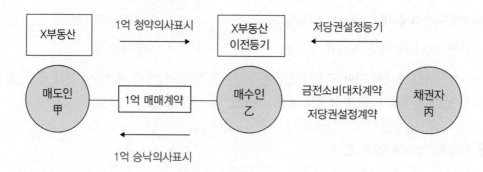

1. 甲의 매도의 청약의 의사표시는 법률사실이다. (○) (법률요건 ×)

2. 甲과 乙의 매매계약(청약과 승낙의 일치)는 법률요건이다. (○)

3. 매매계약에 의한 乙의 소유권이전등기청구권은 법률효과이다. (○)

4. 乙의 토지에 대한 소유권취득은 승계취득 중에서 이전적 승계취득 중에서 특정승계이다. (○)

5. 甲의 토지매매에 대한 매매대금채권의 취득은 원시취득이다. (○)

6. 乙의 토지에 대한 丙의 저당권 취득은 승계취득 중에서 설정적 승계취득이다. (○)

7. 乙의 저당권 설정은 권리의 변경 중에서 내용의 변경 중에서 양적변경이다. (○)

8. 乙의 저당권 설정은 작용의 변경이다. (×)

9. 乙의 저당권 설정은 처분행위이다. (○)

10. 乙의 저당권 설정은 의무부담행위이다. (×)

11. 乙의 저당권 설정은 준법률행위이다. (×)

12. 乙의 저당권설정은 법률행위이다. (○)

13. 저당권설정계약은 금전소비대차계약의 종된 계약이다. (○)

법률행위의 요건

1 법률행위의 성립요건

일반적 성립요건	특별 성립요건
1. 당사자 2. 목적 3. 의사표시	1. 질권설정계약에서 물건의 인도 2. 혼인에서 혼인신고 3. 법인설립에서의 주무관청의 허가

2 법률행위의 효력요건

일반적 효력요건	특별 효력요건
1. 당사자가 권리능력, 의사능력, 행위능력 있을 것 2. 목적이 확정, 가능, 적법, 사회적 타당성이 있을 것 3. 의사와 표시가 일치할 것	1. 법정대리인의 동의 2. 대리행위에서 대리권의 존재 3. 조건부 법률행위에서 조건의 성취 4. 기한부 법률행위에서 기한의 도래 5. 유언에서 유언자의 사망 및 수증자의 생존 6. 재단법인의 기본재산 처분에 대한 주무관청의 허가 7. 토지거래허가구역 내의 토지거래계약에 관한 관할관청의 허가

3 법률행위의 성립과정

법률행위 불성립	유효, 무효를 논할 수 없다.	
법률행위 성립	효력요건을 구비	유효(효력발생)
	효력요건을 구비 ×	무효(효력발생 ×)

무효인 법률행위는 성립을 전제로 하는 개념이며, 무효인 법률행위는 유효를 전제로 하는 취소의 대상이 아니다.

4 법률행위가 효력을 발생하기 위한 요건

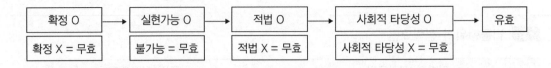

목적의 확정

1 법률행위의 내용인 목적은 법률행위 성립 당시(계약체결 시)에 확정되어 있거나 적어도 확정할 수 있으면 유효하다.

2 목적의 확정은 법률행위의 해석을 통해서 이루어진다. 따라서 법률행위의 해석을 통하여 목적을 확정할 수 없다면 그 법률행위는 무효이다.

> 매매계약은 매도인이 재산권을 이전하는 것과 매수인이 대금을 지급하는 것에 관하여 쌍방 당사자가 합의함으로써 성립하므로 매매계약 체결 당시에 반드시 매매목적물과 대금을 구체적으로 특정할 필요는 없지만, 적어도 매매계약의 당사자인 매도인과 매수인이 누구인지는 구체적으로 특정되어 있어야만 매매계약이 성립할 수 있다(대판 2021.1.14, 2018다223054).

목적의 가능

1 법률행위의 목적의 실현이 가능하면 유효하고, 목적의 실현이 불가능하면 무효이다.

2 목적의 실현가능과 불가능의 판단은

(1) 우선 물리적 기준에 의하여 가능과 불가능을 판단하여야 한다.

(2) 그러나 물리적 기준에 가능하더라도 사회통념상 불능인 경우에도 불능에 해당한다.

(3) 목적이 불능이면 무효이다. 여기의 '불능'에는 확정적, 계속적 불능을 의미하고, 일시적 불능, 경제적 불능을 의미하지 않으므로 유효하다.

3 불능의 종류

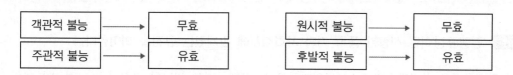

| 객관적 불능 | → | 무효 |
| 주관적 불능 | → | 유효 |

| 원시적 불능 | → | 무효 |
| 후발적 불능 | → | 유효 |

4 원시적 불능과 후발적 불능의 예

원시적 불능(무효)	후발적 불능(유효)
1. 공용수용된 토지를 수용당한 자로부터 매수한 경우 2. 건물을 매도하였는데 계약체결 전에 전부 소실된 경우 3. 토지가 포락되어 원상복구를 할 수 없는데도 그 사실을 모르고 그것을 매도한 경우	1. 매매계약 체결 **후** 매매목적물인 토지 전부가 수용되어 소유권이전이 불가능하게 된 경우 2. 공연계약을 **체결한** 특정가수가 공연 전에 사망한 경우 3. 저당권이 설정된 토지를 **매수하였으나** 저당권이 실행되어 제3자가 그 토지의 소유권을 취득한 경우 4. 임대차계약을 **체결한 후** 제3자의 방화로 임차목적물이 전소된 경우

5 원시적 불능과 후발적 불능의 효과상의 차이

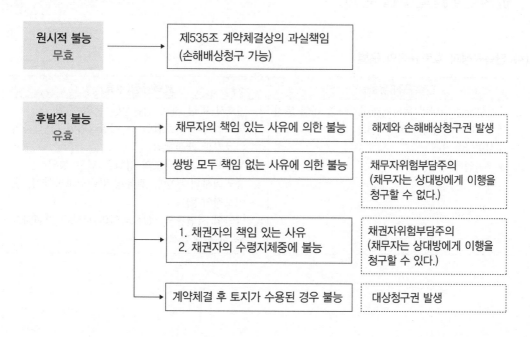

원시적 불능
무효 → 제535조 계약체결상의 과실책임
(손해배상청구 가능)

후발적 불능
유효
→ 채무자의 책임 있는 사유에 의한 불능 ⋯ 해제와 손해배상청구권 발생
→ 쌍방 모두 책임 없는 사유에 의한 불능 ⋯ 채무자위험부담주의
(채무자는 상대방에게 이행을 청구할 수 없다.)
→ 1. 채권자의 책임 있는 사유
2. 채권자의 수령지체중에 불능 ⋯ 채권자위험부담주의
(채무자는 상대방에게 이행을 청구할 수 있다.)
→ 계약체결 후 토지가 수용된 경우 불능 ⋯ 대상청구권 발생

목적의 적법

1 '강행규정'이란 선량한 풍속 기타 사회질서에 <u>관계있는</u> 규정을 의미한다.

(1) 강행규정은 사적자치의 한계를 의미하므로, 강행규정에 위반한 당사자의 약정(법률행위)는 **무효**이다.

(2) 임의규정은 선량한 풍속 기타 사회질서에 <u>관계없는</u> 규정을 의미한다. 따라서 임의규정에 위반한 당사자의 약정(법률행위)는 **유효**이다.

(3) 민법상의 임의규정과 강행규정의 비교

임의규정	강행규정
1. 사단법인의 사원의 지위는 양도 또는 상속할 수 없다(제56조). 2. 종물은 주물의 처분에 따른다(제100조 제2항). 3. 과실의 귀속에 관한 민법 제102조 4. 제109조 착오에 관한 규정 5. 기간에 관한 규정 등 * **당사자의 약정으로 배제할 수 있다.**	1. 청산절차에 관한 규정(제81조 등) 2. 지상권자, 임차인 등에 불리한 약정 등 3. 제103조 내지 제104조 4. 능력에 관한 규정 5. 물권법 규정 등 * <u>**당사자의 약정으로 배제할 수 없다.**</u>

(4) 단속규정과 효력규정의 구별

단속규정(유효)	효력규정(무효)
1. 중간생략등기(다만 토지거래허가구역 내의 토지에 대한 중간생략등기는 무효) 2. 비실명금융거래 3. 투자일임매매약정	1. 변호사 아닌 자의 법률상담 등의 행위 2. 의료인이나 의료법인 등 비영리법인 아닌 자의 의료기관 개설행위 3. 부동산 중개수수료의 상한을 <u>넘는</u> 행위 4. 증권회사의 부당한 권유행위(손실보장약정, 수익보장약정) 5. 타인의 서면동의 없는 타인의 사망을 보험사고로 하는 보험계약

1. 부동산중개의 수수료 약정 중 소정의 한도액을 초과하는 부분에 대한 사법상의 효력을 제한함으로써 국민생활의 편익을 증진하고자 함에 그 목적이 있는 것이므로 이른바, <u>강행법규에 속하는 것으로서 그 한도액을 초과하는 부분은 무효</u>라고 보아야 한다(대판 2002.9.4, 2000다54406).

2. 증권회사 또는 그 임·직원의 부당권유행위를 금지하는 (구)증권거래법 제52조 제1호는 공정한 증권거래질서의 확보를 위하여 제정된 강행법규로서 이에 위배되는 주식거래에 관련한 <u>투자수익보장약정은 무효</u>이다(대판 2002.12.26, 2000다56952).

3. 주식투자가와 증권회사 사이에 주식매매거래계좌설정약정 및 투자수익보장약정, 일임매매약정이 일체로서 체결되었으나 그중 투자수익보장이 무효인 경우에 약정 당시 고객이 투자수익보장약정이 무효임을 알았거나 알 수 있었다고 보일 뿐만 아니라 주식매매거래계좌설정약정 및 일임매매약정에 기하여 주식거래가 계속되어 새로운 법률관계가 계속적으로 형성되어 왔다면, <u>투자수익보장약정이 무효라고 하여 주식매매거래계좌설정약정이나 일임매매약정까지 무효가 된다고 할 수는 없다</u>(대판 1996.8.23, 94다38199).

4. <u>타인의 서면동의 없는 타인의 사망을 보험사고로 하는 보험계약은 강행법규인 상법 제731조 제1항에 위반하여 무효</u>이고, 타인의 생명보험계약 성립 당시 피보험자의 서면동의가 없다면 그 보험계약은 확정적으로 무효가 되고, <u>피보험자가 이미 무효가 된 보험계약을 추인하였다고 하더라도 그 보험계약이 유효로 될 수 없다</u>(대판 2010.2.11, 2009다74007).

2 편면적 강행규정

(1) 강행규정은 쌍방 당사자에게 적용되는 것이 원칙이다. 그러나 강행규정 중에서 쌍방이 아니라 어느 일방 당사자에게만 적용되는 강행규정을 '편면적 강행규정'이라 한다.

(2) 지상권자(임차인, 전차인)에게 불리한 것은 효력이 없다.

(3) 임대차계약에서 제626조(임차인의 비용상환청구권)은 임의규정이다.

제289조 강행규정

제280조 내지 제287조의 규정에 위반되는 계약으로 지상권자에게 불리한 것은 그 효력이 없다.

제652조 강행규정

제627조, 제628조, 제631조, 제635조, 제638조, 제640조, 제641조, 제643조 내지 제647조의 규정에 위반하는 약정으로 임차인이나 전차인에게 불리한 것은 그 효력이 없다.

3 탈법행위(脫法行爲)

(1) '탈법행위'란 강행규정을 직접 위반하지는 않지만, 간접적·우회적으로 위반하는 경우를 의미한다.

(2) 탈법행위도 강행규정 위반의 법률행위이므로, 무효이다. 그렇다고 하여 탈법행위가 언제나 무효인 것은 아니다. 예를 들어서 동산의 양도담보는 탈법행위이지만 유효하다.

> 국유재산에 관한 사무에 종사하는 직원이 타인의 명의로 국유재산을 취득하는 행위는 강행법규인 같은 법 규정들의 적용을 잠탈하기 위한 탈법행위로서 무효이고, 나아가 같은 법이 거래안전의 보호 등을 위하여 그 무효를 주장할 수 있는 상대방을 제한하는 규정을 따로 두지 아니한 이상 그 무효는 원칙적으로 누구에 대하여서나 주장할 수 있으므로 그 규정들에 위반하여 취득한 국유재산을 제3자가 전득하는 행위 또한 전부무효이다(대판 1997.6.27, 97다9529).

4 강행규정 위반의 효과

(1) 확정적 무효이므로, 추인할 수 없다.

(2) 절대적 무효이므로, 선의의 제3자에게도 무효를 주장할 수 있다.

(3) 이행 전이면 이행을 청구할 수 없고, 이행 후이면 부당이득에 의한 반환을 청구할 수 있다.

(4) 강행규정에 위반한 행위는 제746조의 '불법원인'에 해당하지 않는다.

(5) 강행규정을 스스로 위반한 자가 자신의 행위가 강행규정에 위반되었음을 이유로 무효를 주장하는 것은 신의성실의 원칙에 반하지 않는다.

(6) 대표자의 직무가 강행규정에 위반한 경우라도 직무에 해당하므로 법인의 불법행위가 성립한다.

(7) 강행규정에 위반한 경우에는 표현대리가 성립하지 않는다.

(8) 법률행위의 일부가 강행규정에 위반한 경우 다른 특별한 규정이 없으면 원칙적으로 민법 제137조의 법리에 따라서 전부 무효이다.

1. 부당이득의 반환청구가 금지되는 사유로 민법 제746조가 규정하는 <u>불법원인이라 함은 그 원인되는 행위가 선량한 풍속 기타 사회질서에 위반하는 경우를 말하는 것</u>으로서 <u>법률의 금지에 위반하는 경우라 할지라도 그것이 선량한 풍속 기타 사회질서에 위반하지 않는 경우에는 이에 해당하지 않는다</u>(대판 2001.5.29, 2001다1782).

2. <u>부동산 실권리자명의 등기에 관한 법률이 규정하는 명의신탁약정</u>은 부동산에 관한 물권의 실권리자가 타인과의 사이에서 대내적으로는 실권리자가 부동산에 관한 물권을 보유하되, 다만 그에 관한 등기를 타인의 명의로 하기로 하는 약정을 말하는 것일 뿐이므로 그 자체로 <u>선량한 풍속 기타 사회질서에 반한다고 단정할 수 없</u>을 뿐만 아니라, 위 법률이 비록 부동산등기제도를 악용한 투기·탈세·탈법행위 등 반사회적 행위를 방지하는 것 등을 목적으로 제정되었다고 하더라도 무효인 명의신탁약정에 기하여 타인 명의의 등기가 마쳐졌다는 이유만으로 그것이 당연히 <u>불법원인급여에 해당한다고 볼 수 없다</u>(대판 2010.9.30, 2010도8556).

🗂 목적의 사회적 타당성

> **제103조** **반사회질서의 법률행위**
>
> 선량한 풍속 기타 사회질서에 위반한 사항을 내용으로 하는 법률행위는 무효로 한다.

1 반사회질서 법률행위의 의의

(1) '반사회적 법률행위'란 선량한 풍속 기타 사회질서에 위반한 사항을 내용으로 하는 법률행위로서, 목적을 확정할 수 있고 또한 실현가능하며 강행규정에 위반하지는 않았지만 사회적 타당성을 결여한 법률행위를 의미한다.

(2) 목적의 사회적 타당성은 강행규정과 더불어 사적자치의 한계를 의미한다.

2 반사회적 법률행위에 해당하여 무효인 경우

(1) 부첩계약(대판 1960.9.29, 4293민상302)이나 장래의 부첩관계를 승인하는 합의(대판 1967.10.6, 67다1134)는 처의 동의가 있더라도 무효이고 이에 부수된 약정, 예를 들면 처가 사망하면 입적하겠다는 약정(대판 1955.7.14, 4288민상156)도 무효이다.

(2) 혼인예약 중 동거를 거부하는 경우에 금원을 지급하는 계약 역시 무효이다(대판 1963.11.17, 63 마587).

(3) 부부관계의 종료를 해제조건으로 하는 증여계약(불법조건)은 조건뿐만 아니라 증여계약 전부가 무효이다(대판 1966.6.21, 66다530).

(4) 범죄 기타 부정행위를 유발하거나 조장하는 행위는 무효이다(대판 1973.5.22, 72다2249).

(5) 수사기관에서 참고인으로 자신이 잘 알지 못하는 내용에 대하여 허위의 진술을 하는 경우에 허위진술의 대가로 작성된 각서에 기한 급부의 약정은 그 급부의 상당성 여부와 관계없이 무효이다(대판 2001.4.24, 2000다71999).

(6) 타인의 소송에서 사실을 증언하는 증인이 그 증언을 조건으로 그 소송의 일방 당사자 등으로부터 통상적으로 용인될 수 있는 수준(증인에게 일당 및 여비가 지급되기는 하지만, 증인이 증언을 위하여 법원에 출석함으로써 입게 되는 손해에는 미치지 못하는 경우 그러한 손해를 전보하여 주는 정도)을 넘어서는 대가를 제공받기로 하는 약정은 국민의 사법참여행위가 대가와 결부됨으로써 사법작용의 불가매수성 내지 대가무관성이 본질적으로 침해되는 경우로서 반사회적 법률행위에 해당하여 무효이다(대판 2010.7.29, 2009다56283).

(7) 변호사 아닌 甲과 소송당사자인 乙이 甲은 乙이 소송당사자로 된 민사소송사건에 관하여 乙을 승소시켜주고 乙은 소송물의 일부인 임야지분을 그 대가로 甲에게 양도하기로 약정한 경우 위 약정은 강행법규인 변호사법 제78조 제2호에 위반되는 반사회적 법률행위로서 무효이다(대판 1990.5.11, 89다카10514).

(8) 공무원의 직무에 관하여 청탁하고 그 보수로 돈을 지급할 것을 내용으로 한 약정은 무효이다(대판 1995.7.14, 94다51994).

(9) 지방자치단체가 골프장사업계약 승인과 관련하여 사업자로부터 기부금을 지급받기로 한 증여계약은 공무수행과 결부된 금전적 대가로서 그 조건이나 동기가 사회질서에 반하여 무효이다(대판 2009.12.10, 2007다63966).

(10) 행정기관에 진정서를 제출하여 상대방을 궁지에 빠뜨린 다음 이를 취하하는 조건으로 거액의 급부를 받기로 한 약정은 제104조에는 위반되지는 않으나, 제103조에 위반하여 무효이다(대판 2000.2.11, 99다56833).

(11) 밀수입을 위한 소비대차, 경매 등에 있어서의 담합행위, 범죄를 하지 않을 것을 조건으로 하는 금전의 지급계약 역시 정의관념에 반하는 행위로 무효이다(대판 1962.4.4, 4294민상1296 등).

(12) 사용자가 노동조합 간부에게 근로자들의 임금 인상 요구가 있을 때 이를 적당히 무마해 달라는 청탁을 하고 그 대가를 약속하는 경우에도 무효이다(대판 1956.5.10, 4289민상115).

(13) 피보험자를 살해하여 보험금을 편취할 목적으로 체결한 생명보험계약은 사회질서에 위배되는 행위로서 무효이고, 따라서 피보험자를 살해하여 보험금을 편취할 목적으로 피보험자의 공동상속인 중 1인이 상속인을 보험수익자로 하여 생명보험계약을 체결한 후 피보험자를 살해한 경우 다른 공동상속인은 자신이 고의로 보험사고를 일으키지 않았다고 하더라도 보험자에 대하여 보험금을 청구할 수 없다(대판 2000.2.11, 99다49064).

(14) 보험계약자가 다수의 보험계약을 통하여 보험금을 부정취득할 목적으로 보험계약을 체결한 경우에도 선량한 풍속 기타 사회질서에 반하여 무효이다(대판 2005.7.28, 2005다23858).

(15) 사찰이 그 존립에 필요불가결한 임야를 처분하는 행위는 무효이다(대판 1991.8.27, 90다19848).

(16) 소송행위에도 제103조가 적용된다. 즉, 우리나라 법원의 관할을 배제하고 외국의 법원을 관할법원으로 하는 전속적인 국제관할의 합의가 그 요건을 갖추었더라도 현저하게 불합리하고 불공정한 경우에 그 관할합의는 공서양속에 반하는 법률행위에 해당하여 무효이다(대판 2004.3.25, 2001다53349).

(17) 형사사건에 관하여 체결된 성공보수약정이 가져오는 여러 가지 사회적 폐단과 부작용 등을 고려하면, 구속영장청구 기각, 보석 석방, 집행유예나 무죄 판결 등과 같이 의뢰인에게 유리한 결과를 얻어내기 위한 변호사의 변론활동이나 직무수행 그 자체는 정당하다 하더라도, 형사사건에서의 성공보수약정은 수사·재판의 결과를 금전적인 대가와 결부시킴으로써, 기본적 인권의 옹호와 사회정의의 실현을 사명으로 하는 변호사 직무의 공공성을 저해하고, 의뢰인과 일반 국민의 사법제도에 대한 신뢰를 현저히 떨어뜨릴 위험이 있으므로, 선량한 풍속 기타 사회질서에 위배되는 것으로 평가할 수 있다. (중략) 대법원이 이 판결을 통하여 형사사건에 관한 성공보수약정이 선량한 풍속 기타 사회질서에 위배되는 것으로 평가할 수 있음을 명확히 밝혔음에도 불구하고 향후에도 성공보수약정이 체결된다면 이는 민법 제103조에 의하여 무효로 보아야 한다(대판 2015.7.23, 2015다200111 전합).(*그러나 민사사건의 성공보수약정은 유효이다.)

(18) 어떠한 일이 있어도 이혼하지 않겠다는 각서를 써 주는 경우에서와 같이 신분상의 의사결정을 구속하는 내용의 의사표시는 무효이다(대판 1969.8.19, 69므18).

(19) 영리를 목적으로 윤락행위를 하도록 권유, 유인, 알선 또는 강요하거나 이에 협력하는 것은 선량한 풍속 기타 사회질서에 위반되므로 그러한 행위를 하는 자가 영업상 관계있는 윤락행위를 하는 자에 대하여 가지는 채권은 계약의 형식에 관계없이 무효이다(대판 2004.9.3, 2004다27488).

(20) 의무의 강제로 얻어지는 채권자의 이익에 비하여 약정된 위약벌이 과도하게 무거울 때에는 일부 또는 전부가 공서양속에 반하여 무효로 된다(대판 2015.12.10, 2014다14511).

(21) 당사자 일방이 그의 독점적 지위 내지 우월한 지위를 악용하여, 자기는 부당한 이득을 얻고 상대방에게는 과도한 반대급부를 또는 기타의 부당한 부담을 과하는 법률행위는 반사회적인 것으로서 무효이다(대판 1996.4.26, 94다34432).

(22) 사용자와 근로자 사이에 겸업금지약정이 존재한다고 하더라도 그와 같은 약정이 헌법상 보장된 근로자의 직업선택의 자유와 근로권 등을 과도하게 제한하거나 자유로운 경쟁을 지나치게 제한하는 경우에는 민법 제103조에 정한 선량한 풍속 기타 사회질서에 반하는 법률행위로서 무효이다(대판 2010.3.11, 2009다82244).

(23) 도박자금에 제공할 목적으로 하는 금전의 소비대차계약은 반사회적 법률행위로 무효이다(대판 1973.5.22, 72다2249).

(24) 도박채무로 인한 채무의 변제방법으로 토지를 양도하는 계약은 무효이다. 즉, 도박채무와 관련된 변제행위는 무효이다(대판 1959.10.15, 4291민상262).

(25) 도박채무의 변제를 위한 담보의 방법으로 이루어진 가등기와 소유권이전의 본등기는 무효이다(대판 1974.11.12, 74다960).

> ※ **동기의 불법(동기의 반사회성)**
>
> 1. 도박자금을 마련하기 위하여 금전소비대차계약을 맺은 경우처럼, 겉으로 들어난 금전소비대차계약은 아무런 문제가 없지만 돈을 빌리는 동기가 도박을 위한 것이라면 그런 경우를 동기의 불법이라고 한다.
> 2. 민법 제103조에서 정하는 '반사회질서의 법률행위'는 법률행위의 목적인 권리·의무의 내용이 선량한 풍속 기타 사회질서에 위반되는 경우뿐만 아니라, 그 내용 자체는 반사회질서적인 것이 아니라고 하여도 법적으로 이를 강제하거나 법률행위에 사회질서의 근간에 반하는 조건 또는 금전적인 대가가 결부됨으로써 그 법률행위가 반사회질서적 성질을 띠게 되는 경우 및 **표시되거나 상대방에게 알려진 법률행위의 동기**가 반사회질서인 경우를 포함한다(대판 2009.9.10, 2009다37251).

---

3 반사회질서 법률행위에 해당하지 않은 경우

(1) 법률행위의 성립과정에서 강박이라는 불법적 방법이 사용된 데 불과한 때에는 그 불법이 의사표시의 형성에 영향을 미친 경우에는 의사표시의 하자를 이유로 그 효력을 논할 수 있을지언정, 반사회질서의 법률행위로서 무효라고 할 수 없다(대판 2002.12.27, 2000다47361).

(2) 강제집행을 면할 목적으로 부동산에 허위의 근저당권설정등기를 경료하는 행위는 제103조에 해당하는 반사회질서 법률행위로 볼 수 없다. 또한 양도소득세를 회피하기 위한 방법으로 부동산을 명의신탁한 것이라 하더라도 그러한 이유 때문에 민법 제103조의 반사회적 법률행위로서 위 명의신탁이 무효라고 할 수 없다(대판 1991.9.13, 91다16334).

(3) 주택매매계약에서 매도인으로 하여금 주택의 보유기간이 3년 이상으로 되게 함으로써 양도소득세를 부과받지 않게 할 목적으로 매매를 원인으로 한 소유권이전등기는 3년 후에 넘겨받기로 특약을 하였더라도 그와 같은 목적은 위 특약의 연유나 동기에 불과하고 위 특약 자체가 사회질서나 신의성실의 원칙에 위반된 것으로 볼 수 없다(대판 1991.5.14, 91다6627).

(4) 양도소득세의 일부를 회피할 목적으로 매매계약서에 실제로 거래한 가액을 매매대금으로 기재하지 않고 그보다 낮은 금액을 매매대금으로 기재하였다 하여 그것만으로 그 매매계약이 사회질서에 반하는 법률행위로서 무효로 된다고 할 수는 없다(대판 2007.6.14, 2007다3285).

(5) 매도인이 부담할 공과금을 매수인이 부담하기로 한 약정은 선량한 풍속 기타 사회질서에 반하는 법률행위가 아니다(대판 1993.5.25, 93다296).

(6) 도박채무의 변제를 위하여 채무자로부터 부동산의 처분을 위임받은 채권자가 그 부동산을 제3자에게 매도한 경우 도박채무 부담행위 및 그 변제약정이 민법 제103조의 선량한 풍속 기타 사회질서에 위반되어 무효라 하더라도 그 무효는 변제약정의 이행행위에 해당하는 위 부동산을 제3자에게 처분한 대금으로 도박채무의 변제에 충당한 부분에 한정되고, 위 변제약정의 이행행위에 직접 해당하지 아니하는 부동산 처분에 관한 대리권을 도박 채권자에게 수여한 행위부분까지 무효라고 볼 수는 없으므로 위와 같은 사정을 알지 못하는 거래상대방인 제3자가 도박 채무자부터 그 대리인인 도박 채권자를 통하여 위 부동산을 매수한 행위까지 무효가 된다고 할 수는 없다(대판 1995.7.14, 94다40147).

(7) 주택개량사업구역 내의 주택에 거주하는 세입자가 주택개량재개발조합으로부터 장차 신축될 아파트의 방 1칸을 분양받을 수 있는 피분양권(이른바 세입자입주권)을 15매나 매수하였고 또 그것이 투기의 목적으로 행하여진 것이라 하여 그것만으로 그 피분양권매매계약이 사회질서에 반하는 법률행위로서 무효로 된다고 할 수 없다(대판 1991.5.28, 90다19770).

(8) 백화점 수수료위탁판매매장계약에서 임차인이 매출신고를 누락하는 경우에 판매수수료의 100배에 해당하고 신고누락 매출액의 10배에 해당하는 범칙금을 임대인에게 배상하기로 한 위약벌의 약정은 반사회질서에 해당하지 않는다(대판 1993.3.23, 92다46905).

(9) 귀국 후 일정한 기간 근무하지 않으면 해외파견 소요경비를 배상한다는 사규나 약정은 근로계약기간이 아니라 경비반환채무의 면제기간을 정한 것이므로 민법 제103조, 제104조에 해당하지 않는다(대판 1982.6.22, 82다카90).

(10) 반사회적 행위에 의하여 조성된 재산인 이른바 비자금을 소극적으로 은닉하기 위하여 임치한 것이 사회질서에 반하는 법률행위로 볼 수 없다(대판 2001.4.10, 2000다49343).

(11) 전통사찰의 주지직을 거액의 금품을 대가로 양도·양수하기로 하는 약정이 있음을 알고도 이를 묵인 혹은 방조한 상태에서 한 종교법인의 주지임명행위는 민법 제103조 소정의 반사회질서 법률행위에 해당하지 않는다.

(12) 부정행위를 용서받는 대가로 손해를 배상함과 아울러 가정에 충실하겠다는 서약의 취지에서 처에게 부동산을 양도하되, 부부관계가 유지되는 동안에는 처가 임의로 처분할 수 없다는 제한을 붙인 약정은 사회질서에 반하는 것이라고 볼 수 없다(대판 1992.10.27, 92므204).

(13) 불륜관계를 해소하면서 그 첩의 장래 생활대책을 마련해 준다는 뜻에서 금원을 지급하기로 약정한 것이라거나 자녀의 양육비를 지급하기로 약정한 것은 유효하다(대판 1980.6.24, 80다458).

> **cf** 부첩관계 종료를 정지조건으로 한 증여는 유효하다.

(14) 식품접객업 영업허가명의 및 사업자등록명의의 대여가 사회질서에 반하는 것은 아니다(대판 2004.3.12, 2002도5090).

4 반사회질서 법률행위 판단시기

(1) 선량한 풍속 기타 사회질서는 부단히 변천하는 가치관념으로서 어느 법률행위가 이에 위반되어 민법 제103조에 의하여 무효인지는 <u>법률행위가 이루어진 때를 기준</u>으로 판단하여야 한다(대판 2015.7.23, 2015다200111 전합).

(2) 매매계약체결 당시에 정당한 대가를 지급하고 목적물을 매수하는 계약을 체결하였다면, 비록 <u>그 후 목적물이 범죄행위로 취득된 것을 알게 되었다고 하더라도 계약의 이행을 구하는 것 자체가 선량한 풍속 기타 사회질서에 위반하는 것으로 볼 만한 특별한 사정이 없는 한, 그러한 사유만으로 당초의 매매계약에 기하여 목적물에 대한 소유권이전등기를 구하는 것이 민법 제103조의 공서양속에 반하는 행위라고 단정할 수 없다</u>(대판 2001.11.9, 2001다44987).

5 반사회질서 법률행위의 효과

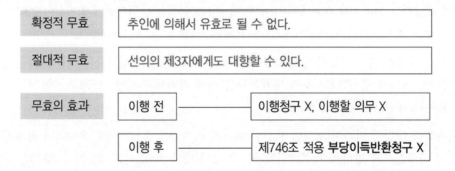

```
확정적 무효 ─── 추인에 의해서 유효로 될 수 없다.

절대적 무효 ─── 선의의 제3자에게도 대항할 수 있다.

무효의 효과 ─── 이행 전 ─── 이행청구 X, 이행할 의무 X
          └── 이행 후 ─── 제746조 적용 부당이득반환청구 X
```

> **제746조** 불법원인급여
>
> 불법의 원인으로 인하여 재산을 급여하거나 노무를 제공한 때에는 그 이익의 반환을 청구하지 못한다. 그러나 그 불법원인이 수익자에게만 있는 때에는 그러하지 아니하다.

1. 민법 제746조는 단지 부당이득제도만을 제한하는 것이 아니라 동법 제103조와 함께 사법의 기본이념으로서, 결국 사회적 타당성이 없는 행위를 한 사람은 스스로 불법한 행위를 주장하여 복구를 그 형식 여하에 불구하고 소구할 수 없다는 이상을 표현한 것이므로 급여를 한 사람은 그 원인행위가 법률상 무효라 하여 상대방에게 부당이득반환청구를 할 수 없음은 물론 급여한 물건의 소유권은 여전히 자기에게 있다고 하여 소유권에 기한 반환청구도 할 수 없고, 따라서 급여한 물건의 소유권은 급여를 받은 상대방에게 귀속된다(대판 1979.11.13, 79다483 전합).

2. 도박자금을 제공함으로 인하여 발생한 채권의 담보로 부동산에 관하여 근저당권설정등기가 경료되었을 뿐이라면 위와 같은 근저당권설정등기로 근저당권자가 받을 이익은 소유권이전과 같은 종국적인 것이 되지 못하고 따라서 민법 제746조에서 말하는 이익에는 해당하지 아니한다고 할 것이므로 그 부동산의 소유자는 민법 제746조의 적용을 받음이 없이 그 말소를 청구할 수 있다(대판 1994.12.22, 93다55234).

3. 도박채무가 불법무효로 존재하지 않는다는 이유로 양도담보조로 이전해 준 소유권이전등기의 말소를 청구하는 것은 허용되지 않는다(대판 1989.9.29, 89다카5994).

4. 선량한 풍속 기타 사회질서에 위반하여 무효인 부분의 이자 약정을 원인으로 차주가 대주에게 임의로 이자를 지급하는 것은 통상 불법의 원인으로 인한 재산 급여라고 볼 수 있을 것이나, 불법원인급여에 있어서도 그 불법원인이 수익자에게만 있는 경우이거나 수익자의 불법성이 급여자의 그것보다 현저히 커서 급여자의 반환청구를 허용하지 않는 것이 오히려 공평과 신의성실의 원칙에 반하게 되는 경우에는 급여자의 반환청구가 허용되므로 대주가 사회통념상 허용되는 한도를 초과하는 이율의 이자를 약정하여 지급받은 것은 그의 우월한 지위를 이용하여 부당한 이득을 얻고 차주에게는 과도한 반대급부 또는 기타의 부당한 부담을 지우는 것으로서 그 불법의 원인이 수익자인 대주에게만 있거나 또는 적어도 대주의 불법성이 차주의 불법성에 비하여 현저히 크다고 할 것이어서 차주는 그 이자의 반환을 청구할 수 있다(대판 2007.2.15, 2004다50426 전합).

🗂 이중매매

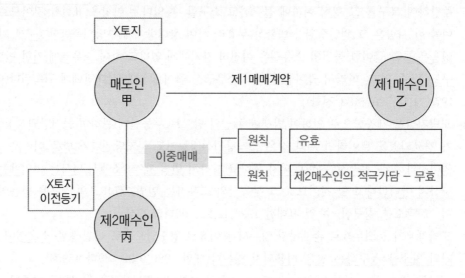

1 이중매매가 유효한 경우

(1) 이중매매가 유효한 경우 제2매수인은 ×토지에 대한 소유권을 취득한다.

(2) 제1매수인 乙은 매도인 甲을 상대로 소유권이전채무의 이행불능을 이유로 제1매매계약을 해제하고 손해배상을 청구할 수 있다.

(3) 이중매매가 유효한 경우 제1매수인은 이중매매계약에 대하여 <u>채권자취소권을 행사할 수 없다.</u>

2 이중매매가 무효인 경우

(1) 제2매수인의 적극가담하에 이루어진 이중매매는 민법 제103조에 위반하여 무효이다.

(2) "적극가담"이란 제2매수인이 <u>다른 사람에게 매매목적물이 매도된 것을 안다는 것만으로는 부족</u>하고, 적어도 그 매도사실을 알고도 매도를 요청하여 매매계약에 이르는 정도가 되어야 한다. 따라서 제2매수인이 제1매매가 있다는 사실을 알면서 이중매매한 경우라면 그 이중매매는 유효하다.

(3) 이중매매가 무효인 경우 매도인 甲은 제2매수인 丙에게 토지의 반환을 청구할 수 <u>없다.</u>

(4) 이중매매가 무효인 경우 제1매수인 乙은 직접 제2매수인에게 소유권말소등기는 청구할 수 없고, <u>매도인 甲을 대위하여 등기의 말소를 청구할 수 있다.</u>

(5) 이중매매가 무효인 경우 제1매수인은 제2매수인에게 채권침해를 이유로 불법행위에 의한 손해배상을 청구할 수 있다.

(6) 이중매매가 무효인 경우 제2매수인으로부터 다시 목적물을 취득한 제3자는 설령 선의라도 소유권을 취득할 수 없다.

(7) 판례는 이중양도의 법리를 취득시효, 명의신탁에까지 확대하여 적용하고 있다.

> 1. 제3자가 피상속인으로부터 토지를 전전매수하였다는 사실을 알면서 그 정을 모르는 상속인을 기망하여 결과적으로 그로 하여금 토지를 이중매도하게 하였다면, 그 매수인의 적극적인 기망행위에 의하여 이루어진 상속인과 사이의 토지에 관한 양도계약은 반사회적 법률행위로 무효이다(대판 1994.11.18, 94다37349).
> 2. 피고는 그 부가 이 건 부동산을 원고에게 매도하여 원고로부터 등기독촉을 받고 있는 사정을 잘 알면서 그로부터 이를 증여받음으로써 그 부의 배임행위에 적극 가담하였다면 위 수증행위는 반사회적 법률행위로서 무효라고 할 것이다(대판 1982.2.9, 81다1134).
> 3. 부동산 소유자가 자신의 부동산에 대하여 취득시효가 완성된 사실을 알고 이를 제3자에게 처분하여 소유권이전등기를 넘겨줌으로써 취득시효완성을 원인으로 한 소유권이전등기의무를 이행불능에 빠뜨려 시효취득을 주장하는 자에게 손해를 입혔다면 불법행위를 구성하며, 이 경우 부동산을 취득한 제3자가 부동산 소유자의 이와 같은 불법행위에 적극 가담하였다면 이는 사회질서에 반하는 행위로서 무효이다(대판 1995.6.30, 94다52416).

불공정한 법률행위

제104조 불공정한 법률행위

당사자의 **궁박, 경솔 또는 무경험**으로 인하여 현저하게 공정을 잃은 법률행위는 **무효**로 한다.

1 의의

(1) '불공정한 법률행위(폭리행위)'란 상대방의 궁박·경솔 또는 무경험을 이용하여 자기의 급부에 비하여 현저하게 균형을 잃은 반대급부를 하게 함으로써 부당한 이득을 얻는 행위를 말한다.

(2) 불공정한 법률행위는 제103조 반사회질서 법률행위의 예(例)이다.

(3) 제103조는 일반조항이므로 제104조에는 위반하지는 않는다고 할지라도 제103조에 의해서 무효로 할 수 있다.

2 불공정한 법률행위의 성립요건(객관적 요건 + 주관적 요건 + 폭리자의 이용의사)

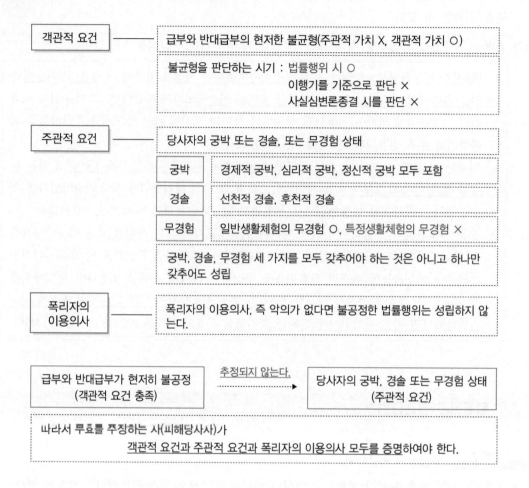

| 객관적 요건 | 급부와 반대급부의 현저한 불균형(주관적 가치 X, 객관적 가치 O) |
| | 불균형을 판단하는 시기 : 법률행위 시 O
이행기를 기준으로 판단 X
사실심변론종결 시를 판단 X |

| 주관적 요건 | 당사자의 궁박 또는 경솔, 또는 무경험 상태 |

	궁박	경제적 궁박, 심리적 궁박, 정신적 궁박 모두 포함
	경솔	선천적 경솔, 후천적 경솔
	무경험	일반생활체험의 무경험 O, 특정생활체험의 무경험 X

궁박, 경솔, 무경험 세 가지를 모두 갖추어야 하는 것은 아니고 하나만 갖추어도 성립

| 폭리자의
이용의사 | 폭리자의 이용의사, 즉 악의가 없다면 불공정한 법률행위는 성립하지 않는다. |

급부와 반대급부가 현저히 불공정
(객관적 요건 충족)
→ 추정되지 않는다. →
당사자의 궁박, 경솔 또는 무경험 상태
(주관적 요건)

따라서 무효를 주장하는 사(피해당사자)가
객관적 요건과 주관적 요건과 폭리자의 이용의사 모두를 증명하여야 한다.

3 불공정한 법률행위의 효과

(1) 절대적 무효이므로, 선의의 제3자에게 대항할 수 있다.

(2) 확정적 무효이므로, 추인에 의해서 유효로 될 수 없다.

(3) 제103조의 예이므로, 제746조가 적용되어 폭리자는 피해자에게 반환청구할 수 없다. 그러나 피해자는 폭리자에게 반환청구할 수 있다.

(4) 불공정한 법률행위에도 무효행위의 전환에 관한 민법 제138조가 적용될 수 있다.

4 불공정한 법률행위의 적용범위

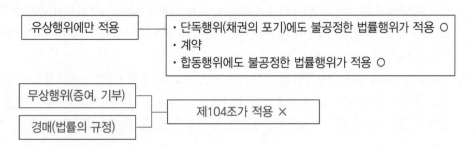

유상행위에만 적용 ─ • 단독행위(채권의 포기)에도 불공정한 법률행위가 적용 ○
                    • 계약
                    • 합동행위에도 불공정한 법률행위가 적용 ○

무상행위(증여, 기부)
경매(법률의 규정) ─── 제104조가 적용 ×

1. 급부와 반대급부 사이의 '현저한 불균형'은 단순히 시가와의 차액 또는 시가와의 배율로 판단할 수 있는 것은 아니고 구체적·개별적 사안에 있어서 일반인의 사회통념에 따라 결정하여야 한다. 그 판단에 있어서는 피해당사자의 궁박·경솔·무경험의 정도가 아울러 고려되어야 하고, 당사자의 주관적 가치가 아닌 거래상의 객관적 가치에 의하여야 한다(대판 2010.7.15, 2009다50308).

2. 불공정한 법률행위가 성립하기 위한 요건인 궁박·경솔·무경험은 모두 구비되어야 하는 요건이 아니라 그중 일부만 갖추어져도 충분한데, 여기에서 '궁박'이라 함은 '급박한 곤궁'을 의미하는 것으로서 경제적 원인에 기인할 수도 있고 정신적 또는 심리적 원인에 기인할 수도 있으며, '무경험'이라 함은 일반적인 생활체험의 부족을 의미하는 것으로서 어느 특정영역에 있어서의 경험부족이 아니라 거래일반에 대한 경험부족을 뜻하고, 당사자가 궁박 또는 무경험의 상태에 있었는지 여부는 그의 나이와 직업, 교육 및 사회경험의 정도, 재산상태 및 그가 처한 상황의 절박성의 정도 등 제반 사정을 종합하여 구체적으로 판단하여야 하며, 한편 피해당사자가 궁박·경솔 또는 무경험의 상태에 있었다고 하더라도 그 상대방당사자에게 그와 같은 피해당사자 측의 사정을 알면서 이를 이용하려는 의사, 즉 폭리행위의 악의가 없었다거나 또는 객관적으로 급부와 반대급부 사이에 현저한 불균형이 존재하지 아니한다면 불공정 법률행위는 성립하지 않는다(대판 2002.10.22, 2002다38927).

3. 지역사회에서 상당한 사회적 지위와 명망을 가지고 있는 자가 유부녀와 통정한 후 상간자의 배우자로부터 고소를 당하게 되면 자신의 사회적 명예가 실추되고 구속될 여지도 있어 다소 궁박한 상태에 있었다고 볼 수는 있으나 상간자의 배우자가 상대방의 그와 같은 처지를 적극적으로 이용하여 폭리를 취하려 하였다고 볼 수 없는 경우 고소를 하지 않기로 합의하면서 금 170,000,000원의 약속어음공정증서를 작성한 행위가 불공정한 법률행위에 해당한다고 볼 수 없다(대판 1997.3.25, 96다47951).

4. 어떠한 법률행위가 불공정한 법률행위에 해당하는지는 법률행위 당시를 기준으로 판단하여야 하므로, 계약체결 당시를 기준으로 계약내용에 따른 권리·의무관계를 종합적으로

고려한 결과 불공정한 것이 아니라면, 사후에 외부적 환경의 급격한 변화에 따라 계약당사자 일방에게 큰 손실이 발생하고 상대방에게는 그에 상응하는 큰 이익이 발생할 수 있는 구조라고 하여 그 계약이 당연히 불공정한 계약에 해당한다고 말할 수 없다(대판 2015.1.15, 2014다216072).

5. 제104조의 불공정한 법률행위를 주장하는 자는 스스로 궁박·경솔·무경험으로 인하였음을 증명하여야 하고, 그 법률행위가 현저하게 공정을 잃었다 하여 곧 그것이 경솔하게 이루어졌다고 추정하거나 궁박한 사정이 인정되는 것은 아니다(대판 1969.7.8, 69다 594).

6. 불공정한 법률행위로서 무효인 경우에는 추인에 의하여 무효인 법률행위가 유효로 될 수 없다(대판 1994.6.24, 94다10900).

7. 매매계약이 약정된 매매대금의 과다로 말미암아 민법 제104조에서 정하는 '불공정한 법률행위'에 해당하여 무효인 경우에도 무효행위의 전환에 관한 민법 제138조가 적용될 수 있다(대판 2010.7.15, 2009다50308).

8. 민법 제104조가 규정하는 현저히 공정을 잃은 법률행위라 함은 자기의 급부에 비하여 현저하게 균형을 잃은 반대급부를 하게 하여 부당한 재산적 이익을 얻는 행위를 의미하는 것이므로 증여계약과 같이 아무런 대가관계 없이 당사자 일방이 상대방에게 일방적인 급부를 하는 법률행위는 그 공정성 여부를 논의할 수 있는 성질의 법률행위가 아니다(대판 2000.2.11, 99다56833).

9. 법인 아닌 어촌계가 취득한 어업권은 어촌계의 총유이고, 그 어업권의 소멸로 인한 보상금도 어촌계의 총유에 속하므로 총유물인 손실보상금의 처분은 원칙적으로 계원총회의 결의에 의하여 결정되어야 할 것이지만, 어업권의 소멸로 인한 손실보상금은 어업권의 소멸로 손실을 입은 어촌계원들에게 공평하고 적정하게 분배되어야 할 것이므로, 어업권의 소멸로 인한 손실보상금의 분배에 관한 어촌계 총회의 결의 내용이 각 계원의 어업권 행사 내용, 어업 의존도, 계원이 보유하고 있는 어업 장비나 멸실된 어업 시설 등의 제반 사정을 참작한 손실의 정도에 비추어 볼 때 현저하게 불공정한 경우에는 그 결의는 무효이다(대판 2003.6.27, 2002다68034).

10. 대리인에 의하여 법률행위가 이루어진 경우 그 법률행위가 민법 제104조의 불공정한 법률행위에 해당하는지 여부를 판단함에 있어서 경솔과 무경험은 대리인을 기준으로 하여 판단하고, 궁박은 본인의 입장에서 판단하여야 한다(대판 2002.10.22, 2002다38927).

11. 매매계약과 같은 쌍무계약이 급부와 반대급부와의 불균형으로 말미암아 민법 제104조에서 정하는 '불공정한 법률행위'에 해당하여 무효라고 한다면, 그 계약으로 인하여 불이익을 입는 당사자로 하여금 위와 같은 불공정성을 소송 등 사법적 구제수단을 통하여 주장하지 못하도록 하는 부제소합의 역시 다른 특별한 사정이 없는 한 무효이다(대판 2010.7.15, 2009다50308).

법률행위의 해석

1 법률행위의 해석

(1) '법률행위의 해석'이란 당사자가 의욕한 법률행위의 내용을 명확하게 확정하는 것을 말한다. 법률행위의 해석은 표시행위의 객관적 의미를 밝히는 것으로 법적 가치관에 속한다. 따라서 법률행위의 해석은 사실문제가 아니라 법률문제이므로 상고의 대상이 된다.

(2) 의사표시자가 의도한 의사와 표시가 외형상 불일치하더라도 법률행위의 해석을 통해 일치하는 것으로 확정되면 착오는 문제는 발생하지 않는다. 즉 해석은 착오에 앞선다.

1. 법률행위의 해석은 당사자가 그 표시행위에 부여한 객관적인 의미를 명백하게 확정하는 것으로서, 사용된 문언에만 구애받는 것은 아니지만, 어디까지나 당사자의 내심의 의사가 어떤지에 관계없이 그 문언의 내용에 의하여 당사자가 그 표시행위에 부여한 객관적 의미를 합리적으로 해석하여야 하는 것이고, 당사자가 표시한 문언에 의하여 그 객관적인 의미가 명확하게 드러나지 않는 경우에는 그 문언의 형식과 내용, 그 법률행위가 이루어진 동기 및 경위, 당사자가 그 법률행위에 의하여 달성하려는 목적과 진정한 의사, 거래의 관행 등을 종합적으로 고려하여 사회정의와 형평의 이념에 맞도록 논리와 경험의 법칙, 그리고 사회일반의 상식과 거래의 통념에 따라 합리적으로 해석하여야 한다. 이러한 법리는 비전형의 혼합계약의 해석에도 적용된다고 할 것인데, 비전형의 혼합계약에서는 다수의 전형계약의 요소들이 양립하면서 각자 그에 상응하는 법적 효력이 부여될 수 있으므로 당사자가 그 표시행위에 부여한 객관적인 의미를 있는 그대로 확정하는 것이 필요하다(대판 2010.10.14, 2009다67313).

2. 의사표시 해석에 있어서 당사자의 진정한 의사를 알 수 없다면, 의사표시의 요소가 되는 것은 표시행위로부터 추단되는 효과의사, 즉 표시상의 효과의사이고 표의자가 가지고 있던 내심적 효과의사가 아니므로, 당사자의 내심의 의사보다는 외부로 표시된 행위에 의하여 추단된 의사를 가지고 해석함이 상당하다(대판 2002.6.28, 2002다23482).

3. 일반적으로 계약의 당사자가 누구인지는 계약에 관여한 당사자의 의사해석의 문제에 해당한다. 당사자 사이에 법률행위의 해석을 둘러싸고 이견이 있어 당사자의 의사해석이 문제되는 경우에는 법률행위의 내용, 그러한 법률행위가 이루어진 동기와 경위, 법률행위에 의하여 달성하려는 목적, 당사자의 진정한 의사 등을 종합적으로 고찰하여 논리와 경험칙에 따라 합리적으로 해석하여야 한다(대판 2018.1.25, 2016다238212).

4. 계약을 체결하는 행위자가 타인의 이름으로 법률행위를 한 경우에 행위자 또는 명의인 가운데 누구를 당사자로 볼 것인가에 관하여는, 우선 행위자와 상대방의 의사가 일치한 경우에는 그 일치한 의사대로 행위자 또는 명의인을 계약의 당사자로 확정하여야 할 것이

고, <u>쌍방의 의사가 일치하지 않는 경우</u>에는 그 계약의 성질·내용·목적·경위 등 계약체결 전후의 구체적인 제반 사정을 토대로 상대방이 합리적인 사람이라면 <u>행위자와 명의인 중 누구를 계약당사자로 이해할 것인지에 의하여 결정</u>하여야지 그 계약상의 명의인이 언제나 계약당사자가 되는 것은 아니라 할 것이다(대판 2016.3.10, 2015다240768).

5. 일방 당사자가 대리인을 통하여 계약을 체결하는 경우에 있어서 계약의 상대방이 대리인을 통하여 본인과 사이에 계약을 체결하려는 데 <u>의사가 일치하였다면</u> 대리인의 <u>대리권 존부문제와는 무관하게 상대방과 본인이 그 계약의 당사자</u>이다(대판 2009.12.10, 2009다27513).

2 법률행위의 해석의 순서

제105조 임의규정

법률행위의 당사자가 법령 중의 선량한 풍속 기타 사회질서에 관계**없는** 규정과 다른 의사를 표시한 때에는 그 의사에 의한다.

제106조 사실인 관습

법령 중의 선량한 풍속 기타 사회질서에 관계<u>없는</u> 규정과 다른 관습이 있는 경우에 당사자의 의사가 명확하지 아니한 때에는 **그 관습에 의한다.**

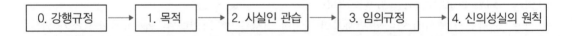

0. 강행규정 → 1. 목적 → 2. 사실인 관습 → 3. 임의규정 → 4. 신의성실의 원칙

(1) 사실인 관습, 임의규정, 신의성실의 원칙은 해석의 순서가 될 수 있다.

(2) <u>당사자가 의사가 명확하지 아니하는 때</u>에 사실인 관습은 해석의 순서가 될 수 있다.

(3) 그러나 <u>당사자의 의사가 명확한 경우</u>에는 사실인 관습은 해석의 순서가 될 수 없다.

(4) <u>강행규정에 위반</u>하는 사실인 관습은 해석의 순서가 될 수 없다.

(5) 사실인 관습이 해석의 기준이 되기 위해서는 선량한 풍속 기타 사회질서에 반하지 않아야 한다.

3 법률행위의 해석의 방법

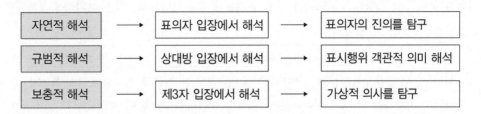

자연적 해석	규범적 해석	보충적 해석
1. 상대방 없는 단독행위에서 주로 사용 2. **오표시무해의 원칙** 3. 착오 취소 ×	1. 객관적 의미를 탐구 2. 착오의 문제가 발생하므로 취소가능	1. 유효하게 성립한 법률행위에서만 보충적 해석가능 2. 착오 취소 ×

4 오표시무해(誤表示無害)의 원칙

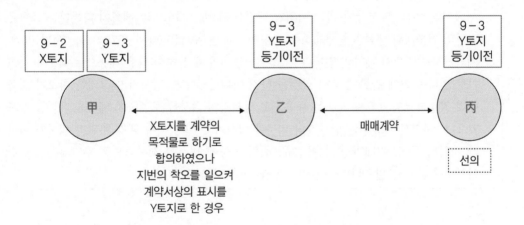

(1) 甲과 乙 사이의 매매계약은 당사자의 진의가 일치하는 ×토지에 대하여 성립한다.
① 따라서 甲과 乙 사이의 매매계약은 乙명의로 등기된 Y토지에 대하여 성립하는 것은 아니다.
② 따라서 당사자 간 甲과 乙 사이의 매매계약은 당사자가 원하는 대로 ×토지에 대하여 성립하였기에, 甲 또는 乙은 자신의 착오를 이유로 계약을 취소할 수 없다.

(2) 乙은 甲에게 ×토지에 대하여 소유권이전등기를 다시 청구할 수 있다. 그리고 甲도 乙에게 Y토지에 대한 말소등기를 청구할 수 있을 뿐이다.

(3) 乙이 자기 앞으로 Y토지가 등기된 것을 기회로 선의의 丙에게 Y토지를 매매한 경우 설령 丙이 선의라 하더라도 乙명의의 Y토지에 대한 등기는 무효등기이므로, 丙은 선의라도 Y토지에 대한 소유권을 취득할 수 없다.

---

1. 어떤 의무를 부담하는 것과 관련하여 '최대한 노력하겠다.', '협조를 최대한 한다.'라고 기재한 경우 그 문구를 기재한 객관적인 의미는 그러한 의무를 법적으로 부담할 수는 없지만 사정이 허락하는 한 그 이행을 사실상 하겠다는 취지로 해석함이 상당하다(대판 1996.10.25, 96다16049).

2. 채권자가 채무자로부터 36만원을 수령하면서 실제는 더 받을 금원이 있는데도 36만원이라도 우선 받기 위해 영수증에 '총완결'이라고 써준 경우 더 받을 금원을 탕감해 준 것으로 해석하는 것이 영수증작성자의 의사에 부합한다(대판 1969.7.8, 69다563).

3. 임대차계약을 체결하면서 특약으로 '모든 경우의 화재에 대하여 임차인이 그 손해를 부담한다.'고 약정한 경우 '모든 경우'는 종업원의 고의·과실뿐만 아니라 불가항력에 의한 화재를 포함한다(대판 1979.5.22, 79다508).

4. 교통사고로 인한 손해에 관하여 합의 당시 예상하지 못했던 중대한 사태가 일어났다면 예상하지 못했던 손해의 배상을 구할 수 있다(대판 1980.11.25, 80다1568).

5. 매매계약서에 계약사항에 대한 이의가 생겼을 때에는 매도인의 해석에 따른다는 조항은 법원의 법률행위 해석권을 구속하는 조항이라고 볼 수 없다(대판 1974.9.24, 74다1057).

6. 계약당사자 쌍방이 계약의 전제나 기초가 되는 사항에 관하여 같은 내용으로 착오를 하고 이로 인하여 그에 관한 구체적 약정을 하지 아니하였다면, 당사자가 그러한 착오가 없을 때에 약정하였을 것으로 보이는 내용으로 당사자의 의사를 보충하여 계약을 해석할 수도 있으나, 여기서 보충되는 당사자의 의사란 당사자의 실제 의사 내지 주관적 의사가 아니라 계약의 목적, 거래관행, 적용법규, 신의칙 등에 비추어 객관적으로 추인되는 정당한 이익조정 의사를 말한다(대판 2014.4.24, 2013다218620).

🗇 의사표시 서론

1 정상적인 의사표시와 비정상적인 의사표시

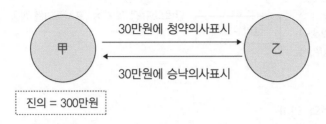

	표의자의 진의를 중시하는 입장	청약 자체가 <u>무효</u>이므로 상대방이
의사주의	표시행위에는 표의자의 진의가 없기에 <u>표시행위는 무효</u>	승낙하더라도 <u>계약 자체가 성립 ✕</u>

진의(300)
≠
표시(30)

	표시행위를 중시하는 입장	청약이 유효하므로, 상대방이 승낙
표시주의	상대방의 입장에서는 표의자의 진의를 알 수 없기에 <u>표시행위는 유효</u>	하면 30만원에 계약이 <u>성립</u>, 다만 <u>표의자는 자신의 착오를 이유로 취소 ○</u>

현행 민법은 표시주의에 기운 절충주의를 취한다.

2 현행 민법의 의사표시에 관한 규정

3 의사표시에 관한 규정(제107조, 제108조, 제109조, 제110조) 적용범위

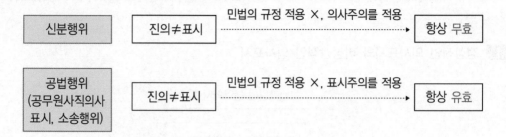

4 민법상 침묵의 의미

(1) 침묵은 원칙적으로 의사표시에 해당하지 않는다. 판례는 청약자가 미리 정한 기간 내에 이의를 하지 아니하면 승낙한 것으로 간주한다는 뜻을 청약 시 표시하였다고 하더라도 이는 상대방을 구속하지 아니하고 그 기간은 경우에 따라 단지 승낙기간을 정하는 의미를 가질 수 있을 뿐이다 (대판 1999.1.29, 98다48903).

(2) 다만 침묵도 예외적으로 당사자의 약정이나 거래관행 또는 법률의 규정(제15조, 제131조 등)등 일정한 의사표시로 평가될 수 있는 특별한 사정이 있는 때에만 의사표시로 인정될 수 있다.

🗂 진의 아닌 의사표시

> **제107조** 진의 아닌 의사표시
> ① 의사표시는 표의자가 진의 아님을 알고 한 것이라도 그 **효력이 있다.** 그러나 상대방이 표의자
> 의 진의 아님을 **알았거나 이를 알 수 있었을 경우에는 무효로 한다.**
> ② 전항의 의사표시의 무효는 **선의의 제삼자에게 대항하지 못한다.**

1 진의 아닌 의사표시(비진의표시, 심리유보)의 성립요건

(1) 의사표시의 존재	사교적인 명백한 농담, 수면 중의 무의식적 대사 등은 의사표시가 아니므로 진의 아닌 의사표시에 관한 규정이 적용되지 않는다.

(2) 진의와 표시의 불일치	

(3) 반드시 불일치를 알고 있어야	표의자가 진의와 표시의 불일치는 모르고 있으면 착오

(4) 동기나 이유는 불문	

2 진의 아닌 의사표시의 효과

(1) 진의 아닌 의사표시는 **원칙적으로 유효**하다.

(2) 진의 아닌 의사표시는 예외적으로 상대방이 알았거나 알 수 있었을 경우에는 무효이다(따라서 제107조 단서의 반대해석상 상대방이 과실 없이 모르는 경우에 한하여(선의 + 무과실에 한하여) 유효이다).

(3) 진의 아닌 의사표시가 예외적으로 무효인 경우에 선의의 제3자에게 대항할 수 없다(상대적 무효).

3 적용범위

(1) 공법행위, 신분행위, 주식인수의 청약, 상대방 없는 의사표시에는 적용되지 않는다.

(2) 상대방 있는 단독행위에도 진의 아닌 의사표시가 적용된다.

(3) 대리권(대표권) 남용의 경우 제107조 제1항 단서가 유추적용될 수 있다.

4 구체적 사례연습

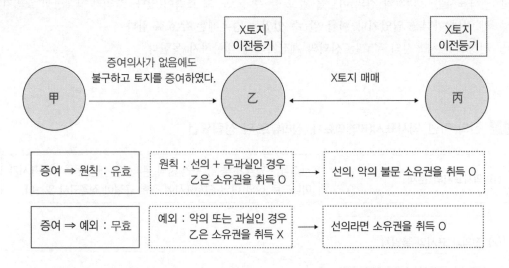

1. 진의 아닌 의사표시에 있어서의 '진의'란 특정한 내용의 의사표시를 하고자 하는 표의자의 생각을 말하는 것이지 표의자가 진정으로 마음속에서 바라는 사항을 뜻하는 것은 아니므로 표의자가 의사표시의 내용을 진정으로 마음속에서 바라지는 아니하였다고 하더라도 당시의 상황에서는 그것이 최선이라고 판단하여 그 의사표시를 하였을 경우에는 이를 내심의 효과의사가 결여된 진의 아닌 의사표시라고 할 수 없다(대판 2003.4.25, 2002다11458).

2. 비록 재산을 강제로 빼앗긴다는 것이 표의자의 본심으로 잠재되어 있었다 하더라도 표의자가 강박에 의해서나마 증여하기로 하고 그에 따른 증여의 의사표시를 한 이상 증여의 내심의 효과의사가 결여된 것이라고 할 수는 없다(대판 2002.12.27, 2000다47361).

3. 근로자가 징계면직처분을 받은 후 당시 상황에서는 징계면직처분의 무효를 다투어 복직하기는 어렵다고 판단하여 퇴직금 수령 및 장래를 위하여 사직원을 제출하고 재심을 청구하여 종전의 징계면직처분이 취소되고 의원면직처리된 경우 그 사직의 의사표시는 비진의의사표시에 해당하지 않는다(대판 2000.4.25, 99다34475).

4. 법률상 또는 사실상의 장애로 자기 명의로 대출받을 수 없는 자를 위하여 대출금채무자로서의 명의를 빌려준 자에게 그와 같은 채무부담의 의사가 없는 것이라고는 할 수 없으므로 그 의사표시를 비진의표시에 해당한다고 볼 수 없고, 설령 명의대여자의 의사표시가 비진의표시에 해당한다고 하더라도 그 의사표시의 상대방인 상호신용금고로서는 명의대여자가 전혀 채무를 부담할 의사 없이 진의에 반한 의사표시를 하였다는 것까지 알았다거

나 알 수 있었다고 볼 수도 없다고 보아, 그 명의대여자는 표시행위에 나타난 대로 대출금 채무를 부담한다(대판 1996.9.10, 96다18182).

5. 학교법인이 사립학교법상의 제한규정 때문에 그 학교의 교직원들인 소외인들의 명의를 빌려서 피고로부터 금원을 차용한 경우에 피고 역시 그러한 사정을 알고 있었다고 하더라도 위 소외인들의 의사는 위 금전의 대차에 관하여 그들이 주채무자로서 채무를 부담하겠다는 뜻이라고 해석함이 상당하므로 이를 진의 아닌 의사표시라고 볼 수 없다(대판 1980.7.8, 80다639).

6. 공무원이 사직의 의사표시를 하여 의원면직처분을 하는 경우 그 사직의 의사표시는 그 법률관계의 특수성에 비추어 외부적·객관적으로 표시된 바를 존중하여야 할 것이므로 비록 사직원 제출자의 내심의 의사가 사직할 뜻이 아니었다고 하더라도 진의 아닌 의사표시에 관한 민법 제107조는 그 성질상 사직의 의사표시와 같은 사인의 공법행위에는 준용되지 아니하므로 그 의사가 외부에 표시된 이상 그 의사는 표시된 대로 효력을 발한다(대판 1997.12.12, 97누13962).

7. 물의를 일으킨 사립대학교 조교수가 사직의 의사가 없으면서도 사태수습의 방안으로 스스로 사직서를 낸 경우처럼 사용자 측의 지시 내지 강요가 없었던 때에는 그것은 비진의 표시지만 학교법인이 그 사정을 알았거나 알 수 있었다고 볼 수 없다는 이유로, 그 표시대로 사직의 효과가 발생한다(대판 1980.10.14, 79다2168).

8. 사용자가 사직의 의사 없는 근로자로 하여금 어쩔 수 없이 사직서를 작성·제출하게 한 후 이를 수리하는 이른바 의원면직의 형식을 취하여 근로계약관계를 종료시키는 경우에 그 의사표시는 비진의표시 또는 허위표시에 해당하므로 무효이고, 그러한 사직서의 수리는 실질적으로 사용자의 일방적 의사에 의하여 근로계약관계를 종료시키는 해고에 해당한다(대판 2001.1.19, 2000다51919).

9. 증권회사 직원이 증권투자로 인한 고객의 손해에 대하여 책임을 지겠다는 내용의 각서를 작성해 준 사안에서, 그 각서를 단지 그 동안의 손실에 대하여 사과하고 그 회복을 위해 최선을 다하겠다는 의미로 해석하는 것은 경험칙과 논리칙에 반하지만, 그 각서가 남편을 안심시키려는 고객의 요청에 따라 작성된 경위 등에 비추어 비진의의사표시로서 무효이다(대판 1999.2.12, 98다45744).

10. 진의 아닌 의사표시가 대리인에 의하여 이루어지고 그 대리인의 진의가 본인의 이익이나 의사에 반하여 자기 또는 제3자의 이익을 위한 배임적인 것임을 그 상대방이 알았거나 알 수 있었을 경우에는 민법 제107조 제1항 단서의 유추해석상 그 대리인의 행위는 본인의 대리행위로 성립할 수 없으므로 본인은 대리인의 행위에 대하여 아무런 책임이 없다(대판 1997.12.26, 97다39421).

11. 어떠한 의사표시가 비진의의사표시로서 무효라고 주장하는 경우에 그 입증책임은 그 주장자에게 있다(대판 1992.5.22, 92다2295).

🗇 통정한 허위의 의사표시

제108조 통정한 허위의 의사표시

① 상대방과 통정한 허위의 의사표시는 **무효로 한다.**
② 전항의 의사표시의 무효는 **선의의 제삼자에게 대항하지 못한다.**

1 통정한 허위의 의사표시가 성립하기 위한 요건

(1) 의사표시가 존재할 것

(2) 진의와 표시가 불일치할 것

(3) 그 불일치를 표의자가 알고 있을 것

(4) 상대방과 통정할 것

통정(通情)이란 상대방과의 합의를 의미한다.
상대방이 표의자의 비진의표시를 알고 있는 것을 통정으로
볼 수 없다.

(5) 허위표시를 하게 된 동기, 이유는 불문

1. 통정허위표시가 성립하기 위해서는 의사표시의 진의와 표시가 일치하지 아니하고 그 불일치에 관하여 상대방과 사이에 합의가 있어야 한다(대판 2008.6.12, 2008다7772).

2. 동일인에 대한 대출액 한도를 제한한 (구)상호신용금고법(1995.1.5. 법률 제4867호로 개정되기 전의 것) 제12조의 적용을 회피하기 위하여 실질적인 주채무자가 실제 대출받고자 하는 채무액에 대하여 제3자를 형식상의 주채무자로 내세우고, 상호신용금고도 이를 양해하여 제3자에 대하여는 채무자로서 책임을 지우지 않을 의도 아래 제3자 명의로 대출관계서류를 작성받은 경우 제3자는 형식상의 명의만을 빌려준 자에 불과하고 그 대출계약의 실질적인 당사자는 상호신용금고와 실질적 주채무자이므로 제3자 명의로 되어 있는 대출약정은 상호신용금고의 양해 아래 그에 따른 채무부담의 의사 없이 형식적으로 이루어진 것에 불과하여 통정허위표시에 해당하는 무효의 법률행위이다(대판 2002.10.11, 2001다7445).

3. 채권자가 주택임대차보호법상의 대항력을 취득하는 방법으로 기존 채권을 우선변제받을 목적으로 주택임대차계약의 형식을 빌려 기존 채권을 임대차보증금으로 하기로 하고 주택의 인도와 주민등록을 마침으로써 <u>주택임대차로서의 대항력을 취득한 것처럼 외관을 만들었을 뿐</u> 실제 주택을 주거용으로 사용·수익할 목적을 갖지 아니한 계약은 주택임대차계약으로서는 통정허위표시에 해당되어 무효라고 할 것이므로 이에 주택임대차보호법이 정하고 있는 대항력을 부여할 수는 없다(대판 2002.3.12, 2000다24184).

4. 실제로는 전세권설정계약이 없음에도 불구하고 임대차계약에 기한 임차보증금반환채권을 담보할 목적으로 임차인과 임대인, 제3자 사이의 합의에 따라 제3자 명의로 전세권설정등기를 경료한 후 그 전세권에 대하여 근저당권이 설정된 경우 <u>가사 위 전세권설정계약만 놓고 보아 그것이 통정허위표시에 해당하여 무효라고 한다 하더라도</u> 이로써 위 전세권설정계약에 의하여 형성된 법률관계를 토대로 별개의 법률원인에 의하여 새로운 법률상 이해관계를 갖게 된 근저당권자에 대해서는 <u>그와 같은 사정을 알고 있었던 경우에만 그 무효를 주장할 수 있다</u>(대판 1998.9.4, 98다20981).

5. 임대차계약에 따른 임대차보증금반환채권을 담보할 목적으로 임대인과 임차인 사이의 합의에 따라 임차인 명의로 전세권설정등기를 마친 경우, 전세권설정계약은 위와 같이 임대차계약과 양립할 수 없는 범위에서 통정허위표시에 해당하여 무효라고 봄이 타당하다(대판 2021.12.30, 2018다268538).

2 통정한 허위의 의사표시의 효과

(1) 허위표시의 당사자 간의 효력

① 언제나 당사자 사이에서의 허위표시는 <u>무효</u>이다.
② 허위표시는 불법(不法)이 아니다. 따라서 제746조(불법원인급여)가 적용되지 않으므로, 부당이득반환청구할 수 있다.
③ 채무자의 법률행위가 통정허위표시인 경우에도 <u>채권자취소권의 대상</u>이 된다.
④ 통정허위표시의 법률행위에 대해서도 채권자 대위권을 행사할 수 있다.
⑤ 허위표시는 무효인데, 당사자의 합의에 의하여 <u>철회할 수 있다</u>.

(2) 제3자에 대한 관계(선의의 제3자에게 대항하지 못한다)

① 제3자는 선의이면 족하고, <u>무과실은 요건이 아니다(즉 과실이 있는 선의의 제3자도 보호된다)</u>.
② 제3자의 <u>선의는 추정되므로</u>, 무효를 주장하는 자(가장매매의 양도인 등)가 제3자의 악의를 입증하여야 한다(제3자 스스로 선의임을 증명하여야 한다 ×).
③ 선의의 제3자 스스로는 허위표시의 무효를 주장할 수 있다.

(3) 제3자의 범위

① 통정한 허위표시에서 제3자는 허위표시의 <u>당사자와 포괄승계인 이외</u>의 자로서, 허위표시에 의하여 외형상 형성된 법률관계를 토대로 실질적으로 <u>새로운</u> 법률상 이해관계를 맺은 자를 의미한다.

② 제3자에 해당하는 자

    ㉠ 가장양수인으로부터 목적부동산을 양수한 자

    ㉡ 가장양수인으로부터 저당권을 설정받은 자

    ㉢ 가장양도의 목적물에 대한 가압류채권자

    ㉣ 가장저당권설정행위에 기한 저당권의 실행에 의하여 부동산을 경락받은 자

    ㉤ 가장양수인으로부터 소유권이전등기청구권 보전을 위한 가등기를 경료받은 자

    ㉥ 가장행위에 기한 근저당권부 채권을 가압류한 자

    ㉦ 파산관재인

    ㉧ 통정허위표시에 의해 설정된 전세권에 대해 저당권을 설정받은 자

    ㉨ 가장양도된 임대차보증금채권의 압류 및 추심명령을 받은 자

    ㉩ 보증인

③ 제3자에 해당하지 않는 자(설령 선의라도 보호되지 않음)

    ㉠ 채권의 가장양도에서 채무자

    ㉡ 가장양수인의 일반채권자

    ㉢ 포괄승계인

    ㉣ 3자를 위한 계약에서 제3자

    ㉤ 가장소비대차에서 대주의 지위를 이전받은 자

    ㉥ 대리의 통정허위표시에서 본인

    ㉦ 저당권이 가장포기된 경우 후순위저당권자

---

1. <u>채무자의 법률행위가 통정허위표시인 경우에도 채권자취소권의 대상이 되고</u>, 한편 채권자취소권의 대상으로 된 채무자의 법률행위라도 통정허위표시의 요건을 갖춘 경우에는 무효라고 할 것이다(대판 1998.2.27, 97다50985).

2. <u>강제집행을 면할 목적으로 부동산에 허위의 근저당권설정등기를 경료한 행위는 민법 제103조의 선량한 풍속 기타 사회질서에 위반하는 사항을 내용으로 하는 법률행위로 볼 수 없다</u>(대판 2004.5.28, 2003다70041).

3. 민법 제108조 제1항에서 상대방과 통정한 허위의 의사표시를 무효로 규정하고, 제2항에서 그 의사표시 상대방과 통정한 허위의 의사표시는 무효이고 누구든지 그 무효를 주장할 수 있는 것이 원칙이나, <u>허위표시의 당사자와 포괄승계인 이외의 자로서 허위표시에 의하여 외형상 형성된 법률관계를 토대로 실질적으로 새로운 법률상 이해관계를 맺은 선의의</u>

제3자에 대하여는 허위표시의 당사자뿐만 아니라 그 누구도 허위표시의 무효를 대항하지 못한다(대판 2000.7.6, 99다51258).

4. 제3자는 특별한 사정이 없는 한 선의로 추정할 것이므로 제3자가 악의라는 사실에 관한 주장·입증책임은 그 허위표시의 무효를 주장하는 자에게 있다.

5. 민법 제108조 제2항에 규정된 통정허위표시에 있어서의 제3자는 그 선의 여부가 문제이 지 이에 관한 과실 유무를 따질 것이 아니다(대판 2006.3.10, 2002다1321).

6. 통정한 허위표시에 의하여 외형상 형성된 법률관계로 생긴 채권을 가압류한 경우 그 가압 류권자는 허위표시에 기초하여 새로이 법률상 이해관계를 가지게 된 제3자에 해당하므로 그가 선의인 이상 위 통정허위표시의 무효를 그에 대하여 주장할 수 없다(대판 2010.3.25, 2009다35743).

7. 파산관재인은 그 허위표시에 따라 외형상 형성된 법률관계를 토대로 실질적으로 새로운 법률상 이해관계를 가지게 된 민법 제108조 제2항의 제3자에 해당하고, 그 선의·악의도 파산관재인 개인의 선의·악의를 기준으로 할 수는 없고, 총파산채권자를 기준으로 하여 파산채권자 모두가 악의로 되지 않는 한 파산관재인은 선의의 제3자라고 할 수밖에 없다 (대판 2010.4.29, 2009다96083).

8. 보증인이 주채무자의 기망행위에 의하여 주채무가 있는 것으로 믿고 주채무자와 보증계 약을 체결한 다음 그에 따라 보증채무자로서 그 채무까지 이행한 경우 그 보증인은 주채 무자에 대한 구상권 취득에 관하여 법률상의 이해관계를 가지게 되었고 그 구상권 취득에 는 보증의 부종성으로 인하여 주채무가 유효하게 존재할 것을 필요로 한다는 이유로 결국 그 보증인은 주채무자의 채권자에 대한 채무부담행위라는 허위표시에 기초하여 구상권 취득에 관한 법률상 이해관계를 가지게 되었다고 보아 민법 제108조 제2항 소정의 '제3자' 에 해당한다(대판 2000.7.6, 99다51258).

9. 임대차보증금반환채권이 양도된 후 양수인의 채권자가 임대차보증금반환채권에 대하여 채권압류 및 추심명령을 받았는데 임대차보증금반환채권 양도계약이 허위표시로서 무효 인 경우 채권자는 그로 인해 외형상 형성된 법률관계를 기초로 실질적으로 새로운 법률상 이해관계를 맺은 제3자에 해당한다(대판 2014.4.10, 2013다59753).

10. 통정허위표시에 의한 가등기 및 그 가등기에 기한 본등기에 터잡아 부동산을 양수한 자 는 통정허위표시에 관한 민법 제108조 제2항의 제3자에 해당한다(대판 1996.4.26, 94다 12074).

11. 구 상호신용금고법(2000.1.28. 법률 제6203호로 개정되기 전의 것) 소정의 계약이전은 금융거래에서 발생한 계약상의 지위가 이전되는 사법상의 법률효과를 가져오는 것이므 로, 계약이전을 받은 금융기관은 계약이전을 요구받은 금융기관과 대출채무자 사이의 통 정허위표시에 따라 형성된 법률관계를 기초로 하여 새로운 법률상 이해관계를 가지게 된 민법 제108조 제2항의 제3자에 해당하지 않는다(대판 2004.1.15, 2002다31537).

3 구체적 사례연습

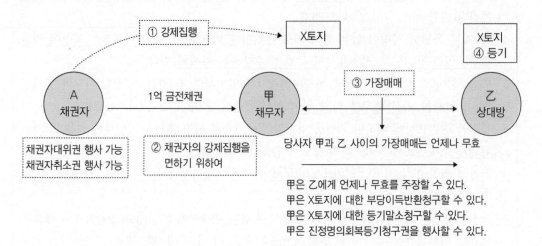

당사자 甲과 乙 사이의 가장매매는 언제나 무효

甲은 乙에게 언제나 무효를 주장할 수 있다.
甲은 X토지에 대한 부당이득반환청구할 수 있다.
甲은 X토지에 대한 등기말소청구할 수 있다.
甲은 진정명의회복등기청구권을 행사할 수 있다.

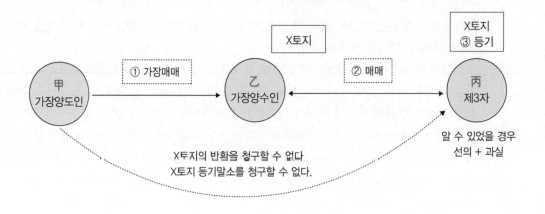

X토지의 반환을 청구할 수 없다
X토지 등기말소를 청구할 수 없다.

4 허위표시와 구별되는 개념

(1) 은닉행위

아버지가 아들에게 부동산을 증여하고 있었으나, 증여세를 면탈하기 위하여 서류상 매매계약을
체결하는 것처럼 하여 아들에게 소유권이전등기를 한 경우

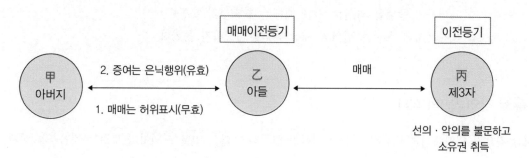

(2) 신탁행위

추심을 위한 채권양도, 명의신탁, 양도담보 등은 허위표시에 해당하지 않는다.

🗂 착오에 의한 의사표시

제109조 착오로 인한 의사표시

① 의사표시는 법률행위의 내용의 **중요부분**에 착오가 있는 때에는 취소할 수 있다. 그러나 그 착오가 표의자의 **중대한 과실**로 인한 때에는 취소하지 못한다.
② 전항의 의사표시의 취소는 **선의의 제삼자에게 대항하지 못한다.**

1 착오(錯誤)의 의의

(1) 착오란 의사표시의 내용과 내심의 의사가 일치하지 않는 것을 표의자가 모르는 것을 의미한다.

(2) 착오란 유효를 전제로 하여 후에 취소할 수 있으므로, 처음부터 계약이 성립하지 않거나(불성립), 법률행위가 무효인 경우에는 착오는 성립할 여지가 없다.

(3) 표의자의 진의와 표시가 일치하지 않음을 표의자가 알지 못하는 것이 착오인데, 설령 표의자가 착오하더라도 상대방이 표의자의 진의에 동의하였다면 양 당사자의 진의가 일치하므로 착오의 문제는 발생하지 않는다(해석은 착오에 앞선다).

> 1. 「민법」 제109조의 의사표시에 착오가 있다고 하려면 법률행위를 할 당시에 실제로 없는 사실을 있는 사실로 잘못 깨닫거나 아니면 실제로 있는 사실을 없는 것으로 잘못 생각하듯이 표의자의 인식과 그 대조사실이 어긋나는 경우라야 할 것이므로, 표의자가 행위를 할 당시에 장래에 있을 어떤 사항의 발생이 미필적임을 알아 그 발생을 예기한 데 지나지 않는 경우는, 표의자의 심리상태에 인식과 대조에 불일치가 있다고 할 수 없어 착오로 다룰 수는 없다 할 것이다(대판 2010.5.27, 2009다94841).
> 2. 매매계약 당시 장차 도시계획이 변경되어 공동주택, 호텔 등의 신축에 대한 인·허가를 받을 수 있을 것이라고 생각하였으나 그 후 생각대로 되지 않은 경우, 이는 법률행위 당시를 기준으로 장래의 미필적 사실의 발생에 대한 기대나 예상이 빗나간 것에 불과할 뿐 착오라고 할 수는 없다(대판 2007.8.23, 2006다15755).

2 착오의 유형

(1) 표시상의 착오

표의자가 500으로 기재할 것을 50으로 표시한 것처럼 표시행위 자체를 잘못한 것이다. 전형적인 착오의 모습으로 착오를 이유로 취소할 수 있다.

(2) 내용의 착오

영국의 파운드화와 미국의 달러화를 동일한 가치로 오인한 것처럼 표시행위가 가지는 내용에 착오가 생긴 경우를 말한다. 착오를 이유로 취소할 수 있다.

(3) 표시기관의 착오

표의자가 전신기사에게 500으로 기재할 것을 부탁하였으나 전신기사의 실수로 50으로 표시한 것처럼 표시기관이 잘못하여 표의자의 진의와는 다르게 의사표시를 한 경우를 말한다. 표시상의 착오로 취급하여 착오를 이유로 취소할 수 있다.

(4) 전달기관의 착오

표의자의 의사표시에는 문제가 없지만 전달기관(집배원 등)이 의사표시를 원래의 상대방이 아니라 다른 자에게 잘못 전달한 경우를 말한다. 원래의 상대방에게 의사표시가 전달되지 않았으므로 전달기관의 착오는 의사표시의 부도달의 문제가 생길 뿐, 표의자와 원래의 상대방 사이에는 법률행위가 성립하지 않았으므로 착오를 이유로 취소할 수 없다.

(5) 법률의 착오

법률규정의 유무나 그 의미에 대한 착오 또는 법률이 당사자의 의사와는 관계없이 일정한 법률행위에 대하여 일정한 법률효과를 결부시켰는데 그러한 법률효과에 관하여 착오를 있는 경우를 말한다. 착오를 이유로 취소할 수 있다.

> 법률에 관한 착오(양도소득세가 부과될 것인데도 부과되지 아니하는 것으로 오인)라도 그것이 법률행위의 내용의 중요부분에 관한 것인 때에는 표의자는 그 의사표시를 취소할 수 있고, 또 매도인에 대한 양도소득세의 부과를 회피할 목적으로 매수인이 주택건설을 목적으로 하는 주식회사를 설립하여 여기에 출자하는 형식을 취하면 양도소득세가 부과되지 않을 것이라고 말하면서 그러한 형식에 의한 매매를 제의하여 매도인이 이를 믿고 매매계약을 체결한 것이라 하더라도 그것이 곧 사회질서에 반하는 것이라고 단정할 수 없으므로 이러한 경우에 역시 의사표시의 착오의 이론을 적용할 수 있다(대판 1982.11.10, 80다2475).

(6) 동일성의 착오

① 법률행위에 관계되는 사람 또는 객체의 동일성에 관한 착오를 의미한다.
② 채무자의 동일성에 관한 착오, 목적물의 동일성에 관한 착오는 중요부분의 착오에 해당하지만, 소유자의 동일성에 관한 착오는 중요부분이 착오에 해당하지 않는다.

3 동기의 착오

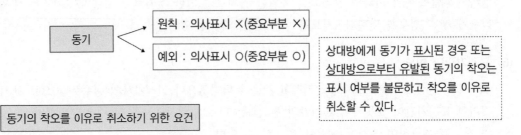

(1) 표의자가 그 동기를 당해 의사표시의 내용으로 삼을 것을 표시하고 의사표시의 해석상 법률행위의 내용으로 되어 있다고 인정되면 충분하고, 당사자들 사이에 그 동기를 의사표시의 내용으로 삼기로 하는 합의까지 이루어질 필요는 없다.

(2) 사례형 동기의 착오

① 일정한 사용목적을 위하여 토지를 매수하였는데, 법령상의 제한으로 그 토지를 목적대로 사용할 수 없게 된 경우

② 신도시가 들어선다고 믿고서 토지를 고가로 매수하였는데 신도시가 들어서지 않은 경우

③ 양돈단지조성을 위하여 임야를 매매하였으나 구(舊) 국토이용관리법상의 제약 때문에 양돈단지조성이 불가능하게 된 경우

④ 법령상의 제한으로 고층아파트를 건축할 수 없게 된 경우

⑤ 위 예시와 같이 동기의 착오는 원칙은 착오를 이유로 취소할 수 없고, 상대방에게 동기가 표시된 경우에 취소할 수 있다.

(3) 상대방으로부터 유발된 동기의 착오(표시여부를 불문하고 취소할 수 있는 경우)

① 귀속재산이 아닌데도 공무원이 귀속재산이라고 하여 토지소유자가 토지를 국가에 증여한 경우

② 공무원의 법령 오해로 인해 토지소유자가 토지를 국가에 증여한 경우

③ 매매대상에 포함되었다는 시 공무원의 말을 믿고 매매계약을 체결한 경우

④ 채무자가 과거 연체가 없었다는 채권자의 진술을 믿고 신용보증기금이 신용보증을 선 경우

> 1. 매매대상 토지 중 20~30평 가량만 도로에 편입될 것이라는 중개인의 말을 믿고 주택 신축을 위하여 토지를 매수하였고 그와 같은 사정이 계약 체결 과정에서 현출되어 매도인도 이를 알고 있었는데 실제로는 전체 면적의 약 30%에 해당하는 197평이 도로에 편입된 경우, 동기의 착오를 이유로 매매계약의 취소할 수 있다(대판 2000.5.12, 2000다12259).
> 2. 부동산의 양도가 있은 경우에 그에 대하여 부과될 양도소득세 등의 세액에 관한 착오가 미필적인 장래의 불확실한 사실에 관한 것이라도 민법 제109조 소정의 착오에서 제외되는 것은 아니다(대판 1994.6.10, 93다24810).

4 착오를 이유로 취소하기 위한 요건

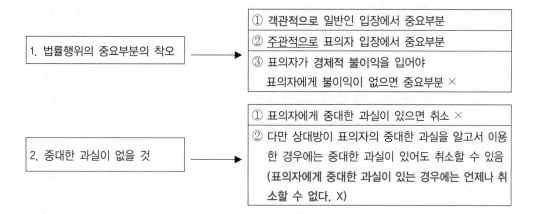

1. 법률행위의 중요부분의 착오 →
① 객관적으로 일반인 입장에서 중요부분
② 주관적으로 표의자 입장에서 중요부분
③ 표의자가 경제적 불이익을 입어야
  표의자에게 불이익이 없으면 중요부분 ×

2. 중대한 과실이 없을 것 →
① 표의자에게 중대한 과실이 있으면 취소 ×
② 다만 상대방이 표의자의 중대한 과실을 알고서 이용한 경우에는 중대한 과실이 있어도 취소할 수 있음
  (표의자에게 중대한 과실이 있는 경우에는 언제나 취소할 수 없다. X)

1. 법률행위의 중요부분의 착오라 함은 표의자가 그러한 착오가 없었더라면 그 의사표시를 하지 않으리라고 생각될 정도로 중요한 것이어야 하고 보통 일반인도 표의자의 처지에 섰더라면 그러한 의사표시를 하지 않았으리라고 생각될 정도로 중요한 것이어야 한다(대판 1996.3.26, 93다55487).
2. 착오가 법률행위 내용의 중요부분에 있다고 하기 위하여는 표의자에 의하여 추구된 목적을 고려하여 합리적으로 판단하여 볼 때 표시와 의사의 불일치가 객관적으로 현저하여야 하고, 만일 그 착오로 인하여 표의자가 무슨 경제적인 불이익을 입은 것이 아니라고 한다면 이를 법률행위 내용의 중요부분의 착오라고 할 수 없다(대판 1999.2.23, 98다47924).
3. 주채무자의 차용금반환채무를 보증할 의사로 공정증서에 연대보증인으로 서명·날인하였으나 그 공정증서가 주채무자의 기존의 구상금채무 등에 관한 준소비대차계약의 공정증서이었던 경우 소비대차계약과 준소비대차계약의 법률효과는 동일하므로 공정증서가 연대보증인의 의사와 다른 법률효과를 발생시키는 내용의 서면이라고 할 수 없어 표시와 의사의 불일치가 객관적으로 현저한 경우에 해당하지 않을 뿐만 아니라, 연대보증인은 주채무자가 채권자에게 부담하는 차용금반환채무를 연대보증할 의사가 있었던 이상 착오로 인하여 경제적인 불이익을 입었거나 장차 불이익을 당할 염려도 없으므로 위와 같은 착오는 연대보증계약의 중요부분의 착오가 아니다(대판 2006.12.7, 2006다41457).
4. 부동산 매매에서 시가에 관한 착오는 그 부동산을 매매하려는 의사를 결정함에 있어서의 동기의 착오에 불과할 뿐, 법률행위의 중요부분에 관한 착오라고 할 수 없다(대판 1992.10.23, 92다29337).
5. 토지 1,389평을 경작할 수 있는 농지인 줄 알고 매수하였으나 그중 600평이 하천을 이루고 있는 경우 중요부분의 착오에 해당한다(대판 1968.3.26, 67다2160).
6. 인접대지의 경계선이 자신의 대지의 경계선과 일치하는 것으로 잘못 알고 그 경계선에 담장을 설치하기로 합의한 경우 중요부분의 착오에 해당한다(대판 1989.7.25, 88다카9364).

7. 특정된 토지 전부를 매수하였으나 <u>표시된 지적이 실제면적보다 적은 경우</u>라도 그 매매계약이 법률행위의 중요부분에 착오에 있다고 할 수 없다(대판 1969.5.13, 69다196).

8. 건물 및 그 부지를 현상대로 매수하였다면 <u>부지의 지분이 다소 부족</u>하더라도 그 매매계약의 중요부분의 착오로 보지 않는다(대판 1997.8.26, 97다6063).

9. <u>타인소유의 부동산을 임대한 것</u>이 임대차계약을 해지할 사유는 될 수 없고 목적물이 반드시 임대인의 소유일 것을 특히 계약의 내용으로 삼은 경우라야 착오를 이유로 임차인이 임대차계약을 취소할 수 있다(대판 1975.1.28, 74다2069).

> **cf** 중요부분이 아니다.

10. 甲이 채무자란이 백지로 된 근저당권설정계약서를 제시받고 그 채무자가 乙인 것으로 알고 근저당권설정자로 서명날인을 하였는데 그 후 채무자가 丙으로 되어 근저당권설정등기가 경료된 경우 甲은 그 소유의 부동산에 관하여 근저당권설정계약상의 채무자를 丙이 아닌 乙로 오인한 나머지 근저당설정의 의사표시를 한 것이고, 이와 같은 <u>채무자의 동일성에 관한 착오는 법률행위 내용의 중요부분에 관한 착오에 해당</u>한다(대판 1995.12.22, 95다37087).

11. 보증보험계약에 있어 <u>공사계약 체결일이나 실제 착공일, 공사기간도 공사대금 등과 함께 그 계약상 중요한 사항으로서</u> 수급인 측에서 이를 허위로 고지함으로 말미암아 보험자가 그 실제 공사의 진행상황을 알지 못한 채 보증보험계약을 체결한 경우에는 이는 법률행위의 중요한 부분에 관한 착오로 인한 것으로서 민법의 일반원칙에 따라 보험자가 그 보험계약을 취소할 수 있다(대판 2002.7.26, 2001다36450).

12. 신용보증기금의 신용보증에 있어서 <u>기업의 신용 유무는</u> 그 절대적인 전제사유로서 신용보증의사표시의 중요부분을 구성한다(대판 2005.5.12, 2005다6228).

13. 재건축조합이 건축사 자격이 없이 건축연구소를 개설한 건축학 교수에게 건축사 자격이 없다는 것을 알았더라면 재건축조합만이 아니라 객관적으로 볼 때 일반인으로서도 이와 같은 설계용역계약을 체결하지 않았을 것으로 보이므로 재건축조합 측의 착오는 <u>중요부분의 착오에 해당</u>한다(대판 2003.4.11, 2002다70884).

14. 등기명의자 甲과 종전 소유자의 상속인으로서 소유권이전등기의 원인무효를 주장하는 乙 사이에 토지 소유권 환원의 방법으로 乙 앞으로 소유권이전등기를 경료하여 주기로 하는 합의가 이루어진 경우, 乙이 공동상속인들 중 1인이라면 공유물에 대한 보존행위로서 단독으로 공유물에 관한 원인무효의 등기의 말소를 구하거나 소유권이전등기에 관한 합의를 할 수 있다고 보아야 하므로, <u>甲이 乙을 단독상속인으로 믿고서</u> 그와 같은 <u>소유권환원의 합의에 이르렀더라도 그와 같은 착오는 합의내용의 중요부분에 해당한다고 볼 수 없다</u>(대판 1996.12.23, 95다35371).

15. <u>공장을 경영하는</u> 자가 공장이 협소하여 새로운 공장을 설립할 목적으로 토지를 매수함에 있어 토지상에 공장을 건축할 수 있는지 여부를 관할관청에 알아보지 아니한 과실이 '중

대한 과실'에 해당한다(대판 1993.6.29, 92다38881).

16. 신용보증기금의 신용보증서를 담보로 금융채권자금을 대출해 준 금융기관이 위 <u>대출자금이 모두 상환되지 않았음에도 착오로 신용보증기금에게 신용보증서 담보설정 해지를 통지한 경우</u> 그 해지의 의사표시는 민법 제109조 제1항 단서 소정의 <u>중대한 과실에 해당한다</u>(대판 2000.5.12, 99다64995).

17. 토지매매에서 특별한 사정이 없는 한 매수인에게 측량을 하거나 지적도와 대조하는 등의 방법으로 매매목적물이 지적도상의 그것과 정확히 일치하는지 여부를 미리 확인하여야 할 주의의무가 있다고 볼 수 없다(대판 2020.3.26, 2019다288232).

18. <u>고려청자로 알고 매수한 도자기가 진품이 아닌 것으로 밝혀진 경우</u> 개인 소장자인 매수인이 그 출처의 조회나 전문적 감정인의 감정 없이 매수한 점만으로는 <u>중과실이 인정되지 않으므로 착오를 이유로 계약을 취소할 수 있다</u>(대판 1997.8.22, 96다26657).

19. 설계용역계약체결을 전후하여 건축사 자격이 없다는 것을 묵비한 채 자신이 미국에서 공부한 건축학교수이고 '(명칭 생략)건축연구소'라는 상호로 사업자등록까지 마치고 건축설계업을 하며 상당한 실적까지 올린 사람이라고 소개한 경우 일반인의 입장에서는 그에게 당연히 건축사 자격이 있는 것으로 믿을 수밖에 없었을 것이므로 재건축조합 측이 그를 무자격자로 의심하여 건축사자격증의 제시를 요구한다거나 건축사단체에 자격 유무를 조회하여 이를 확인하여야 할 주의의무가 있다고 볼 수는 없다고 보아 재건축조합의 착오가 <u>중대한 과실로 인한 것이 아니다</u>(대판 2003.4.11, 2002다70884).

20. 표의자에게 중대한 과실이 있더라도 당초부터 <u>상대방이 표의자의 중대한 과실이 있음을 알고서 이용한 경우</u>라면 표의자는 중대한 과실이 있더라도 그 의사표시를 취소할 수 있다(대판 1955.11.10, 4288민상321).

중요부분의 착오	중요부분의 착오에 해당하지 않은 경우
• 토지의 현황, 경계에 관한 착오 • 근저당권설정계약에서 채무자의 동일성에 관한 착오 • 양도소득세액에 관해 양 당사자가 동일한 착오에 빠진 경우 • 재건축조합이 건축사자격이 없이 건축연구소를 개설한 건축학교수의 건축사자격여부를 알지 못한 경우	• **시가**에 관한 착오 • 목적물의 소유자에 대한 착오 • **지적, 지분의 부족** • 계약금으로 지급받은 수표가 부도난 경우 • **경제적 불이익이 없는** 경우 • 온천여관매매에서 온천공의 단독사용권을 가졌는지 여부 • **공리스**에서 리스물건의 존재 여부에 관한 보증인의 착오 • 환율에 관한 착오 • 강제추행을 강간치상으로 오인하고 합의금을 약정한 경우

5 증명책임

> 1. 착오를 이유로 의사표시를 취소하는 자는 법률행위의 내용에 착오가 있었다는 사실과 함께 그 착오가 의사표시에 결정적인 영향을 미쳤다는 점, 즉 만약 그 착오가 없었더라면 의사표시를 하지 않았을 것이라는 점을 증명하여야 한다(대판 2008.1.17, 2007다74188).
> 2. 민법 제109조 제1항 단서에서 규정하는 착오한 표의자의 중대한 과실 유무에 관한 주장과 입증책임은 착오자가 아니라 의사표시를 취소하게 하지 않으려는 상대방에게 있다(대판 2005.5.12, 2005다6228).

6 임의규정

> 당사자의 합의로 착오로 인한 의사표시 취소에 관한 민법 제109조 제1항의 적용을 배제할 수 있다(대판 2016.4.15, 2013다97694).

7 착오의 의사표시의 효과

(1) 당사자 간의 효력

① 착오에 의한 의사표시는 취소되지 않는 한 유효하다.

② 착오를 이유로 취소한 경우 소급하여 무효인 것으로 된다.

③ 매매계약이 취소된 경우 당사자 쌍방의 원상회복의무는 동시이행의 관계에 있다.

(2) 제3자에 대한 효력

착오를 이유로 취소한 경우 선의의 제3자에게 대항하지 못한다.

(3) 취소자의 신뢰이익배상책임

착오를 이유로 취소한 결과 상대방에게 손해가 발생한 경우, 취소자의 취소가 위법은 아니므로 설령 상대방에게 손해가 발생하였더라도 취소자는 상대방에게 불법행위에 의한 손해배상책임이 없다.

> 불법행위로 인한 손해배상책임이 성립하기 위하여는 가해자의 고의 또는 과실 이외에 행위의 위법성이 요구되므로 전문건설공제조합이 계약보증서를 발급하면서 조합원이 수급할 공사의 실제 도급금액을 확인하지 아니한 과실이 있다고 하더라도 민법 제109조에서 중과실이 없는 착오자의 착오를 이유로 한 의사표시의 취소를 허용하고 있는 이상, 전문건설공제조합이 과실로 인하여 착오에 빠져 계약보증서를 발급한 것이나 그 착오를 이유로 보증계약을 취소한 것이 위법하다고 할 수는 없다(대판 1997.8.22, 97다130230).

(4) 사기와 착오

① 원칙적으로 사기와 착오는 별개의 제도이므로, 표의자는 각각의 요건을 충족하면 착오에 의한 취소권과 사기에 의한 취소권을 각각 선택적으로 행사할 수 있다.

② 그러나 기명날인의 착오의 경우에는 사기에 의한 취소권을 행사할 수 없고, 착오에 의한 취소권만을 행사하여야 한다.

> 1. 기망행위로 인하여 법률행위의 중요부분에 관하여 착오를 일으킨 경우뿐만 아니라 법률행위의 내용으로 표시되지 아니한 <u>의사결정의 동기에 관하여 착오를 일으킨 경우</u>에도 표의자는 그 법률행위를 <u>사기에 의한 의사표시로서 취소할 수 있다</u>(대판 1985.4.9, 85다167).
>
> 2. <u>신원보증서류에 서명날인한다는 착각에 빠진 상태로 연대보증의 서면에 서명날인한 경우</u> 결국 위와 같은 행위는 강학상 기명날인의 착오(또는 서명의 착오), 즉 어떤 사람이 자신의 의사와 다른 법률효과를 발생시키는 내용의 서면에, 그것을 읽지 않거나 올바르게 이해하지 못한 채 기명날인을 하는 이른바 표시상의 착오에 해당하므로 비록 위와 같은 착오가 제3자의 기망행위에 의하여 일어난 것이라 하더라도 그에 관하여는 <u>사기에 의한 의사표시에 관한 법리를 적용할 것이 아니라, 착오에 의한 의사표시에 관한 법리만을 적용하여 취소권 행사의 가부를 가려야</u> 한다(대판 2005.5.27, 2004다43824).

(5) 착오와 하자담보책임

> 민법 제109조 제1항에 의하면 법률행위 내용의 중요 부분에 착오가 있는 경우 착오에 중대한 과실이 없는 표의자는 법률행위를 취소할 수 있고, 민법 제580조 제1항, 제575조 제1항에 의하면 매매의 목적물에 하자가 있는 경우 하자가 있는 사실을 과실 없이 알지 못한 매수인은 매도인에 대하여 하자담보책임을 물어 계약을 해제하거나 손해배상을 청구할 수 있다. 착오로 인한 취소 제도와 매도인의 하자담보책임 제도는 취지가 서로 다르고, 요건과 효과도 구별된다. 따라서 매매계약 내용의 중요 부분에 착오가 있는 경우 매수인은 매도인의 <u>하자담보책임이 성립하는지와 상관없이 착오를 이유로 매매계약을 취소할 수 있다</u>(대판 2018.9.13, 2015다787030).

(6) 해제와 착오

> <u>매도인이 매수인의 중도금지급채무불이행을 이유로 매매계약을 적법하게 해제한 후라도 매수인으로서는</u> 상대방이 한 계약해제의 효과로서 발생하는 손해배상책임을 지거나, 매매계약에 따른 계약금의 반환을 받을 수 없는 불이익을 면하기 위하여 <u>착오를 이유로 한 취소권을 행사하여</u> 매매계약 전체를 무효로 돌리게 할 수 있다(대판 1996.12.6, 95다24982·24999).

(7) 화해계약과 취소

> **제733조** 화해의 효력과 착오
>
> 화해계약은 착오를 이유로 하여 취소하지 못한다. 그러나 화해당사자의 자격 또는 화해의 목적인 분쟁 이외의 사항에 착오가 있는 때에는 그러하지 아니하다.

[1] 민법상 화해에 있어서는 착오를 이유로 취소하지 못하는 것이지만 <u>화해의 목적인 분쟁 이외의 사항, 즉 분쟁의 대상이 아니고 분쟁의 전제 또는 기초되는 사항으로 양 당사자가 예정한 것이어서 상호 양보의 내용으로 되지 않고 다툼이 없는 사실로서 양해된 사항에 착오가 있는 때</u>에는 화해계약을 취소할 수 있다.

[2] 환자가 의료과실로 사망한 것으로 전제하고 의사가 유족들에게 손해배상금을 지급하기로 하는 합의가 이루어졌으나 그 사인이 진료와는 관련이 없는 것으로 판명되었다면 위 합의는 그 목적이 아닌 망인의 사인에 관한 착오로 이루어진 화해이므로 착오를 이유로 취소할 수 있다(대판 1991.1.25, 90다12526).

(8) 신의성실의 원칙과 취소

의사표시 당시 착오가 있었더라도 그 후의 사정변경에 의하여 표의자에게 유리하게 되었고 표의자의 착오주장이 신의성실의 원칙에 반하게 되는 경우에 취소권이 배제된다(대판 1995.3.24, 94다44620).

8 적용범위

(1) 신분행위

신분행위에는 당사자의 의사가 절대적 의미를 가지고 제109조가 적용되지 않으므로 착오에 의한 입양 또는 혼인은 무효이다.

(2) 공법행위

민법상의 법률행위에 관한 규정은 민사소송법상의 소송행위에는 특별한 규정 또는 특별한 사정이 없는 한 적용이 없으므로 사기 또는 착오를 원인으로 하여 소취하등 소송행위를 취소할 수 없다(대판 1964.9.15, 64다92).

하자 있는 의사표시

1 하자(瑕疵)의 의미

표의자 진의(왜곡) = 표시		의사표시		유효, 후에 취소할 수 있다.

사기에 의한 의사표시란 타인의 기망행위로 말미암아 착오에 빠지게 된 결과 어떠한 의사표시를 하게 되는 경우이므로 거기에는 의사와 표시의 불일치가 있을 수 없고, 단지 의사의 형성과정, 즉 의사표시의 동기에 착오가 있는 것에 불과하다(대판 2005.5.27, 2004다43824).

2 사기(詐欺)에 의한 의사표시의 성립요건

① 사기자의 2단의 고의 → 과실에 의한 사기는 성립 ×
표의자에게 경제적 불이익이 없더라도 사기를 이유로 취소 가능

② 기망행위 → 1. 적극적인 기망행위뿐만 아니라 침묵과 같은 소극적인 기망행위도 포함된다.
2. 고지의무있는 경우 침묵(부작위에 의한 기망)도 기망행위가 될 수 있다.

③ 기망행위가 위법할 것

④ 인과관계의 존재 → 1. 주관적인(표의자 기준) 인과관계만으로도 충분
2. 객관적인(일반인 기준) 인과관계까지는 ×

3 강박(强拍)에 의한 의사표시의 성립요건

① 강박자의 2단의 고의

② 강박행위 → 강박행위 : 해악고지 + 공포심 유발
각서에 서명날인할 것을 강력히 요구하는 것은 강박이 아니다.

③ 강박행위가 위법할 것

④ 인과관계의 존재

1. 상품의 선전·광고에 다소의 과장이나 허위가 수반되는 것은 그것이 일반 상거래의 관행과 신의성실의 원칙에 비추어 시인될 수 있는 한 기망성이 결여된다고 하겠으나, 거래에 있어서 중요한 사항에 관하여 구체적 사실을 신의성실의 의무에 비추어 비난받을 정도의 방법으로 허위로 고지한 경우에는 기망행위에 해당한다(대판 2014.1.23, 2012다84417).

2. 상가를 분양하면서 그곳에 첨단 오락타운을 조성하고 전문경영인에 의한 위탁경영을 통하여 일정 수익을 보장한다는 취지의 광고를 하였다고 하여 이로써 상대방을 기망하여 분양계약을 체결하게 하였다거나 상대방이 계약의 중요부분에 관하여 착오를 일으켜 분양계약을 체결하게 된 것이라 볼 수 없다(대판 2001.5.29, 99다55601).

3. 대형백화점의 변칙세일은 물품구매 동기에 있어서 중요한 요소인 가격조건에 관하여 구체적 사실을 신의성실의 의무에 비추어 비난받을 방법으로 허위고지한 경우이므로 위법한 기망행위에 해당한다(대판 1993.8.13, 92다52665).

4. 일반적으로 교환계약에서 (중략) 일방 당사자가 자기가 소유하는 목적물의 시가를 묵비하여 상대방에게 고지하지 아니하거나 혹은 허위로 시가보다 높은 가액을 시가라고 고지하였다 하더라도 이는 상대방의 의사결정에 불법적인 간섭을 한 것이라고 볼 수 없다(대판 2002.9.4, 2000다54406·54413).

5. 아파트분양자는 아파트 단지 인근에 쓰레기 매립장이 건설예정인 사실을 분양계약자에게 고지할 신의성실의 원칙상의 의무를 부담한다(대판 2006.10.12, 2004다48515).

   cf. 즉, 고지의무 위반은 부작위에 의한 기망행위에 해당하므로 기망을 이유로 분양계약을 취소하고 분양대금의 반환을 구할 수 있고 분양계약의 취소를 원하지 않을 경우 그로 인한 손해배상만을 청구할 수도 있다.

6. 부동산 거래에 있어 거래 상대방이 일정한 사정에 관한 고지를 받았더라면 그 거래를 하지 않았을 것임이 경험칙상 명백한 경우에는 신의성실의 원칙상 사전에 상대방에게 그와 같은 사정을 고지할 의무가 있으며, 그와 같은 고지의무의 대상이 되는 것은 직접적인 법령의 규정뿐 아니라 널리 계약상, 관습상 또는 조리상의 일반원칙에 의하여도 인정될 수 있고, 일단 고지의무의 대상이 되는 사실이라고 판단되는 경우 이미 알고 있는 자에 대하여는 고지할 의무가 별도로 인정될 여지가 없지만, 상대방에게 스스로 확인할 의무가 인정되거나 거래관행상 상대방이 당연히 알고 있을 것으로 예상되는 예외적인 경우가 아닌 한, 실제 그 대상이 되는 사실을 알지 못하였던 상대방에 대하여는 비록 알 수 있었음에도 알지 못한 과실이 있다 하더라도 그 점을 들어 추후 책임을 일부 제한할 여지가 있음은 별론으로 하고 고지할 의무 자체를 면하게 된다고 할 수는 없다. 우리 사회의 통념상으로는 공동묘지가 주거환경과 친한 시설이 아니어서 분양계약의 체결 여부 및 가격에 상당한 영향을 미치는 요인일 뿐만 아니라 대규모 공동묘지를 가까이에서 조망할 수 있는 곳에 아파트단지가 들어선다는 것은 통상 예상하기 어렵다는 점 등을 감안할 때 아파트 분양자는 아파트단지 인근에 공동묘지가 조성되어 있는 사실을 수분양자에게 고지할 신의칙상의 의무를 부담한다(대판 2007.6.1, 2005다5812·5836).

7. 법률행위의 취소의 원인이 될 강박이 있다고 하기 위하여서는 표의자로 하여금 <u>외포심을 생기게 하고 이로 인하여 법률행위의 의사를 결정하게 할 고의</u>로써 불법으로 장래의 해악을 통고한 경우라야 한다(대판 1992.12.24, 92다25120).

8. 일반적으로 <u>부정행위에 대한 고소, 고발</u>은 그것이 부정한 이익을 목적으로 하는 것이 아닌 때에는 정당한 권리행사가 되어 <u>위법</u>하다고 할 수 없으나, 부정한 이익의 취득을 목적으로 하는 경우에는 위법한 강박행위가 되는 경우가 있고 목적이 정당하다 하더라도 행위나 수단 등이 부당한 때에는 위법성이 있는 경우가 있을 수 있다(대판 1992.12.24, 92다25120).

9. <u>강박에 의한 법률행위가 하자 있는 의사표시로서 취소되는 것에 그치지 않고 나아가 무효로 되기 위하여는</u>, 강박의 정도가 단순한 불법적 해악의 고지로 상대방으로 하여금 공포를 느끼도록 하는 정도가 아니고, 의사표시자로 하여금 <u>의사결정을 스스로 할 수 있는 여지를 완전히 박탈한 상태에서 의사표시가 이루어져 단지 법률행위의 외형만이 만들어진 것에 불과한 정도이어야 한다</u>(대판 2003.5.13, 2002다73708).

10. 간통으로 고소하지 않기로 하는 등의 대가로 <u>금 170,000,000원의 합의금을 받게 된 경우</u> 상간자의 배우자가 부정한 이익을 목적으로 <u>위법한 강박행위를 한 것으로 볼 수 없다</u>(대판 1997.3.25, 96다47951).

4 민법의 규정

제110조 사기, 강박에 의한 의사표시

① 사기나 강박에 의한 의사표시는 취소할 수 있다.
② 상대방 있는 의사표시에 관하여 **제삼자가 사기나 강박을 행한 경우**에는 상대방이 그 사실을 **알았거나 알 수 있었을 경우에 한하여** 그 의사표시를 취소할 수 있다.
③ 전2항의 의사표시의 취소는 **선의의 제삼자에게 대항하지 못한다.**

(1) 제110조 제1항의 의미(상대방으로부터 사기, 강박을 당한 경우)

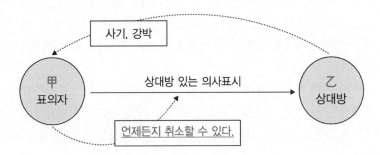

(2) 제110조 제2항의 의미(제3자로부터 사기, 강박을 당한 경우)

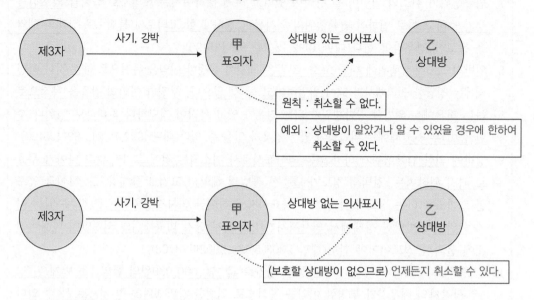

(3) 제3자의 의미

① 상대방의 대리인 등 상대방과 동일시할 수 있는 자의 사기나 강박은 제3자의 사기·강박에 해당하지 않는다.

② 단순히 상대방의 피용자이거나 상대방이 사용자책임을 져야 할 관계에 있는 피용자에 지나지 않는 자는 상대방과 동일시할 수 없어 제3자에 해당한다.

---

1. [1] 상대방 있는 의사표시에 관하여 제3자가 사기나 강박을 한 경우에는 상대방이 그 사실을 알았거나 알 수 있었을 경우에 한하여 그 의사표시를 취소할 수 있으나, 상대방의 대리인 등 상대방과 동일시할 수 있는 자의 사기나 강박은 제3자의 사기·강박에 해당하지 아니한다.

   [2] 은행의 출장소장이 어음할인을 부탁받자 그 어음이 부도날 경우를 대비하여 담보조로 받아두는 것이라고 속이고 금전소비대차 및 연대보증 약정을 체결한 후 그 대출금을 자신이 인출하여 사용한 사안에서, 위 출장소장의 행위는 은행 또는 은행과 동일시할 수 있는 자의 사기일 뿐 제3자의 사기로 볼 수 없으므로 은행이 그 사기사실을 알았거나 알 수 있었을 경우에 한하여 위 약정을 취소할 수 있는 것은 아니다(대판 1999.2.23, 98다60828).

2. 주채무자(제3자)와 채권자(상대방)는 동일시할 수 없는 자이고, 주채무자는 민법 제110조 제3자에 해당하므로 기망을 당한 보증인(표의자)은 상대방인 채권자가 그러한 사실을 알았거나 알 수 있었을 경우에 한하여 그 보증계약을 취소할 수 있다(대판 2001.2.13, 99다13727).

3. [1] 의사표시의 상대방이 아닌 자로서 기망행위를 하였으나 민법 제110조 제2항에서 정한 제3자에 해당되지 아니한다고 볼 수 있는 자란 그 의사표시에 관한 상대방의 대리인 등 상대방과 동일시할 수 있는 자만을 의미하고, 단순히 상대방의 피용자이거나 상대방이 사용자책임을 져야 할 관계에 있는 피용자에 지나지 않는 자는 상대방과 동일시 할 수는 없어 이 규정에서 말하는 제3자에 해당한다.

   [2] 상호신용금고의 기획감사실 과장으로서 대출업무를 포함한 회사업무 전반에 관하여 일일감사를 할 권한을 갖고 있었던 자가 대출금을 편취하려는 기망행위에 가담하여 대출금을 담보 제공자에게 지급할 것을 직접 보증한다고 하면서 근저당권설정계약을 체결하도록 권유하면서 그 기망의 목적을 달성하기 위하여 여신 담당직원에게 그 대출을 부탁한 후 그 대출금을 편취한 경우 회사로서는 자신의 영역 내에서 일어난 피용자의 위와 같은 기망행위에 관하여 그 감독에 상당한 주의를 다하지 아니한 사용자로서의 책임을 져야 할 지위에 있을 뿐만 아니라 나아가 그러한 사정을 이용한 피용자의 사기 사실을 알지 못한 데에 과실이 있었다고 봄이 상당하므로 근저당권설정자는 상호신용금고에 대하여 기망을 이유로 근저당권설정계약을 취소할 수 있다(대판 1998.1.23, 96다41496).

(4) 구체적 사례연습

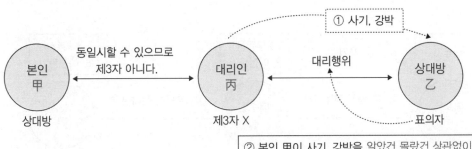

Chapter 05 권리변동 **159**

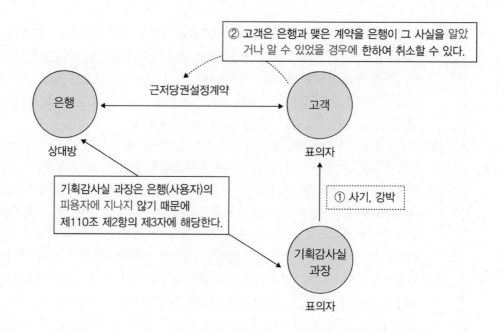

(5) 제3자의 범위의 확대

취소한 사기, 강박에 의한 의사표시는 선의의 제3자에게 대항하지 못한다. 여기서 제3자는 <u>취소 이전에</u> 법률관계를 맺었던 자이던가 <u>취소 이후에</u> 법률관계를 맺었던 자이던가 가릴 것 없이 모두 포함된다.

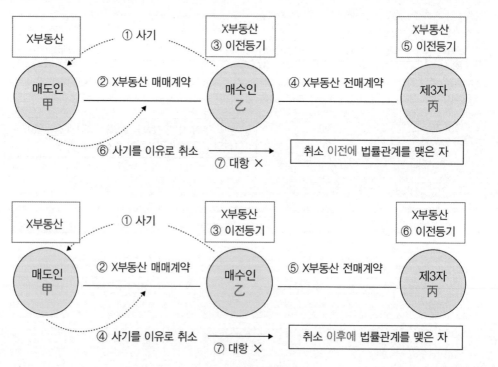

5 취소의 효과

(1) 취소하면 소급하여 무효가 된다.

(2) 상대적 취소이므로 선의의 제3자에게 대항하지 못한다.

> 1. 근로계약은 (중략) 기본적으로 그 법적 성질이 사법상 계약이므로 계약 체결에 관한 당사자들의 의사표시에 무효 또는 취소의 사유가 있으면 상대방은 이를 이유로 근로계약의 무효 또는 취소를 주장하여 그에 따른 법률효과의 발생을 부정하거나 소멸시킬 수 있다. 다만 그와 같이 근로계약의 무효 또는 취소를 주장할 수 있다 하더라도 근로계약에 따라 그동안 행하여진 근로자의 노무 제공의 효과를 소급하여 부정하는 것은 타당하지 않으므로 이미 제공된 근로자의 노무를 기초로 형성된 취소 이전의 법률관계까지 효력을 잃는다고 보아서는 아니 되고, 취소의 의사표시 이후 장래에 관하여만 근로계약의 효력이 소멸된다고 보아야 한다(대판 2017.12.22, 2013다25194·25200).
> 2. 사기의 의사표시로 인한 매수인으로부터 부동산의 권리를 취득한 제3자는 특별한 사정이 없는 한 선의로 추정할 것이므로 사기로 인하여 의사표시를 한 부동산의 양도인이 제3자에 대하여 사기에 의한 의사표시의 취소를 주장하려면 제3자의 악의를 입증할 필요가 있다(대판 1970.11.24, 70다2155).

6 다른 제도와의 관계

(1) 사기와 착오의 관계

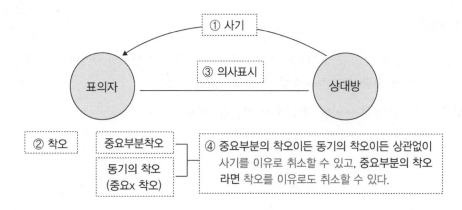

(2) 하자와 담보책임과의 관계

기망에 의하여 하자 있는 권리나 물건에 관한 매매가 성립한 경우에 담보책임규정과 제110조가 경합한다. 따라서 매수인은 담보책임과 제110조에 의한 취소권을 선택적으로 행사할 수 있다.

> 매수인이 매도인의 <u>기망에 의하여 타인의 물건을 매도인의 것으로 알고 매수한다는 의사표시를 한 것</u>은 만일 타인의 물건인 줄 알았더라면 매수하지 아니하였을 사정이 있는 경우에는 매수인은 민법 제110조에 의하여 매수의 의사표시를 취소할 수 있다고 해석해야 할 것이다 (대판 1973.10.23, 73다268).

(3) 불법행위에 의한 손해배상책임과의 관계

> 1. 법률행위가 사기에 의한 것으로서 취소되는 경우에 그 법률행위가 동시에 불법행위를 구성하는 때에는 <u>취소의 효과로 생기는 부당이득반환청구권과 불법행위로 인한 손해배상청구권은</u> 경합하여 병존하는 것이므로 채권자는 어느 것이라도 선택하여 행사할 수 있지만 <u>중첩적으로 행사할 수는 없다</u>(대판 1993.4.27, 92다56087).
> 2. <u>피해자가 제3자를 상대로 손해배상청구를 하기 위하여 반드시 그 분양계약을 취소할 필요는 없다</u>(대판 1998.3.10, 97다55829).

(4) 사기와 화해계약

> 화해계약은 화해당사자의 자격 또는 화해의 목적인 분쟁 이외의 사항에 착오가 있는 경우를 제외하고는 착오를 이유로 취소하지 못하지만, <u>화해계약이 사기로 인하여 이루어진 경우에는 화해의 목적인 분쟁에 관한 사항에 착오가 있는 때에도 민법 제110조에 따라 이를 취소할 수 있다</u>고 할 것이다(대판 2008.9.11, 2008다15278).

7 적용범위

(1) 신분행위에는 민법 제110조가 적용되지 않는다. 다만 가족법에 별도의 규정이 있는 경우도 있다 즉 사기, 강박에 의한 혼인은 취소할 수 있다(제816조 등).

(2) 공법행위(소송행위)에는 민법 제110조가 적용되지 않는다.

🗐 의사표시 효력발생

> **제111조** **의사표시의 효력발생시기**
> ① 상대방이 있는 의사표시는 상대방에게 **도달한 때에 그 효력이 생긴다.**
> ② 의사표시자가 그 통지를 발송한 후 **사망하거나 제한능력자가 되어도** 의사표시의 효력에 영향을 미치지 아니한다.

1 의사표시가 이루어지는 과정

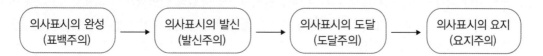

2 상대방 없는 의사표시

표의자가 자신의 의사표시를 완성과 동시에 효력이 발생한다(표백주의).

3 상대방 있는 의사표시

(1) 원칙

① 상대방에게 의사표시가 도달하면 효력을 발생한다.

② 따라서 상대방에게 도달하면 효력이 발생하므로 철회하지 못한다. 예를 들어 청약(해제 등)의 의사표시가 상대방에게 도달하면 철회하지 못한다. 다만 상대방에게 도달하기 전 또는 상대방에게 도달한 후라도 상대방이 동의하면 철회할 수 있다.

(2) 예외

상대방에게 의사표시를 발신(발송)하면 효력이 발생한다.

(3) 발신주의를 취하는 例

> 1. 제한능력자의 상대방의 최고에 대한 확답(제15조)
> 2. 사원총회의 소집통지(제71조)
> 3. 무권대리에서 상대방의 최고에 대한 확답(제131조)
> 4. 격지자간의 계약이 성립하는 시기(제531조)
> 5. 채권자의 채무인수인에 대한 승낙의 통지(제455조 제2항)

(4) 의사표시의 효력발생에 관한 규정(제110조 제1항)은 사법행위뿐만 아니라 공법상의 법률행위에도 적용된다.

(5) 의사표시의 효력발생에 관한 규정(제110조 제1항)은 임의규정이다. 따라서 당사자의 약정에 의하여 효력발생시기를 다르게 정할 수 있다.

(6) 도달주의를 취하는 결과 의사표시의 부도달·연착 등은 표의자의 불이익이 된다.

(7) 도달에 대한 증명책임은 도달을 주장하는 자(표의자)에게 있다.

4 도달의 의미

(1) '도달'이란 의사표시가 상대방의 지배권 내에 들어가 사회통념상 일반적으로 요지(了知)할 수 있는 상태에 놓이는 것을 의미하고, <u>상대방이 이를 현실적으로 수령하였다거나 그 내용을 알았을 것(요지할 것)까지 요하지 않는다.</u>

(2) **도달이 문제되는 경우**

① 타인이 임의로 발송한 경우에는 의사표시 자체가 성립하지 않는다.

② 격지자와 대화자의 구별은 거리상의 개념이 아니라 시간상의 개념이다. 대화자 사이에 계약이 성립하는 시기는 승낙이 도달한 때이다.

(3) 채권양도의 통지와 같은 준법률행위에도 도달의 법리가 유추적용된다.

> 1. 상대방이 <u>정당한 사유 없이</u> 통지의 <u>수령을 거절한 경우</u>에는 상대방이 그 통지의 내용을 알 수 있는 객관적 상태에 놓여 있는 때에 <u>의사표시의 효력이 생기는 것</u>으로 보아야 한다(대판 2008.6.12, 2008다19973).
> 2. <u>내용증명우편이나 등기우편과는 달리, 보통우편의 방법</u>으로 발송되었다는 사실만으로는 그 우편물이 상당기간 내에 도달하였다고 추정할 수 없고 송달의 효력을 주장하는 측에서 증거에 의하여 도달사실을 입증하여야 한다(대판 2002.7.26, 2000다25002).
> 3. 채권양도통지서가 채무자의 주소나 사무소가 아닌 동업자의 사무소에서 <u>그 신원이 분명치 않은 자에게 송달된 경우</u>에는 사회관념상 채무자가 통지의 내용을 알 수 있는 객관적 상태에 놓여졌다고 인정할 수 없다(대판 1997.11.25, 97다31281).
> 4. <u>채권양도의 통지서가 들어 있는 우편물을 채무자의 가정부가 수령한 직후 한 집에 거주하고 있는 통지인인 채권자가 그 우편물을 바로 회수해 버렸다면</u> 그 우편물의 내용이 무엇인지를 그 가정부가 알고 있었다는 등의 특별한 사정이 없었던 이상 그 채권양도의 통지는 사회관념상 채무자가 그 통지내용을 알 수 있는 객관적 상태에 놓여 있는 것이라고 볼 수 없으므로 그 통지는 피고에게 <u>도달되었다고 볼 수 없을 것이다</u>(대판 1983.8.23, 82다카439).

5 의사표시 발송 후 사정변경

표의자가 의사표시를 발신 후 사망하거나 제한능력자가 되어도 그 사망이나 제한능력이 의사표시에는 영향을 미치지 아니하므로 그 의사표시는 <u>유효하다</u>.

> **제112조** **제한능력자에 대한 의사표시의 효력**
>
> **의사표시의 상대방이** 의사표시를 받은 때에 **제한능력자인 경우**에는 의사표시자는 그 **의사표시로써 대항할 수 없다.** 다만, 그 상대방의 법정대리인이 의사표시가 도달한 사실을 **안 후에는** 그러하지 아니하다.

1. 제한능력자는 원칙적으로 수령무능력자이다.
2. 의사표시의 상대방이 제한능력자이면 표의자는 자신의 의사표시의 도달을 주장하지 못한다.
3. 그러나 제한능력자의 법정대리인이 의사표시의 도달을 안 후에는 표의자는 도달을 주장할 수 있다.

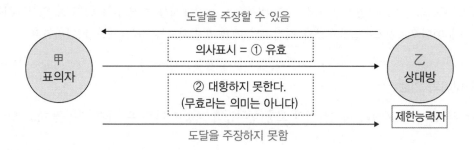

> **제113조** **의사표시의 공시송달**
>
> 표의자가 과실 없이 상대방을 알지 못하거나 상대방의 소재를 알지 못하는 경우에는 의사표시는 민사소송법 공시송달의 규정에 의하여 송달할 수 있다.

> **민사소송법 제196조** **공시송달의 효력발생**
>
> ① 첫 공시송달은 제195조의 규정에 따라 실시한 날부터 2주가 지나야 효력이 생긴다. 다만, 같은 당사자에게 하는 그 뒤의 공시송달은 실시한 다음 날부터 효력이 생긴다.
> ② 외국에서 할 송달에 대한 공시송달의 경우에는 제1항 본문의 기간은 2월로 한다.
> ③ 제1항 및 제2항의 기간을 줄일 수 없다.

1 공시송달의 요건

(1) 표의자에게 <u>과실이 없어야</u> 한다. 표의자에게 과실이 있으면 의사표시의 공시송달할 수 없다.

(2) 상대방을 알지 못하거나 상대방의 소재를 알지 못하여야 한다.

2 공시송달의 효과

국내 공시송달은 <u>2주</u>가 지나면 효력이 생기고, 같은 당사자에게 하는 뒤의 송달(2번째)은 그 <u>익일</u>부터 효력이 생긴다. 국외 공시송달은 <u>2월</u>이 지나야 효력이 생긴다.

대리 일반

1 대리의 의의

대리(代理)란 타인(代理人)이 본인(本人)의 이름으로 의사표시를 하거나(능동대리), 의사표시를 수령(수동대리)함으로써 그 법률효과가 직접 본인에게 귀속되도록 하는 제도를 의미한다.

2 대리의 기능

대리는 사적자치의 확장과 사적자치의 보충(행위능력 보충)이라는 두 가시 기능을 하고 있다.

3 대리가 인정되는 범위

대리할 수 있는 것들	대리할 수 없는 것들
1. 재산상의 법률행위(매매, 증여 등) 2. 준법률행위 중에서 의사의 통지, 관념의 통지 **(채권양도의 통지)** 3. 관념적 인도(간이인도, 점유개정, 목적물반환 청구권의 양도)	1. <u>**신분상의 법률행위**</u>(혼인, 입양 등) 2. 준법률행위 중에서 감정의 표시(~~용서) 3. 사실행위(변제, 물건의 현실의 인도 등) 4. 불법행위 5. <u>**근로계약과 임금청구**</u>

4 임의대리와 법정대리의 비교

구분	임의대리인	법정대리인
의의	본인의 의사에 의하여 대리인이 되는 경우	본인의 의사와는 무관하게 대리인이 되는 경우 1. 법률의 규정(친권자, 일상가사대리권 등) 2. 지정권자의 지정(지정후견인 등) 3. 법원에서 선임(부재자의 재산관리인 등)
대리권 의 범위	1. 범위를 정한 경우 : 수권행위의 해석에 따라서 2. 범위를 정하지 않는 경우 : 제118조	법률의 규정

복임권	원칙 : 복임권 없음
	예외 ① 본인의 승낙
	      ② 부득이한 사유
	      ③ 본인의 지명
		무과실책임하에서 언제든지 복임권 인정
		(다만 부득이한 사유에 의한 경우에는 과실
		책임)

대리권 소멸 원인	① 본인의 사망 ② 대리인의 사망 ③ 대리인의 성년후견의 개시 ④ 대리인의 파산 ⑤ 원인된 법률관계의 종료 ⑥ 수권행위의 철회	① 본인의 사망 ② 대리인의 사망 ③ 대리인의 성년후견의 개시 ④ 대리인의 파산

5 능동대리와 수동대리의 비교

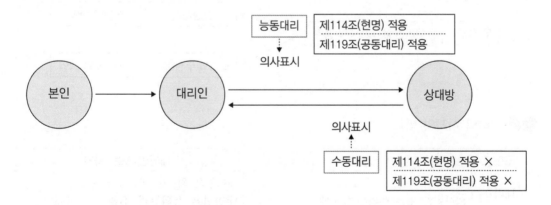

(1) 대리인은 능동대리권뿐만 아니라 수동대리권(수령대리권)도 갖는다.

(2) 수동대리에 대해서는 능동대리에 관한 법원칙이 전부 적용되는 것이 아니라 부분적으로 준용
    된다(즉 제114조 현명, 제119조 각자대리는 능동대리에만 적용되고, 수동대리에는 적용되지
    않는다).

6 유권대리와 무권대리의 비교

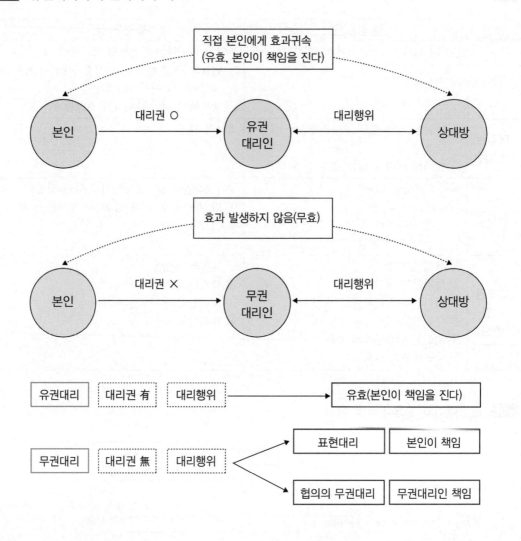

7 대리와 사자의 비교

구분	본인	대리인 또는 사자
대리	권리능력 要 의사능력 또는 행위능력 不要	대리인은 최소한 의사능력 要 **대리인은 행위능력** 不要
사자	의사능력 행위능력 要	사자는 의사능력 不要

8 대리의 3면 관계

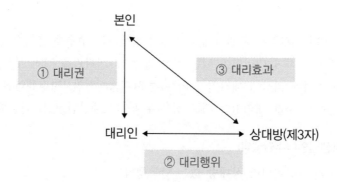

대리권

1 대리권의 의의

(1) '대리권'이란 타인(대리인)이 본인의 이름으로 의사표시를 하거나(능동대리) 또는 상대방의 의사
표시를 수령(수동대리)함으로써 직접 본인에게 그 법률효과를 귀속시킬 수 있는 법률상의 지위
내지 자격을 말한다.

(2) 대리권은 권리가 아니라 일종의 권한으로 이해된다.

> 1. 대리권의 존재는 대리행위의 효과가 본인에게 귀속되기 위한 요건이므로, 대리행위의 효
> 과를 주장하는 자(=상대방)가 대리권의 존재를 증명하여야 한다(대판 2008.9.25, 2008다
> 42195).
> 2. 전등기명의인의 직접적인 처분행위에 의한 것이 아니라 제3자가 그 처분행위에 개입된
> 경우 현등기명의인이 그 제3자가 전등기명의인의 대리인이라고 주장하더라도 현소유명
> 의인의 등기가 적법히 이루어진 것으로 추정된다 할 것이므로 위 등기가 원인무효임을
> 이유로 그 말소를 청구하는 전소유명의인(=본인)으로서는 그 반대사실 즉, 그 제3자에게
> 전소유명의인을 대리할 권한이 없었다든지, 또는 제3자가 전소유명의인의 등기서류를 위
> 조하였다는 등의 무효사실에 대한 입증책임을 진다(대판 1992.4.24, 91다26379).

2 대리권의 발생원인

(1) 법정대리권

법정대리는 본인의 의사와는 무관하게 대리권이 발생하는 경우를 총칭한다.

① 법률의 규정에 의하여 대리인이 되는 경우(일상가사대리권을 가진 부부, 친권자 등)

② 지정권자의 지정에 의하여 대리인이 되는 경우(지정후견인, 지정유언집행자 등)

③ 법원이 선임하는 자가 대리인이 되는 경우(부재자의 재산관리인, 선임후견인 등)

(2) 임의대리권 발생원인(=수권행위)

① 수권행위는 계약이 아니라 **상대방 있는 단독행위**

② 수권행위와 원인된 법률관계(=고용계약, 위임계약 등)는 구별된다.

③ 수권행위는 불요식행위이다.

④ 수권행위의 하자는 **본인을 기준**(대리인 기준 ×)으로 판단한다.

> 대리권을 수여하는 수권행위는 불요식의 행위로서 명시적인 의사표시에 의함이 없이 묵시적인 의사표시에 의하여 할 수도 있으며, 어떤 사람이 대리인의 외양을 가지고 행위하는 것을 본인이 알면서도 이의를 하지 아니하고 방임하는 등 사실상의 용태에 의하여 대리권의 수여가 추단되는 경우도 있다(대판 2016.5.26, 2016다203315).

3 대리권의 범위와 제한

(1) 법정대리권

법정대리권의 범위는 일반적으로 법률의 규정에 의하여 그 범위가 정해진다.

(2) 임의대리권

① 임의대리권의 범위(대리권의 범위가 정해진 경우)

> 1. 수권행위의 통상의 내용으로서의 임의대리권은 그 권한에 부수하여 필요한 한도에서 상대방의 의사표시를 수령하는 이른바 수령대리권을 포함하는 것으로 보아야 한다(대판 1994.2.8, 93다39379).
> 2. 부동산의 소유자로부터 매매계약을 체결할 대리권을 수여받은 대리인은 특별한 사정이 없는 한 그 매매계약에서 약정한 바에 따라 중도금이나 잔금을 수령할 권한도 있다고 보아야 한다(대판 1994.2.8, 93다39379).
> 3. 매매계약의 체결과 이행에 관하여 포괄적으로 대리권을 수여받은 대리인은 특별한 다른 사정이 없는 한 상대방에 대하여 약정된 매매대금 지급기일을 연기하여 줄 권한도 가진다고 보아야 할 것이다(대판 1992.4.14, 91다43107).

4. 법률행위에 의하여 수여된 대리권은 그 원인된 법률관계의 종료에 의하여 소멸하는 것이 므로 특별한 다른 사정이 없는 한 부동산을 매수할 권한을 수여받은 대리인에게 그 부동 산을 처분할 대리권도 있다고 볼 수 없다(대판 1991.2.12, 90다7364).

5. 예금계약의 체결을 위임받은 자가 가지는 대리권에 당연히 그 예금을 담보로 하여 대출을 받 거나 이를 처분할 수 있는 대리권이 포함되어 있는 것은 아니다(대판 1995.8.22, 94다59042).

6. 본인을 대리하여 금전소비대차 내지 그를 위한 담보권설정계약을 체결할 권한을 수여받 은 대리인에게 본래의 계약관계를 해제할 대리권까지 있다고 볼 수 없다(대판 1993.1.15, 92다39365).

7. 어떤 계약의 체결에 관한 대리권을 수여받은 대리인이 수권된 법률행위를 하면 그것으로 대리권의 원인된 법률관계는 원칙적으로 목적을 달성하여 종료하고, 법률행위에 의하여 수여된 대리권은 그 원인된 법률관계의 종료에 의하여 소멸하므로 그 계약을 대리하여 체 결하였던 대리인이 체결된 계약의 해제 등 일체의 처분권과 상대방의 의사를 수령할 권한 까지 가지고 있다고 볼 수는 없다(대판 2008.6.12, 2008다11296).

8. 대여금의 영수권한만을 위임받은 대리인이 그 대여금채무의 일부를 면제하기 위하여는 본인의 특별수권이 필요하다(대판 1981.6.23, 80다3221).

9. 통칭 매니저의 대리권의 범위는 연주자의 연주활동의 주선이나 연주에 관하여 공연장확 보, 공연비용 또는 출연료결정, 연주일정의 확정 등에만 미칠 뿐 공연계약에 관하여는 대 리권이 없다(대판 1993.5.14, 93다4618).

10. 소송상 화해나 청구의 포기에 관한 특별수권이 되어 있다면, 특별한 사정이 없는 한 그 러한 소송행위에 대한 수권만이 아니라 그러한 소송행위의 전제가 되는 당해 소송물인 권리의 처분이나 포기에 대한 권한도 수여되어 있다고 봄이 상당하다(대결 2000.1.31, 99마6205).

11. 인감증명서를 교부하는 행위만 가지고 대리권을 수여하였다고 보기 어렵다(대판 1978.10.10, 78다75).

12. 금전차용의 알선을 의뢰하여 인장을 보관시킨 경우에는 금전차용을 위하여 그에 관한 법 률행위의 대리권을 수여한 것으로 못볼 바 아니다(대판 1965.8.24, 65다1174).

② 대리권의 범위를 정하지 않은 경우

제118조   대리권의 범위

권한을 정하지 아니한 대리인은 다음 각 호의 행위만을 할 수 있다.

1. 보존행위

2. 대리의 목적인 물건이나 권리의 성질을 변하지 아니하는 범위에서 그 이용 또는 개량 하는 행위

보존행위 ○ (무제한)	이용개량행위 ○ (무제한 ×, 성질이 변하지 아니하는 범위 내에서)	처분행위 ×

1. 가옥의 수선
2. 소멸시효의 중단(청구, 압류)
3. 부패하기 쉬운 물건의 처분
4. 미등기부동산의 보존등기
	1. 물건의 임대
	2. 무이자금전소비대차계약을
	  이자부금전소비대차계약으
	  로 하는 경우
		1. 예금을 주식에 투자 ×
		2. 예금을 찾아서 개인에게 대여
		  하는 행위 ×
		3. 저당권의 설정 ×

민법 제118조는 대리인에게 대리권은 존재하지만, 대리권의 범위를 정하지 않은 경우에만 적용, 대리권의 범위가 명확하거나 표현대리의 경우에는 적용되지 않음.

4 자기계약, 쌍방대리 금지

제124조 자기계약, 쌍방대리

대리인은 **본인의 허락**이 없으면 본인을 위하여 자기와 법률행위를 하거나 동일한 법률행위에 관하여 당사자쌍방을 대리하지 못한다. 그러나 **채무의 이행**은 할 수 있다.

(1) 원칙 : 자기계약, 쌍방대리 금지

(2) 예외(자기계약, 쌍방대리 허용)

① 본인의 허락

② 본인의 허락이 없더라도 채무의 이행(법무사의 등기이전, 주식의 명의개서에서 매수인이 한 편으로 매도인의 대리인이 되는 경우 등)

③ 그러나 채무의 이행이더라도 새로운 이해관계를 생기게 하는 **대물변제나 경개** 또는 기한이 도래하지 않은 채무의 이행의 경우에는 자기계약 또는 쌍방대리가 허용되지 않는다.

(3) 제124조 위반의 효과

대리인이 본인의 허락 또는 채무의 이행이 아님에도 불구하고 자기계약 또는 쌍방대리를 행한 경우 무효가 아니라 '무권대리'에 해당한다. 후에 본인의 추인에 의하여 소급하여 유효하게 된다.

(4) 적용범위

① 임의대리뿐만 아니라 법정대리에도 적용된다.

② 제124조에 대한 특칙(적용되지 않는 경우)

민법 제64조, 제921조의 경우

1. 부동산 입찰절차에서 동일물건에 관하여 <u>이해관계가 다른 2인 이상의 대리인이 된 경우에</u>는 그 대리인이 한 입찰은 무효이다(대결 2004.2.13, 2003마44).

2. 법정대리인인 친권자가 부동산을 매수하여 이를 <u>그 자(子)에게 증여하는 행위</u>는 미성년자인 자(子)에게 이익만을 주는 행위이므로 친권자와 자 사이의 이해상반행위에 속하지 아니하고 또 <u>자기계약이지만 유효</u>하다(대판 1981.10.13, 81다649).

3. 사채알선업자는 소비대차계약의 체결에 있어서 대주(貸主)에 대하여는 차주(借主)의 대리인 역할을 하고, 반대로 차주에 대하여는 대주의 대리인 역할을 하게 되는 것이고, 대주로부터 소비대차계약을 체결할 대리권을 수여받은 대리인은 특별한 사정이 없는 한 그 소비대차계약에서 정한 바에 따라 차주로부터 변제를 수령할 권한도 있다고 봄이 상당하므로 차주가 그 사채알선업자에게 하는 변제는 유효하다(대판 1997.7.8, 97다12273).

5 대리권 남용

(1) 대리권이 남용된 경우에도 민법 제107조 제1항 단서가 적용될 수 있다.

(2) 대리권 남용의 법리는 임의대리뿐만 아니라 법정대리에도 적용된다.

1. 진의 아닌 의사표시가 대리인에 의하여 이루어지고 그 <u>대리인의 진의가 본인의 이익이나 의사에 반하여 자기 또는 제3자의 이익을 위한 배임적인 것임을 그 상대방이 알았거나 알 수 있었을 경우</u>에는 민법 제107조 제1항 단서의 유추해석상 그 대리인의 행위에 대하여 본인은 아무런 책임을 지지 않는다고 보아야 한다(대판 2001.1.19, 2000다20694).

2. 법정대리인인 친권자의 대리행위가 객관적으로 볼 때 미성년자 본인에게는 경제적인 손실만을 초래하는 반면, 친권자나 제3자에게는 경제적인 이익을 가져오는 행위이고 행위의 상대방이 이러한 사실을 알았거나 알 수 있었을 때에는 <u>민법 제107조 제1항 단서의 규정을 유추적용</u>하여 행위의 효과가 자(子)에게는 미치지 않는다고 해석함이 타당하나, 그에 따라 외형상 형성된 법률관계를 기초로 하여 새로운 법률상 이해관계를 맺은 <u>선의의 제3자에 대하여는</u> 같은 조 제2항의 규정을 유추적용하여 누구도 그와 같은 사정을 들어 대항할 수 없으며, 제3자가 악의라는 사실에 관한 주장·증명책임은 무효를 주장하는 자에게 있다(대판 2018.4.26, 2016다3201).

6 각자대리

제119조   각자대리

대리인이 수인인 때에는 **각자가 본인을 대리**한다. 그러나 법률 또는 수권행위에 다른 정한 바가 있는 때에는 그러하지 아니하다.

7 대리권 소멸사유

제127조　대리권의 소멸사유

대리권은 다음 각 호의 어느 하나에 해당하는 사유가 있으면 소멸된다.

1. 본인의 사망

2. 대리인의 사망, 성년후견의 개시 또는 파산

제128조　임의대리의 종료

법률행위에 의하여 수여된 대리권은 전조의 경우 외에 그 **원인된 법률관계의 종료**에 의하여 소멸한다. 법률관계의 종료 전에 본인이 **수권행위를 철회**한 경우에도 같다.

임의대리권 소멸사유	법정대리권 소멸사유
1. 본인의 사망 2. 대리인의 사망 3. 대리인의 성년후견의 개시 4. 대리인의 파산 5. 원인된 법률관계의 종료 6. 수권행위의 철회	1. 본인의 사망 2. 대리인의 사망 3. 대리인의 성년후견의 개시 4. 대리인의 파산 5. 제한능력자의 행위능력취득 또는 회복(미성년자가 성년이 된 경우, 또는 성년후견종료심판 등)

1. 본인의 **파산**은 대리권 소멸사유가 아니다.
2. 대리인의 **한정후견개시**는 대리권 소멸사유가 아니다
3. 대리인의 **일시적 의사능력의 상실**은 대리권 소멸사유가 아니다(일반적으로 대리인은 최소한의 의사능력은 요하므로, 영구적 의사능력의 상실은 대리권 소멸사유라고 한다).
4. 본인과 대리인간의 **이익상반행위**의 경우 대리권 **제한사유**이지 대리권 소멸사유는 아니다.

대리행위

1 현명주의

제114조　대리행위의 효력

① 대리인이 그 권한 내에서 본인을 위한 것임을 표시한 의사표시는 직접 본인에게 대하여 효력이 생긴다.
② 전항의 규정은 대리인에게 대한 제삼자의 의사표시에 준용한다.

(1) '현명(顯名)'이란 대리인이 "본인을 위한다"라는 것을 표시하는 것을 의미한다.

(2) "본인을 위한다"라는 의미는 본인의 경제적 이익을 위하여라는 의미가 아니라, 대리인의 행위의 법률적 효과를 본인에게 귀속시키려는 것을 의미한다.

(3) 제114조 현명주의는 능동대리에만 적용되고, 수동대리에는 적용되지 않는다.

(4) '현명'의 방법

① 대리에 있어 본인을 위한 것임을 표시하는 이른바 현명은 반드시 명시적으로만 할 필요는 없고 묵시적으로도 할 수 있다.

② 대리인은 대리인임을 표시하여 의사표시를 하여야 하는 것이 아니고 본인명의로도 할 수 있다. 따라서 甲의 부동산을 매도할 대리권을 수여받은 乙이 마치 자신이 甲인 것처럼 행세하여 甲의 부동산을 丙에게 매도한 경우, 丙은 甲에게 소유권이전등기를 청구할 수 있다.

③ 대리인이 본인을 위한 것임을 현명하지 않은 경우 : "甲"이 임대차계약을 체결함에 있어서 임차인 명의를 원고 명의로 하기는 하였으나 "甲"의 이름이 원고인 것 같이 행세하여 계약을 체결함으로써 피고는 "甲"과 원고가 동일인인 것으로 알고 계약을 맺게 되었다면 설사 "甲"이 원고를 위하여 하는 의사로서 위 계약을 체결하였다 하더라도 위 계약의 효력은 원고에게 미치지 않는다.

2 현명하지 않은 경우

> **제115조** **본인을 위한 것임을 표시하지 아니한 행위**
>
> 대리인이 **본인을 위한 것임을 표시하지 아니한 때에는 그 의사표시는 자기를 위한 것으로 본다.** 그러나 상대방이 대리인으로서 한 것임을 알았거나 알 수 있었을 때에는 전조 제1항의 규정을 준용한다.

(1) 대리인이 본인을 위한 것임을 현명하지 아니한 경우에는(대리행위가 아니므로 본인에게 효력이 미치지 아니하고) 그 의사표시는 대리인 자신을 위한 것으로 본다(추정한다 ×).

(2) 대리인이 현명하지 않은 경우라도 상대방이 대리행위임을 알았거나 알 수 있었을 경우에는 본인에게 직접 효과가 발생한다.

3 대리행위의 하자

> **제116조** **대리행위의 하자**
>
> ① 의사표시의 효력이 의사의 흠결, 사기, 강박 또는 어느 사정을 알았거나 과실로 알지 못한 것으로 인하여 영향을 받을 경우에 그 사실의 유무는 **대리인을 표준**하여 결정한다.
> ② 특정한 법률행위를 위임한 경우에 대리인이 본인의 지시에 좇아 그 행위를 한 때에는 본인은 자기가 안 사정 또는 과실로 인하여 알지 못한 사정에 관하여 대리인의 부지를 주장하지 못한다.

(1) 대리행위의 "하자"는 본인이 아니라 대리인을 기준으로 하여 판단한다.

(2) 대리인에 의하여 불공정한 법률행위가 이루어진 경우 <u>"궁박"은 본인을 기준으로 판단하고,</u> <u>"경솔 또는 무경험"은 대리인을 기준</u>으로 하여 판단한다.

(3) 대리인에 의하여 착오에 의한 법률행위가 이루어진 경우 "중요부분의 착오"는 본인을 기준으로 판단하고, "중과실"의 유무는 대리인을 기준으로 하여 판단한다.

(4) <u>대리인이 상대방을 사기, 강박한 경우</u>, 사기나 강박을 당한 상대방은 본인이 그 사실을 알았거나 몰랐거나 관계없이 언제든지 대리인과 체결한 법률행위(대리행위)를 취소할 수 있다.

(5) <u>상대방이 대리인을 사기, 강박한 경우라면</u> 본인은 사기, 강박을 당하지 않았더라도 대리행위를 취소할 수 있다.

(6) <u>상대방이 본인을 사기, 강박한 경우라면</u> 대리인이 사기, 강박을 당하지 않는 한, 본인은 대리행위를 취소할 수 없다.

(7) 대리인이 본인을 대리하여 매매계약을 체결함에 있어서 매매대상 토지에 관한 저간의 사정을 잘 알고 그 배임행위에 가담하였다면 대리행위의 하자 유무는 대리인을 표준으로 판단하여야 하므로 설사 본인이 미리 그러한 사정을 몰랐거나 반사회성을 야기한 것이 아니라고 할지라도 그로 인하여 매매계약이 가지는 <u>사회질서에 반한다는 장애사유가 부정되는 것은 아니다.</u>

4 대리인의 능력

> **제117조** 대리인의 행위능력
>
> 대리인은 **행위능력자임을 요하지 아니한다.**

(1) 대리인은 행위능력자임을 요하지 아니하므로, 제한능력자도 타인의 대리인이 될 수 있다. 따라서 미성년자, 피성년후견인, 피한정후견인도 의사능력이 있다면 타인의 대리인이 될 수 있다.

(2) 대리인은 행위능력을 요하지는 않지만, 최소한의 의사능력을 가지고 있어야 한다.

(3) 본인은 대리인이 제한능력자임을 이유로 <u>대리행위</u>(상대방과 체결한 계약)을 취소할 수 <u>없다</u>.

(4) 그러나 본인과 대리인사이의 <u>원인된 법률관계</u>(=고용계약, 위임계약 등)는 대리인이 제한능력자임을 이유로 취소할 수 <u>있다</u>.

(5) 수권행위와 대리행위의 비교

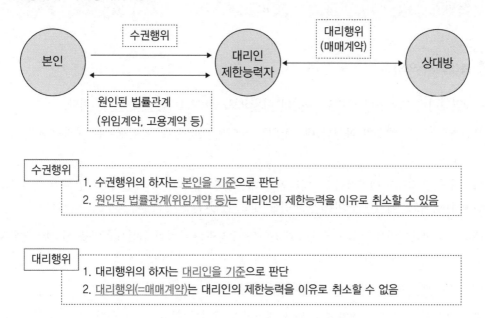

수권행위
1. 수권행위의 하자는 <u>본인을 기준</u>으로 판단
2. <u>원인된 법률관계(위임계약 등)</u>는 대리인의 제한능력을 이유로 <u>취소할 수 있음</u>

대리행위
1. 대리행위의 하자는 <u>대리인을 기준</u>으로 판단
2. <u>대리행위(=매매계약)</u>는 대리인의 제한능력을 이유로 <u>취소할 수 없음</u>

5 대리행위의 효과

적법한 대리행위에 기한 권리·의무는 직접 본인에게 귀속한다. 당사자가 원하는 효력뿐만 아니라 손해배상청구권, 취소권 등도 본인에게 귀속된다.

계약이 적법한 대리인에 의하여 체결된 경우에 대리인은 다른 특별한 사정이 없는 한 본인을 위하여 계약상 급부를 변제로서 수령할 권한도 가진다. 그리고 대리인이 그 권한에 기하여 계약상 급부를 수령한 경우에, 그 법률효과는 계약 자체에서와 마찬가지로 직접 본인에게 귀속되고 대리인에게 돌아가지 아니한다. 따라서 계약상 채무의 불이행을 이유로 계약이 상대방 당사자에 의하여 유효하게 해제되었다면, <u>해제로 인한 원상회복의무는 대리인이 아니라 계약의 당사자인 본인이 부담한다.</u> 이는 본인이 대리인으로부터 그 수령한 급부를 현실적으로 인도받지 못하였다거나 해제의 원인이 된 계약상 채무의 불이행에 관하여 대리인에게 책임 있는 사유가 있다고 하여도 다른 특별한 사정이 없는 한 마찬가지라고 할 것이다(대판 2011.8.18, 2011다30871).

🖧 복대리

1 복대리의 의의

(1) 복대리인이란 대리인이 <u>대리인 자신의 이름</u>으로 선임하는 <u>본인의 대리인</u>이다.

(2) 복임행위는 대리행위가 아니다(대리행위는 본인의 이름으로, 복임행위는 대리인 자신의 이름으로).

(3) 복대리인은 본인의 대리인이고, 대리인의 대리인은 아니다. 따라서 복대리인은 본인의 이름만 현명하면 되고, 대리인의 이름은 현명할 필요가 없다.

(4) 대리인이 <u>복대리인을 선임</u>하더라도 대리인의 <u>대리권은 존속</u>한다(복대리인을 선임한 경우 대리인의 대리권은 소멸한다 ✕).

(5) 대리인의 <u>대리권이 소멸</u>하면 <u>복대리권도 소멸</u>한다.

(6) 복대리인도 본인이나 제3자에 대하여 대리인과 동일한 권리의무가 있다.

(7) 임의대리인 또는 법정대리인에 의하여 선임된 <u>복대리인의 성격</u>은 모두 <u>임의대리인</u>이다.

(8) 복대리인의 행위에 의해서도 표현대리가 성립할 수 있다.

(9) 대리권의 일반소멸사유(본인의 사망, 복대리인의 사망, 복대리인의 성년후견개시, 복대리인의 파산 등)에 의하여 소멸한다. 또한 대리인의 대리권이 소멸(대리인의 사망, 원인된 법률관계 종료 등)하면 복대리권도 소멸한다.

2 대리인의 복임권

> **제120조** **임의대리인의 복임권**
>
> 대리권이 법률행위에 의하여 부여된 경우에는 대리인은 **본인의 승낙이 있거나 부득이한 사유 있는 때**가 아니면 복대리인을 선임하지 못한다.

> **제121조** **임의대리인의 복대리인선임의 책임**
>
> ① 전조의 규정에 의하여 대리인이 복대리인을 선임한 때에는 본인에게 대하여 그 **선임감독에 관한 책임**이 있다.
> ② 대리인이 **본인의 지명에 의하여 복대리인을 선임한 경우**에는 그 부적임 또는 불성실함을 알고 본인에게 대한 통지나 그 해임을 태만한 때가 아니면 책임이 없다.

제122조 **법정대리인의 복임권과 그 책임**

법정대리인은 그 책임으로 복대리인을 선임할 수 있다. 그러나 부득이한 사유로 인한 때에는 전조 제1항에 정한 책임만이 있다.

제123조 **복대리인의 권한**

① 복대리인은 그 권한 내에서 **본인을** 대리한다.
② 복대리인은 **본인이나** 제삼자에 대하여 대리인과 동일한 권리의무가 있다.

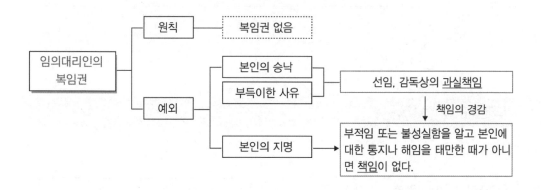

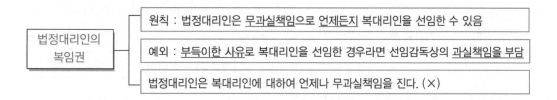

1. [1] 대리의 목적인 법률행위의 성질상 대리인 자신에 의한 처리가 필요하지 아니한 경우에는 본인이 복대리 금지의 의사를 명시하지 아니하는 한 복대리인의 선임에 관하여 묵시적인 승낙이 있는 것으로 보는 것이 타당하다.

   cf 원칙: 본인의 승낙은 묵시적 승낙도 가능

   [2] 오피스텔의 분양업무는 그 성질상 분양을 위임받은 대리인이 광고를 내고 분양사무실을 찾아온 사람들에게 오피스텔의 분양가격, 교통 등 입지조건, 오피스텔의 용도, 관리방법 등 분양에 필요한 제반사항을 설명하고 청약을 유인함으로써 분양계약을 성사시키는 것으로서 대리인의 능력에 따라 본인의 분양사업의 성공 여부가 결정되는 것이므로 사무처리의 주체가 별로 중요하지 아니한 경우에 해당한다고 보기 어렵다(대판 1996.1.26, 94다30690).

2. <u>아버지가 아들의 채무에 대한 담보 제공을 위하여 아들에게 인감도장과 인감증명서를 교부한 사안</u>에서, 아들에게 복임권을 포함하여 채무 담보를 위한 <u>일체의 대리권을 부여한 것</u>이라고 보아, 그 아들로부터 다시 그 인감도장과 인감증명서를 교부받은 제3자가 이를 이용하여 타인에게 설정하여 준 근저당권설정등기가 유효하다(대판 1996.2.9, 95다10549).

3. 甲이 채권자를 특정하지 아니한 채 부동산을 담보로 제공하여 금원을 차용해 줄 것을 乙에게 위임하였고, 乙은 이를 다시 丙에게 위임하였으며, 丙은 丁에게 위 부동산을 담보로 제공하고 금원을 차용하여 乙에게 교부하였다면, 乙에게 위 사무를 위임한 甲의 의사에는 '복대리인 선임에 관한 승낙'이 포함되어 있다고 봄이 타당하다(대판 1993.8.27, 93다21156).

🗗 무권대리

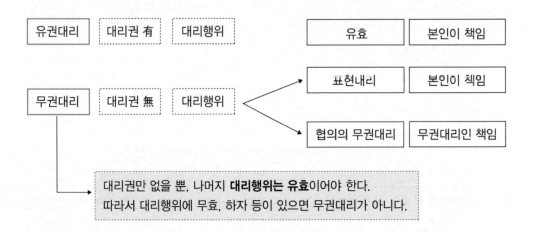

표현대리

1 표현대리의 존재이유

(1) 표현대리의 법리는 거래의 안전을 위하여 어떠한 외관적 사실을 야기한 데 원인을 준 자는 그 외관적 사실을 믿음에 정당한 이유가 있다고 인정되는 자에 대하여는 책임이 있다는 <u>일반적인 권리외관 이론</u>에 그 기초를 두고 있다.

(2) 표현대리는 상대방을 보호하기 위한 제도이므로, 반드시 상대방은 선의 그리고 무과실일 경우에만 표현대리가 성립한다. 상대방이 악의 또는 선의이지만 과실이 있는 경우에는 제125조, 제126조, 제129조의 표현대리는 성립하지 않는다.

2 표현대리의 법률효과

(1) 표현대리가 성립한다고 하여 무권대리의 성질이 유권대리로 <u>전환되는 것은 아니다</u>.
  ① 유권대리와 표현대리는 동일한 법률효과가 발생한다.
  ② 유권대리에 관한 주장 속에는 무권대리에 속하는 표현대리의 주장이 포함되어 있다고 할 수 <u>없다</u>.
  ③ 당사자의 표현대리의 주장이 없는 한 법원은 표현대리가 성립했는지의 여부를 심리 판단할 필요가 없다.

(2) 무권대리는 대리인에게 대리권이 없을 뿐, 상대방과 체결한 계약(=대리행위)는 유효이어야 한다. 따라서 상대방과 체결한 계약(=대리행위)이 무효인 경우에는 무권대리에 해당하지 <u>않으므로</u>, 무권대리의 일종인 표현대리가 성립할 수 없다.
  ① <u>강행규정에 위반한 법률행위(무효)</u>에 대하여 표현대리의 법리가 적용될 여지가 <u>없다</u>.
  ② 같은 맥락에서 통정허위표시, 불공정한 법률행위에 대해서도 표현대리가 적용되지 않는다.
  ③ 교회의 대표자가 권한 없이 행한 교회의 <u>재산의 처분행위(=무효)</u>에 대하여는 민법 제126조의 표현대리에 관한 규정이 준용되지 않는다.
  ④ 조합원 총회의 결의를 거치지 아니하고 주택조합의 대표자가 행한 총유물인 건물의 처분행위(=무효)에 관하여는 민법 제126조의 표현대리에 관한 규정이 준용될 여지가 없다.

(3) 표현대리가 성립하는 경우에, 그 본인은 표현대리행위에 의하여 전적인 책임(무과실책임)을 져야 하고, 상대방에게 과실이 있다고 하여도 과실상계의 법리를 유추적용하여 본인의 책임을 경감할 수 없다(표현대리가 성립하는 경우 과실상계의 법리가 적용될 수 없다).

(4) 표현대리는 상대방만이 주장할 수 있고, 본인은 표현대리를 주장할 수 없다.

(5) 표현대리에 의해서 보호되는 상대방은 무권대리인과 <u>직접 대리행위를 한 직접 상대방만을 의미</u>하고, 그 상대방과 거래한 전득자는 보호되는 상대방이 아니다.

(6) 표현대리 역시 무권대리이므로, (무권)대리인은 본인을 위한다고 표시하여야(=대리행위) 표현대리가 성립할 수 있다.

① 따라서 원칙적으로 <u>사술을 써서 대리행위의 표시를 하지 아니하고 단지 본인의 성명을 모용</u>하여 자기가 마치 본인인 것처럼 기망하여 본인 명의로 직접 법률행위로 한 경우에는 <u>특별한 사정이 없는 한</u> 위 법조 소정의 표현대리는 성립할 수 없다.
즉 <u>대리인이 본인을 위한다 표시하지 않은 경우</u>, 특별한 사정이 없는 한 표현대리가 성립하지 않는다.

② 그러나 예외적으로 본인으로부터 아파트에 관한 임대 등 일체의 관리권한을 위임받아 본인으로 가장하여 아파트를 임대한 바 있는 대리인이 다시 자신을 본인으로 가장하여 임차인에게 아파트를 매도하는 법률행위를 한 경우에는 권한을 넘는 표현대리의 법리를 유추적용하여 본인에 대하여 그 행위의 효력이 미친다.
즉 <u>대리인이 본인을 위한다 표시하지 않은 경우</u>, 특별한 사정이 있다면 표현대리가 성립할 수 있다.

(7) <u>사실행위</u>에 대해서는 표현대리가 성립하지 않는다.
증권회사로부터 위임받은 고객의 유치, 투자상담 및 권유, 위탁매매약정실적의 제고 등의 업무는 <u>사실행위</u>에 불과하므로, 이를 <u>기본대리권</u>으로 하여서는 권한초과의 표현대리가 성립할 수 없다.

(8) <u>사자의 행위</u>에 대해서는 표현대리가 성립한다.
대리인의 아니고 <u>사실행위를 위한 사자</u>라 하더라도 외견상 그에게 어떠한 권한이 있는 것의 표시 내지 행동이 있어 상대방이 그를 믿었고 또 그를 믿음에 있어 정당한 사유가 있다면 표현대리의 법리에 의하여 본인에게 책임이 있다.

(9) <u>복대리인의 행위</u>에 대해서도 표현대리가 성립한다.

① 대리인이 대리권 소멸 후 복대리인을 선임하여 복대리인으로 하여금 상대방과 사이에 대리행위를 하도록 한 경우에도, 상대방이 대리권 소멸 사실을 알지 못하여 복대리인에게 적법한 대리권이 있는 것으로 믿었고 그와 같이 믿은데 과실이 없다면 민법 제129조에 의한 표현대리가 성립할 수 있다.

② 대리인이 사자 내지 <u>임의로 선임한 복대리인을 통하여</u> 권한 외의 법률행위를 한 경우 상대방이 그 행위자를 대리권을 가진 대리인으로 믿었고 또한 그렇게 믿는 데에 정당한 이유가 있는 때에는 복대리인 선임권이 없는 대리인에 의하여 선임된 <u>복대리인의 권한도 기본대리권이 될 수 있을 뿐만 아니라</u>, 그 행위자가 사자라고 하더라도 대리행위의 주체가 되는 대리인이 별도로 있고 그들에게 본인으로부터 기본대리권이 수여된 이상, 민법 제126조를 적용함에

있어서 기본대리권의 흠결 문제는 생기지 않는다(즉 복임권이 없는 대리인에 의하여 선임된 복대리인의 행위에 대해서도 제126조의 표현대리가 성립할 수 있다).

(10) 표현대리규정의 중복적용을 인정한다(제129조 + 제126조 = 제126조 성립).

　① 과거에 가졌던 대리권이 소멸되어 민법 제129조에 의하여 표현대리로 인정되는 경우에 그 표현대리의 권한을 넘는 대리행위가 있을 때에는 민법 제126조에 의한 표현대리가 성립할 수 있다.

　② 즉 제129조의 대리권 소멸후의 표현대리권도 민법 제126조의 권한을 넘는 표현대리의 기본대리권이 될 수 있다.

(11) 표현대리가 성립하여 본인이 책임을 지는 경우 책임의 형태는 <u>무과실책임</u>이다.

(12) 어음행위에 대해서도 표현대리가 적용된다.

(13) 공법상의 행위 및 소송행위에는 표현대리규정이 적용되지 않는다.

대리권 수여의 표시에 의한 표현대리

제125조　대리권수여의 표시에 의한 표현대리

제삼자에 대하여 타인에게 대리권을 수여함을 표시한 자는 그 대리권의 범위 내에서 행한 그 타인과 그 제삼자 간의 법률행위에 대하여 책임이 있다. 그러나 제삼자가 대리권 없음을 알았거나 알 수 있었을 때에는 그러하지 아니하다.

1. 대리권 수여의 표시는 관념의 통지이다(≒ 대리권 수여는 의사표시).

2. 대리권 수여의 표시는 특정인 뿐만 아니라 <u>불특정 다수인</u>에 대한 대리권 수여 표시도 가능하다.

3. 민법 제125조가 규정하는 대리권 수여의 표시에 의한 표현대리는 본인과 대리행위를 한 자 사이의 <u>기본적인 법률관계의 성질이나 그 효력의 유무와는 관계없이</u> 어떤 자가 본인을 대리하여 제3자와 법률행위를 함에 있어 본인이 그 자에게 대리권을 수여하였다는 표시를 제3자에게 한 경우에 성립한다.

4. 본인에 의한 대리권 수여의 표시는 반드시 대리권 또는 대리인이라는 말을 사용하여야 하는 것이 아니라 사회통념상 대리권을 추단할 수 있는 직함이나 명칭 등의 사용을 승낙 또는 묵인한 경우에도 대리권 수여의 표시가 있는 것으로 볼 수 있다.

5. 호텔 등의 시설이용 우대회원 모집계약을 체결하면서 자신의 판매점, 총대리점 또는 연락사무소 등의 명칭을 사용하여 회원모집 안내를 하거나 입회계약을 체결하는 것을 승낙 또는 묵인하였다면 민법 제125조의 표현대리가 성립할 수 있다.

6. 甲이 주채무액을 알지 못한 상태에서 주채무자의 부탁으로 채권자와 보증계약 체결 여부를 교섭하는 과정에서 채권자에게 보증의사를 표시한 후 주채무가 거액인 사실을 알고서 보증계약 체결을 단념하였으나 甲의 도장과 보증용 과세증명서를 소지하게 된 주채무자가 임의로 甲을 대위하여 채권자와 사이에 보증계약을 체결한 경우, 甲이 채권자에 대하여 주채무자에게 보증계약 체결의 대리권을 수여하는 표시를 한 것이라 단정할 수 없다(대판 2000.5.30, 2000다2566).

7. 민법 제125조의 대리권수여의 표시에 의한 표현대리 역시 상대방이 선의 그리고 무과실인 경우에 성립한다. 따라서 상대방이 대리권 없음에 대하여 악의 또는 과실이 있는 경우에는 제125조가 성립하지 않는다.

8. 제125조 대리권수여의 표시에 의한 표현대리는 **임의대리에서만 적용되고**, 법정대리에서는 적용되지 않는다.

📄 권한을 넘은 표현대리

제126조   권한을 넘은 표현대리

대리인이 그 권한 외의 법률행위를 한 경우에 제삼자가 그 권한이 있다고 믿을 만한 정당한 이유가 있는 때에는 본인은 그 행위에 대하여 책임이 있다.

1 제126조 권한을 넘은 표현대리가 성립하기 위한 요건

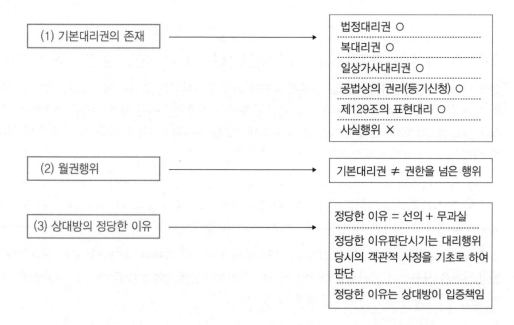

(1) 기본대리권의 존재
- 법정대리권 ○
- 복대리권 ○
- 일상가사대리권 ○
- 공법상의 권리(등기신청) ○
- 제129조의 표현대리 ○
- 사실행위 ✕

(2) 월권행위
- 기본대리권 ≠ 권한을 넘은 행위

(3) 상대방의 정당한 이유
- 정당한 이유 = 선의 + 무과실
- 정당한 이유판단시기는 대리행위 당시의 객관적 사정을 기초로 하여 판단
- 정당한 이유는 상대방이 입증책임

2 관련판례

(1) 민법 제126조에서 말하는 권한을 넘은 표현대리는 현재에 대리권을 가진 자가 그 권한을 넘은 경우에 성립하는 것이지, 현재에 아무런 대리권도 가지지 아니한 자가 본인을 위하여 한 어떤 대리행위가 과거에 이미 가졌던 대리권을 넘은 경우에까지 성립하는 것은 아니라고 할 것이다.

(2) 제126조 소정의 권한을 넘는 표현대리규정은 거래안전을 도모하여 거래상대방의 이익을 보호하려는 데에 그 취지가 있으므로 법정대리라고 하여 임의대리와 달리 그 적용이 없다고 할 수 없다.

(3) 타인의 채무에 대한 보증행위는 그 성질상 아무런 반대급부 없이 오직 일방적으로 불이익만을 입는 것인 점에 비추어 볼 때, 남편이 처에게 타인의 채무를 보증함에 필요한 대리권을 수여한다는 것은 사회통념상 이례에 속하므로 처가 특별한 수권 없이 남편을 대리하여 위와 같은 행위를 하였을 경우에 그것이 민법 제126조 소정의 표현대리가 되려면 처에게 일상가사대리권이 있었다는 것만이 아니라 상대방이 처에게 남편이 그 행위에 관한 대리의 권한을 주었다고 믿었음을 정당화할 만한 객관적인 사정이 있어야 한다.

(4) 자기명의의 영업허가를 구청에 내달라고 부탁하면서 인감도장을 교부하거나, 등기신청을 부탁하는 경우처럼, 공법상의 행위에 관하여도 이를 기본대리권으로 삼을 수 있다.

(5) 표현대리의 법리가 적용될 권한을 넘은 행위는 그 대리인이 가지고 있는 진실한 대리권과 동종임을 필요로 하지 않는다.

(6) 민법 제126조의 표현대리는 문제된 법률행위와 수여받은 대리권 사이에 아무런 관계가 없는 경우에도 적용이 있다.

(7) 기본대리권이 등기신청행위라 할지라도 표현대리인이 그 권한을 유월하여 대물변제라는 사법행위를 한 경우에는 표현대리의 법리가 적용된다(대판 1978.3.28, 78다282).

(8) 정당한 이유의 존부는 자칭 대리인의 대리행위가 행하여질 때에 존재하는 제반 사정을 객관적으로 관찰하여 판단하여야 하는 것이지 당해 법률행위가 이루어지고 난 훨씬 뒤의 사정을 고려하여 그 존부를 결정해야 하는 것은 아니다(대판 1987.7.7, 86다카2475).

대리권 소멸 후의 표현대리

제129조   대리권 소멸 후의 표현대리

대리권의 소멸은 선의의 제삼자에게 대항하지 못한다. 그러나 제삼자가 과실로 인하여 그 사실을 알지 못한 때에는 그러하지 아니하다.

1. 처음부터 어떠한 대리권도 없었던 경우라면 제129조가 성립하지 않는다.

2. 제129조 대리권 소멸후의 표현대리는 임의대리뿐만 아니라 법정대리에도 적용된다.

3. 대표이사의 퇴임등기가 된 경우에 대하여 민법 제129조의 적용 내지 유추적용이 있다고 한다면 상업등기에 공시력을 인정한 의의가 상실될 것이어서, 이 경우에는 민법 제129조의 적용 또는 유추적용을 부정할 것이다(대판 2009.12.24, 2009다60244).

* 민법상 표현대리의 비교

구분	적용범위	선의, 무과실(정당한 이유)의 입증책임
제125조	임의대리 적용 ○, **법정대리 적용 ×**	본인
제126조	임의대리 적용 ○, 법정대리 적용 ○	**상대방**
제129조	임의대리 적용 ○, 법정대리 적용 ○	본인

계약의 무권대리

제130조   무권대리

대리권 없는 자가 타인의 대리인으로 한 계약은 본인이 이를 **추인**하지 아니하면 본인에 대하여 효력이 없다.

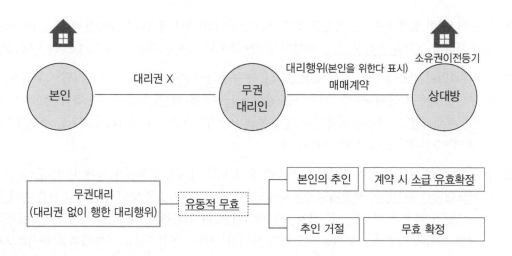

1 (무권)대리인이 행한 대리행위

본인의 추인 전에는 본인에게 효력이 없으므로 사례의 경우 설령 상대방에게 소유권이전등기가 마쳐진 경우라 할지라도 (유동적)무효이므로,

(1) 상대방은 소유권을 취득할 수 없다.

(2) 또한 본인은 상대방에게 소유권이전등기를 청구할 수 있다.

2 추인(追認)의 법적 성격

(1) 상대방이나 무권대리인의 승낙이나 동의를 요하지 않는 상대방 있는 단독행위이다. 따라서 본인이 추인하고자 하는 경우 상대방의 동의를 요하지 않는 것이 원칙이다.

(2) 그러나 일부에 대하여 추인하거나 그 내용을 변경하여 추인을 하였을 경우에는 상대방의 동의를 얻지 못하는 한 무효이다.

3 추인의 방법

(1) 무권대리행위는 그 효력이 불확정상태에 있다가 본인의 추인 유무에 따라 본인에 대한 효력발생 여부가 결정되는 것인바, 그 추인은 무권대리행위가 있음을 알고 그 행위의 효과를 자기에게 귀속하도록 하는 단독행위로서 그 의사표시의 방법에 관하여 일정한 방식이 요구되는 것이 아니므로 명시적이든 묵시적이든 묻지 아니한다(대판 2009.6.11, 2009다13293).

(2) 본인이 매매계약을 체결한 무권대리인으로부터 매매대금의 전부 또는 일부를 받았다면 특단의 사유가 없는 한 무권대리인의 매매계약을 추인하였다고 봄이 타당하다(대판 1963.4.11, 63다64).

(3) 무권대리인이 임대차계약을 체결한 것에 대해 본인이 임대인 명의의 <u>영수증을 받고 무권대리인에게 차임의 일부를 지급한 경우</u> 임대차계약을 추인한 것이다(대판 1984.12.11, 83다카1531).

(4) 무권대리인이 차용금 중의 일부로 본인 소유의 부동산에 가등기로 담보하고 있던 소외인에 대한 본인의 채무를 변제하고 그 가등기를 말소하고 무권대리인이 차용한 금원의 변제기일에 <u>채권자가 본인에게 그 변제를 독촉하자 그 유예를 요청하였다면</u> 무권대리인의 행위를 추인하였다고 볼 것이다(대판 1973.1.30, 72다2309).

(5) 임야를 상속하여 공동소유하고 있는 친족들 중 일부가 가까운 친척에게 임야의 매도를 위임하여 <u>매도대금을 동인들의 생활비로 소비하였고, 나머지 공유자들은 임야의 매각 소식을 전해 듣고도 15년간 아무런 이의를 제기하지 아니하였다면</u> 위 신분관계, 매도경위, 대금의 소비관계 등 제반 사정에 비추어 처분권을 위임하지 아니한 나머지 공유자들도 매매행위를 묵시적으로 추인한 것이라고 보아야 한다(대판 1991.1.29, 90다12717).

(6) 처가 타인으로부터 금원을 차용하면서 승낙 없이 남편 소유 부동산에 근저당권을 설정한 것을 알게 된 남편이, <u>처의 채무 변제에 갈음하여 아파트와 토지를 처가 금전을 차용한 자에게 이전하고 그 토지의 시가에 따라 사후에 정산하기로 합의한 후</u> 그 합의가 결렬되어 이행되지 않았다고 하더라도 일단 처가 차용한 사채를 책임지기로 한 이상 남편은 처의 근저당권설정 및 금원 차용의 무권대리행위를 추인한 것이다(대판 1995.12.22, 94다45098).

(7) 당사자가 변론기일에 불출석하여 매매사실에 관하여 <u>의제자백한 것</u>으로 간주되었다 하여도 그로써 그 당사자가 소외인의 무권대리 매매를 <u>추인한 것이라고 볼 수 없다</u>(대판 1982.7.13, 81다648).

(8) <u>무권대리행위가 범죄가 되는 경우</u>에 대하여 그 사실을 알고도 장기간 형사고소를 하지 아니하였다 하더라도 그 사실만으로 <u>묵시적인 추인이 있었다고 할 수는 없다</u>(대판 1998.2.10, 97다31113).

(9) 무권대리행위에 대하여 <u>이의함이 없이 방치하였다는 사실만으로</u> 추인한 것으로 볼 수 없다(대판 1998.2.10, 97다31113).

(10) 부가 자와 공동상속한 거주가옥의 부지를 자의 대리권 없이 매도하고 사망한 후 <u>자가 매수인에게 그 매매대금상당액을 지급하기로 약정한 것만으로 망부의 무권대리행위를 추인한 것으로 볼 수는 없다</u>(대판 1991.7.9, 91다261).

(11) 자(子)가 대리권 없이 부(父)소유의 부동산을 매도한 사실에 관하여 매수인이 자를 고소하겠다고 하는 관계로 <u>부가 매매대금에 해당하는 돈을 반환해 주겠다고 하면서 그 매매계약을 해약해 달라고 요청하고, 또 그 금원반환기일에 금원을 반환하지 못하게 되자 그 기일의 연기를 구하였다고 하는 사실만으로는</u> 부가 자의 위 무권대리행위를 추인한 것이라고 단정할 수 없다(대판 1986.3.11, 85다카2337).

4 추인(추인거절권)과 상속

(1) 본인이 사망한 경우 본인의 상속인은 추인할 수도 있고, 추인거절권을 행사할 수 있다.

(2) 그러나 <u>무권대리인이 본인의 지위를 상속한 경우</u>에는 후에 무권대리인이 본인의 지위에서 <u>추인을 거절하는 것은 신의칙에 반한다.</u>

　① 따라서 무권대리인이 본인(소유자)의 지위를 상속한 후에 소유지의 지위에서 등기의 말소를 청구할 수 없다.

　② 또한 무권대리인이 상대방(제3자)에게 점유로 인한 부당이득금의 반환을 청구할 수 없다.

> 甲이 대리권 없이 乙소유 부동산을 丙에게 매도하여 부동산 소유권이전등기 등에 관한 특별조치법에 의하여 소유권이전등기를 마쳐 주었다면 그 매매계약은 무효이고 이에 터 잡은 이전등기 역시 무효가 되나, 甲은 乙의 무권대리인으로서 민법 제135조 제1항의 규정에 의하여 매수인인 丙에게 부동산에 대한 소유권이전등기를 이행할 의무가 있으므로 그러한 지위에 있는 <u>甲이 乙로부터 부동산을 상속받아 그 소유자가 되어 소유권이전등기이행의무를 이행하는 것이 가능하게 된 시점에서 자신이 소유자라고 하여 자신으로부터 부동산을 전전매수한 丁에게 원래 자신의 매매행위가 무권대리행위여서 무효였다는 이유로 丁 앞으로 경료된 소유권이전등기가 무효의 등기라고 주장하여 그 등기의 말소를 청구하거나 부동산의 점유로 인한 부당이득금의 반환을 구하는 것은 금반언의 원칙이나 신의성실의 원칙에 반하여 허용될 수 없다</u>(대판 1994.9.27, 94다20617).

5 추인의 상대방

> **제132조**　추인, 거절의 상대방
>
> 추인 또는 거절의 의사표시는 **상대방에 대하여 하지 아니하면 그 상대방에 대항하지 못한다.** 그러나 상대방이 그 사실을 안 때에는 그러하지 아니하다.

(1) 무권대리행위의 추인은 <u>무권대리인, 무권대리행위의 직접의 상대방 및 그 무권대리행위로 인한 권리 또는 법률관계의 승계인에 대하여도 할 수 있다</u>(대판 1981.4.14, 80다2314).

(2) 원칙적으로 본인의 추인 후에는 유효로 확정되기에, 상대방은 철회권을 행사할 수 없다.

(3) 그러나 본인이 <u>무권대리인에게 무권대리행위를 추인한 경우</u>에 상대방이 이를 알지 못하는 동안에는 본인은 상대방에게 추인의 효과를 주장하지 못한다는 취지이므로 <u>상대방은 그때까지 민법 제134조에 의한 철회를 할 수 있고</u>, 또 무권대리인에의 추인이 있었음을 주장할 수도 있다(대판 1981.4.14, 80다2314).

6 추인의 효과

제133조 ⎜ 추인의 효력

추인은 다른 의사표시가 없는 때에는 **계약 시에 소급하여** 그 효력이 생긴다. 그러나 제삼자의 권리를 해하지 못한다.

(1) 원칙

계약 시 소급하여 유효로 확정된다. 그러나 소급하더라도 제3자의 권리는 해하지 못한다.

예를 들어서 본인의 부동산을 ① 무권대리인이 상대방에게 매매한 경우 상대방에게 소유권이전등기가 마쳐지기 전에 ② 본인이 제3자에게 매매하여 제3자 명의로 소유권이전등기가 마쳐진 경우, ③ 후에 본인이 무권대리인이 체결한 매매계약을 추인하더라도 이미 소유권을 취득한 제3자의 권리를 해하지 못하므로 제3자는 유효하게 소유권을 취득한다.

(2) 예외

당사자 간에 소급하지 않기로 약정하면 소급하지 않는다.

🗗 상대방의 권리

제131조 ⎜ 상대방의 최고권

대리권 없는 자가 타인의 대리인으로 계약을 한 경우에 상대방은 상당한 기간을 정하여 본인에게 그 추인여부의 확답을 최고할 수 있다. 본인이 그 기간 내에 확답을 발하지 아니한 때에는 **추인을 거절한 것으로 본다.**

1 상대방의 최고권

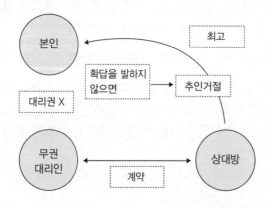

최고권의 특징

선의의 상대방도 최고할 수 있고
악의의 상대방도 최고할 수 있다.
본인에게만 최고할 수 있고.
무권대리인에게는 최고할 수 없다.

제134조 **상대방의 철회권**

대리권 없는 자가 한 계약은 본인의 추인이 있을 때까지 상대방은 본인이나 그 대리인에 대하여 이를 **철회할 수 있다.** 그러나 계약당시에 상대방이 대리권 **없음을 안 때에는 그러하지 아니하다.**

2 상대방의 철회권

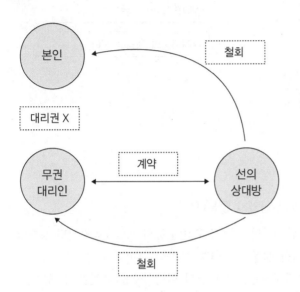

철회권의 특징

계약에 한하여 인정되는 권리
단독행위는 철회할 수 없다.
선의의 상대방도 철회권을 행사할 수 있고,
악의의 상대방은 철회권을 행사할 수 없다.
본인에게 철회권을 행사할 수 있고,
무권대리인에게도 철회권을 행사할 수 있다.

상대방이 철회권을 행사하면 계약이 무효로 확정되기에 본인은 후에 추인할 수 없다.

제135조 **상대방에 대한 무권대리인의 책임**

① 다른 자의 대리인으로서 계약을 맺은 자가 그 대리권을 증명하지 못하고 또 본인의 추인을 받지 못한 경우에는 그는 **상대방의 선택**에 따라 계약을 이행할 책임 또는 손해를 배상할 책임이 있다.
② 대리인으로서 계약을 맺은 자에게 대리권이 없다는 사실을 상대방이 알았거나 알 수 있었을 때 또는 **대리인으로서 계약을 맺은 사람이 제한능력자일 때에는 제1항을 적용하지 아니한다.**

(1) 제135조 무권대리인의 책임요건

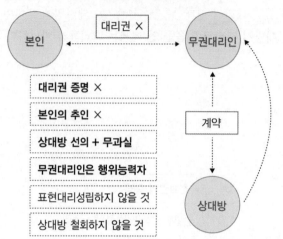

(2) 제135조 효과

상대방의 선택에 따라서

계약의 이행 또는

손해배상의 책임을 진다.

3 중요쟁점

(1) 무권대리인이 제한능력자라면 제135조가 성립하지 않는다.

① 따라서 무권대리인이 미성년자, 피성년후견인, 피한정후견인 등의 제한능력자라면 상대방은 무권대리인에게 제135조에 의한 책임을 물을 수 없다.

② 무권대리인인 제한능력자인 경우 무권대리인은 상대방의 이행청구를 거절할 수 있다.

(2) 상대방에 대한무권대리인의 책임은 **무과실책임**이다.

> 민법 제135조 제1항 규정에 따른 무권대리인의 상대방에 대한 책임은 <u>무과실책임</u>으로서 대리권의 흠결에 관하여 대리인에게 과실 등의 귀책사유가 있어야만 인정되는 것이 아니고, <u>무권대리행위가 제3자의 기망이나 문서위조 등 위법행위로 야기되었다고 하더라도 책임은 부정되지 아니한다</u>(대판 2014.2.27, 2013다213038).

제136조 단독행위와 무권대리

단독행위에는 그 행위 당시에 상대방이 대리인이라 칭하는 자의 대리권 없는 행위에 동의하거나 그 대리권을 다투지 아니한 때에 한하여 전6조의 규정을 준용한다. 대리권 없는 자에 대하여 그 동의를 얻어 단독행위를 한 때에도 같다.

상대방 없는 단독행위(재단법인 설립행위)를 무권대리한 경우, 항상 무효이다.

법률행위의 무효와 취소

1 무효와 취소의 차이점

구분	무효	취소
효력의 차이	처음부터 무효	처음에는 유효, 후에 취소하면 무효
주장할 수 있는 자	누구든지 무효를 주장	취소권자만 취소할 수 있음
시간의 경과	효력의 변동 없음	3년, 10년 경과하면 취소할 수 없음(유효 확정)

2 무효와 취소의 이중효(경합)

(1) 원칙

취소는 유효한 법률행위를 전제로 하기에, 무효인 법률행위는 취소의 대상이 아니다. 따라서 "무효인 법률행위(예 첩계약)는 취소할 수 있다" 또는 "없다"는 틀린 지문이다.

(2) 예외(무효임에도 불구하고 취소할 수 있는 경우, 무효와 취소의 경합 또는 이중효)

① 술에 만취한 미성년자의 법률행위는 술에 만취상태이므로 의사무능력을 이유로 무효를 주장할 수 있고, 미성년자이므로 제한능력을 이유로 취소도 주장할 수 있다.

② 통정허위표시는 무효임에도 불구하고 채권자취소권을 행사할 수 있다.

③ 매도인이 매수인의 중도금미지급을 이유로 적법하게 계약을 해제한 후라도, 매수인은 착오를 이유로 취소할 수 있다.

④ 토지거래허가를 받지 않아 유동적 무효상태에 있는 매매계약에 대해서도 착오, 사기, 강박을 이유로 유동적 무효상태의 법률행위도 취소할 수 있다.

3 무효의 의미

(1) 무효인 법률행위는 당사자 간에 당사자가 의욕한 법률효과 발생하지 않는다.

(2) 무효인 법률행위에서 이행 전이라면 이행을 청구할 수 없고, 또한 이행할 필요가 없다(즉 채권, 채무가 발생하지 않는다).

(3) 무효인 법률행위에서 이행 후라면 부당이득반환문제가 발생한다(단, 제746조가 적용되는 경우에는 반환청구할 수 없다).

> 무효인 법률행위는 그 법률행위가 성립한 당초부터 당연히 효력이 발생하지 않는 것이므로 무효인 법률행위에 따른 법률효과를 침해하는 것처럼 보이는 위법행위나 채무불이행이 있다고 하여도 법률효과의 침해에 따른 손해는 없는 것이므로 그 손해배상을 청구할 수는 없다 (대판 2003.3.28, 2002다72125).

무효의 종류

1 확정적 무효와 유동적 무효

확정적 무효	유동적 무효(불확정적 무효)
1. 의사무능력자의 법률행위 2. 원시적 불능의 법률행위 3. 강행규정 위반의 법률행위 4. 반사회질서 법률행위 5. 불공정한 법률행위 6. 상대방이 알았거나 알 수 있었을 경우의 진의 아닌 의사표시 7. 통정허위표시 8. 사원총회의 결의 없이 행한 총유물의 처분행위	1. 대리권 없이 행한 무권대리 2. 토지거래허가구역 내의 토지에 대한 매매계약에서 허가받기 전의 매매계약

2 절대적 무효와 상대적 무효

절대적 무효(선의의 제3자에게 대항 ○)	상대적 무효(선의의 제3자에게 대항 ×)
1. 의사무능력자의 법률행위 2. 원시적 불능의 법률행위 3. 강행규정 위반의 법률행위 4. 반사회질서 법률행위 5. 불공정한 법률행위 6. 무권대리 7. 사원총회 결의 없이 행한 총유물의 처분행위	1. 상대방이 알았거나 알 수 있었을 경우의 진의 아닌 의사표시 2. 통정허위표시

3 추인할 수 없는 무효와 추인할 수 있는 무효

추인할 수 없는 법률행위	추인할 수 있는 법률행위
1. **원시적 불능의 법률행위**	1. 무효인 진의 아닌 의사표시
2. **강행규정 위반의 법률행위**	2. 통정허위표시
3. **반사회질서 법률행위**	3. 의사무능력자의 법률행위
4. **불공정한 법률행위**	4. 무권대리 등

4 제746조 '불법원인급여'가 적용되는 무효

제746조 불법에 해당하는 경우	제746조 불법에 해당하지 않는 경우
1. 반사회질서 법률행위	1. **강행규정 위반의 법률행위**
2. 불공정한 법률행위	2. **통정허위표시**
* 불법에 해당하여 무효를 이유로 부당이득 반환청구할 수 없음	* 불법에 해당하지 않으므로 무효를 이유로 부당이득반환청구할 수 있음

5 확정적인 법률행위와 불확정적인 법률행위

확정적인 법률행위	불확정적 법률행위
1. 법정대리인의 동의를 얻어서 행한 미성년자의 법률행위	1. 법정대리인의 동의 없이 행한 미성년자의 법률행위
2. 취소한 착오(사기, 강박)에 의한 법률행위	2. 취소하기 전의 착오(사기, 강박)에 의한 법률행위
3. 반사회질서 법률행위	3. 무권대리
4. 불공정한 법률행위	4. 토지거래허가구역내의 토지매매계약에서 허가받기 전의 매매계약
5. 조건이 성취된 조건부 법률행위	5. 조건이 성취되기 전의 조건부 법률행위
6. 기한이 도래한 기한부 법률행위 등	6. 기한이 도래하기 전의 기한부 법률행위 등

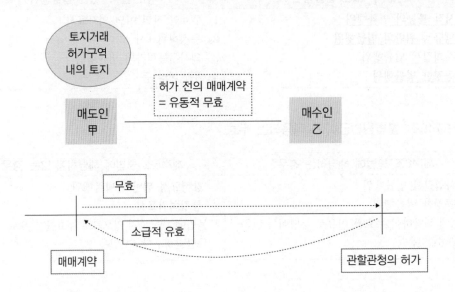

🔲 유동적 무효

1 유동적 무효의 의미

(1) (구)국토이용관리법상의 규제구역 내의 '토지 등의 거래계약'허가에 관한 관계규정의 내용과 그 입법취지에 비추어 볼 때, 도지의 소유권 등 권리를 이전 또는 설정하는 내용의 거래게약은 관할관청의 허가를 받아야만 그 효력이 발생하고 허가를 받기 전에는 <u>물권적 효력은 물론 채권적 효력도 발생하지 아니하여 무효라고 보아야 할 것인바</u>, 다만 허가를 받기 전의 거래계약이 처음부터 허가를 배제하거나 잠탈하는 내용의 계약일 경우에는 확정적으로 무효로서 유효화될 여지가 없으나 이와 달리 허가받을 것을 전제로 한 거래계약일 경우에는 허가를 받을 때까지는 법률상 미완성의 법률행위로서 소유권 등 권리의 이전 또는 설정에 관한 거래의 효력이 전혀 발생하지 않음은 위의 확정적 무효의 경우와 다를 바 없지만, 일단 허가를 받으면 그 계약은 소급하여 유효한 계약이 되고 이와 달리 불허가가 된 때에는 무효로 확정되므로 허가를 받기까지는 유동적 무효의 상태에 있다고 보는 것이 타당하므로 허가받을 것을 전제로 한 거래계약은 허가받기 전의 상태에서는 거래계약의 채권적 효력도 전혀 발생하지 않으므로 <u>권리의 이전 또는 설정에 관한 어떠한 내용의 이행청구도 할 수 없으나</u>, 일단 허가를 받으면 그 계약은 소급해서 유효화 되므로 허가 후에 새로이 거래계약을 체결할 필요는 없다(대판 1991.12.24, 90다12243 전합).

(2) 관할관청의 허가의 법적 성격은 규제구역 내에서도 토지거래의 자유가 인정되나, 다만 위 허가를 허가 전의 유동적 무효상태에 있는 법률행위의 효력을 완성시켜 주는 <u>인가</u>적 성질을 띤 것으로 보아야 한다(대판 1991.12.24, 90다12243 전합).

(3) 매매계약을 체결한 경우에 있어 관할관청으로부터 토지거래허가를 받기까지는 매매계약이 그 계약내용대로의 효력이 있을 수 없는 것이어서 매수인으로서도 그 계약내용에 따른 대금지급의무가 있다고 할 수 없으며, 설사 계약상 매수인의 대금지급의무가 매도인의 소유권이전등기의무에 선행하여 이행하기로 약정되어 있었다고 하더라도 매수인에게 그 대금지급의무가 없음은 마찬가지여서 매도인으로서는 그 대금지급이 없었음을 이유로 계약을 해제할 수 없다(대판 1991.12.24, 90다12243 전합).

(4) 그러나 특별한 사정이 없는 한 (구)국토이용관리법상의 토지거래허가를 받지 않아 유동적 무효상태인 매매계약에 있어서도 당사자 사이의 매매계약은 매도인이 계약금의 배액을 상환하고 계약을 해제함으로써 적법하게 해제된다(대판 1997.6.27, 97다9369).

(5) 규제지역 내의 토지에 대하여 거래계약이 체결된 경우에 계약을 체결한 당사자 사이에 있어서는 그 계약이 효력 있는 것으로 완성될 수 있도록 서로 협력할 의무가 있음이 당연하므로 계약의 쌍방 당사자는 공동으로 관할관청의 허가를 신청할 의무가 있고, 이러한 의무에 위배하여 허가신청절차에 협력하지 않는 당사자에 대하여 상대방은 협력의무의 이행을 소송으로써 구할 이익이 있다(대판 1991.12.24, 90다12243 전합).

(6) 유동적 무효상태의 거래계약에서도 각 계약당사자는 상대방에 대하여 토지거래허가신청절차에 협력할 의무를 부담하고, 이 의무의 이행을 소구할 수 있고, 청구인용판결이 확정되면 그것으로 토지거래허가 신청의사표시에 갈음하므로 단독으로 허가신청을 할 수 있다.

① 협력의무의 이행을 청구하는 경우에 대금채무에 대하여 이행제공을 할 필요가 없고, 매매대금의 이행제공이 없었음을 이유로 협력의무의 이행을 거절할 수 없다(대판 1996.10.25, 96다23825). (즉 매도인의 협력의무와 매수인의 대금지급의무는 동시이행의 관계가 아니다.)

② 관할관청으로부터 결국 허가를 받을 수 없을 것이라는 사유로 협력의무의 이행을 거절할 수 없다(대판 1992.10.27, 92다34414).

③ 협력의무 불이행을 이유로 유동적 무효상태의 거래계약 자체를 해제할 수는 없다(대판 1999.6.17, 98다40459 전합).

(7) 유동적 무효상태에서는 이미 지급한 계약금의 반환을 부당이득으로 청구할 수 없다(대판 1993.6.22, 91다21435). 그러나 유동적 무효상태가 확정적 무효로 된 경우라면 계약금을 부당이득으로 청구할 수 있다(대판 1997.11.11, 97다36965).

(8) 유동적 무효상태에 있는 계약을 체결한 당사자는 쌍방이 그 계약이 효력이 있는 것으로 완성될 수 있도록 서로 협력할 의무가 있다고 할 것이므로 이 경우 이러한 매매계약을 체결할 당시 당사자 사이에 당사자 일방이 토지거래허가를 받기 위한 협력의무 자체를 이행하지 아니하거나 허가신청에 이르기 전에 매매계약을 일방적으로 철회하는 경우 상대방에게 일정한 손해액을 배상하기로 하는 약정을 유효하게 할 수 있다(대판 2007.11.30, 2007다30393).

(9) 국토의 계획 및 이용에 관한 법률상의 토지거래허가를 받지 않아 유동적 무효상태인 매매계약에 있어서는 그 계약내용대로의 효력이 있을 수 없는 것이어서 매수인으로서는 아직 그 계약내용에 따른 대금지급의무가 있다고 할 수 없어 매도인이 매수인의 대금지급의무 불이행을 이유로 매매계약을 해제할 수 없으나, 당사자 사이에 별개의 약정으로 매매 잔금이 그 지급기일에 지급되지 아니하는 경우 매매계약을 자동적으로 해제하기로 약정하는 것은 가능하다(대판 2010.7.22, 2010다1456).

(10) 매매계약에 기한 소유권이전등기청구권 또는 허가를 받을 것을 조건으로 한 소유권이전등기청구권을 피보전권리로 한 <u>부동산처분금지가처분신청도 허용되지 않는다</u>(대결 2010.8.26, 2010마818).

(11) 국토의 계획 및 이용에 관한 법률상의 허가구역에 있는 토지의 거래계약이 토지거래허가를 전제로 체결된 경우에는 유동적 무효의 상태에 있고 거래계약의 채권적 효력도 전혀 발생하지 않으므로 권리의 이전 또는 설정에 관한 어떠한 내용의 이행청구도 할 수 없지만, 계약을 체결한 당사자 사이에서는 계약이 효력 있는 것으로 완성될 수 있도록 서로 협력할 의무가 있으므로, 계약의 쌍방 당사자는 공동으로 관할 관청의 허가를 신청할 의무가 있다. 그 결과 경우에 따라서는 매수인이 <u>토지거래허가 신청절차의 협력의무 이행청구권을 보전하기 위하여 매도인의 권리를 대위하여 행사하는 것도 허용된다</u>고 할 수 있지만, 보전의 필요성이 인정되어야 한다(대판 2013.5.13, 2010다50014).

(12) 토지거래허가구역 내의 토지가 관할관청의 허가 없이 전전매매되고 그 당사자들 사이에 최초의 매도인으로부터 최종 매수인 앞으로 직접 소유권이전등기를 경료하기로 하는 중간생략등기의 합의가 있는 경우, 이러한 중간생략등기의 합의란 부동산이 전전매도된 경우 각 매매계약이 유효하게 성립함을 전제로 그 이행의 편의상 최초의 매도인으로부터 최종의 매수인 앞으로 소유권이전등기를 경료하기로 한다는 당사자 사이의 합의에 불과할 뿐 그러한 합의가 있다고 하여 최초의 매도인과 최종의 매수인 사이에 매매계약이 체결되었다는 것을 의미하는 것은 아니고, 따라서 최종 매수인은 최초 매도인에 대하여 직접 그 토지에 관한 토지거래허가 신청절차의 협력의무이행청구권을 가지고 있다고 할 수 없으며, <u>설사 최종 매수인이 자신과 최초 매도인을 매매당사자로 하는 토지거래허가를 받아 최종 매수인 앞으로 소유권이전등기를 경료하더라도 그러한 소유권이전등기는 적법한 토지거래허가 없이 경료된 등기로서 무효</u>이다(대판 1996.6.28, 96다3982).

(13) 거래계약이 확정적으로 무효로 되는 데 대하여 <u>책임 있는 자도</u> 그 계약의 무효를 주장할 수 있다(대판 1997.7.25, 97다4357).

2 무효로 확정되는 경우

(1) 토지거래허가를 배제하거나 잠탈하는 내용의 계약(대판 2010.6.10, 2009다96328)

① 강행규정을 위반한 경우이므로 확정적 무효이다.

② 허가를 배제·잠탈하는 행위에는 토지거래허가가 필요한 계약을 허가가 필요하지 않은 것에 해당하도록 계약서를 허위로 작성하는 행위 또는 정상적으로는 토지거래허가를 받을 수 없는 계약을 허가를 받을 수 있도록 계약서를 허위로 작성하는 행위 등을 들 수 있다.

(2) 관할관청의 불허가처분이 확정된 경우(대판 2007.11.30, 2007다30393)

(3) 당사자 일방 또는 쌍방이 허가신청절차협력의무의 이행거절의사를 명백히 표시한 경우(대판 1995.12.26, 93다59526)

(4) 토지거래허가 전의 매매계약이 정지조건부 계약이었는데, 그 정지조건이 토지거래허가를 받기 전에 이미 불성취로 확정된 경우(대판 1998.3.27, 97다36996)

(5) 유동적 무효상태의 매매계약이 통정허위표시, 착오, 사기·강박에 해당하여 무효로 되는 경우
토지거래가 계약당사자의 표시와 불일치한 의사(비진의표시, 허위표시 또는 착오) 또는 사기·강박과 같은 하자 있는 의사에 의하여 이루어진 경우에는 이들 사유에 의하여 그 거래의 무효 또는 취소를 주장할 수 있는 당사자는 그러한 거래허가를 신청하기 전 단계에서 이러한 사유를 주장하여 거래허가신청 협력에 대한 거절의사를 일방적으로 명백히 함으로써 그 계약을 확정적으로 무효화시키고 자신의 거래허가절차에 협력할 의무를 면할 수 있다(대판 1997.11.14, 97다36118).

(6) 토지거래허가구역 내에서 중간생략등기를 한 경우(대판 1996.6.28, 96다3982)

(7) 구 국토의 계획 및 이용에 관한 법률에서 정한 토지거래계약 허가구역 내 토지에 관하여 허가를 배제하거나 잠탈하는 내용으로 매매계약이 체결된 경우에는, 강행법규인 구 국토계획법 제118조 제6항에 따라 계약은 체결된 때부터 확정적으로 무효이다. 계약체결 후 허가구역 지정이 해제되거나 허가구역 지정기간 만료 이후 재지정을 하지 아니한 경우라 하더라도 이미 확정적으로 무효로 된 계약이 유효로 되는 것이 아니다(대판 2019.1.31, 2017다228618).

3 유효로 확정되는 경우

(1) 관할관청의 허가(대판 1991.12.24, 90다12243 전합)

(2) 허가구역 지정이 해제되는 경우(대판 1999.6.17, 98다40459 전합)

(3) 허가구역 지정기간이 만료되었음에도 재지정을 하지 아니한 경우(대판 1999.6.17, 98다40459 전합)

🗀 일부 무효

> **제137조** **법률행위의 일부무효**
>
> **법률행위의 일부분이 무효인 때에는 그 전부를 무효로 한다.** 그러나 그 무효부분이 없더라도 법률행위를 하였을 것이라고 인정될 때에는 나머지 부분은 무효가 되지 아니한다.

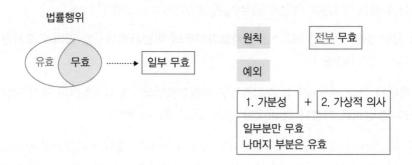

1. 개별법(특별법)에서 개별적으로 규정하고 있는 경우에는 민법 제137조가 적용되지 않는다. 예를 들어 약관의 일부 또는 일부 조항이 무효인 경우 해당약관만 무효이고 나머지 부분은 유효하다.
2. 불법조건이 붙어 있는 법률행위에는 제137조가 적용되지 않는다. 따라서 조건뿐만 아니라 법률행위 전부가 무효이다.
3. 법률행위가 일부가 강행규정에 위반되는 경우에도 원칙적으로 제137조가 적용된다.
4. 일부무효에 관한 민법 규정 제137조는 임의규정이다.

> 1. 민법 제137조는 <u>임의규정</u>으로서 의사자치의 원칙이 지배하는 영역에서 적용된다고 할 것이므로 <u>법률행위의 일부가 강행법규인 효력규정에 위반되어 무효가 되는 경우</u> 개별 법령이 일부무효의 효력에 관한 규정을 두고 있는 경우에는 그에 따라야 하고, <u>그러한 규정이 없다면 원칙적으로 민법 제137조가 적용된다</u>(대판 2004.3.11, 2003다1601).
> 2. <u>법률행위의 내용이 불가분인 경우에는 그 일부분이 무효일 때에도 일부무효의 문제는 생기지 아니하나</u>, 분할이 가능한 경우에는 민법 제137조의 규정에 따라 그 전부가 무효로 될 때도 있고, 그 일부만 무효로 될 때도 있기 때문이다(대판 1994.5.24, 93다58332).
> 3. <u>법률행위의 일부가 강행법규인 효력규정에 위반되어 무효가 되는 경우</u> 그 부분의 무효가 나머지 부분의 유효·무효에 영향을 미치는가의 여부를 판단함에 있어서는, 개별 법령이 일부 무효의 효력에 관한 규정을 두고 있는 경우에는 그에 따르고, 그러한 규정이 없다면 민법 제137조 본문에서 정한 바에 따라서 <u>원칙적으로 법률행위의 전부가 무효가 된다</u>. 그러나 같은 조 단서는 당사자가 위와 같은 무효를 알았더라면 그 무효의 부분이 없더라도 법률행위를 하였을 것이라고 인정되는 경우에는, 그 무효 부분을 제외한 나머지 부분이 여전히

효력을 가진다고 정한다. 이때 당사자의 의사는 법률행위의 일부가 무효임을 법률행위 당시에 알았다면 의욕하였을 <u>가정적 효과의사</u>를 가리키는 것으로서, 당해 효력규정을 둔 입법 취지 등을 고려할 때 법률행위 전부가 무효로 된다면 그 입법 취지에 반하는 결과가 되는 등의 경우에는 여기서 당사자의 가정적 의사는 다른 특별한 사정이 없는 한 무효의 부분이 없더라도 그 법률행위를 하였을 것으로 인정되어야 한다(대판 2013.4.26, 2011다9068).

무효행위의 전환

제138조 **무효행위의 전환**

무효인 법률행위가 다른 법률행위의 요건을 구비하고 당사자가 그 무효를 알았더라면 다른 법률행위를 하는 것을 의욕하였으리라고 인정될 때에는 다른 법률행위로서 효력을 가진다.

1 무효행위의 전환의 요건

(1) 법률행위가 성립하고 무효이어야 한다.

(2) 무효인 법률행위가 다른 법률행위로서는 요건을 구비하고 있어야 한다.
   ① 불요식행위가 불요식행위로 전환될 수 있고, 또는 요식행위가 불요식행위 또는 요식행위로 전환될 수 있다.
   ② 그러나 <u>불요식행위가 요식행위로 전환될 수는 없다.</u>

(3) 당사자의 가상적 의사가 존재하여야 한다.

2 무효행위 전환의 예

(1) 비밀증서에 의한 유언이 그 방식에 흠결이 있는 경우에 그 증서가 자필증서의 방식에 적합한 때에는 자필증서에 의한 유언으로 본다(제1071조).

(2) 승낙자가 청약에 대하여 조건을 붙이거나 변경을 가하여 승낙한 때에는 그 청약의 거절과 동시에 새로 청약한 것으로 본다(제534조).

(3) 혼인 외의 출생자를 혼인 중의 출생자로 신고한 경우, 그 신고는 친생자출생신고로서 무효이지만, 인지신고로서의 유효하다.

(4) 타인의 자를 자기의 자로 출생신고를 한 경우, 그 출생신고는 무효이지만, 입양신고로서는 유효하다.

(5) 상속포기기간(사망 후 3월) 경과 후 상속포기는 포기로서 무효이지만, 상속재산의 협의분할로서는 유효하다.

(6) 단독행위의 경우에도 무효행위의 전환이 인정된다.

🗂 무효행위의 추인

> **제139조** **무효행위의 추인**
>
> 무효인 법률행위는 추인하여도 그 효력이 생기지 아니한다. 그러나 당사자가 그 무효임을 알고 추인한 때에는 **새로운 법률행위로 본다.**

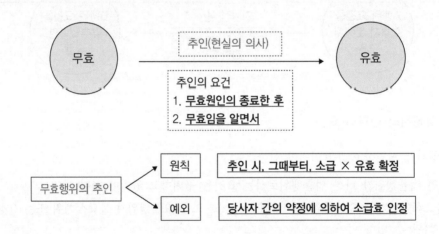

1. 원시적 불능, 강행규정 위반의 법률행위, 반사회질서 법률행위, 불공정한 법률행위는 추인에 의해서 유효로 될 수 없다.

2. 통정허위표시의 경우 당사자가 무효임을 알고 추인하면 그때부터 유효로 된다. 의사무능력자의 법률행위도 의사능력을 회복한 상태에서(=무효원인종료 후) 추인하면 그때부터 유효로 된다.

3. 무효인 신분행위에는 민법 제137조가 그대로 적용되지 않는다(즉 무효인 신분행위를 추인하면 소급하여 유효로 된다).

1. <u>무효행위의 추인</u>이라 함은 법률행위로서의 효과가 확정적으로 발생하지 않는 무효행위를 뒤에 유효하게 하는 의사표시를 말하는 것으로 무효인 행위를 사후에 유효로 하는 것이 아니라 새로운 의사표시에 의하여 새로운 행위가 있는 것으로 <u>그때부터 유효하게 되는 것</u>이므로 원칙적으로 소급효가 인정되지 않는 것이다(대판 1983.9.27, 83므22).

2. 상법 제731조 제1항에 의하면 타인의 생명보험에서 피보험자가 서면으로 동의의 의사표시를 하여야 하는 시점은 '보험계약체결 시까지'이고, 이는 <u>강행규정으로서 이에 위반한 보험계약</u>은 무효이므로 타인의 생명보험계약 성립 당시 피보험자의 서면동의가 없다면 그 보험계약은 <u>확정적으로 무효</u>가 되고, 피보험자가 이미 무효가 된 보험계약을 추인하였다고 하더라도 그 보험계약이 유효로 될 수는 없다(대판 2006.9.22, 2004다56677).

3. <u>불공정한 법률행위</u>로서 무효인 경우에는 추인에 의하여 무효인 법률행위가 유효로 될 수 없다(대판 1994.6.24, 94다10900).

4. <u>취득시효완성 후 경료된 무효인 제3자 명의의 등기</u>에 대하여 시효완성 당시의 소유자가 무효행위를 추인하여도 그 제3자 명의의 등기는 그 소유자의 불법행위에 제3자가 적극 가담하여 경료된 것으로서 사회질서에 반하여 무효이다(대판 2002.3.15, 2001다77352).

5. <u>무효인 가등기를 유효한 등기로 전용하기로 한 약정은 그때부터 유효하고 이로써 위 가등기가 소급하여 유효한 등기로 전환될 수 없다</u>(대판 1992.5.12, 91다26546).

6. 상환이 완료되지 않은 농지의 매매는 추인하여도 유효로 되지 않지만, <u>상환완료 후에 매도인이 추인하면 그때부터 유효로 된다</u>(대판 1959.10.29, 4292민상250).

7. 부동산 실권리자명의 등기에 관한 법률의 위반으로 무효인 명의신탁등기는 조세포탈, 강제집행의 면탈 또는 법령상의 제한의 회피를 목적으로 하지 않은 경우 그 후 <u>명의신탁자가 수탁자와 혼인하면 그때부터 유효가 된다</u>(대판 2002.10.28, 2001마1235).

🗂 무효에 관한 규정의 공통점

1 처음부터 무효라는 점

따라서 무효는 성립을 전제로 하기에, 처음부터 법률행위가 불성립한 경우라면 민법의 규정(제137조, 제138조, 제139조)이 적용되지 않는다.

2 무효가 유효로 전환된다는 점

(1) 제137조와 제138조는 가상적 의사(현실의사가 아님을 주의)에 의하여 무효가 유효로 되고,

(2) 제139조는 무효라는 추인(가상적 의사가 아니라 현실의 의사, 무효라는 점을 알면서)에 의하여 유효로 된다.

🗂 무권한자의 처분행위

1 처분행위는 행위 당시 처분권이 존재하여야 하기에, 처분권 없이 행한 처분행위는 무효이다.

2 무권한자의 처분행위도 후에 본인의 추인등에 의해서도 유효로 될 수 있다.

> 1. 권리자가 무권리자의 처분을 추인하면 무권대리에 대해 본인이 추인을 한 경우와 당사자들 사이의 이익상황이 유사하므로, 무권대리의 추인에 관한 민법 제130조, 제133조 등을 무권리자의 추인에 유추 적용할 수 있다. 따라서 무권리자의 처분이 계약으로 이루어진 경우에 권리자가 이를 추인하면 원칙적으로 계약의 효과가 계약을 체결했을 때에 소급하여 권리자에게 귀속된다고 보아야 한다(대판 2017.6.8, 2017다3499).
> 2. 무권리자가 타인의 권리를 자기의 이름으로 또는 자기의 권리로 처분한 경우에 권리자는 후일 이를 추인함으로써 그 처분행위를 인정할 수 있고, 특별한 사정이 없는 한 이로써 권리자 본인에게 위 처분행위의 효력이 발생함은 사적자치의 원칙에 비추어 당연하고, 이 경우 추인은 명시적으로뿐만 아니라 묵시적인 방법으로도 가능하며 그 의사표시는 무권대리인이나 그 상대방 어느 쪽에 하여도 무방하다(대판 2001.11.9, 2001다44291).

취소 일반

1 취소의 의의

'법률행위의 취소'란 일단 유효하게 성립한 법률행위의 효력을 제한능력 또는 의사표시의 착오·사기·강박(원시적 하자)을 이유로 특정인(취소권자)의 의사표시에 의하여 행위 시로 소급하여 무효로 하는 것을 의미한다.

2 취소할 수 있는 법률행위

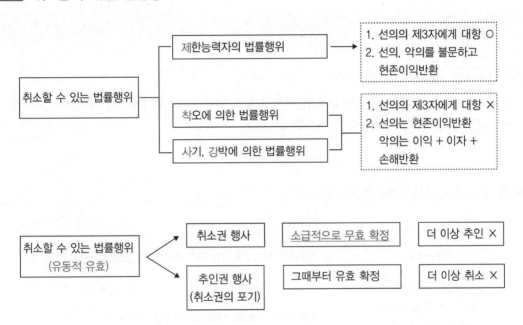

3 소급효가 있는 경우와 소급효가 없는 경우

소급효가 있는 경우	소급효가 없는 경우
1. 취소할 수 있는 법률행위의 취소 　① 제한능력자의 법률행위 　② 착오에 의한 의사표시 　③ 사기·강박에 의한 의사표시 2. 실종선고의 취소 3. 무권대리행위의 추인 4. 소멸시효(취득시효)의 완성 5. 선택채권에서 선택권의 행사	1. 미성년자의 영업허락의 취소 2. 부재자재산관리명령의 취소 3. 법인 설립허가의 취소 4. 무효행위의 추인 5. 조건의 성취 6. 기한의 도래 7. 공유물의 분할 8. 계약의 해지

6. 상계 7. 계약의 해제 8. 인지 9. 상속재산의 분할 10. 이혼의 취소	9. 혼인의 취소 10. 입양의 취소 11. 부부 사이의 계약의 취소

📖 취소권자

제140조 **법률행위의 취소권자**

취소할 수 있는 법률행위는 **제한능력자, 착오로 인하거나 사기·강박에 의하여 의사표시를 한 자, 그의 대리인 또는 승계인만**이 취소할 수 있다.

1 취소할 수 있는 법률행위의 취소권자

제한능력자	미성년자, 피성년후견인, 피한정후견인도 **단독으로** 취소할 수 있다.
착오, 사기, 강박에 의한 의사표시를 한 자	착오, 사기, 강박에 의한 의사표시를 한 자
대리인	임의대리인 : **취소권자** × 다만 본인의 취소권을 대신하여 행사 법정대리인 : 취소권자 ○ 고유의 취소권 행사, 제한능력자의 취소권 대리하여 행사하는 것이 아니다.
승계인	특정승계인, 포괄승계인 모두 취소권자 ○ 취소권의 승계는 인정 ○, **취소권만 승계 인정** ×

2 취소권의 행사방법

(1) 취소권은 명시적 취소뿐만 아니라 묵시적 취소도 인정된다.

(2) 취소권의 행사는 소를 제기하는 방법으로도 행사할 수 있지만, 소를 제기하지 않고 취소의 의사표시로써 행사할 수도 있다.

> 1. 법률행위의 <u>취소</u>는 상대방에 대한 의사표시로 하여야 하나 그 취소의 의사표시는 특별히 재판상 행하여짐이 요구되는 경우 이외에는 <u>특정한 방식이 요구되는 것이 아니고</u>, 취소의 의사가 상대방에 의하여 인식될 수 있다면 어떠한 방법에 의하더라도 무방하다고 할 것이고, 법률행위의 <u>취소를 당연한 전제로 한 소송상의 이행청구나 이를 전제로 한 이행거절 가운데는 취소의 의사표시가 포함되어 있다고 볼 수 있다</u>(대판 1993.9.14, 93다13162).
> 2. 취소의 의사표시란 반드시 명시적이어야 하는 것은 아니고, 취소자가 그 착오를 이유로 자신의 법률행위의 효력을 처음부터 배제하려고 한다는 의사가 드러나면 족한 것이며, 취소원인의 진술 없이도 취소의 의사표시는 유효한 것이다(대판 2005.5.27, 2004다43824).
> 3. 의사표시가 강박에 의한 것이어서 <u>당연무효라는 주장 속에</u> 강박에 의한 의사표시이므로 <u>취소한다는 주장이 당연히 포함되어 있다고는 볼 수 없다</u>(대판 1996.12.23, 95다40038).

3 취소의 상대방

> **제142조** **취소의 상대방**
>
> 취소할 수 있는 법률행위의 상대방이 확정한 경우에는 그 취소는 그 상대방에 대한 의사표시로 하여야 한다.

4 일부취소의 문제

(1) 민법에는 일부 무효에 대한 규정(제137조)만 있고 일부 취소에 대한 규정은 없다.

(2) 판례는 일부무효의 법리(제137조)를 일부취소의 경우에도 유추적용한다.

> 1. 하나의 법률행위의 일부분에만 취소사유가 있다고 하더라도 그 <u>법률행위가 가분적이거나</u> <u>그 목적물의 일부가 특정될 수 있다면</u>, 그 나머지 부분이라도 이를 유지하려는 당사자의 <u>가정적 의사가 인정되는 경우 그 일부만의 취소도 가능하다</u>고 할 것이고, 그 일부의 취소는 법률행위의 일부에 관하여 효력이 생긴다(대판 2002.9.10, 2002다21509).

2. 매매계약체결 시 토지의 일정 부분을 매매대상에서 제외시키는 특약을 한 경우 이는 매매계약의 대상 토지를 특정하여 그 일정 부분에 대하여는 매매계약이 체결되지 않았음을 분명히 한 것으로써 그 부분에 대한 어떠한 법률행위가 이루어진 것으로는 볼 수 없으므로 그 특약만을 기망에 의한 법률행위로써 취소할 수는 없다(대판 1999.3.26, 98다56607).

🗗 취소의 효과

제141조　취소의 효과

취소된 법률행위는 처음부터 무효인 것으로 본다. 다만, 제한능력자는 그 행위로 인하여 받은 이익이 현존하는 한도에서 상환(償還)할 책임이 있다.

근로계약의 무효 또는 취소를 주장할 수 있다 하더라도 근로계약에 따라 그동안 행하여진 근로자의 노무 제공의 효과를 소급하여 부정하는 것은 타당하지 않으므로 이미 제공된 근로자의 노무를 기초로 형성된 취소 이전의 법률관계까지 효력을 잃는다고 보아서는 아니 되고, 취소의 의사표시 이후 장래에 관하여만 근로계약의 효력이 소멸된다고 보아야 한다(대판 2017.12.22, 2013다25194).

제748조　수익자의 반환범위

① 선의의 수익자는 그 받은 이익이 현존한 한도에서 전조의 책임이 있다.
② 악의의 수익자는 그 받은 이익에 이자를 붙여 반환하고 손해가 있으면 이를 배상하여야 한다.

1 취소할 수 있는 법률행위를 취소하면(=취소된 법률행위)는 처음부터(소급하여) 무효인 것으로 본다.

2 취소한 경우의 부당이득반환범위

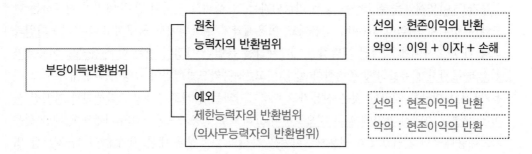

− 유흥비, 도박 등으로 탕진한 재산은 현존이익이 없는 것으로 본다.
− 현존이익에 대한 입증책임은 제한능력자 측에서 현존이익이 없음을 증명하여야 한다.

3 미성년자의 카드이용계약의 취소의 법률관계

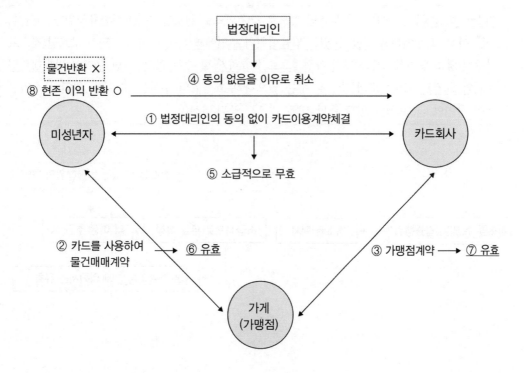

미성년자가 신용카드발행인과 사이에 신용카드 이용계약을 체결하여 신용카드거래를 하다가 신용카드 이용계약을 취소하는 경우 미성년자는 그 행위로 인하여 받은 이익이 현존하는 한도에서 상환할 책임이 있는바, 신용카드 이용계약이 취소됨에도 불구하고 신용카드회원과 해당 가맹점 사이에 체결된 개별적인 매매계약은 특별한 사정이 없는 한 신용카드 이용계약 취소와 무관하게 유효하게 존속한다 할 것이고, 신용카드발행인이 가맹점들에 대하여 그 신용카드사용대금을 지급한 것은 신용카드 이용계약과는 별개로 신용카드발행인과 가맹점 사이에 체결된 가맹점 계약에 따른 것으로서 유효하므로 신용카드발행인의 가맹점에 대한 신용카드이용대금의 지급으로써 신용카드회원은 자신의 가맹점에 대한 매매대금 지급채무를 법률상 원인 없이 면제받는 이익을 얻었으며, 이러한 이익은 금전상의 이득으로서 특별한 사정이 없는 한 현존하는 것으로 추정된다(대판 2005.4.15, 2003다60297).

4 취소된 법률행위의 추인

취소한 법률행위는 처음부터 무효인 것으로 간주되므로 취소할 수 있는 법률행위가 일단 취소된 이상 그 후에는 취소할 수 있는 법률행위의 추인에 의하여 이미 취소되어 무효인 것으로 간주된 당초의 의사표시를 다시 확정적으로 유효하게 할 수는 없고, 다만 무효인 법률행위의 추인의 요건과 효력으로서 추인할 수는 있으나 무효행위의 추인은 그 무효 원인이 소멸한 후에 하여야 그 효력이 있다(대판 1997.12.12, 95다38240).

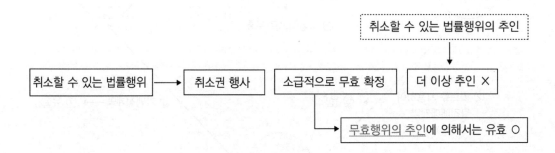

취소할 수 있는 법률행위의 추인

제143조 **추인의 방법, 효과**

① 취소할 수 있는 법률행위는 제140조에 규정한 자가 추인할 수 있고 **추인 후에는 취소하지 못한다.**
② 전조의 규정은 전항의 경우에 준용한다.

제144조 **추인의 요건**

① 추인은 취소의 원인이 소멸된 후에 하여야만 효력이 있다.
② 제1항은 법정대리인 또는 후견인이 추인하는 경우에는 적용하지 아니한다.

1 '취소할 수 있는 법률행위의 추인(追認)'이란 취소할 수 있는 법률행위를 취소할 수 있음에도 불구하고 취소하지 않겠다는 의사표시로, 일종의 '취소권의 포기'를 의미한다.

2 취소할 수 있는 법률행위를 취소하지 않고 추인하면 유효로 확정되기에, 후에 취소할 수 없다.

3 추인권자는 취소권자에 한한다.
즉 미성년자는 <u>단독으로</u> 추인할 수 없지만, 미성년자는 <u>법정대리인의 동의를 얻어서 또는 성년이 된 후에</u> 추인할 수 있다. 추인권자와 취소권자는 동일하지만, 자격요건 등에서 차이를 보인다.

4 (유효로 확정되기 위한) 추인의 요건

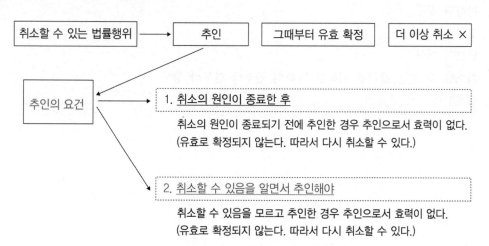

Chapter 05 권리변동 211

(1) 미성년자가 법정대리인의 동의 없이 미성년 상태에서(취소의 원인이 종료되기 전) 추인한 경우, 다시 추인의사표시를 취소할 수 있다.

(2) 법정대리인 또는 후견인은 취소의 원인과 관계없으므로, **취소원인이 종료되기 전이라도** 추인할 수 있다.

5 민법상 추인의 종류

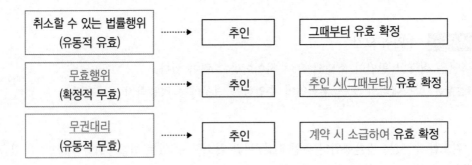

🗐 상대방 보호

> **제145조** **법정추인**

취소할 수 있는 법률행위에 관하여 전조의 규정에 의하여 추인할 수 있는 후에 다음 각 호의 사유가 있으면 추인한 것으로 본다. 그러나 이의를 보류한 때에는 그러하지 아니하다.
1. 전부나 일부의 이행
2. **이행의 청구**
3. 경개
4. 담보의 제공
5. **취소할 수 있는 행위로 취득한 권리의 전부나 일부의 양도**
6. 강제집행

PART · 01

1 법정추인의 의미

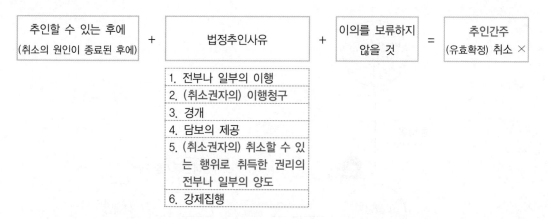

추인할 수 있는 후에 (취소의 원인이 종료된 후에)	+	법정추인사유	+	이의를 보류하지 않을 것	=	추인간주 (유효확정) 취소 ×

법정추인사유
1. 전부나 일부의 이행
2. (취소권자의) 이행청구
3. 경개
4. 담보의 제공
5. (취소권자의) 취소할 수 있는 행위로 취득한 권리의 전부나 일부의 양도
6. 강제집행

* <u>이행의 청구나 취소할 수 있는 행위로 취득한 권리의 전부나 일부의 양도는 취소권자에 해당하는 법정추인사유이</u>고, 상대방의 이행청구, 상대방의 권리의 전부나 일부의 양도는 법정추인사유에 해당하지 않는다.

2 '추인할 수 있는 후'의 의미

(1) 미성년자가 성년이 되거나, 법정대리인의 동의를 얻은 경우를 의미한다.

(2) 피성년후견인 또는 피한정후견인이 법원으로부터 심판종료를 받은 경우를 의미한다.

(3) 착오에 의한 의사표시를 한 자가 착오상태에서 벗어난 경우를 의미한다.

(4) 사기, 강박에 의한 의사표시를 한 자가 사기, 강박상태를 벗어난 경우를 의미한다.

3 법정추인으로 인정되면 유효로 확정되기에, 더 이상 취소할 수 없다.

다만 법정추인의 경우 취소할 수 있음을 알면서 할 필요는 없다는 점에서 취소할 수 있는 법률행위의 추인과는 다르다.

4 법정추인의 사례연습

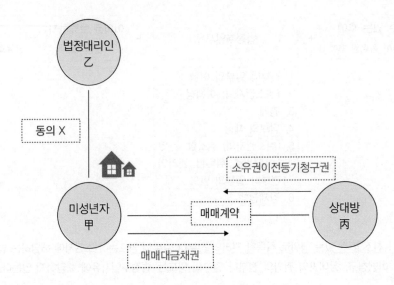

(1) 매매계약 후 미성년자가 법정대리인의 동의를 얻어서 또는 성년이 된 후 매매대금의 <u>이행을 청구</u>하면 법정추인에 해당하므로 더 이상 취소할 수 없다.

(2) 법정대리인이 매매계약 후 매수인(상대방)에게 매매대금의 <u>이행을 청구</u>하면 법정추인에 해당하므로 더 이상 취소할 수 없다.

(3) 그러나 상대방이 매매계약 후 법정대리인 또는 미성년자에게 <u>소유권이전등기청구권을 행사(=이행의 청구)</u>하더라도 법정추인에 해당하지 않으므로 미성년자는 취소할 수 있다.

(4) 미성년자가 성년이 된 후에 매매대금채권(= 취소할 수 있는 행위로 취득한 권리)을 양도하면 더 이상 취소할 수 없다.

(5) 상대방이 미성년자가 성년이 된 후에 소유권이전등기청구권(=취소할 수 있는 행위로 취득한 권리)를 양도하더라도 <u>법정추인에 해당하지 않으므로 취소할 수 있다.</u>

(6) 미성년자가 성년이 된 후에 성년이 된 미성년자가 소유권을 이전(=전부나 일부의 이행)하여 주면 또는 상대방이 매매대금을 전부 또는 일부를 지급(=전부나 일부의 이행)하면 법정추인에 해당하므로 더 이상 취소할 수 없다.

(7) 법정대리인(또는 미성년자)이 <u>이의를 보류하면서</u> 이행을 청구하면 법정추인사유에 해당하지 않으므로 취소할 수 있다.

📁 취소권의 소멸

> **제146조** **취소권의 소멸**
>
> 취소권은 추인할 수 있는 날로부터 3년 내에 법률행위를 한 날로부터 10년 내에 행사하여야 한다.

1 3년, 10년의 기산점

(1) 추인할 수 있는 날로부터 3년 내

추인할 수 있는 날의 의미는 취소의 원인이 종료된 날을 의미하므로 미성년자의 경우에는 성년이 된 날로부터 3년 내에 취소권을 행사하여야 한다.

(2) 법률행위를 한 날(매매계약을 한 날로부터) 10년 내

2 3년, 10년의 기간은 소멸시효기간이 아니라 제척기간이다.

(1) 3년, 10년 두 기간 중 어느 한가지든지 먼저 만료하는 것이 있으면 취소권은 소멸한다.

(2) 취소권의 행사기간은 <u>제척기간</u>이므로 제척기간이 도과하였는지 여부는 당사자의 주장에 관계없이 <u>법원이 당연히 조사하여 고려하여야</u> 할 사항이다.

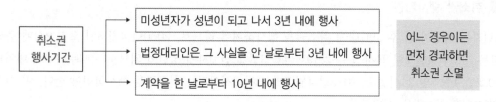

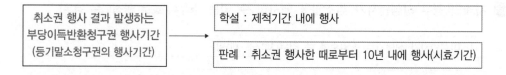

> 1. 미성년자 또는 친족회가 민법 제950조 제2항에 따라 제1항의 규정에 위반한 <u>법률행위를</u> <u>취소할 수 있는 권리는 형성권</u>으로서 민법 제146조에 규정된 취소권의 존속기간은 제척기간이라고 보아야 할 것이지만, <u>그 제척기간 내에 소를 제기하는 방법으로 권리를 재판상 행사하여야만 되는 것은 아니고, 재판 외에서 의사표시를 하는 방법으로도 권리를 행사할 수 있다</u>고 보아야 한다(대판 1993.7.27, 92다52795).

2. 환매권(일종의 형성권)의 행사로 발생한 소유권이전등기청구권은 위 기간 제한과는 별도로 환매권을 행사한 때로부터 일반채권과 같이 민법 제162조 소정의 10년의 소멸시효기간이 진행되는 것이지, <u>위 제척기간 내에 이를 행사하여야 하는 것은 아니다</u>(대판 1991.2.22, 90다13420).

3 미성년자의 법률행위의 사례연습

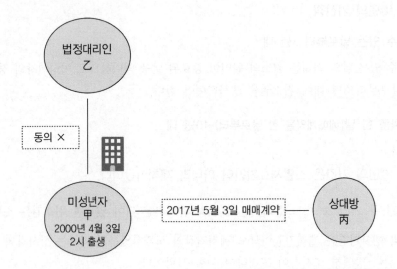

4 취소권 행사기간

미성년자는 성년이 된 후 3년 내에 취소권을 행사하여야 하므로, 2000년 4월 3일 오전 2시에 출생한 자는 <u>2019년 4월 2일 24시 또는 2019년 4월 3일 오전 0시에 성년이 되므로</u> 이때부터 3년 내이므로 2022년 4월 2일 24시 또는 2022년 4월 3일 오전 0시까지는 취소권을 행사하여야 한다. 이 기간이 경과하면 취소권은 소멸한다.

5 사례의 경우 미성년자가 취소권을 행사할 수 없는 경우(유효로 확정되는 경우)

(1) 미성년자가 성년자로 속임수를 쓴 경우(제17조 제1항)

(2) 미성년자가 법정대리인의 동의가 있다고 속임수를 쓴 경우(제17조 제2항)

(3) 미성년자가 성년이 된 후 또는 법정대리인의 동의를 얻어서 추인한 경우(제144조 제1항)

(4) 친권자 또는 법정대리인이 추인한 경우(제144조 제2항)

(5) 미성년자가 성년이 되어서 이행을 청구한 경우 등 법정추인에 해당하는 경우(제145조)

(6) 취소권 행사기간(3년, 10년)이 경과한 경우(제146조)

법률행위의 부관

1 의의

"부관"이란 법률행위의 효력의 발생 또는 소멸을 제한하기 위하여 법률행위에 부가된 약관을 의미한다.

(1) 부관은 <u>효력의 발생</u>, 소멸에 관한 것이지, <u>성립</u>에 관한 것은 아니다.

(2) 부관은 장래의 효력의 발생과 소멸에 관한 것이지, 현재의 사실이나 과거의 사실은 부관이 될 수 없다.

2 부관에 친하지 않은 법률행위(부관을 붙일 수 없는 법률행위)

(1) 신분행위

혼인, 약혼, 이혼, 입양, 상속의 포기 등의 신분행위에는 조건, 기한을 붙일 수 없다.

(2) 단독행위

① 원칙 : 단독행위에는 조건이나 기한을 붙일 수 없다(**상계는 조건이나 기한을 붙일 수 없다**).

② 예외

　㉠ <u>유증, 채무면제</u>에는 조건이나 기한을 붙일 수 있다(상대방에게 유리한 경우).

　㉡ 일부추인, 변경추인의 경우에는 상대방의 동의가 있다면 유효하다.

　㉢ <u>정지조건부 해제의 의사표시</u>는 유효하다.

　　– 이행지체에 빠진 상대방에 대하여 일정한 기간을 정하여 채무이행을 최고함과 동시에 그 기간 내에 이행이 없을 때에는 계약을 해제하겠다는 <u>정지조건부 해제의 의사표시</u>도 유효하다.

　　– 주의할 점은 원칙적으로 해제는 단독행위이므로 조건을 부가할 수 없다. 따라서 조건부 해제의사표시는 무효이다.

③ 어음, 수표행위에는 조건을 붙일 수 없다(조건부 어음은 무효이다).

그러나 어음, 수표행위에는 기한을 붙일 수 있다(기한부 어음은 유효이다).

그러나 어음보증에는 조건을 붙일 수 있다(조건부 어음보증은 유효이다).

④ 준법률행위(의사의 통지, 관념의 통지)에도 조건, 기한을 붙일 수 있다.

예를 들면 **채권양도를 승낙**함에는 조건을 붙일 수 있다. 그러나 **채권양도의 통지**에는 조건을 붙일 수 없다.

(3) 부관에 친하지 아니한 법률행위에 부관을 부가하면 부관뿐만 아니라 나머지 법률행위도 전부 무효이다.

예를 들면 신분행위에 조건을 붙인 경우 조건뿐만 아니라 신분행위도 전부 무효이다.

🗇 조건

1 조건의 의의

'조건'이란 법률행위의 효력(성립 ×)의 발생 또는 소멸을 '장래의 <u>불확실한(확실 ×) 사실</u>'의 성부(成否)에 의존하게 하는 법률행위의 부관을 의미한다.

2 조건이 되기 위한 요건

(1) 조건은 법률행위의 내용이므로 당사자가 <u>임의로 정한 것</u>이어야 한다. 그러므로 법률의 규정에 의한 법정조건은 조건이 아니다. 예를 들면 법인 설립행위에서의 주무관청의 허가, 토지거래허가구역 내의 토지매매계약에서 관할관청의 허가 등은 법정조건이므로 조건에 해당하지 않는다.

(2) 조건은 조건의사와 그 표시가 필요하며, 조건의사가 있더라도 그것이 <u>외부에 표시</u>되지 않으면 법률행위의 동기에 불과할 뿐, 그것만으로 법률행위의 부관으로서 조건이 되는 것은 아니다.

3 입증책임

> 1. 어느 법률행위에 <u>어떤 조건이 붙어 있었는지 아닌지</u>는 사실인정의 문제로서 그 조건의 존재를 주장하는 자가 이를 증명하여야 한다(대판 2011.8.25, 2008다47367).
> 2. 어떠한 법률행위가 조건의 성취 시 법률행위의 효력이 발생하는 소위 <u>정지조건부 법률행위에 해당한다는 사실</u>은 그 법률행위로 인한 법률효과의 발생을 저지하는 사유로서 <u>그 법률효과의 발생을 다투려는 자</u>에게 주장입증책임이 있다(대판 1993.9.28, 93다20832).
> 3. 정지조건부 법률행위에 있어서 <u>조건이 성취되었다는 사실</u>은 이에 의하여 권리를 취득하고자 하는 측에서 그 입증책임이 있다 할 것이다(대판 1983.4.12, 81다카692).

4 조건의 종류

(1) 정지조건과 해제조건

① 정지조건이란 조건의 성취에 의하여 법률행위의 효력이 발생하는 조건을 의미한다. 정지조건은 조건의 성취에 의하여 효력이 발생하므로, 조건이 성취되지 아니하면 그 법률행위 역시 무효로 확정된다.

② 해제조건이란 조건의 성취에 의하여 법률행위의 효력이 소멸하는 조건을 의미한다. 해제조건은 조건의 성취에 의하여 효력이 소멸하므로, 조건이 성취되지 아니하면 효력이 소멸하지 않는 것으로 확정된다.

(2) 수의조건과 비수의주조건

① 수의조건(당사자의 일방적 의사에 의존하는 조건)

　　㉠ 순수수의조건 : "내 마음에 내키면 내 자동차를 주겠다"처럼 조건의 성취가 전적으로 당사자의 일방적 의사에 의존하는 조건을 의미한다. 순수수의조건은 <u>무효</u>이다.

　　㉡ 단순수의조건 : "내가 강원도에 가면 오징어를 사다 주겠다"처럼 당사자 일방의 의사뿐만 아니라 다른 사실상태도 있어야만 하는 조건을 의미한다. 단순수의조건은 유효이다.

② 비수의조건(당사자의 일방적 의사에만 의존하지 않는 조건)

　　㉠ 우성조건 : "내일 눈이 오면"처럼 조건의 성취가 당사자의 의사와는 관계없이 우연히 성취될 수 있는 조건을 의미한다. 우성조건은 유효이다.

　　㉡ 혼성조건 : "내가 乙녀와 결혼하면"처럼 당사자의 의사뿐만 아니라 다른 자의 의사가 혼합되어야 성취될 수 있는 조건을 의미한다. 혼성조건은 유효이다.

---

1. 동산의 소유권유보부 매매

　　동산의 매매계약을 체결하면서, 매도인이 대금을 모두 지급받기 전에 목적물을 매수인에게 인도하지만 대금이 모두 지급될 때까지는 목적물의 소유권은 매도인에게 유보되며 대금이 모두 지급된 때에 그 소유권이 매수인에게 이전된다는 내용의 이른바 소유권유보의 특약을 한 경우 목적물의 소유권을 이전한다는 당사자 사이의 물권적 합의는 매매계약을 체결하고 목적물을 인도한 때 이미 성립하지만 대금이 모두 지급되는 것을 <u>정지조건</u>으로 하므로 목적물이 매수인에게 인도되었다고 하더라도 특별한 사정이 없는 한 매도인은 대금이 모두 지급될 때까지 매수인뿐만 아니라 제3자에 대하여도 유보된 목적물의 소유권을 주장할 수 있다(대판 1999.9.7, 99다30534).

2. 주택건설을 위한 토지매매에서 건축허가신청이 불허되면 이를 무효로 한다고 약정한 경우 <u>해제조건부</u> 매매계약에 해당한다(대판 1983.8.23, 83다카552).

3. 토지를 매매하면서 그 토지 중 공장부지 및 그 진입도로부지에 편입되지 아니할 부분토지를 매도인에게 원가로 반환한다는 약정은, 공장부지 및 진입도로로 사용되지 아니하기로 확정된 때에는 그 부분토지에 관한 매매는 해제되어 원상태로 돌아간다는 일종의 <u>해제조건부</u> 매매라고 봄이 상당하고, 조건부 환매계약이라고 볼 수 없다(대판 1981.6.9, 80다3195).

4. <u>약혼예물의 수수</u>는 약혼의 성립을 증명하고 혼인이 성립한 경우 당사자 내지 양가의 정리를 두텁게 할 목적으로 수수되는 것으로 <u>혼인의 불성립을 해제조건으로 하는</u> 증여와 유사한 성질을 가지므로 일단 부부관계가 성립하고 그 혼인이 상당기간 지속된 이상 후일 혼인이 해소되어도 그 반환을 구할 수는 없으므로 비록 혼인 파탄의 원인이 며느리에게 있더라도 혼인이 상당기간 계속된 이상 약혼예물의 소유권은 며느리에게 있다(대판 1996.5.14, 96다5506).

5. 제작물공급계약의 당사자들이 보수의 지급시기에 관하여 "<u>수급인이 공급한 목적물을 도급인이 검사하여 합격하면, 도급인은 수급인에게 그 보수를 지급한다.</u>"라는 내용으로 한 약정은 도급인의 수급인에 대한 보수지급의무와 동시이행관계에 있는 수급인의 목적물 인도의무를 확인한 것에 불과하므로 법률행위의 효력 발생을 장래의 불확실한 사실의 성부에 의존하게 하는 법률행위의 부관인 <u>조건에 해당하지 않을</u> 뿐만 아니라, 조건에 해당한다 하더라도 검사에의 합격 여부는 도급인의 일방적인 의사에만 의존하지 않고 그 목적물이 계약내용대로 제작된 것인지 여부에 따라 객관적으로 결정되므로 <u>순수수의조건에 해당하지 않는다</u>(대판 2006.10.13, 2004다21862).

(3) 가장조건

> **제151조**　불법조건, 기성조건
>
> ① 조건이 선량한 풍속 기타 사회질서에 위반한 것인 때에는 그 법률행위는 무효로 한다.
> ② 조건이 법률행위의 당시 이미 성취한 것인 경우에는 그 조건이 정지조건이면 조건 없는 법률행위로 하고 해제조건이면 그 법률행위는 무효로 한다.
> ③ 조건이 법률행위의 당시에 이미 성취할 수 없는 것인 경우에는 그 조건이 해제조건이면 조건 없는 법률행위로 하고 정지조건이면 그 법률행위는 무효로 한다.

① 법정조건

조건은 당사자가 임의로(알아서) 부가하여야 하므로, 법률에서 요구하는 법정조건은 조건이 아니다.

② 불법조건(不法條件)

㉠ 조건이 선량한 풍속 기타 사회질서에 반하는 조건을 말한다. 조건이 아니다.

㉡ 불법조건이 붙어 있는 법률행위는 조건만 무효가 되는 것이 아니라 법률행위 전부가 무효이다.

1. <u>부부생활의 종료를 해제조건으로 하는 증여</u>는 조건이 사회질서에 반하는 것으로 무효이므로 증여계약 자체가 무효이다(대판 1966.6.21, 66다530).
2. <u>명예훼손행위를 하지 않을 것</u>을 조건으로 하는 증여계약은 그 조건이 <u>불법조건</u>이므로 무효이다.
3. 매매계약에서 <u>매도인에게 부과될 공과금을 매수인이 책임진다</u>는 취지의 특약을 하였다 하더라도 이는 공과금이 부과되는 경우 그 부담을 누가 할 것인가에 관한 약정으로서 그 자체가 <u>불법조건이라고 할 수 없고</u> 이것만 가지고 사회질서에 반한다고 단정하기도 어렵다(대판 1993.5.25, 93다296).

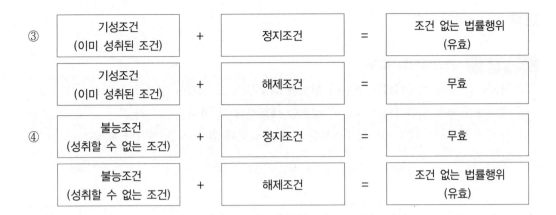

③	기성조건 (이미 성취된 조건)	+	정지조건	=	조건 없는 법률행위 (유효)
	기성조건 (이미 성취된 조건)	+	해제조건	=	무효
④	불능조건 (성취할 수 없는 조건)	+	정지조건	=	무효
	불능조건 (성취할 수 없는 조건)	+	해제조건	=	조건 없는 법률행위 (유효)

5 조건부 권리의 보호

제148조 조건부권리의 침해금지

조건 있는 법률행위의 당사자는 조건의 성부가 미정한 동안에 조건의 성취로 인하여 생길 상대방의 이익을 해하지 못한다.

제149조 조건부권리의 처분 등

조건의 성취가 미정한 권리의무는 일반규정에 의하여 **처분, 상속, 보존 또는 담보로 할 수 있다.**

제150조 조건성취, 불성취에 대한 반신의행위

① 조건의 성취로 인하여 불이익을 받을 당사자가 신의성실에 반하여 조건의 성취를 방해한 때에는 상대방은 그 조건이 성취한 것으로 주장할 수 있다.
② 조건의 성취로 인하여 이익을 받을 당사자가 신의성실에 반하여 조건을 성취시킨 때에는 상대방은 그 조건이 성취하지 아니한 것으로 주장할 수 있다.

---

1. 조건성취의 방해는 고의에 의한 경우만이 아니라 <u>과실에 의한 경우</u>에도 신의성실에 반하여 조건의 성취를 방해한 때에 해당한다(대판 1998.12.22, 98다42356).
2. 조건의 성취로 인하여 불이익을 받을 당사자가 신의성실에 반하여 조건의 성취를 방해한 경우 <u>조건이 성취된 것으로 의제되는 시점</u>은 이러한 신의성실에 반하는 행위가 없었더라면 조건이 <u>성취되었으리라고 추산되는 시점</u>이다(대판 1998.12.22, 98다42356).

6 조건성취의 효력

제147조   조건성취의 효과

① 정지조건 있는 법률행위는 **조건이 성취한 때로부터** 그 효력이 생긴다.
② 해제조건 있는 법률행위는 **조건이 성취한 때로부터** 그 효력을 잃는다.
③ 당사자가 조건성취의 효력을 그 **성취 전에 소급하게 할 의사를 표시한 때**에는 그 의사에 의한다.

1. 해제조건부 증여로 인한 부동산소유권이전등기를 마쳤다 하더라도 그 해제조건이 성취되면 그 소유권은 증여자에게 복귀한다고 할 것이고, 이 경우 당사자 간에 별단의 의사표시가 없는 한 그 조건성취의 효과는 소급하지 아니하나, 조건성취 전에 수증자가 한 처분행위는 조건성취의 효과를 제한하는 한도 내에서는 무효라고 할 것이고, 다만 그 조건이 등기되어 있지 않는 한 그 처분행위로 인하여 권리를 취득한 제3자에게 위 무효를 대항할 수 없다(대판 1992.5.22, 92다5584).

2. 합의 내용이 이행되지 않을 경우 합의를 무효로 하기로 한 경우 계약당사자가 부도가 난 후 상대방에게 합의서상의 채무를 이행할 수 없다고 통보하였다면, 그 계약당사자는 그 의사표시에 의하여 합의서상의 채무가 이행될 수 없음을 명백히 한 것이니, 이로써 '합의서 내용이 불이행된 때'라는 조건이 성취되었다고 한다(대판 1997.11.11, 96다36579).

3. 부부가 협의이혼을 전제로 재산분할을 약정한 경우 그 후 혼인관계가 존속하거나 재판상 이혼이 이루어진 때에는 그 협의는 조건의 불성취로 인하여 효력이 발생하지 않는다(대판 2003.8.19, 2001다14061).

기한

1 기한의 의의

"기한"이란 법률행위의 당사자가 그 법률행위의 효력의 발생이나 소멸 또는 채무의 이행을 장래 발생할 것이 '확실한 사실'에 의존하게 하는 법률행위의 부관을 말한다.

2 조건과 기한의 구별

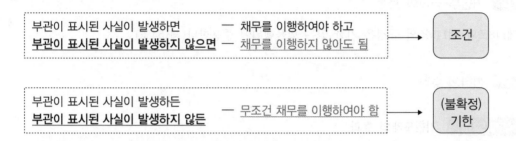

1. 기한과 조건의 구별방법

   부관이 붙은 법률행위에 있어서 부관에 표시된 사실이 발생하지 아니하면 채무를 이행하지 아니하여도 된다고 보는 것이 상당한 경우에는 조건으로 보아야 하고, 표시된 사실이 발생한 때에는 물론이고 반대로 발생하지 아니하는 것이 확정된 때에도 그 채무를 이행하여야 한다고 보는 것이 상당한 경우에는 표시된 사실의 발생 여부가 확정되는 것을 불확정기한으로 정한 것으로 보아야 한다(대판 2003.8.19, 2003다24215).

2. 임대차계약을 체결함에 있어서 임대기한을 '본 건 토지를 임차인에게 매도할 때까지'로 정하였다면 별다른 사정이 없는 한 그것은 도래할지의 여부가 불확실한 것이므로 기한을 정한 것이라고 볼 수 없고, 기간의 약정이 없는 것으로 보는 것이 상당하다(대판 1974.5.14, 73다631).

3. 중도금 지급기일을 '1층 골조공사 완료시'로 정한 것은 중도금 지급의무의 이행기를 장래 도래할 시기가 확정되지 아니한 때, 즉 불확정기한으로 이행기를 정한 경우에 해당한다(대판 2005.10.7, 2005다38546).

4. 당사자가 불확정한 사실이 발생한 때를 이행기한으로 정한 경우에 있어서 그 사실이 발생한 때는 물론 그 사실의 발생이 불가능하게 된 때에도 이행기한은 도래한 것으로 보아야 한다(대판 2002.3.29, 2001다41766).

3 기한의 종류

(1) 시기부 법률행위 – 내년 1월 1일부터 본 건물을 임대한다.

(2) 종기부 법률행위 – 올해 12월 31일까지 본 건물을 임대한다.

(3) 확정 기한 – 성년이 되면, 정년이 되면

(4) 불확정 기한 – 갑이 사망할 때, 우리집 개가 죽으면 등

4 기한부 권리의 보호

제148조와 제149조의 규정은 기한 있는 법률행위에 준용한다(제154조).

5 기한의 효력

> **제152조**　**기한도래의 효과**
> ① 시기 있는 법률행위는 **기한이 도래한 때로부터** 그 효력이 생긴다.
> ② 종기 있는 법률행위는 **기한이 도래한 때로부터** 그 효력을 잃는다.

기한에는 <u>항상 소급효가 없다</u>. 당사자의 특약에 의해서도 소급효를 인정할 수 없다.

6 기한의 이익

> **제153조**　**기한의 이익과 그 포기**
> ① **기한은 채무자의 이익을 위한 것으로 추정한다.**
> ② 기한의 이익은 이를 포기할 수 있다. 그러나 상대방의 이익을 해하지 못한다.

(1) 기한의 이익의 의의

'기한의 이익'이란 기한이 도래하지 않음으로써 당사자가 받는 이익을 말한다.

(2) 기한의 이익을 갖는 자

① <u>채권자만</u> 가지는 경우 : 무상임치에서 임치인

② <u>채무자만</u> 가지는 경우 : 무이자소비대차에서 채무자(차주), 사용대차에서 차주 등

③ 채권자 또는 채무자 <u>쌍방 모두</u> 가지는 경우 : 이자부소비대차에서 대주·차주, 임대차에서 임대인·임차인 등

④ 기한의 이익이 누구에게 있는지 <u>분명하지 않은 경우</u>에는 <u>채무자</u>의 이익을 위한 것으로 <u>추정</u>한다.

⑤ 사용대차에서 대주, 무상임치에서 수치인 등은 기한의 이익을 갖지 않는다.

(3) 기한이익의 포기

① 기한의 이익은 기한이 도래하기 전이라도 미리 포기할 수 있다(그러나 소멸시효는 미리 포기할 수 없음과 비교).

② 기한의 이익을 포기한 경우 상대방의 이익을 해하지 못하므로, 상대방의 손해를 배상하고 기한의 이익을 포기할 수 있다.

③ 기한의 이익을 포기하면 기한이 도래한다.

7 기한이익의 상실

(1) '기한이익의 상실'이란 채권자가 채무자를 신뢰하여 기한의 유예를 주었으나, 채무자가 채권자의 신뢰에 반하는 행위를 하였을 때에는 기한의 이익을 상실하게 하여 채권자를 보호하는 것을 말한다.

(2) 기한이익상실의 사유

> **제388조** **기한의 이익의 상실**
> 채무자는 다음 각 호의 경우에는 기한의 이익을 주장하지 못한다.
> 1. 채무자가 담보를 손상·감소 또는 멸실하게 한 때
> 2. 채무자가 담보제공의 의무를 이행하지 아니한 때

> **채무자 회생 및 파산에 관한 법률 제425조** **기한부 채권의 변제기도래**
> 기한부 채권은 파산선고 시에 변제기에 이른 것으로 본다.

```
채무자가 담보를 손상, 감소 또는 멸실하게 한 때    →   채무자는 기한의 이익을 주장하지 못한다. (O)
                                                    채무자는 기한의 이익을 상실한다. (O)
채무자가 담보제공의 의무를 이행하지 아니한 때          채권자는 즉시 이행을 청구할 수 있다. (O)
                                                    채권자는 이행기에 이행을 청구할 수 있다. (O)
```

(3) 기한이익상실의 특약

정지조건부 기한이익상실의 특약	기한이익상실사유가 발생함과 동시에 <u>채권자의 의사표시가 없더라도</u> 조건의 성취와 함께 기한의 이익을 상실하여 이행기가 도래하는 경우
형성권적 기한이익상실의 특약	기한이익상실사유가 발생한 후 채권자의 의사표시가 없다면 이행기가 도래하지 않고, <u>채권자의 통지나 청구 등 채권자의 의사표시가 있어야</u> 이행기가 도래하는 경우

1. [1] 기한이익상실의 특약이 위의 양자 중 어느 것에 해당하느냐는 당사자의 의사해석의 문제이지만 일반적으로 기한이익상실의 특약이 채권자를 위하여 둔 것인 점에 비추어 <u>명백히 정지조건부 기한이익상실의 특약이라고 볼 만한 특별한 사정이 없는 이상 형성권적 기한이익상실의 특약으로 추정하는 것이 타당하다.</u>
   [2] <u>형성권적 기한이익상실의 특약이 있는 경우에는 그 특약은 채권자의 이익을 위한 것이다</u>(대판 2002.9.4, 2002다28340).
2. 매매계약에 있어 매수인이 중도금을 약정한 일자에 지급하지 아니하면 그 계약을 무효로 한다고 하는 특약이 있는 경우 매수인이 약정한 대로 중도금을 지급하지 아니하면 그 불이행 자체로써 계약은 <u>그 일자에 자동적으로 해제된 것</u>이라고 보아야 한다(대판 1988.12.20, 88다카132).

CHAPTER 06 기간

기간

1 기간의 특징

(1) 기간은 법률사실이다(법률요건 ×).

(2) 기간에 관한 민법의 규정은 <u>임의규정</u>이다. 따라서 당사자의 약정으로 얼마든지 달리 정할 수 있다.

(3) 기간에 관한 규정은 <u>사법관계뿐만 아니라 공법관계에도 적용</u>된다.

(4) 민법의 기간계산에 관한 규정은 기산일로부터 <u>소급하여 역산</u>하는 경우에도 유추적용된다 (**예** 사원총회 소집).

2 민법의 규정

제155조 본장의 적용범위

기간의 계산은 법령, 재판상의 처분 또는 **법률행위에 다른 정한 바가 없으면** 본장의 규정에 의한다.

제156조 기간의 기산점

기간을 시, 분, 초로 정한 때에는 **즉시로부터** 기산한다.

제157조 기간의 기산점

기간을 일, 주, 월 또는 연으로 정한 때에는 **기간의 초일은 산입하지 아니한다**. 그러나 그 기간이 오전 영시로부터 시작하는 때에는 그러하지 아니하다.

제158조 나이의 계산과 표시

나이는 출생일을 산입하여 만(滿) 나이로 계산하고, 연수(年數)로 표시한다. 다만, 1세에 이르지 아니한 경우에는 월수(月數)로 표시할 수 있다.
[전문개정 2022.12.27.]
[시행일: 2023.6.28.]

제159조　기간의 만료점

기간을 일, 주, 월 또는 연으로 정한 때에는 기간말일의 종료로 기간이 만료한다.

제160조　역에 의한 계산

① 기간을 주, 월 또는 연으로 정한 때에는 역에 의하여 계산한다.
② 주, 월 또는 연의 처음으로부터 기간을 기산하지 아니하는 때에는 최후의 주, 월 또는 연에서 **그 기산일에 해당한 날의 전일로 기간이 만료한다.**
③ 월 또는 연으로 정한 경우에 최종의 월에 해당일이 없는 때에는 그 월의 말일로 기간이 만료한다.

제161조　공휴일 등과 기간의 만료점

기간의 말일이 **토요일 또는 공휴일에 해당한 때**에는 기간은 그 익일로 만료한다.

3 기간의 계산방법

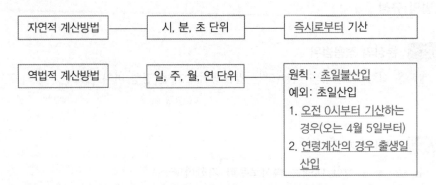

1. 민법 제157조는 "기간을 일, 주, 월 또는 연으로 정한 때에는 기간의 초일은 산입하지 아니한다."라고 규정하여 초일불산입을 원칙으로 정하고 있으나, 민법 제155조에 의하면 법령이나 <u>법률행위</u> 등에 의하여 위 원칙과 달리 정하는 것도 가능하다(대판 2007.8.23, 2006다62942).
2. "정년이 53세라 함은 <u>만 53세에 달하는 날</u>을 말하는 것이지 만 53세가 만료되는 날을 의미하지 않는다."라고 한다(대판 1973.6.12, 71다2669).
3. 여기서 말하는 '정년'은 실제의 생년월일을 기준으로 산정하여야 한다(대판 2017.3.9, 2016다249236).
4. 근로기준법 제19조 제1항 소정의 평균임금을 산정하여야 할 사유가 발생한 날 이전 3월간의 기산에 있어서 <u>사유발생한 날인 초일은 산입하지 않아야</u> 한다(대판 1989.4.11, 87다카2901).
5. <u>기간의 초일이 공휴일이라 하더라도 기간은 초일부터 기산한다</u>(대판 1982.2.23, 81누204).

CHAPTER 07 소멸시효

소멸시효 서론

1 시효의 법적 성질

(1) (취득, 소멸)시효는 법률요건이다.

(2) 재산권에 대해서만 적용되고, 비재산권은 시효의 대상이 아니다. 즉 인격권, 신분권 등은 소멸시효, 취득시효의 대상이 아니다. 또한 형성권도 시효의 대상이 아니다.

2 시효제도의 존재이유

(1) 법적 안정성의 확보

(2) 입증책임의 구제(증거보전의 곤란구제)

(3) 권리불행사에 대한 제재

> 시효제도의 존재이유는 영속된 사실상태를 존중하고 권리 위에 잠자는 자를 보호하지 않는다는 데에 있고, 특히 소멸시효에 있어서는 후자의 의미가 강하다(대판 1992.3.31, 91다32053).

3 소멸시효의 요건

(1) 권리가 소멸시효의 대상이 될 것

(2) 권리의 불행사

(3) 시효기간의 경과

4 소멸시효의 대상이 되는 권리와 걸리지 않는 권리

소멸시효의 대상인 권리	소멸시효에 걸리지 않는 권리
1. 채권 – 10년, 3년, 1년 등 2. 채권적 청구권 – 10년, 3년, 1년 등 3. 용익물권(지상권, 지역권) – 20년 4. 공법상 권리 – 5년	1. **소유권** – 소멸시효 × 2. **소유권에 기한 물권적 청구권** – 소멸시효 × 3. **형성권** – 제척기간의 적용 ○ , 소멸시효 × 4. **점유권과 유치권** – 소멸시효 × 5. **상린권과 공유물분할청구권** – 소멸시효 × 6. **담보물권** – 소멸시효 × 7. **비재산권(신분권, 인격권 등)** – 소멸시효 × 8. **항변권** – 소멸시효 × 9. **법률관계의 무효확인 등** – 소멸시효 ×

🗔 소멸시효 대상

1 소멸시효의 대상인 권리(소멸시효의 대상적격)

> **제162조** **채권, 재산권의 소멸시효**
>
> ① 채권은 **10년**간 행사하지 아니하면 소멸시효가 완성한다.
> ② 채권 및 소유권 이외의 **재산권**은 20년간 행사하지 아니하면 소멸시효가 완성한다.

(1) 채권은 10년의 소멸시효에 걸린다. 다만 1년, 3년의 단기소멸시효에 걸리는 채권도 있다. 채권에서 파생하는 채권적 청구권도 소멸시효에 걸린다.

(2) 소유권 이외의 재산권(지상권, 지역권)은 20년의 소멸시효에 걸린다.

(3) 공법상의 권리도 원칙적으로 5년의 소멸시효에 걸린다.

(4) 비재산권인 가족권, 인격권 등은 소멸시효에 걸리지 않는다.

(5) 소유권은 항구성을 가지므로 소멸시효에 걸리지 않는다. 다만 소유권은 취득시효의 대상은 된다.

(6) 소유권에 기한 물권적 청구권 역시 소멸시효에 걸리지 않는다.

(7) 형성권의 행사기간은 제척기간이므로, 형성권 역시 소멸시효에 걸리지 않는다.

(8) 점유권과 유치권은 점유를 본체로 하기에, 점유(지배)를 상실하면 바로 소멸하는 권리이므로 소멸시효에 걸리지 않는다.

(9) 상린권은 독립한 물권이 아니고 소유권에 수반하는 권리이므로 소유권과 독립하여 소멸시효에 걸리지 않는다.

(10) 공유물분할청구권은 공유관계에서 수반되는 형성권이므로 공유관계가 존속하는 한 그 공유물분할청구권만 독립하여 시효로 소멸할 수 없다.

(11) 담보물권은 종된 권리로서 피담보채권이 존재하는 한 담보물권만 시효로 인하여 소멸하지 않는다.

(12) 근저당권설정 약정에 의한 근저당권설정등기청구권이 그 피담보채권이 될 채권과 별개로 소멸시효에 걸린다.

2 등기청구권

(1) 등기청구권은 원칙적으로 채권적 청구권이므로 10년의 소멸시효에 걸린다.

(2) 예외적으로 등기청구권이 물권적 청구권에 해당하면 소멸시효에 걸리지 않는다.

---

1. **법률행위에 의한 등기청구권(채권적 청구권)**
   ① 채권에 기한 등기청구권(채권적 청구권)은 원칙적으로 10년의 소멸시효에 걸린다. 예를 들면, 甲의 토지를 매수한 乙은 甲에 대하여 10년간 등기청구권을 행사하지 않으면 그 등기청구권은 시효로 인하여 소멸한다.
   ② 부동산 매수인이 그 목적물을 인도받아서 이를 사용·수익하고 있는 경우에는 그 매수인을 권리 위에 잠자는 것으로 볼 수도 없고, 그 매수인의 등기청구권은 다른 채권과는 달리 소멸시효에 걸리지 않는다고 해석함이 타당하다(대판 1976.11.6, 76다148 전합).
   ③ 부동산의 매수인이 그 부동산을 인도받은 이상 이를 사용·수익하다가 그 부동산에 대한 보다 적극적인 권리행사의 일환으로 다른 사람에게 그 부동산을 처분하고 그 점유를 승계하여 준 경우에도 이전등기청구권의 소멸시효는 진행되지 않는다고 보아야 한다(대판 1999.3.18, 98다32175 전합).

2. **점유자의 시효완성으로 인한 등기청구권(채권적 청구권)**
   ① 원칙적으로 점유자의 시효완성으로 인한 등기청구권은 채권적 청구권이다.
   ② 취득시효완성을 원인으로 한 소유권이전등기청구권에 대하여는 점유자가 그 점유를 계속하는 동안 소멸시효가 진행되지 않는 것이고, 또 일단 취득시효기간의 만료로 점유자가 소유권이전등기청구권을 취득한 이상 그 후 부동산에 대한 점유가 중단되더라도 이를 시효이익의 포기로 볼 수 있는 경우가 아닌 한 이미 취득한 소유권이전등기청구권이 소멸되는 것은 아니다(대판 1990.11.13, 90다카25352).
   ③ 취득시효가 완성된 점유자가 점유를 상실한 경우 취득시효완성으로 인한 소유권이전등기청구권은 그 점유자가 그 점유를 상실한 때로부터 10년간 등기청구권을 행사하지 아니하면 소멸시효가 완성한다(대판 1996.3.8, 95다34866).

3. 명의신탁 해제로 인한 등기청구권(물권적 청구권)

부동산의 소유자 명의를 신탁한 자는 특별한 사정이 없는 한 언제든지 명의신탁을 해지하고 소유권에 기하여 신탁해지를 원인으로 한 소유권이전등기절차의 이행을 청구할 수 있는 것으로서, 이와 같은 등기청구권은 소멸시효의 대상이 되지 않는다(대판 1991.11.6, 91다34387).

4. 합의해제시 등기청구권(물권적 청구권)

부동산 매매계약이 합의해제된 경우에 매수인에게 이전되었던 소유권은 당연히 매도인에게 복귀하는 것이므로 합의해제에 따른 매도인의 원상회복청구권은 소유권에 기한 물권적 청구권이라고 할 것이고, 이는 소멸시효의 대상이 되지 않는다(대판 1982.7.27, 80다2968).

5. 진정한 등기명의회복을 위한 소유권이전등기청구권(= 소유권에 기한 물권적 청구권)

진정한 등기명의회복을 위한 소유권이전등기청구권은 소멸시효의 대상이 아니다(대판 1993.8.24, 92다43975).

6. 채권담보의 목적으로 이루어지는 부동산 양도담보의 경우에 있어서 피담보채무가 변제된 이후에 양도담보권설정자가 행사하는 등기청구권은 양도담보권설정자의 실질적 소유권에 기한 물권적 청구권이므로 따로이 시효소멸되지 아니한다(대판 1979.2.13, 78다2412).

* 등기청구권(법률행위에 의한 채권적 청구권인 등기청구권)

1. 원칙

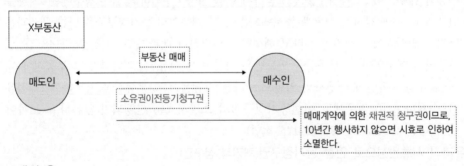

2. 예외 ①

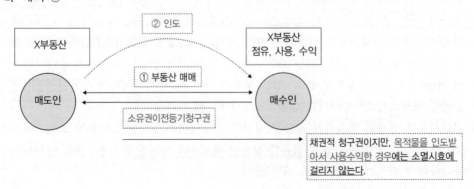

3. 예외 ②

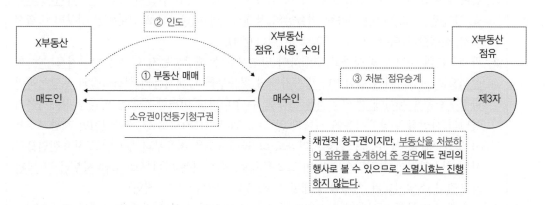

🗂 소멸시효 기산점

제166조 **소멸시효의 기산점**

① 소멸시효는 **권리를 행사할 수 있는 때**로부터 진행한다.
② 부작위를 목적으로 하는 채권의 소멸시효는 **위반행위를 한 때로부터 진행**한다.

1 법률상의 장애사유가 있으면(권리를 행사할 수 없으므로) 소멸시효가 진행하지 않는다.

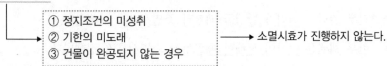

2 사실상의 장애사유는 있더라도 소멸시효가 진행한다.
즉 사실상의 장애사유는 소멸시효의 진행에 영향을 미치지 아니한다.

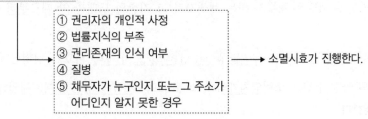

1. 건물에 관한 소유권이전등기청구권에 있어서 그 목적물인 건물이 완공되지 아니하여 이를 행사할 수 없었다는 사유는 법률상의 장애사유에 해당하므로 건물완공 시부터 소멸시효가 진행한다(대판 2007.8.23, 2007다28024).

2. 과세처분의 하자가 중대하고 명백하여 당연무효에 해당하는지 여부를 당사자로서는 현실적으로 판단하기 어렵다거나 당사자에게 처음부터 과세처분의 취소소송과 부당이득반환청구소송을 동시에 제기할 것을 기대할 수 없더라도 이러한 사유는 법률상 장애사유가 아니라 사실상의 장애사유에 지나지 않으며, 과세처분의 취소를 구하였지만 재판과정에서 그 과세처분이 무효로 밝혀지더라도 그 과세처분은 처음부터 무효이고 무효선언으로서의 취소판결이 확정됨으로써 비로소 무효로 되는 것은 아니므로 오납 시부터 그 반환청구권의 소멸시효가 진행한다(대판 1992.3.31, 91다32053 전합).

3. 본래의 소멸시효 기산일과 당사자가 주장하는 기산일이 서로 다른 경우에는 변론주의의 원칙상 법원은 당사자가 주장하는 기산일을 기준으로 소멸시효를 계산하여야 하는데, 이는 당사자가 본래의 기산일보다 뒤의 날짜를 기산일로 하여 주장하는 경우는 물론이고 특별한 사정이 없는 한 그 반대의 경우에 있어서도 마찬가지이다(대판 1995.8.25, 94다35886).

3 소멸시효의 개별적 기산점

소멸시효는 권리가 발생한 때(성립한 때)가 아니라 권리를 행사할 수 있는 때부터 진행한다. 즉 권리가 발생한 때와 권리를 행사할 수 있는 때가 같을 때도 있지만 다를 수도 있음을 주의하여야 한다.

(1) 정지조건부 권리는 조건이 성취된 때로부터(권리를 행사할 수 있으므로) 시효가 진행한다.

(2) 해제조건부 권리는 권리가 발생한 때부터 소멸시효가 진행한다.

(3) 확정기한부 채권은 기한이 도래한 때로부터 소멸시효가 진행한다.

(4) 불확정기한부 채권은 객관적으로 기한이 도래한 때로부터 시효가 진행한다.

　* 불확정기한부 채권은 채무자 또는 채권자가 그 기한의 도래를 안 때로부터 시효가 진행한다(×)

　* 불확정기한부 채권은 채무자 또는 채권자가 그 기한의 도래를 안 때로부터 이행지체가 진행한다(O)

(5) 기한의 정함이 없는 채권은 채권발생 시(=권리발생 시)부터 시효가 진행한다.

(6) 반환시기의 약정이 없는 소비임치계약의 소멸시효는 계약이 성립한 때(=채권발생 시)로부터 시효가 진행한다.

(7) 반환시기의 약정이 없는 <u>소비대차계약</u>의 소멸시효는 <u>최고 후 상당기간 경과 후로부터</u> 시효가 진행한다.

(8) 채무자가 소멸시효 완성 후에 채권자에 대하여 채무를 승인함으로써 그 시효의 이익을 포기한 경우에는 <u>그때부터</u> 새로이 소멸시효가 진행한다(<u>시효가 완성한 때부터</u> 진행한다 ×)

(9) 채권의 소멸시효는 이행기가 도래한 때로부터 진행되지만 이행기일이 도래한 후에 채권자가 채무자에 대하여 <u>기한을 유예한 경우</u>에는 유예시까지 진행된 시효는 포기한 것으로 <u>유예한 이행기일부터</u> 다시 시효가 진행한다.

(10) 부당이득반환청구권은 그 성립과 동시에 행사할 수 있으므로 <u>성립 시부터</u> 소멸시효가 진행한다.

(11) 동시이행의 항변권이 붙어 있는 채권의 소멸시효의 기산점

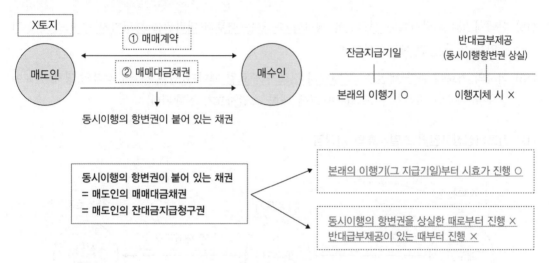

* 동시이행의 항변권을 행사하더라도 소멸시효는 진행한다.

(12) 채무불이행으로 인한 손해배상청구권의 소멸시효의 기산점

채무불이행(이행불능)으로 인한 손해배상청구권 = 매매로 인한 부동산소유권이전채무가 이행불능됨으로써 매수인이 매도인에 대하여 갖게 되는 손해배상채권	채권성립 시(계약체결일)로부터 시효가 진행 ×
	채무불이행 시(이행불능 시)부터 시효가 진행 ○

(13) 불법행위에 의한 손해배상청구권의 소멸시효의 기산점

불법행위에 의한 손해배상청구권	3년(단기시효기간) : 그 손해 및 가해자를 안 날로부터 진행
	10년(장기시효기간) : 불법행위를 한 날로부터 진행

① 불법행위가 계속하여 이루어지고 그로 인하여 손해도 계속 발생하여 나날이 새로운 불법행위에 기한 손해가 발생하는 경우 나날이 발생한 새로운 각 손해를 안 날로부터 별개의 소멸시효가 진행한다.

② 10년의 기산점은 불법행위를 한 날인데, 판례에 의하면 불법행위를 한 날이라 함은 가해행위로 현실적으로 손해의 결과가 발생한 날이라고 한다.

③ 불법행위의 피해자가 미성년자로 행위능력이 제한된 자의 경우에는 다른 특별한 사정이 없는 한 그 법정대리인이 손해 및 가해자를 알아야 소멸시효가 진행한다.

(14) 공동불법행위자 중 1인의 다른 공동불법행위자에 대한 구상금채권은 <u>구상권자가 현실로 피해자에게 손해금을 지급한 때</u>(공동면책행위를 한 때 ○, 불법행위를 한 때 ×)로 시효가 진행한다.

(15) 선택채권의 소멸시효는 <u>선택권을 행사할 수 있는 때부터</u>(대리권을 증명하지 못하고, 본인의 추인을 얻지 못한 때) 진행한다.

(16) 의사의 치료에 관한 채권은 <u>그 개개의 진료가 종료될 때마다</u>(퇴원 시 ×) 각각의 당해 진료에 필요한 비용의 이행기가 도래하여 그에 대한 소멸시효가 진행된다.

(17) **전보배상청구권의 소멸시효의 기산점**

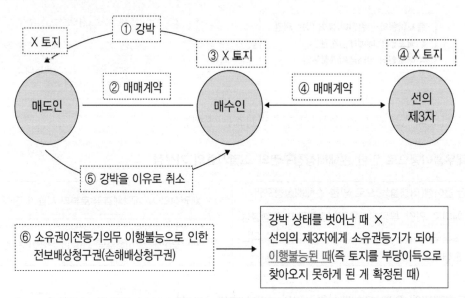

* 소유권이전등기의무의 이행불능으로 인한 전보배상청구권의 소멸시효는 이전등기의무가 이행불능 상태에 돌아간 때로부터 진행된다. (○)

(18) 형성권적 기한이익 상실의 특약이 있는 경우의 할부채무는 1회의 채무불이행이 있으면 <u>각 할부금에 대해 그 각 변제기의 도래 시마다 그때부터 순차로</u> 소멸시효가 진행하고, 채권자가 특

히 잔존채무 전액의 변제를 구하는 취지의 <u>의사를 표시한 경우에 한하여</u> 전액에 대하여 그때부터 소멸시효가 진행한다.

(19) 부작위를 목적으로 하는 채권의 소멸시효는 <u>위반행위를 한 때로부터</u> 시효가 진행한다.

(20) 면책적 채무인수가 있는 경우 인수채무의 소멸시효기간은 채무인수와 동시에 이루어진 소멸시효 중단사유, 즉 채무승인에 따라 <u>채무인수일로부터</u> 새로이 진행한다.

(21) 중첩적 채무인수라 함은 제3자인 인수인이 종래의 채무자와 함께 동일한 내용의 채무를 부담하는 것을 목적으로 하는 계약으로서, 중첩적 채무인수로 인하여 인수인은 새로이 당사자로서 기존의 채무관계에 들어가 기존채무와 동일한 내용의 채무를 부담하게 된다. 이와 같이 중첩적 채무인수에 의하여 인수되는 채무는 기존채무와 내용이 동일하고 인수행위로 인하여 그 채무의 성질 등이 변하는 것은 아니므로, 인수인이 부담하는 인수채무에 대해서는 기존채무와 동일한 소멸시효기간이 적용된다(대판 2021.9.30, 2019다209345).

(22) <u>매도인에 대한 하자담보에 기한 손해배상청구권</u>에 대하여는 민법 제582조의 제척기간이 적용되고, 이는 법률관계의 조속한 안정을 도모하고자 하는 데에 취지가 있다. 그런데 하자담보에 기한 매수인의 손해배상청구권은 권리의 내용·성질 및 취지에 비추어 민법 제162조 제1항의 채권 소멸시효의 규정이 적용되고, 민법 제582조의 제척기간 규정으로 인하여 소멸시효 규정의 적용이 배제된다고 볼 수 없으며, 이때 다른 특별한 사정이 없는 한 무엇보다도 매수인이 <u>매매 목적물을 인도받은 때부터</u> 소멸시효가 진행한다고 해석함이 타당하다(대판 2011.10.13, 2011다10266).

(23) 기한이 있는 채권의 소멸시효는 이행기가 도래한 때부터 진행하지만, 이행기가 도래한 후 채권자와 채무자가 기한을 유예하기로 합의한 경우에는 유예된 때로 이행기가 변경되어 소멸시효는 변경된 이행기가 도래한 때부터 다시 진행한다(대판 2017.4.13, 2016다274904).

(24) 보험금청구권의 소멸시효 기산점은 특별한 사정이 없는 한 보험사고가 발생한 때이다(대판 2015.3.26, 2012다25432).

🗂 단기의 소멸시효

제163조　3년의 단기소멸시효

다음 각 호의 채권은 **3년간** 행사하지 아니하면 소멸시효가 완성한다.

1. 이자, 부양료, 급료, 사용료 기타 **1년 이내의 기간으로 정한** 금전 또는 물건의 지급을 목적으로 한 채권
2. 의사, 조산사, 간호사 및 약사의 치료, 근로 및 조제에 관한 채권
3. 도급받은 자, 기사 기타 공사의 설계 또는 감독에 종사하는 자의 공사에 관한 채권
4. 변호사, 변리사, 공증인, 공인회계사 및 법무사에 대한 직무상 보관한 서류의 반환을 청구하는 채권
5. 변호사, 변리사, 공증인, 공인회계사 및 법무사의 직무에 관한 채권
6. **생산자 및 상인이 판매한 생산물 및 상품의 대가**
7. 수공업자 및 제조자의 업무에 관한 채권

제164조　1년의 단기소멸시효

다음 각 호의 채권은 **1년간** 행사하지 아니하면 소멸시효가 완성한다.

1. 여관, **음식점**, 대석, 오락장의 숙박료, 음식료, 대석료, 입장료, 소비물의 대가 및 체당금의 채권
2. 의복, 침구, 장구 기타 **동산의 사용료의 채권**
3. 노역인, 연예인의 임금 및 그에 공급한 물건의 대금채권
4. 학생 및 수업자의 교육, 의식 및 유숙에 관한 교주, 숙주, 교사의 채권

제165조　판결 등에 의하여 확정된 채권의 소멸시효

① 판결에 의하여 확정된 채권은 **단기의 소멸시효에 해당한 것이라도 그 소멸시효는 10년으로 한다.**
② 파산절차에 의하여 확정된 채권 및 재판상의 화해, 조정 기타 판결과 동일한 효력이 있는 것에 의하여 확정된 채권도 전항과 같다.
③ 전2항의 규정은 판결확정당시에 변제기가 도래하지 아니한 채권에 적용하지 아니한다.

1. 민법 제163조 제1호에서 3년의 단기소멸시효에 걸리는 것으로 규정한 <u>1년 이내의 기간으로 정한 채권</u>이란 1년 이내의 정기로 지급되는 채권을 말하는 것으로서 1개월 단위로 지급되는 <u>집합건물의 관리비채권</u>은 이에 해당한다고 할 것이다(대판 2007.2.22, 2005다65821).

2. 금전채무의 이행지체로 인하여 발생하는 <u>지연손해금</u>은 그 성질이 손해배상금이지 이자가 아니며, 민법 제163조 제1호가 규정한 '1년 이내의 기간으로 정한 채권'도 아니므로 3년간의 단기소멸시효의 대상이 되지 아니한다(대판 1998.11.10, 98다42141).

3. 보험계약자가 다수의 계약을 통하여 보험금을 부정 취득할 목적으로 보험계약을 체결하여 그것이 민법 제103조에 따라 선량한 풍속 기타 사회질서에 반하여 무효인 경우 보험자의 보험금에 대한 부당이득반환청구권은 상법 제64조를 유추적용하여 5년의 상사 소멸시효기간이 적용된다(대판 2021.7.22, 2019다277812 전합).

4. 세무사를 상법 제4조 또는 제5조 제1항이 규정하는 상인이라고 볼 수 없고, 세무사의 직무에 관한 채권이 상사채권에 해당한다고 볼 수 없으므로, 세무사의 직무에 관한 채권에 대하여는 민법 제162조 제1항에 따라 10년의 소멸시효가 적용된다(대판 2022.8.25, 2021다311111).

5. <u>어떤 권리의 소멸시효기간</u>이 얼마나 되는지에 관한 주장은 단순한 법률상의 주장에 불과하므로 변론주의의 적용대상이 되지 않고 <u>법원이 직권</u>으로 판단할 수 있다(대판 2013.2.15, 2012다68217).

6. 당사자가 민법에 따른 소멸시효기간을 주장한 경우에도 법원은 직권으로 상법에 따른 소멸시효기간을 적용할 수 있다(대판 2017.3.22, 2016다258124).

7. 민법 제165조의 규정은 단기의 소멸시효에 걸리는 것이라도 확정판결을 받은 권리의 소멸시효는 10년으로 한다는 뜻일 뿐 10년보다 장기의 소멸시효를 10년으로 단축한다는 의미도 아니고 본래 소멸시효의 대상이 아닌 권리가 확정판결을 받음으로써 10년의 소멸시효에 걸린다는 뜻도 아니다(대판 1981.3.24, 80다1888).

8. 채권자와 주채무자 사이의 확정판결에 의하여 주채무가 확정되어 그 소멸시효기간이 10년으로 연장되었다 할지라도 그 보증채무까지 당연히 단기소멸시효의 적용이 배제되어 10년의 소멸시효기간이 적용되는 것은 아니고, <u>채권자와 연대보증인 사이에 있어서 연대보증채무의 소멸시효기간은 여전히 종전의 소멸시효기간에 따른다</u>(대판 2006.8.24, 2004다26287).

9. 보증채무는 주채무와는 별개의 독립한 채무이므로 <u>보증채무와 주채무의 소멸시효기간은 채무의 성질에 따라 각각 별개로 정해진다.</u> 그리고 주채무자에 대한 확정판결에 의하여 민법 제163조 각 호의 단기소멸시효에 해당하는 주채무의 소멸시효기간이 10년으로 연장된 상태에서 주채무를 보증한 경우, 특별한 사정이 없는 한 보증채무에 대하여는 민법 제163조 각 호의 단기소멸시효가 적용될 여지가 없고, 성질에 따라 보증인에 대한 채권

이 민사채권인 경우에는 10년, 상사채권인 경우에는 5년의 소멸시효기간이 적용된다(대판 2014.6.12, 2011다76105).

10. 일정한 채권의 소멸시효기간에 관하여 이를 특별히 <u>1년의 단기로 정하는 민법 제164조</u>는 그 각 호에서 개별적으로 정하여진 채권의 채권자가 그 채권의 발생원인이 된 계약에 기하여 <u>상대방에 대하여 부담하는 반대채무에 대하여는 적용되지 아니한다</u>. 따라서 그 채권의 상대방이 그 계약에 기하여 가지는 반대채권은 원칙으로 돌아가, 다른 특별한 사정이 없는 한 민법 제162조 제1항에서 정하는 10년의 일반소멸시효기간의 적용을 받는다(대판 2013.11.14, 2013다65178).

소멸시효의 중단

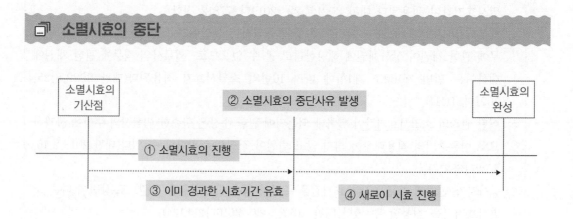

1 "소멸시효의 중단(中斷)"이란 소멸시효가 진행하는 도중에 권리의 불행사라는 지속적인 사실상태와 조화될 수 없는 사정이 발생한 경우에, 그 사실상태를 존중할 필요가 없어져서 이리 진행된 시효기간은 무의미하게 되고, 그 효력을 상실하게 하는 제도를 의미한다.

2 소멸시효가 중단되면, 이미 경과한 시효기간은 소멸하고, 중단 이후에 다시 소멸시효를 진행하게 하는 제도이다.

3 소멸시효 중단사유

제168조   소멸시효의 중단사유

소멸시효는 다음 각 호의 사유로 인하여 중단된다.

1. 청구
2. 압류 또는 가압류, 가처분
3. 승인

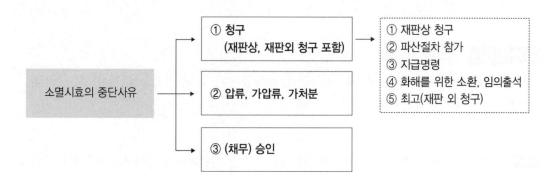

청구[請求]

제170조   재판상의 청구와 시효중단

① 재판상의 청구는 소송의 각하, 기각 또는 취하의 경우에는 시효중단의 효력이 없다.
② 전항의 경우에 6월 내에 재판상의 청구, 파산절차참가, 압류 또는 가압류, 가처분을 한 때에는 시효는 **최초의 재판상 청구로 인하여 중단된 것으로 본다.**

제171조   파산절차참가와 시효중단

파산절차참가는 채권자가 이를 **취소하거나 그 청구가 각하된 때**에는 시효중단의 효력이 없다.

> **제172조** 　**지급명령과 시효중단**
>
> 지급명령은 채권자가 법정기간 내에 가집행신청을 하지 아니함으로 인하여 그 효력을 잃은 때에는 시효중단의 효력이 없다.

> **제173조** 　**화해를 위한 소환, 임의출석과 시효중단**
>
> 화해를 위한 소환은 상대방이 출석하지 아니 하거나 화해가 성립되지 아니한 때에는 **1월 내에** 소를 제기하지 아니하면 시효중단의 효력이 없다. 임의출석의 경우에 화해가 성립되지 아니한 때에도 그러하다.

> **제174조** 　**최고와 시효중단**
>
> 최고는 **6월 내에** 재판상의 청구, 파산절차참가, 화해를 위한 소환, 임의출석, 압류 또는 가압류, 가처분을 하지 아니하면 시효중단의 효력이 없다.

1 '청구'란 시효의 목적인 사법상의 권리를 재판상 또는 재판외에서 실행하는 행위를 의미한다.

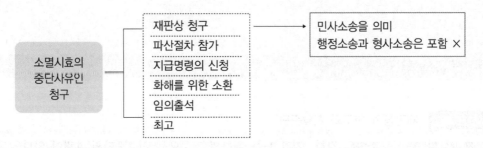

2 재판상 청구

(1) 재판상 청구란 권리자가 자기의 권리를 재판상 주장하는 것을 의미 즉 권리자가 원고가 되어 "소를 제기하는 것"을 의미한다.

(2) 권리자의 응소(應訴)는 재판상 청구에 해당하지 않으나, 예외적으로 재판상 청구에 해당하여 중단되는 경우도 있다.

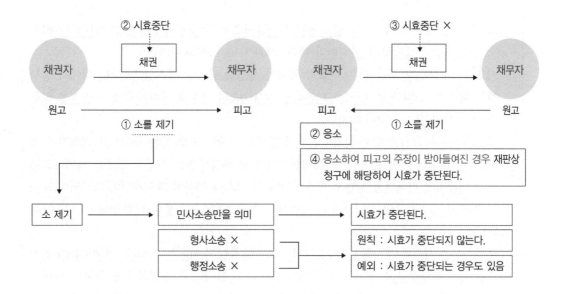

1. 시효중단사유로서 재판상 청구에는 소멸시효대상인 권리 자체의 이행청구나 확인청구를 하는 경우만이 아니라, <u>권리가 발생한 기본적 법률관계를 기초로 하여 소의 형식으로 주장하는 경우에도</u> 권리 위에 잠자는 것이 아님을 표명한 것으로 볼 수 있을 때에는 이에 포함된다고 보아야 한다(대판 2011.7.14, 2011다19737).

2. <u>근저당권설정등기청구의 소의 제기는</u> 그 피담보채권의 재판상의 청구에 준하는 것으로서 <u>피담보채권에 대한 소멸시효중단의 효력을 생기게 한다고 봄이</u> 상당하다(대판 2004.2.13, 2002다7213).

3. 채권의 양수인이 <u>채권양도의 대항요건을 갖추지 못한 상태에서</u> 채무자를 상대로 <u>재판상의 청구를 한 경우</u> 비록 대항요건을 갖추지 못하여 채무자에게 대항하지 못한다고 하더라도 채권의 양수인이 채무자를 상대로 재판상의 청구를 하였다면 이는 소멸시효 중단사유인 재판상의 청구에 해당한다고 보아야 한다(대판 2005.11.10, 2005다41818).

4. 민법 제168조 제1호, 제170조 제1항에서 시효중단사유의 하나로 규정하고 있는 <u>재판상의 청구라</u> 함은, 통상적으로는 권리자가 원고로서 시효를 주장하는 자를 피고로 하여 소송물인 권리를 소의 형식으로 주장하는 경우를 가리키지만, 이와 반대로 시효를 주장하는 자가 원고가 되어 소를 제기한 데 대하여 <u>피고로서 응소하여 그 소송에서 적극적으로 권리를 주장하고 그것이 받아들여진 경우도</u> 마찬가지로 이에 포함되는 것으로 해석함이 타당하다(대판 1993.12.21, 92다47861).

5. 물상보증인이 그 피담보채무의 부존재 또는 소멸을 이유로 제기한 저당권설정등기 말소등기절차이행청구소송에서 <u>채권자 겸 저당권자가 청구기각의 판결을 구하고 피담보채권의 존재를 주장하였다고</u> 하더라도 이로써 직접 채무자에 대하여 재판상 청구를 한 것으

로 볼 수는 없는 것이므로 피담보채권의 소멸시효에 관하여 규정한 민법 제168조 제1호 소정의 청구에 해당하지 아니한다(대판 2004.1.16, 2003다30890).

6. 시효중단사유인 청구라 함은 시효의 목적인 사법상 권리를 재판상 및 재판 외에서 실행하는 행위이고, 재판상 청구는 그 권리를 민사소송의 절차에 의하여 주장하는 것을 말한다(대판 1979.2.13, 78다1500).

7. 형사소송은 피고인에 대한 국가형벌권의 행사를 그 목적으로 하는 것이므로 피해자가 형사소송에서 소송촉진 등에 관한 특례법에서 정한 배상명령을 신청한 경우를 제외하고는 단지 피해자가 가해자를 상대로 고소하거나 그 고소에 기하여 형사재판이 개시되어도 이를 가지고 소멸시효의 중단사유인 재판상의 청구로 볼 수는 없다(대판 1999.3.12, 98다18124).

8. 행정소송은 사권을 행사하는 것이 아니므로 시효중단의 사유는 아니나, 과세처분의 취소 또는 무효확인청구의 소가 비록 행정소송이라고 할지라도 조세환급을 구하는 부당이득반환청구권의 소멸시효중단사유인 재판상 청구에 해당한다고 볼 수 있다(대판 1992.3.31, 91다32053 전합).

(3) 일부청구

① 원칙 : 청구한 부분만 시효가 중단되고, 나머지 부분은 시효가 중단되지 않는다.

② 예외 : 원고의 청구가 장차 신체감정결과에 따라 청구금액을 확장할 것을 전제로 우선 재산상 및 정신상 손해금 중 일부을 청구한다는 뜻이라면 채권 전부 중단된다.

(4) 복수의 채권을 가지고 있는 경우

① 채권자가 동일한 목적을 달성하기 위하여 복수의 채권을 가지고 있는 경우, 어느 하나의 청구를 한 것만으로는 다른 채권 그 자체를 행사한 것으로 볼 수 없으므로, 특별한 사정이 없는 한 다른 채권에 대한 소멸시효 중단의 효력은 없다.

② 원인채권의 행사는 어음채권의 소멸시효를 중단시키지 못한다.

③ 어음채권의 행사는 원인채권의 소멸시효를 중단시키는 효력이 있다.

④ 파면처분무효확인의 소는 보수금채권에 대한 시효는 중단의 효력이 있다.

⑤ 그러나 파면처분무효확인청구의 소는 퇴직금급여청구권에 대한 소멸시효 중단사유에 해당하지 않는다.

⑥ 채무불이행으로 인한 손해배상청구권에 대한 소멸시효의 항변이 불법행위로 인한 손해배상청구권에 대한 소멸시효 항변을 포함한 것으로 볼 수 없다.

(5) 재판상 청구에 의한 시효중단의 시기

① 재판상 청구에 의한 시효중단의 효력은 소를 제기한 때, 즉 소장을 법원에 제출한 때에 발생한다. 피고에게 소장 부본 송달한 때가 아니다.

② 응소행위로 인한 시효중단의 효력은 피고가 현실적으로 권리를 행사하여 응소한 때, 즉 적극적으로 다투는 취지에 답변서·준비서면 등을 제출한 때에 발생한다.

(6) 피담보채권과 근저당권설정등기청구권의 관계

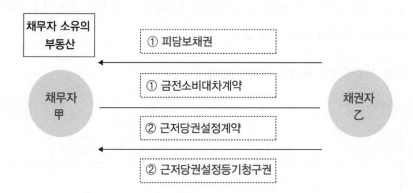

* 피담보채권과 근저당권설정등기청구권은 별개의 채권이므로, **근저당권설정등기청구권**은 피담보채권이 될 채권과 **별개로 소멸시효에 걸린다**.
* **근저당권설정등기청구의 소의 제기**는 피담보채권에 대한 소멸시효중단의 효력이 있다.

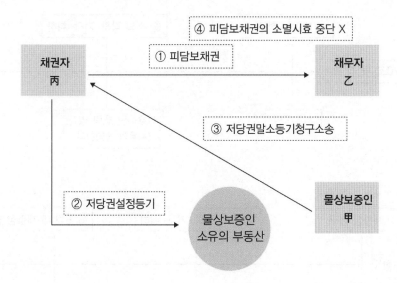

3 최고(=이행의 청구)

(1) 최고도 중단사유에 하나이다. 시효중단의 효력이 있다.

(2) 다만 재판상 청구와 같은 중단의 효력은 없고, 최고 후 6월 이내에 재판상 청구, 파산절차참가, 화해를 위한 소환, 임의출석 압류 또는 가압류 가처분을 하면 6월 내에 최고 시에 중단된다.

(3) 최고만 가지고는 중단의 효력이 없다.

(4) 최고에 의한 시효중단의 효력이 생기는 시기

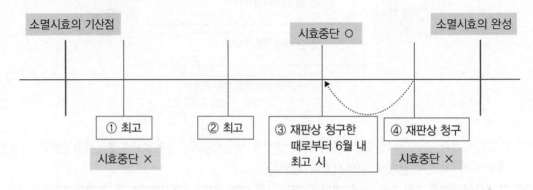

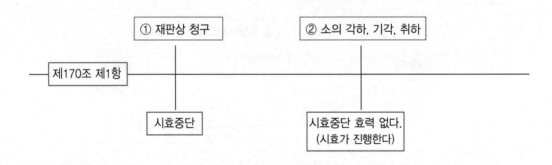

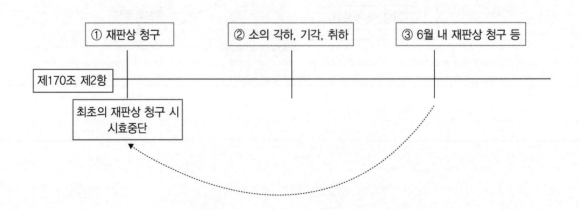

1. '최고'는 채무자에 대하여 채무이행을 구한다는 채권자의 의사통지로서, 이에는 특별한 형식이 요구되지 아니할 뿐 아니라 행위 당시 당사자가 시효중단의 효과를 발생시킨다는 점을 알았거나 의욕하지 않았다 하더라도 이로써 권리행사의 주장을 하는 취지임이 명백하다면 최고에 해당하는 것으로 보아야 한다(대판 2003.5.13, 2003다16238).

2. <u>최고를 여러 번 거듭하다가 재판상 청구 등을 한 경우에 시효중단의 효력은 항상 최초의 최고 시에 발생하는 것이 아니라 재판상 청구 등을 한 시점을 기준으로 하여 이로부터 소급하여 6월 이내에 한 최고 시에 발생한다</u>(대판 1983.7.12, 83다카437).

3. 민법 제170조의 해석상, 재판상의 청구는 그 소송이 취하된 경우에는 그로부터 6월 내에 다시 재판상의 청구를 하지 않는 한 시효중단의 효력이 없고 다만 재판 외의 최고의 효력만 있다(대판 1983.7.12, 83다카437).

4. 채권자가 연대채무자 1인의 소유 부동산에 대하여 경매신청을 한 경우, 이는 최고로서의 효력을 가지고 있고, 연대채무자에 대한 이행청구는 다른 연대채무자에게도 효력이 있으므로, 채권자가 6월 내에 다른 연대채무자를 상대로 재판상 청구를 하였다면 그 다른 연대채무자에 대한 채권의 소멸시효가 중단되지만, 이로 인하여 중단된 시효는 위 경매절차가 종료된 때가 아니라 재판이 확정된 때로부터 새로 진행된다(대판 2001.8.21, 2001다22840).

⬚ 압류, 가압류, 가처분

제175조 압류, 가압류, 가처분과 시효중단

압류, 가압류 및 가처분은 권리자의 청구에 의하여 또는 법률의 규정에 따르지 아니함으로 인하여 **취소된 때**에는 시효중단의 효력이 없다.

제176조 압류, 가압류, 가처분과 시효중단

압류, 가압류 및 가처분은 시효의 이익을 받은 자에 대하여 하지 아니한 때에는 이를 **그에게 통지한 후가 아니면 시효중단의 효력이 없다.**

1. 사망한 사람을 피신청인으로 한 가압류신청은 부적법하고 그 신청에 따른 가압류결정이 내려졌다고 하여도 그 결정은 당연무효로서 그 효력이 상속인에게 미치지 않으며, 이러한 당연무효의 가압류는 민법 제168조 제1호에 정한 소멸시효의 중단사유에 해당하지 않는다(대판 2006.8.24, 2004다26287).

2. 재산관계명시절차는 민법 제168조 제2호 소정의 소멸시효 중단사유인 압류 또는 가압류, 가처분에 준하는 효력까지 인정될 수는 없고, 최고로서의 효력은 있다(대판 2001.5.29, 2000다32161).

3. 채권자가 채권의 유무, 그 원인 및 액수를 법원에 신고하여 권리를 행사하였다면 그 채권신고는 민법 제168조 제2호의 압류에 준하는 것으로서 신고된 채권에 관하여 소멸시효를 중단하는 효력이 생긴다(대판 2010.9.9, 2010다28031).

4. 부동산경매절차에서 집행력 있는 채무명의 정본을 가진 채권자가 하는 배당요구는 민법 제168조 제2호의 압류에 준하는 것으로서 배당요구에 관련된 채권에 관하여 소멸시효를 중단하는 효력이 생긴다(대판 2002.2.26, 2000다25484).

5. [1] 민법 제168조에서 가압류를 시효중단사유로 정하고 있는 것은 가압류에 의하여 채권자가 권리를 행사하였다고 할 수 있기 때문인데 가압류에 의한 집행보전의 효력이 존속하는 동안은 가압류채권자에 의한 권리행사가 계속되고 있다고 보아야 할 것이므로 가압류에 의한 시효중단의 효력은 가압류의 집행보전의 효력이 존속하는 동안은 계속된다.

   [2] 민법 제168조에서 가압류와 재판상의 청구를 별도의 시효중단사유로 규정하고 있는 데 비추어 보면, 가압류의 피보전채권에 관하여 본안의 승소판결이 확정되었다고 하더라도 가압류에 의한 시효중단의 효력이 이에 흡수되어 소멸된다고 할 수 없다(대판 2000.4.25, 2000다11102).

6. 민법 제168조 제2호에서 가압류를 시효중단사유로 정하고 있지만, 가압류로 인한 시효중단의 효력이 언제 발생하는지에 관해서는 명시적으로 규정되어 있지 않다. 민사소송법 제265조에 의하면, 시효중단사유 중 하나인 '재판상의 청구'(민법 제168조 제1호, 제170조)는 소를 제기한 때 시효중단의 효력이 발생한다. 이는 소장 송달 등으로 채무자가 소 제기 사실을 알기 전에 시효중단의 효력을 인정한 것이다. 가압류에 관해서도 위 민사소송법 규정을 유추적용하여 '재판상의 청구'와 유사하게 가압류를 신청한 때 시효중단의 효력이 생긴다고 보아야 한다. '가압류'는 법원의 가압류명령을 얻기 위한 재판절차와 가압류명령의 집행절차를 포함하는데, 가압류도 재판상의 청구와 마찬가지로 법원에 신청을 함으로써 이루어지고(민사집행법 제279조), 가압류명령에 따른 집행이나 가압류명령의 송달을 통해서 채무자에게 고지가 이루어지기 때문이다. 가압류를 시효중단사유로 규정한 이유는 가압류에 의하여 채권자가 권리를 행사하였다고 할 수 있기 때문이다. 가압류채권자의 권리행사는 가압류를 신청한 때에 시작되므로, 이 점에서도 가압류에 의한 시효중단의 효력은 가압류신청을 한 때에 소급한다(대판 2017.4.7, 2016다35451)

7. 가압류는 강제집행을 보전하기 위한 것으로서 경매절차에서 부동산이 매각되면 그 부동산에 대한 집행보전의 목적을 다하여 효력을 잃고 말소되며, 가압류채권자에게는 집행법원이 그 지위에 상응하는 배당을 하고 배당액을 공탁함으로써 가압류채권자가 장차 채무자에 대하여 권리행사를 하여 집행권원을 얻었을 때 배당액을 지급받을 수 있도록 하면 족한 것이다. 따라서 이러한 경우 가압류에 의한 시효중단은 경매절차에서 부동산이 매각되어 가압류등기가 말소되기 전에 배당절차가 진행되어 가압류채권자에 대한 배당표가 확정되는 등의 특별한 사정이 없는 한, 채권자가 가압류집행에 의하여 권리행사를 계속하고 있다고 볼 수 있는 <u>가압류등기가 말소된</u> 때 그 중단사유가 종료되어, 그때부터 <u>새로 소멸시효가 진행한</u>다고 봄이 타당하다(대판 2013.11.14, 2013다18622).

8. [1] 채권자가 확정판결에 기한 채권의 실현을 위하여 채무자의 제3채무자에 대한 채권에 관하여 압류 및 추심명령을 받아 그 결정이 제3채무자에게 송달이 되었다면 거기에 소멸시효 중단사유인 최고로서의 효력을 인정하여야 한다.

  [2] <u>채권자가 채무자의 제3채무자에 대한 채권을 압류 또는 가압류한 경우</u>에 채무자에 대한 채권자의 채권에 관하여 시효중단의 효력이 생긴다고 할 것이나, <u>압류 또는 가압류된 채무자의 제3채무자에 대한 채권에 대하여는</u> 민법 제168조 제2호 소정의 소멸시효 중단사유에 준하는 <u>확정적인 시효중단의 효력이 생긴다고 할 수 없다</u>(대판 2003.5.13, 2003다16238).

9. 채권자가 1개의 채권 중 일부에 대하여 가압류·압류를 하는 취지는 1개의 채권 중 어느 특정 부분을 지정하여 가압류·압류하는 등의 특별한 사정이 없는 한 가압류·압류 대상 채권 중 유효한 부분을 가압류·압류함으로써 향후 청구금액만큼 만족을 얻겠다는 것이므로, 1개의 채권의 일부에 대한 가압류·압류는 유효한 채권 부분을 대상으로 한 것이고, 유효한 채권

부분이 남아 있는 한 거기에 가압류·압류의 효력이 계속 미친다. 따라서 1개의 채권 중 일부에 대하여 가압류·압류를 하였는데, 채권의 일부에 대하여만 소멸시효가 중단되고 나머지 부분은 이미 시효로 소멸한 경우, 가압류·압류의 효력은 시효로 소멸하지 않고 잔존하는 채권부분에 계속 미친다(대판 2016.3.24, 2014다13280·13297).

🗐 승인

제177조 ┃ 승인과 시효중단

시효중단의 효력 있는 승인에는 **상대방의 권리에 관한 처분의 능력이나 권한있음을 요하지 아니한다.**

1 승인의 의미

(1) 시효이익을 받을 자(채무자 등)이 시효의 완성으로 말미암아 권리를 상실하게 될 자(채권자 등) 또는 그 대리인에 대하여 그 권리가 존재함을 인식하고 있다는 뜻을 표시하는 행위

(2) (채무)승인은 관념의 통지이다.

2 승인할 수 있는 자

(1) 시효이익을 받을 채무자 등, 그의 대리인에 한정된다.

(2) 시효중단 사유인 채무승인은 처분능력, 처분권한을 요하지 아니한다. 다만 행위능력은 요한다. 따라서 제한능력자인 미성년자, 피성년후견인, 피한정후견인은 단독으로 채무승인할 수 없다.

3 승인의 상대방

(1) 승인은 소멸시효의 완성으로 권리를 상실하게 될 자, 또는 그 대리인에 대하여 하여야 한다.

(2) 피의자가 검사로부터 심문을 받는 과정에서 자신의 채무를 승인하는 진술을 하였더라도, 그것은 시효중단의 효력을 가져오는 승인이 아니다.

(3) 채권자에게 2번 저당권을 설정하는 것은 1번 저당권을 가진 채권자에 대한 승인으로 되지 않는다.

(4) 단순히 기왕에 공급받던 것과 동종의 물품을 추가로 주문하고 공급받았다는 사실만으로는 기왕의 채무의 존부 및 액수에 대한 인식을 묵시적 승인이 아니다.

4 승인시기

1. 소멸시효의 중단사유로서의 승인은 소멸시효의 진행이 개시된 이후에만 가능하고 그 이전에 승인을 하더라도 시효가 중단되지는 않는다고 할 것이고, 또한 현존하지 아니하는 장래의 채권을 미리 승인하는 것은 채무자가 그 권리의 존재를 인식하고서 한 것이라고 볼 수 없어 허용되지 않는다고 할 것이다. 따라서 진료계약을 체결하면서 "입원료 기타 제 요금이 체납될 시는 병원의 법적 조치에 대하여 아무런 이의를 하지 않겠다."라고 약정하였다 하더라도 이로써 그 당시 아직 발생하지도 않은 치료비 채무의 존재를 미리 승인하였다고 볼 수는 없다 (대판 2001.11.9, 2001다52568).
2. 시효완성 전에 채무의 일부를 변제하는 경우에 그 수액에 관하여 다툼이 없는 한 전부에 대한 채무승인으로서의 효력이 있어 시효중단의 효력이 발생한다(대판 1996.1.23, 95다39854).
3. 소멸시효의 중단사유로서 채무자에 의한 채무승인이 있었다는 사실은 이를 주장하는 채권자 측에서 입증하여야 한다(대판 2015.4.9, 2014다85216).

5 승인의 방법

① 명시적 승인뿐만 아니라 묵시적 채무승인도 할 수 있다.

② 면책적 채무인수, 변제기한의 유예요청, 이자의 지급, 일부변제 등이 묵시적 승인의 예이다.

③ 승인으로 인한 시효중단의 효력은 승인의 통지가 상대방에게 도달한 때에 발생한다.

🗐 시효중단의 인적범위

제169조 **시효중단의 효력**

시효의 중단은 **당사자 및 그 승계인 간에만 효력이 있다.**

1 "당사자"란 중단행위에 관여한 당사자를 가리키고 시효의 대상인 권리 또는 청구권의 당사자는 아니다.

2 "승계인"의 의미

(1) 특정승계인, 포괄승계인 모두 포함한다.

(2) 중단효과 발생 이후의 승계한 자를 의미하고, 중단사유 이전의 승계인은 의미하지 않는다.

3 원칙(상대적 효력)

(1) 손해배상청구권을 공동상속한 자 가운데 1인이 자기의 상속분을 행사하여 승소판결을 얻었더라도 다른 공동상속인의 상속분까지 시효중단의 효력이 미치는 것은 아니다.

(2) 공유자의 한 사람이 공유물의 보존행위로서 제소한 경우, 다른 공유자에게는 시효중단의 효력이 미치는 것은 아니다.

4 예외(절대적 효력)

(1) 어느 연대채무자에 대한 이행의 청구(압류, 승인은 상대효임을 주의)는 다른 연대채무자에게도 효력이 있다.

(2) 요역지가 수인의 공유인 경우에 그 1인에 의한 지역권의 소멸시효의 중단 또는 정지는 다른 공유자에 대하여도 효력이 있다.

(3) 주채무자에 대한 시효중단은 보증인에 대하여 그 효력이 있다(절대효). 다만 보증인에 대한 중단의 효력은 주채무자에게는 미치지 않는다(상대효).

5 주채무와 보증채무의 관계

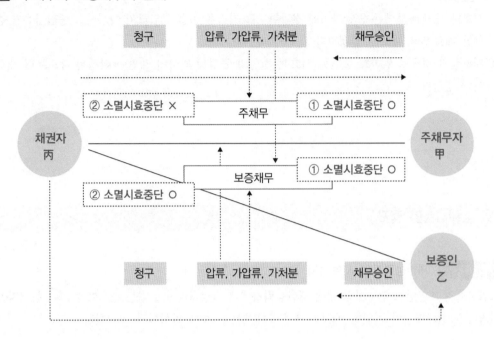

(1) 주채무자에 대한 시효의 중단은 보증인에 대하여 그 효력이 있다(제440조). (즉 어떤 사유로든 먼저 주채무자가 중단되면 보증채무도 중단된다.)

   ① 주채무자에 대한 압류가 있으면 보증인에게 <u>통지 없이도</u> 보증채무는 중단된다.

   ② 그러나 물상보증인의 재산에 대한 압류를 한 경우 이를 채무자에게 <u>통지하여야</u> 주채무자에 대해서도 시효가 중단된다.

(2) 그러나 보증인에 대한 시효의 중단은 주채무자에 대하여 효력이 없다.

(3) 주채무자의 항변포기는 보증인에게 효력이 없다(제433조). 즉 주채무자가 시효이익을 포기하더라도 보증인에게는 효력이 없으므로 보증인은 시효완성을 주장할 수 있다.

(4) 채권자와 주채무자의 사이의 확정판결에 의하여 주채무가 확정되어 그 소멸시효기간이 10년으로 연장되었다 할지라도 보증채무의 시효기간은 10년으로 연장되지 않고 여전히 종전의 소멸시효기간에 따른다.

(5) 보증채무에 대한 소멸시효가 중단되었다고 하더라도 이로써 주채무에 대한 소멸시효가 중단되는 것은 아니고, 주채무가 소멸시효완성으로 소멸된 경우에는 보증채무도 그 채무 자체의 시효중단에도 불구하고 부종성에 따라 당연히 소멸된다.

> <u>부진정연대채무에서</u> 채무자 1인에 대한 <u>이행의 청구</u>는 타 채무자에 대하여 그 효력이 미치지 않는다(대판 1997.9.12, 95다42027).

제178조 중단 후에 시효진행

① 시효가 중단된 때에는 중단까지에 경과한 시효기간은 이를 산입하지 아니하고 **중단사유가 종료한 때로부터 새로이 진행한다.**
② 재판상의 청구로 인하여 중단한 시효는 전항의 규정에 의하여 **재판이 확정된 때로부터 새로이 진행한다.**

소멸시효의 정지

제179조 제한능력자의 시효정지

소멸시효의 기간만료 전 6개월 내에 제한능력자에게 법정대리인이 없는 경우에는 그가 능력자가 되거나 법정대리인이 취임한 때부터 6개월 내에는 시효가 완성되지 아니한다.

제180조 재산관리자에 대한 제한능력자의 권리, 부부 사이의 권리와 시효정지

① 재산을 관리하는 아버지, 어머니 또는 후견인에 대한 제한능력자의 권리는 그가 능력자가 되거나 후임 법정대리인이 취임한 때부터 6개월 내에는 소멸시효가 완성되지 아니한다.
② 부부 중 한쪽이 다른 쪽에 대하여 가지는 권리는 혼인관계가 종료된 때부터 6개월 내에는 소멸시효가 완성되지 아니한다.

제181조 상속재산에 관한 권리와 시효정지

상속재산에 속한 권리나 상속재산에 대한 권리는 상속인의 확정, 관리인의 선임 또는 파산선고가 있는 때로부터 6월 내에는 소멸시효가 완성하지 아니한다.

제182조 천재 기타 사변과 시효정지

천재 기타 사변으로 인하여 소멸시효를 중단할 수 없을 때에는 그 사유가 종료한 때로부터 **1월 내에는** 시효가 완성하지 아니한다.

1. '소멸시효의 정지'란 권리의 불행사가 권리자의 태만에 기인하는 것이 아니라 권리자를 보호하려는 취지의 제도로서 <u>시효기간이 완성될 무렵에 권리자가 시효를 중단시키는 행위를 하는 것이 불가능하거나 곤란한 사정이 있는 경우 그 시효기간의 진행을 일시적으로 멈추게 하고 그 정지사유가 종료한 때로부터 일정기간 내에는 시효가 완성되지 않도록</u> 하는 제도를 의미한다.

2. 시효가 정지되면 이미 경과한 시효기간은 소멸하지 않고 유효하며 나머지 기간을 일정기간 내에는 완성하지 않도록 하는 제도이다(이에 비하여 중단은 이미 경과한 시효기간이 소멸하는 점과 주의해서 기억).

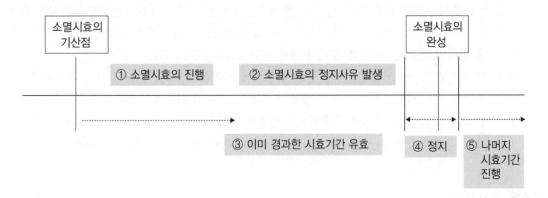

🗋 소멸시효 완성의 효과

> **제162조** 채권, 재산권의 소멸시효
>
> ① 채권은 **10년**간 행사하지 아니하면 소멸시효가 완성한다.

1 "완성한다"의 의미

(1) 절대적 소멸설(다수설, 판례)

완성한다는 의미에 대하여 시효기간이 만료하면 당사자의 원용(援用, 주장)이 없더라도 권리가 <u>당연히 소멸</u>한다는 입장이다.

(2) 상대적 소멸설(소수설)

시효가 완성하면 시효이익을 받는 자(채무자 등)가 권리의 소멸을 주장할 수 있는 권리(운용권)가 생길 뿐이므로, 시효가 완성되면, 채무자 등이 시효완성을 원용하면 권리가 소멸하지만, 채무자 등이 시효완성을 원용하지 않으면 권리가 소멸하지 않는다는 입장이다.

(3) 어느 학설에 의하든 민법은 변론주의를 취하므로, 절대적 소멸설을 취하더라도 시효이익을 받는 자가 재판과정에서 시효이익을 주장하여야 채무는 소멸한다. 또한 어느 학설에 의하든 시효완성 후 변제한 이상 반환을 청구하지 못한다.

> 1. 민법상 당사자의 원용이 없어도 시효완성의 사실로서 채무는 당연히 소멸하고, 다만, 소멸시효의 이익을 받는 자가 소멸시효 이익을 받겠다는 뜻을 항변하지 않는 이상 그 의사에 반하여 재판할 수 없을 뿐이다(대판 1979.2.13, 78다2157).
> 2. 어떤 시효기간이 적용되는지에 관한 주장은 권리의 소멸이라는 법률효과를 발생시키는 요건을 구성하는 사실에 관한 주장이 아니라 단순히 법률의 해석이나 적용에 관한 의견을 표명한 것이다. 이러한 주장에는 변론주의가 적용되지 않으므로 법원이 당사자의 주장에 구속되지 않고 직권으로 판단할 수 있다(대판 2017.3.22, 2016다25824).

2 학설의 차이

구분	절대적 소멸설(판례)	상대적 소멸설
의미	시효완성으로 권리는 당연히 소멸한다.	시효완성으로 권리 소멸을 주장할 수 있는 원용권이 발생한다.
주장 여부	이론상으로는 직권으로 고려하여야 하나, 변론주의 원칙상 당사자의 원용이 있어야 고려한다.	원용이 없는 한 법원이 직권으로 고려할 수 없다.
시효완성 후의 변제	• 시효완성을 알고 변제 시 제742조에 의한 악의의 비채변제가 되어서 반환을 청구할 수 없다. • 시효완성을 모르고 변제 시 제744조 도 의관념에 적합한 비채변제가 되어 반환을 청구할 수 없다.	원용이 없는 한 채무는 소멸하지 않으므로 언제나 유효한 변제로서 반환청구를 할 수 없다.
시효이익 포기의 법적 성질	시효이익을 받지 않겠다는 의사표시	원용권의 포기

3 소멸시효의 소급효

> **제167조** 소멸시효의 소급효
>
> 소멸시효는 그 기산일에 **소급하여 효력**이 생긴다.

> **제495조** 소멸시효 완성된 채권에 의한 상계
>
> 소멸시효가 완성된 채권이 그 완성 전에 상계할 수 있었던 것이면 그 채권자는 상계할 수 있다.

(1) 소멸시효가 완성하면 채무는 소멸하는데 채무가 소멸하는 시기는 소멸시효가 완성한 때가 아니라 <u>기산일로 소급하여 채무 소멸의 효과가 생긴다.</u>

(2) 따라서 소멸시효로 채무를 면하는 자는 <u>기산일 이후의 이자</u>를 지급할 필요가 없다.

(3) 소멸시효와 취득시효 모두 소급효가 있다.

4 소멸시효의 이익을 주장할 수 있는 자

1. 소멸시효를 원용할 수 있는 사람은 권리의 소멸에 의하여 직접 이익을 받는 사람에 한정되는 바, <u>채권담보의 목적으로 매매예약의 형식을 빌어 소유권이전청구권 보전을 위한 가등기가 경료된 부동산을 양수하여 소유권이전등기를 마친 제3자</u>는 당해 가등기담보권의 피담보채권의 소멸에 의하여 직접 이익을 받는 자이므로 그 가등기담보권에 의하여 담보된 채권의 채무자가 아니더라도 그 피담보채권에 관한 소멸시효를 원용할 수 있다.
2. 소멸시효가 완성된 경우 이를 주장할 수 있는 사람은 시효로 인하여 채무가 소멸되는 결과 직접적인 이익을 받는 사람에 한정되므로 <u>채무자에 대한 일반 채권자</u>는 자기의 채권을 보전하기 위하여 필요한 한도 내에서 <u>채무자를 대위하여 소멸시효 주장을 할 수 있을 뿐</u> 채권자의 지위에서 <u>독자적으로 소멸시효의 주장을 할 수 없다</u>(대판 1997.12.26, 97다22676).
3. 채권자가 채권자대위권을 행사하여 제3자에 대하여 하는 청구에 있어서, 제3채무자는 채무자가 채권자에 대하여 가지는 항변으로 대항할 수 없고, 채권의 소멸시효가 완성된 경우 이를 원용할 수 있는 자는 원칙적으로는 시효이익을 직접 받는 자뿐이고, <u>채권자대위소송의 제3채무자는 이를 행사할 수 없다</u>(대판 1998.12.8, 97다31472).
4. <u>사해행위취소소송의 상대방이 된 사해행위의 수익자</u>는, 사해행위가 취소되면 사해행위에 의하여 얻은 이익을 상실하고 사해행위취소권을 행사하는 채권자의 채권이 소멸하면 그와 같은 이익의 상실을 면하는 지위에 있으므로, 그 채권의 소멸에 의하여 직접 이익을 받는 자에 해당하는 것으로 보아야 한다(대판 2007.11.29, 2007다54849).

5. 유치권이 성립된 부동산의 매수인은 피담보채권의 소멸시효가 완성되면 시효로 인하여 채무
   가 소멸되는 결과 직접적인 이익을 받는 자에 해당하므로 소멸시효의 완성을 원용할 수 있는
   지위에 있다고 할 것이나, 매수인은 유치권자에게 채무자의 채무와는 별개의 독립된 채무를
   부담하는 것이 아니라 단지 채무자의 채무를 변제할 책임을 부담하는 점 등에 비추어 보면,
   유치권의 피담보채권의 소멸시효기간이 확정판결 등에 의하여 10년으로 연장된 경우 매수인
   은 그 채권의 소멸시효기간이 연장된 효과를 부정하고 종전의 단기소멸시효기간을 원용할 수
   는 없다(대판 2009.9.24, 2009다39530).

6. 물상보증인은 채권자에 대하여 물적 유한책임을 부담하고 있어 그 피담보채권의 소멸에 의
   하여 직접 이익을 받는 관계에 있으므로 소멸시효의 완성을 주장할 수 있다(대판 1995.7.11,
   95다12446).

7. 후순위 담보권자는 선순위 담보권의 피담보채권 소멸로 직접 이익을 받는 자에 해당하지 않
   아 선순위 담보권의 피담보채권에 관한 소멸시효가 완성되었다고 주장할 수 없다고 보아야
   한다(대판 2021.2.25, 2016다232597).

제183조　종속된 권리에 대한 소멸시효의 효력

주된 권리의 소멸시효가 완성한 때에는 종속된 권리에 그 효력이 미친다.

🗔 소멸시효 이익의 포기 등

제184조　시효의 이익의 포기 기타

① 소멸시효의 이익은 미리 포기하지 못한다.
② 소멸시효는 법률행위에 의하여 이를 배제, 연장 또는 가중할 수 없으나 이를 단축 또는 경감
　할 수 있다.

1 시효이익 포기의 의의

(1) 시효이익의 포기는 소멸시효의 이익을 받지 않겠다는 일방적 의사표시로서, 상대방 있는 단독
   행위이다.

(2) 시효이익의 포기는 처분행위이므로, 포기하는 자가 처분능력과 처분권한을 가져야 한다.

(3) 시효이익의 포기의 효과는 원칙적으로 상대적이므로 포기자 이외의 사람에게 영향을 미치지 아
   니한다.

2 시효이익의 포기의 효과

채무자가 <u>시효완성 후에</u> 채권자에 대하여 채무 일부를 변제함으로써 시효의 이익을 포기한 경우에는 <u>그때부터</u> 새로이 소멸시효가 진행한다.

1. <u>채권의 소멸시효가 완성된 후에</u> 채무자가 <u>그 기한의 유예를 요청</u>하였다면 그때에 <u>소멸시효의 이익을 포기한 것으로 보아야</u> 한다(대판 1965.12.28, 65다2133).

2. 채무자가 시효완성 후에 채무의 승인을 한 때에는 일응 시효완성의 사실을 알고 그 이익을 포기한 것이라고 추정할 수 있다(대판 1967.2.27, 66다2173). 즉, 시효완성 후에 시효이익을 포기하는 듯한 행위가 있다면 시효완성사실에 대한 악의를 추정한다(대판 1995.4.14, 95다3756).

3. 다른 채권자가 신청한 부동산경매절차에서 채무자 소유 부동산이 매각되고 그 대금이 이미 소멸시효가 완성된 채무를 피담보채무로 하는 근저당권을 가진 채권자에게 배당되어 채무 변제에 충당될 때까지 채무자가 아무런 이의를 제기하지 아니하였다면, 경매절차 진행을 채무자가 알지 못하였다는 등 다른 특별한 사정이 없는 한 <u>채무자는 채권에 대한 소멸시효 이익을 포기한 것으로 볼 수 있고,</u> 한편 소멸시효 이익의 포기는 <u>가분채무 일부에 대하여도 가능하다</u>(대판 2012.5.10, 2011다109500).

4. <u>소멸시효완성 이후에 있은 과세처분에 기하여 세액을 납부</u>하였다 하더라도 이를 들어 바로 소멸시효의 <u>이익을 포기한 것으로 볼 수 없다</u>(대판 1988.1.19, 87다카70).

5. <u>헌법상 국가원수이자 행정부의 수반인 대통령이 국가의 불법적인 공권력 행사로 인하여 피해를 입은 사람들에게 피해보상을 하겠다는 취지를 밝혔다</u>고 하더라도 그것이 그 피해자들에 대한 사법상의 법률효과를 염두에 두고 한 것이 아니라 단순히 정치적으로 대통령으로서의 시정방침을 밝히면서 일반 국민들의 이해와 협조를 구한 것에 불과하다면, 그와 같은 행위로써 사법상으로 그 피해자들에 대한 <u>국가배상채무를 승인하거나 소멸시효이익을 포기한 것으로 볼 수는 없다</u>(대판 1996.12.19, 94다22927 전합).

6. 채무자가 소멸시효가 완성된 이후에 여러 차례에 걸쳐 <u>채권자의 제소기간 연장요청에 동의한 바 있더라도</u> 그 동의는 그 연장된 기간까지는 언제든지 채권자가 제소하더라도 이의가 없다는 취지에 불과한 것이지 완성한 <u>소멸시효이익을 포기하는 의사표시까지 함축하고 있는 것은 아니다</u>(대판 1987.6.23, 86다카2107).

7. 소멸시효 이익의 포기는 상대적 효과가 있을 뿐이어서 다른 사람에게는 영향을 미치지 아니함이 원칙이나, 소멸시효 이익의 포기 당시에는 권리의 소멸에 의하여 직접 이익을 받을 수 있는 이해관계를 맺은 적이 없다가 <u>나중에 시효이익을 이미 포기한 자와의 법률관계를 통하여 비로소 시효이익을 원용할 이해관계를 형성한 자는</u> 이미 이루어진 시효이익 포기의 효력을 부정할 수 없다(대판 2015.6.11, 2015다200227).

8. <u>특정한 채무의 이행을 청구할 수 있는 기간을 제한하고 그 기간을 도과할 경우 채무가 소멸하도록 하는 약정</u>은 민법 또는 상법에 의한 소멸시효기간을 단축하는 약정으로서 특별한 사정이 없는 한 민법 제184조 제2항에 의하여 유효하다(대판 2006.4.14, 2004다70253).

3 시효완성의 주장과 권리남용

채무자의 소멸시효에 기한 항변권의 행사도 우리 민법의 대원칙인 신의성실의 원칙과 권리남용 금지의 원칙의 지배를 받는 것이어서, 채무자가 시효완성 전에 채권자의 권리행사나 시효중단을 불가능 또는 현저히 곤란하게 하였거나, 그러한 조치가 불필요하다고 믿게 하는 행동을 하였거나, 객관적으로 채권자가 권리를 행사할 수 없는 장애사유가 있었거나, 또는 일단 시효완성 후에 채무자가 시효를 원용하지 아니할 것 같은 태도를 보여 권리자로 하여금 그와 같이 신뢰하게 하였거나, 채권자보호의 필요성이 크고, 같은 조건의 다른 채권자가 채무의 변제를 수령하는 등의 사정이 있어 채무이행의 거절을 인정함이 현저히 부당하거나 불공평하게 되는 등의 특별한 사정이 있는 경우에는 채무자가 소멸시효의 완성을 주장하는 것이 신의성실의 원칙에 반하여 권리남용으로서 허용될 수 없다(대판 2011.9.8, 2009다66969).

* 일부청구

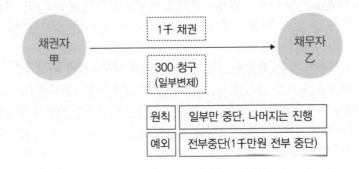

* 일부변제

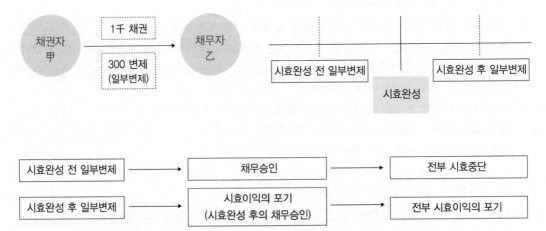

제척기간

1 제척기간이란 권리관계의 신속한 확정을 위하여 일정한 권리에 관하여 법률이 미리 정하고 있는 그 권리의 존속기간을 의미한다.

2 제척기간의 경과만으로 그 권리(형성권)는 소멸의 효과가 발생한다.

3 제척기간에 있어서는 소멸시효와 같은 기간의 중단이 있을 수 없다.

4 제척기간의 경과여부는 당사자의 주장, 증명이 없더라도 법원의 직권조사사항이다.

5 제척기간은 불변기간이 아니어서 그 기간을 지난 후에는 당사자가 책임질 수 없는 사유로 그 기간을 준수하지 못하였더라도 추후에 보완될 수 없다.

* 시효기간과 제척기간의 차이점

구분	존재이유	소급효 유무	증명책임	중단, 정지 여부	기간단축 여부
시효기간	권리행사 태만에 대한 제재	소급효 ○	당사자 주장·증명	중단 ○, 정지 ○	배제, 연장, 가중 × 단축, 경감 ○
제척기간	권리관계의 조속한 확정	소급효 ×	법원 직권조사	중단 ×, 정지 ×	배제, 연장, 가중, 단축, 경감 ×

PART

02

물권법

CHAPTER 01 총론

📁 물권법 총론

1 물권

(1) 물권의 의의

'물권(物權)'이란 물건을 직접 지배하여 이익을 얻는 배타적 권리를 의미한다.

(2) 물권의 특징

① 직접 지배성

② 배타성

③ 절대성

④ 양도성

    ㉠ 지상권의 경우 지상권양도금지특약을 하더라도 양도할 수 있다. 또한 (건물)소유권과 지상권을 분리하여 양도하는 것도 가능하다.

    ㉡ 전세권은 설정행위로써 양도금지특약을 할 수 있다(제306조). 즉, 전세권설정계약에서 전세권양도금지특약을 하면 전세권을 양도할 수 없다.

    ㉢ 지역권은 요역지의 종된 권리이므로 지역권과 분리하여 양도할 수 없다(제292조).

    ㉣ 담보물권은 피담보채권을 전제로 하므로, 피담보채권과 분리하여 양도할 수 없고, 피담보채권에 대한 양도금지특약이 있으면 담보물권의 처분도 제한된다.

2 물권의 객체

(1) 물권의 객체

원칙적으로 물권의 객체는 물건이지만, 예외적으로 권리에 대해서도 인정되는 경우도 있다. 지상권 또는 전세권을 목적으로 저당권을 설정할 수 있다.

(2) 물권의 객체인 물건의 요건

관리가능하고, 신체의 일부가 아니며, 독립성이 있고 현존하며 특정성을 갖추어야 한다.

3 물권의 종류

> **제185조** 물권의 종류
>
> 물권은 **법률 또는 관습법**에 의하는 외에는 임의로 창설하지 못한다.

(1) 제185조의 의미

① '물권법정주의'라 함은 물권의 종류와 내용은 법률로 정하는 것에 한정한다는 원칙을 말한다. 즉, 물권의 종류와 내용은 민법 기타 법률이나 관습법으로 정하는 것에 한하며 당사자가 자유로이 창설하지 못한다.

② 물권법정주의를 취한 결과 물권법은 임의법인 채권법과는 달리 강행법규성을 가지게 된다.

(2) 내용

① '법률 또는 관습법에 의하는'의 의미

㉠ 여기서 법률은 '형식적 의미'의 법률을 말한다. 따라서 실질적 의미의 법률인 행정기관의 명령, 규칙 등으로는 새로운 물권을 창설하지 못한다.

㉡ 관습법에 의해서도 새로운 물권을 창설할 수 있다. 예를 들면, '관습법상의 법정지상권', '분묘기지권' 등이 관습법에 의해서 새롭게 창설된 물권이다.

② '임의로 창설하지 못한다.'의 의미

㉠ 종류강제

이는 법률 또는 관습법이 인정하지 않는 새로운 종류의 물권을 만들지 못한다는 것을 의미한다. 예를 들면, 채권적 전세인 미등기전세를 물권인 전세권으로 하기로 당사자가 합의하더라도 무효이다.

㉡ 내용강제

법률 또는 관습법에 의해 인정되는 물권이라 하더라도 법률 또는 관습법이 인정하는 내용과 다른 내용을 부여하지 못한다는 것을 의미한다. 예를 들면, 저당권은 저당목적물의 사용·수익권을 설정자에 유보해 두고 채권담보를 확보하기 위해 경매청구권과 우선변제권을 가지는 권리이다. 따라서 당사자 합의로 저당권자에게 저당목적물의 사용·수익권을 부여하는 것은 무효이다.

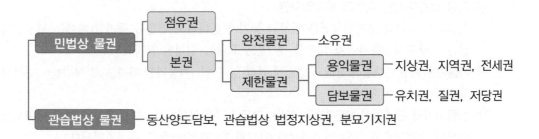

🗗 물권의 효력

▎1 우선적 효력

(1) 의의

물권의 '우선적 효력'이란 하나의 물건 위에 수개의 권리가 존재하는 경우, 어느 한 권리가 다른 권리에 우선하는 효력을 말한다.

(2) 물권 상호간의 우선적 효력

① 원칙

동일물 위에 성립하는 물권 상호간에 있어서는 시간적으로 먼저 성립한 물권 이후에 성립한 물권에 우선한다. 물권 상호간의 우선적 효력은 물권의 배타성에서 나오는 직접적 효과이다.

② 소유권과 제한물권 상호간의 우선적 효력 : 성질상 언제나 제한물권이 소유권에 우선한다.

③ 점유권의 우선적 효력 : 점유권은 사실상 지배 그 자체로 성립되기 때문에, 점유권과 다른 물권과의 사이에서는 우선적 효력이 없다.

(3) 물권과 채권 간의 효력

① 원칙

동일 물건을 목적으로 물권과 채권이 성립하는 경우에는 그 성립시기를 불문하고 물권이 채권보다 우선한다(매매는 임대차를 깨뜨린다). 예를 들면, 甲소유의 토지에 乙이 7월 1일자로 채권인 임차권을 취득한 상태에서 甲이 토지소유권을 8월 1일에 丙에게 양도하여 丙이 소유권을 취득한 경우에 물권자인 소유권자 丙은 먼저 성립되어 있는 임차권자 乙에게 소유권에 기한 반환청구권을 행사할 수 있다.

② 예외

㉠ 등기된 부동산임차권 : 부동산임차권은 채권이지만 그 등기를 한 때에는 그 후에 성립하는 물권에 우선하는 효력을 가진다.

㉡ 대항력 갖춘 임차권

주택이나 상가건물 임차권의 경우에는 법이 요구하는 일정한 요건을 갖추면 제3자에 대항할 수 있는 효력이 인정된다(주택임대차보호법 제3조, 상가건물 임대차보호법 제3조).

㉢ 건물 보존등기된 경우의 토지임차권

건물소유 목적의 토지임차권은 임차권 등기가 없더라도 건물을 등기한 때에는 토지임차권은 그때부터 제3자에게 대항할 수 있는 효력이 인정된다(제622조).

㉣ 가등기된 채권 : 부동산 물권의 변동에 관한 청구권을 가등기한 때에는 그 시점을 기준으로 물권과의 우열이 정해진다.

㉤ 성립시기와 관계없이 채권이 우선하는 경우 : 주택임대차보호법과 상가건물 임대차보호법상의 소액보증금, 근로기준법상의 임금과 재해보상금등은 우선변제된다.

2 물권적 청구권

(1) 의의

'물권적 청구권'이란 물권내용의 완전한 실현이 어떤 사정으로 인하여 방해받고 있거나 방해받을 염려가 있는 경우에, 그 방해자에 대하여 방해의 제거 또는 예방에 필요한 행위 등 물권내용의 실현을 가능하게 하는 행위(작위 또는 부작위)를 청구할 수 있는 권리를 의미한다.

(2) 물권적 청구권의 종류

① '반환청구권'이란 타인이 권원 없이 물권의 목적물을 점유하는 경우에 점유를 회복하기 위하여 그 반환을 청구하는 권리이다.

② '방해제거청구권'이란 물권자가 점유침탈 외의 형태로 물권의 실현을 방해받은 경우, 그 방해의 제거를 청구하는 권리이다.

③ '방해예방청구권'이란 현재 물권의 실현이 방해받고 있지는 않지만 장래 방해가 생길 염려가 있는 경우에 그 예방을 청구하는 권리이다.

(3) 민법의 규정

제204조 **점유의 회수**

① 점유자가 점유의 침탈을 당한 때에는 그 물건의 반환 및 손해의 배상을 청구할 수 있다.

② 전항의 청구권은 침탈자의 특별승계인에 대하여는 행사하지 못한다. 그러나 승계인이 악의인 때에는 그러하지 아니하다.

③ 제1항의 청구권은 침탈을 당한 날로부터 1년 내에 행사하여야 한다.

제205조 **점유의 보유**

① 점유자가 점유의 방해를 받은 때에는 그 방해의 제거 및 손해의 배상을 청구할 수 있다.

② 전항의 청구권은 방해가 종료한 날로부터 1년 내에 행사하여야 한다.

③ 공사로 인하여 점유의 방해를 받은 경우에는 공사착수 후 1년을 경과하거나 그 공사가 완성한 때에는 방해의 제거를 청구하지 못한다.

제206조 **점유의 보전**

① 점유자가 점유의 방해를 받을 염려가 있는 때에는 그 방해의 예방 또는 손해배상의 담보를 청구할 수 있다.

② 공사로 인하여 점유의 방해를 받을 염려가 있는 경우에는 전조 제3항의 규정을 준용한다.

> **제213조** 　소유물반환청구권
>
> 소유자는 그 소유에 속한 물건을 점유한 자에 대하여 반환을 청구할 수 있다. 그러나 점유자가 그 물건을 점유할 권리가 있는 때에는 반환을 거부할 수 있다.

> **제214조** 　소유물방해제거, 방해예방청구권
>
> 소유자는 소유권을 방해하는 자에 대하여 방해의 제거를 청구할 수 있고 소유권을 방해할 염려 있는 행위를 하는 자에 대하여 그 예방이나 손해배상의 담보를 청구할 수 있다.

> **제290조** 　준용규정- 지상권
>
> ① **제213조, 제214조**, 제216조 내지 제244조의 규정은 지상권자 간 또는 지상권자와 인지소유자 간에 이를 준용한다.

> **제301조** 　준용규정
>
> **제214조**의 규정은 지역권에 준용한다.

> **제319조** 　준용규정
>
> **제213조, 제214조**, 제216조 내지 제244조의 규정은 전세권자 간 또는 전세권자와 인지소유자 및 지상권자 간에 이를 준용한다.

> **제370조** 　준용규정
>
> **제214조**, 제321조, 제333조, 제340조, 제341조 및 제342조의 규정은 저당권에 준용한다.

(4) 물권적 청구권의 성립요건

① 물권적 청구권자는 침해당하고 있거나 침해당할 염려가 있는 물권을 현재 정당하게 가지는 자이다. 예를 들면, 유효한 명의신탁의 경우 명의수탁자가 물권적 청구권자이다.
② 소유권을 양도함에 있어 소유권에 의하여 발생되는 물권적 청구권을 소유권과 분리하여 소유권 없는 전 소유자에게 유보하여 제3자에 대하여 이를 행사하게 한다는 것은 소유권의 절대적 권리인 점에 비추어 허용될 수 없으므로, 소유권을 상실한 전 소유자는 물권적 청구권을 행사할 수 없다.
③ 임차인은 소유자인 임대인의 물권적 청구권을 대위행사할 수 있다.
④ 물권적 청구권의 상대방은 객관적 물권내용의 실현을 방해하거나 방해할 염려가 있는 자이다.

(5) 물권적 청구권의 내용

① 물권적 청구권은 물권적인 권리이기 때문에 물권의 내용을 방해하거나 방해할 수 있는 자에 대하여 그가 누구이든 상관없이 이를 행사할 수 있다.

② 양도성을 가지며 물권에 부종하기에 물권적 청구권을 물권과 분리하여 양도할 수 없다.

③ 물권적 청구권만 소멸시효의 대상이 될 수 없다.

(6) 다른 청구권과의 관계

① 계약상의 청구권

타인의 물건을 계약관계에 기하여 용익하다가 계약관계가 종료되었음에도 불구하고 반환하지 않는 경우에 물권적 청구권 외에 계약상의 반환청구권이 발생한다. 이런 경우처럼 물권에 대한 침해의 결과 물권적 청구권과 다른 청구권이 경합할 수 있다.

② 불법행위에 의한 손해배상청구권

㉠ 물권적 청구권은 상대방의 고의·과실을 요하지 않지만, 불법행위에 의한 손해배상청구권은 상대방의 고의·과실을 요한다.

㉡ 물권적 청구권은 손해의 발생을 요하지 않지만, 불법행위에 의한 손해배상청구권은 상대방의 손해발생을 요한다.

❂ 물권적 청구권과 불법행위에 의한 손해배상청구권의 비교

구분	물권적 청구권	불법행위에 의한 손해배상청구권
귀책사유	귀책사유 불요(不要)	귀책사유 요(要)
소멸시효	적용 안 됨	적용됨(3년, 10년)
침해발생의 가능성	행사 가능	행사 불가능
청구의 내용	행위청구	금전배상청구

📖 물권변동

1 물권변동의 의의

(1) '물권의 변동'이란 물권의 발생·변경·소멸을 의미한다.

(2) 물권의 변동의 원인에는 '법률행위에 의한 물권의 변동'과 '법률의 규정에 의한 물권의 변동'으로 구분할 수 있다.

2 물권변동과 공시(公示)

(1) 공시제도의 의의

물권은 배타적 효력을 갖는 권리이기 때문에 물권의 소재와 변동을 일정한 외부적 표상에 의하여 인식할 수 있도록 하지 않으면 제3자에게 예상치 못한 손해를 주게 될 뿐만 아니라 권리관계가 복잡해진다. 따라서 거래의 안전을 보호하기 위하여 물권의 변동을 일반 제3자가 용이하게 인식할 수 있도록 하는 표상을 공시방법이라 하고, 공시방법을 통하여 물권의 현상을 공시하는 제도를 공시제도라 한다.

(2) 공시의 방법

① **부동산물권**

부동산물권의 공시방법은 등기(登記)이다. 부동산물권의 귀속과 변동과정은 부동산등기법의 정함에 따라 토지는 토지등기부에, 건물은 건물등기부에 각각 기재한다. 한편 입목도 입목등기부에 등기하고(입목에 관한 법률), 수목의 집단·미분리의 과실 등에 관하여는 관습법상 명인방법이라는 공시제도가 인정된다.

② **동산물권**

동산물권의 공시방법은 점유(占有)이다. 동산의 점유를 이전하는 것을 인도라고 하는데, 그 방법으로 민법은 현실인도(제188조 제1항), 간이인도(제188조 제2항), 점유개정(제189조), 목적물반환청구권의 양도(제190조)의 4가지를 규정하고 있다.

(3) 공시의 원칙과 공신의 원칙

① **공시의 원칙(公示의 原則)**

'공시의 원칙'은 물권의 소재 및 변동은 언제나 공시방법을 갖추어야 한다는 원칙이다. 이 원칙은 물권변동을 외부에서 인식할 수 있도록 하므로 거래의 안전을 위하여 인정되는 것이다.

② **공신(公信)의 원칙**

'공신의 원칙'이란 물권의 존재를 추측하게 하는 표상, 즉 공시방법이 존재하는 경우에는 비록 그 표상이 실질적 권리와 일치하지 않는다 할지라도 그 표상을 신뢰한 자는 보호되어야 한다는 원칙이다. 우리 민법은 동산의 경우에는 공신의 원칙을 인정하여 거래의 안전을 보호하는 입장을 취하나, 부동산의 경우에는 공신의 원칙을 인정하지 않고 진정한 권리자를 보호하는 입장을 취한다.

🗐 부동산물권변동

> **제186조** **부동산물권변동의 효력**
>
> 부동산에 관한 법률행위로 인한 물권의 득실변경은 **등기하여야 그 효력이 생긴다.**

> **제187조** **등기를 요하지 아니하는 부동산물권취득**
>
> **상속, 공용징수, 판결, 경매 기타 법률의 규정에 의한 부동산에 관한 물권의 취득은 등기를 요하지 아니한다.** 그러나 등기를 하지 아니하면 이를 처분하지 못한다.

1 법률행위에 의한 부동산물권변동

(1) 법률행위에 의한 부동산 물권변동의 요건은 법률행위와 등기이다. 목적부동산의 인도는 그 요건이 아니다.

(2) 등기를 요하는 부동산물권은 소유권, 지상권, 지역권, 전세권, 저당권, 권리질권이 있다. 부동산물권 중 점유권, 유치권, 법정지상권, 전세권의 법정갱신, 법정저당권, 분묘기지권 등은 등기를 요하지 아니한다.

2 법률행위에 의하지 아니하는 부동산물권변동

(1) 상속

상속은 피상속인의 사망으로 개시되므로 피상속인이 사망한 때 부동산물권은 등기 없이 상속인에게 이전된다. 상속에 준하는 포괄유증(제1078조)과 회사합병(상법 제239조) 등으로 인한 포괄승계에 의한 부동산물권의 변동에도 등기를 요하지 않는다.

(2) 공용징수

특정한 공익사업을 위하여 개인의 재산권을 법률에 의하여 강제적으로 취득하는 것을 수용 또는 공용징수라고도 한다. 협의수용의 경우에는 협의에서 정한 시기, 재결수용의 경우에는 보상금의 지급을 정지조건으로 수용기일에 등기 없이 부동산물권변동의 효력이 발생한다.

(3) 판결

① 등기 없이 물권변동의 효력이 생기는 판결은 형성판결(◉ 공유물의 분할청구에 기한 현물분할판결・채권자취소판결)에 국한된다. 즉, 공유물에 대한 현물분할의 판결이 확정되면 분할된 부동산의 각각에 대하여 등기가 없더라도 단독소유권이 인정된다. 그리고 채권자취소판결이 있게 되면 말소등기 없이도 당연히 타인에게 이전되었던 소유권이 채무자에게 복귀하게 된다.

② 이행판결이나 확인판결은 등기를 하여야 한다. 예를 들면, 매매계약에 기한 소유권이전등기청구소송에서 매수인의 승소판결이 확정되었다 하더라도 그 판결은 이행판결이므로 그 판결에 의해 이전등기를 하여야 소유권을 취득한다.

> 1. 본조에서 이른바 판결이라 함은 판결 자체에 의하여 부동산물권취득의 형식적 효력이 발생하는 경우를 말하는 것이고 당사자 사이에 이루어진 어떠한 법률행위를 원인으로 하여 부동산소유권이전등기절차의 이행을 명하는 것과 같은 내용의 판결 또는 소유권이전의 약정을 내용으로 하는 화해조서는 이에 포함되지 않는다(대판 1965.8.17, 64다1721).
> 2. 제187조의 판결은 공유물분할판결, 사해행위취소판결, 상속재산분할판결 등 형성판결만을 의미하고, 이행판결이나 확인판결은 이에 포함되지 않는다. 한편 형성판결에 의해 물권변동이 발생하는 시기는 그 판결이 확정된 때이다(민사소송법 제498조).
> 3. 집합건물의 소유 및 관리에 관한 법률 제53조, 제54조, 제56조, 제57조의 규정에 비추어 보면, 집합건물의 어느 부분이 전유부분인지 공용부분인지 여부는 구분소유가 성립한 시점, 즉 원칙적으로 건물 전체가 완성되어 당해 건물에 관한 건축물대장에 구분건물로 등록된 시점을 기준으로 판단하여야 하므로(대판 1999.9.17, 99다1345), 등기 없이도 구분소유권을 취득한다.
> 4. 공유물분할의 소송절차 또는 조정절차에서 공유자 사이에 공유토지에 관한 현물분할의 협의가 성립하여 그 합의사항을 조서에 기재함으로써 조정이 성립하였다고 하더라도, 그와 같은 사정만으로 재판에 의한 공유물분할의 경우와 마찬가지로 그 즉시 공유관계가 소멸하고 각 공유자에게 그 협의에 따른 새로운 법률관계가 창설되는 것은 아니고, 공유자들이 협의한 바에 따라 토지의 분필절차를 마친 후 각 단독소유로 하기로 한 부분에 관하여 다른 공유자의 공유지분을 이전받아 등기를 마침으로써 비로소 그 부분에 대한 대세적 권리로서의 소유권을 취득하게 된다고 보아야 한다(대판 2013.11.21, 2011두1917 전합).

(4) 경매

부동산소유권 취득의 시기는 민사소송법에 의한 경매이든 국세징수법에 의한 공매이든 간에 모두 경락인(매수인)이 그 경락대금을 완납한 때이다.

(5) 기타 법률의 규정

① 신축건물의 소유권 취득

② 관습법상의 법정지상권의 취득, 법정지상권의 취득(제305조, 제366조)

③ 피담보채권 소멸에 의한 저당권의 소멸

④ 용익물권의 존속기간만료에 의한 소멸

⑤ 혼동에 의한 물권의 소멸(제191조)

⑥ 소멸시효에 의한 용익물권의 소멸

⑦ 분배농지상환완료에 의한 소유권 취득(판례)

⑧ 법률행위의 무효·취소·해제에 의한 소유권의 복귀(판례)

⑨ 부동산의 멸실에 의한 물권의 소멸, 포락으로 인한 토지소유권 소멸

⑩ 분묘기지권의 취득

> 민법 제548조 제1항 본문에 의하면 계약이 해제되면 각 당사자는 상대방을 계약이 없었던 것과 같은 상태에 복귀케 할 의무를 부담한다는 뜻을 규정하고 있는바 계약에 따른 채무의 이행으로 이미 등기나 인도를 하고 있는 경우에 그 원인행위인 채권계약이 해제됨으로써 원상회복 된다고 할 때 그 이론 구성에 관하여 소위 채권적 효과설과 물권적 효과설이 대립되어 있으나 우리의 법제가 물권행위의 독자성과 무인성을 인정하고 있지 않는 점과 민법 제548조 제1항 단서가 거래안정을 위한 특별규정이란 점을 생각할 때 계약이 해제되면 그 계약의 이행으로 변동이 생겼던 물권은 당연히 그 계약이 없었던 원상태로 복귀한다 할 것이다(대판 1977.5.24, 75다1394).

(6) 민법 제187조의 예외

점유취득시효에 의한 부동산물권의 취득은 법률의 규정(제245조)에 의한 물권의 변동이지만, 제187조의 예외로서 등기하여야 소유권을 취득한다.

🗐 등기

■1 부동산물권변동을 가져오는 등기의 요건

(1) 등기의 형식적 유효요건

① 등기의 기재와 그 멸실 등

㉠ 등기는 물권의 효력발생요건이다. 따라서 등기의 신청이 있었다 하더라도 등기부에 기재되지 않으면 등기가 있다고 할 수 없으므로 물권변동은 발생하지 않는다.

㉡ 등기는 물권의 효력존속요건은 아니다. 따라서 일단 유효하게 존재하였던 등기부가 멸실되거나, 불법으로 말소되거나 또는 새 등기부에 이기하는 과정에서 빠진 경우에도 등기가 표상하던 물권은 소멸하지 않는다.

> 근저당권설정등기가 불법행위로 인하여 원인 없이 말소된 경우, 등기명의인에게 곧바로 근저당권 상실의 손해가 발생하였다고 볼 수 있는지 여부등기는 물권의 효력발생요건이고 존속요건은 아니어서 등기가 원인 없이 말소된 경우에는 그 물권의 효력에 아무런 영향이 없고, 그 회복등기가 마쳐지기 전이라도 말소된 등기의 등기명의인은 적법한 권리자로 추정되며, 그 회복등기 신청절차에 의하여 말소된 등기를 회복할 수 있으므로, 근저당권설정등기가 불법행위로 인하여 원인 없이 말소되었다 하더라도 말소된 근저당권설정등기의 등기명의인이 곧바로 근저당권 상실의 손해를 입게 된다고 할 수는 없다(대판 2010.2.11, 2009다68408).

② 이중으로 경료된 소유권보존등기

㉠ 표제부 표시란의 이중보존등기

판례는 실체법설에 입각하여 등기의 선후에 관계없이 부동산의 실제상황과 일치하는 보존등기만 유효하다고 본다.

㉡ 동일인 명의의 이중보존등기

이 경우에는 실체관계를 묻지 않고 선등기만을 유효로 하고 후의 등기를 무효로 한다(절차법설). 예를 들면, A토지의 소유자 甲이 나중에 이루어진 이중의 보존등기에 기하여 乙에게 저당권설정등기를 경료해 주었다면, 무효인 보존등기에 근거한 저당권설정등기이므로 乙은 저당권을 취득하지 못한다. 따라서 乙은 甲에게 다시 저당권설정등기를 청구할 이익이 있다.

㉢ 등기명의인을 달리하는 이중보존등기

선소유권보존등기가 원인무효가 되지 않는 한 후보존등기는 비록 그 부동산의 매수인에 의하여 이루어진 경우에도 1부동산 1용지주의를 채택하고 있는 부동산등기법 아래에서는 무효이다.

(2) 등기의 실질적 유효요건

등기와 물권행위는 서로 부합하여야 한다. 등기가 실체관계와 일치하지 않으면 형식적 요건을 갖추고 있어도 등기로서의 효력이 없다.

① 절차상 하자가 있더라도 그 등기가 실체관계에 부합한다면 유효하다.

② 등기가 물권행위의 내용과 합치하지 않는 경우 : 그 등기는 무효이다. 예를 들면, 지상권설정 등기의 합의가 있었는데 전세권설정의 등기가 경료되어 있는 경우 그 등기는 당연무효이다.

③ 물권행위와 등기가 권리의 종류에 관해서는 합치하나 그 내용에 양적 차이가 있는 경우

    ㉠ 등기된 권리내용의 양이 물권행위의 그것보다 큰 경우에는 물권행위의 한도에서 효력이 있다. 예를 들면, 저당권설정계약 당시에 1억원에 대한 저당권을 설정하기로 하였으나, 등기는 1억 2천만원으로 한 경우에는 물권행위의 한도에서 1억원의 저당권으로 효력이 있다.

    ㉡ 그 반대의 경우에는 제137조의 일부무효의 법리에 따른다는 것이 다수설이다.

④ 부동산등기는 현실의 권리관계에 부합하는 한 그 권리취득의 경위나 방법 등이 사실과 다르다고 하더라도 그 등기의 효력에는 아무런 영향이 없다. 따라서 증여를 하였으나 등기원인을 매매로 기재하였다고 하더라도 그 등기는 유효하다.

(3) 무효등기의 유용

① 사항란의 유용

등기원인의 부존재·무효·취소·해제로 인하여 말소되어야 할 무효인 등기가 말소되지 않고 있다가 후에 이에 상응하는 등기원인이 발생한 경우에 이 무효인 등기를 그 등기원인의 공시방법으로 하는 것을 말한다. 예를 들면, 근저당권설정등기가 변제에 의하여 무효로 된 것을 후에 발생한 금전채권의 담보로 유용하는 경우이다. 판례는 등기부상 이해관계 있는 제3자가 없는 한 원칙적으로 허용된다고 한다.

② 표제부의 유용 불가

멸실된 건물의 보존등기를 멸실 후 신축한 건물의 보존등기로 유용한 경우에는 그 등기는 무효이다.

> 1. 실질관계의 소멸로 무효로 된 등기의 유용은 그 등기를 유용하기로 하는 합의가 이루어지기 전에 등기상 이해관계가 있는 제3자가 생기지 않은 경우에 한하여 허용된다(대판 1989.10.27, 87다카425).
>
> 2. 멸실된 건물과 신축된 건물이 위치나 기타 여러가지 면에서 서로 같다고 하더라도 그 두 건물이 동일한 건물이라고는 할 수 없으므로 신축건물의 물권변동에 관한 등기를 멸실건물의 등기부에 등재하여도 그 등기는 무효이고 가사 신축건물의 소유자가 멸실건물의 등기를 신축건물의 등기로 전용할 의사로써 멸실건물의 등기부상 표시를 신축건물의 내용으로 표시 변경 등기를 하였다고 하더라도 그 등기가 무효임에는 변함이 없다(대판 1980.11.11, 80다441).

2 등기의 효력

(1) 본등기의 효력

① 권리변동적 효력, ② 순위확정적 효력, ③ 대항적 효력, ④ 추정적 효력

(2) 등기의 추정력의 법적 성격

판례는 등기의 추정은 사실상 추정으로 보지 않고 "법률상 추정"으로 본다.

(3) 추정력의 물적 범위

① 권리귀속의 추정

　㉠ 소유권이전등기가 있으면 소유권의 존재가, 임차권 등기가 있으면 임차권의 존재가 적법하게 존재하는 것으로 추정한다(즉 등기된 권리가 등기명의자에게 귀속하는 것으로 추정한다).

　㉡ 또 그 등기에 의하여 물권변동이 유효하게 성립한 것으로 추정된다.

② 절차의 적법 추정

　㉠ 등기가 절차상으로도 유효요건을 갖추어서 적법하게 이루어진 것이라고 추정된다. 즉 전등기명의인이 미성년자이고 당해 부동산을 친권자에게 증여하는 행위가 이해상반행위라고 하더라도 일단 친권자에게 이전등기가 경료된 이상 그 이전등기에 관하여 필요한 특별대리인이 선임된 절차를 적법하게 거친 것으로 추정된다.

　㉡ 토지거래허가지역에 대하여 등기가 된 경우 적법한 허가가 있는 것으로 추정되듯이, 등기를 함에 있어서 필요한 선세요건도 갖춘 것으로 추정된다.

③ 등기원인의 추정

등기원인에 대해서도 추정력을 인정한다. 즉 등기명의자가 전소유자로부터 부동산을 취득함에 있어 등기부상 기재된 등기원인(매매)에 의하지 아니하고, 다른 원인(증여)으로 적법하게 취득하였다고 하면서 등기원인행위의 태양이나 과정을 다소 다르게 주장하였다고 하여 이러한 주장만 가지고 그 등기의 추정력이 깨어진다고 할 수 없다.

④ 대리권 존재의 추정

　㉠ 매매계약 및 등기가 본인의 대리인에 의해서 행하여진 경우 그 대리인이 대리권을 수여받았다거나 표현대리의 요건을 갖추어서 유효한 대리행위를 하였다는 점은 추정된다.

　㉡ 전등기명의인의 직접적인 처분행위에 의한 것이 아니라 제3자가 그 처분행위에 개입된 경우 현등기명의인이 그 제3자가 전등기명의인의 대리인이라고 주장하더라도 현등기명의인의 등기가 적법히 이루어진 것으로 추정되므로 그 등기가 원인무효임을 이유로 말소를 청구하는 전등기명의인으로서는 그 반대사실 즉, 그 제3자에게 전등기명의인을 대리할 권한이 없었다든지, 또는 그 제3자가 전등기명의인의 등기서류를 위조하였다는 등의 무효사실에 대한 입증책임을 진다.

⑤ 기타 등기사항 존재의 추정

    ㉠ 담보물권의 등기로부터 그 담보물권의 존재뿐만 아니라 피담보채권의 존재도 추정된다.

    ㉡ 근저당권은 그 담보할 채무의 최고액만을 정하고, 채무의 확정을 장래에 보류하여 설정하는 저당권으로서, 계속적인 거래관계로부터 발생하는 다수의 불특정채권을 장래의 결산기에서 일정한 한도까지 담보하기 위한 목적으로 설정되는 담보권이므로, 근저당권설정행위와는 별도로 근저당권의 피담보채권을 성립시키는 법률행위가 있어야 하고, 근저당권의 성립 당시 근저당권의 피담보채권을 성립시키는 법률행위가 있었는지 여부에 대한 증명책임은 그 존재를 주장하는 측에 있다. 즉 근저당권설정등기는 피담보채권을 성립시키는 법률행위에 대해서는 추정되지 않는다.

⑥ 소유권이전등기의 말소등기가 경료된 경우에, 그 말소등기가 적법하게 이루어졌고 따라서 이전등기 명의인의 소유권은 소멸한 것으로 추정되지만, 원인 없이 말소되었다면 그 회복등기가 경료되기 전이라도 말소된 소유권이전등기의 최종명의인은 적법한 권리자로 추정된다.

⑦ 멸실회복등기에 있어 전 등기의 접수연월일, 접수번호 및 원인일자가 불명이라고 기재되어 있다 하더라도, 특별한 사정이 없는 한 이는 등기공무원에 의하여 적법하게 수리되고 처리된 것이라고 추정된다.

⑧ 부동산등기는 현재의 진실한 권리상태를 공시하면 그에 이른 과정이나 태양을 그대로 반영하지 아니하였어도 유효한 것이므로 소유권이전등기가 전 소유자의 의사에 반하여 이루어진 것이 아니라면 명의자가 등기원인행위의 태양이나 과정을 다소 다르게 주장한다고 하여 이러한 주장만 가지고 그 등기의 추정력이 깨어진다고 할 수 없다.

(4) 추정력의 인적 범위

① 제3자의 원용(주장)

    등기의 추정력은 등기명의인뿐만 아니라 제3자도 추정의 효과를 원용할 수 있다. 따라서 등기의 추정력은 등기명의인의 이익을 위해서만 인정되는 것이 아니라 불이익을 위해서도 인정된다.

② 권리변동 당사자 간의 추정력의 범위

    ㉠ 甲소유의 토지를 乙이 매수하고 소유권이전등기를 한 경우, 乙은 전 소유자인 甲에 대해서도 등기의 추정력을 주장할 수 있다. 따라서 甲은 乙을 상대로 소유권이전등기 말소청구를 한 경우 乙은 甲에게 적법한 소유권자로 추정된다고 주장할 수 있기 때문에 甲이 乙의 등기가 원인무효라는 사실을 주장·증명해야 한다.

    ㉡ 甲이 신축하여 소유권을 원시취득한 건물에 대해 乙이 소유권보존등기를 한 경우, 乙은 전 소유자인 甲에 대해서 보존등기의 추정력을 주장할 수 없다. 따라서 甲이 乙을 상대로 보존등기말소청구를 한 경우 乙은 甲에게 적법한 소유권자로 추정된다고 주장할 수 없고 乙은 甲으로부터 건물을 유효하게 매수하였다는 사실을 주장·증명해야 한다.

(5) 추정력의 효력

① 등기명의인이 등기부를 증거를 제출하면 그 등기명의인은 적법한 권리자로 추정된다.

② 부동산에 관하여 소유권이전등기가 마쳐져 있는 경우, 그 등기명의자는 제3자에 대하여서 뿐만 아니라, 그 전소유자에 대하여서도 적법한 등기원인에 의하여 소유권을 취득한 것으로 추정되는 것으로서, 등기명의자가 전 소유자로부터 부동산을 취득함에 있어 등기부상 기재된 등기원인에 의하지 아니하고 다른 원인으로 적법하게 취득하였다고 하면서 등기원인 행위의 태양이나 과정을 다소 다르게 주장한다고 하여 이러한 주장만 가지고 그 등기의 추정력이 깨어진다고 할 수는 없을 것이므로, 이러한 경우에도 이를 다투는 측에서 등기명의자의 소유권이전등기가 전 등기명의인의 의사에 반하여 이루어진 것으로서 무효라는 주장·증명을 하여야 한다.

③ 특별조치법에 따라 마쳐진 이전등기는 실체적 권리관계에 부합하는 등기로 추정되고, 특별조치법 소정의 보증서나 확인서가 허위 또는 위조된 것이라거나 그 밖의 사유로 적법하게 등기된 것이 아니라는 증명이 없는 한, 그 소유권이전등기의 추정력은 번복되지 않는다. 또한 특별조치법에 따라 등기를 마친 자가 보증서나 확인서에 기재된 취득원인이 사실과 다름을 인정하더라도 그 사유만으로 특별조치법에 따라 마쳐진 등기의 추정력이 깨어진다고 볼 수 없다.

④ 그러나 허무인으로부터 이전등기, 전소유자가 아닌 자의 행위에 기한 이전등기, 등기부상 기재 자체로 부실등기임이 명백한 경우, 매수인과 등기명의자가 불일치한 경우, 등기절차상 적법성이 의심되는 경우에는 등기의 추정력이 번복된다.

⑤ 소유권이전등기의 원인으로 주장된 계약서가 진정하지 않은 것으로 증명된 이상 그 등기의 적법추정은 복멸되고 계속 다른 적법한 등기원인이 있을 것으로 추정할 수는 없다.

⑥ 그러나 보존등기는 등기신청자의 단독신청에 의하여 행하여지기 때문에 진실성의 보장이 약하므로 소유권이전등기에 비해 추정력이 약하다. 따라서 보존등기가 원시취득에 의한 것이 아님이 드러난 경우에는 그 추정력은 깨진다. 따라서 보존등기명의인이 전소유자로부터 매수하였다고 주장하는 경우, 보존등기명의인 외의 자가 사정받은 사실이 인정되는 경우, 건물보존등기명의자 이외의 자가 건물을 신축한 사실이 드러난 경우에는 보존등기의 추정력이 번복된다.

⑦ 소유권보존등기가 '임야소유권이전등기 등에 관한 특별조치법'에 의해 이루어진 경우에 그 임야를 사정받은 사람이 따로 있는 것으로 밝혀진 경우라도 그 등기는 동법 소정의 적법한 절차에 따라 마쳐진 것으로서 실체적 권리관계에 부합하는 등기로 추정된다고 본다. 즉 특별조치법상의 보존등기는 통상의 보존등기와는 달리 강한 추정력을 인정한다.

⑧ 등기를 신뢰하고 거래하는 경우에는 무과실로 추정된다. 그러나 등기내용을 조사하지 않은 경우에는 선의이더라도 과실이 있는 것으로 추정된다.

⑨ 부동산물권을 취득하려는 자는 미리 등기부를 조사하는 것이 일반적이므로 거래당사자는 악의로 추정된다.

(6) 가등기

① 소유권이전청구권 보전을 위한 가등기가 있다 하여, 소유권이전등기를 청구할 어떤 법률관계가 있다고 추정되지 아니한다.

② 가등기는 그 성질상 본등기의 순위보전의 효력만이 있어 후일 본등기가 경료된 때에는 본등기의 순위가 가등기한 때로 소급하는 것뿐이지 본등기에 의한 물권변동의 효력이 가등기한 때로 소급하여 발생하는 것은 아니다.

③ 저당권설정등기청구권을 보전하기 위한 가등기도 허용된다. 즉 채권적 청구권을 보전하기 위한 가등기는 허용된다. 그러나 물권적 청구권을 보전하기 위한 가등기는 허용되지 않는다.

④ 가등기는 원래 순위를 확보하는 데에 그 목적이 있으나, 순위 보전의 대상이 되는 물권변동의 청구권은 그 성질상 양도될 수 있는 재산권일 뿐만 아니라 가등기로 인하여 그 권리가 공시되어 결과적으로 공시방법까지 마련된 셈이므로, 이를 양도한 경우에는 양도인과 양수인의 공동신청으로 그 가등기상의 권리의 이전등기를 가등기에 대한 부기등기의 형식으로 경료할 수 있다고 보아야 한다.

⑤ 가등기에 의한 본등기가 경료되면 등기관은 가등기 이후에 된 등기로서 가등기에 의하여 보전되는 권리를 침해하는 등기를 직권으로 말소한다(부동산등기법 제92조 참조).

⑥ 가등기가 가등기권리자의 의사에 의하지 아니하고 말소되어 그 말소등기가 원인 무효인 경우에는 등기상 이해관계 있는 제3자는 그의 선의, 악의를 묻지 아니하고 가등기권리자의 회복등기절차에 필요한 승낙을 할 의무가 있으므로, 가등기가 부적법하게 말소된 후 가처분등기, 근저당권 설정등기, 소유권이전등기를 마친 제3자는 가등기의 회복등기절차에서 등기상 이해관계 있는 제3자로서 승낙의무가 있다.

⑦ 가등기 이후 제3자 앞으로 소유권이전등기가 된 경우 그것은 가등기권리자에 대한 관계에서는 무효이므로, 가등기권리자는 본래의 부동산소유자(가등기의무자)를 상대로 본등기청구를 하여야 한다.

⑧ 가등기에 기하여 본등기가 된 때에는 본등기의 순위가 가등기한 때로 소급함으로써 가등기 후 본등기 전에 이루어진 중간처분이 본등기보다 후순위로 되어 실효되는 것이므로 가등기에 기한 본등기청구와 단순한 소유권이전등기청구는 비록 그 등기원인이 동일하다고 하더라도 이는 서로 다른 청구로 보아야 한다.

3 중간생략등기

(1) 이미 경료된 중간생략등기의 유효성

① 당사자 사이에 적법한 원인행위가 성립되어 중간생략등기가 이루어진 이상, 중간생략등기에 관한 합의가 없었다는 사유만으로는 그 소유권이전등기를 무효라고 할 수 없다.

② 다만 토지거래허가구역 내의 토지에 대한 중간생략등기의 경우에는 적법한 토지거래허가 없이 경료된 등기로서 무효이다.

(2) 중간생략등기 합의에 의한 등기청구권 인정 여부

① 최종 양수인이 중간생략등기의 합의를 이유로 최초 양도인에게 직접 중간생략등기를 청구하기 위하여는 관계당사자 전원의 의사합치가 필요하다.

② 부동산이 전전양도된 경우에 중간생략등기의 합의가 없는 한 그 최종 양수인은 최초 양도인에 대하여 직접 자기 명의로의 소유권이전등기를 청구할 수 없고, 부동산의 양도계약이 순차 이루어져 최종 양수인이 중간생략등기의 합의를 이유로 최초 양도인에게 직접 그 소유권이전등기청구권을 행사하기 위하여는 관계당사자 전원의 의사합치, 즉 중간생략등기에 대한 최초 양도인과 중간자의 동의가 있는 외에 최초 양도인과 최종 양수인 사이에도 그 중간등기생략의 합의가 있었음이 요구되므로, 비록 최종 양수인이 중간자로부터 소유권이전등기 청구권을 양도받았다고 하더라도 최초 양도인이 그 양도에 대하여 동의하지 않고 있다면 최종 양수인은 최초 양도인에 대하여 채권양도를 원인으로 하여 소유권이전등기 절차 이행을 청구할 수 없다.

③ 중간생략등기의 합의가 있었다 하더라도 이러한 합의는 중간등기를 생략하여도 당사자 사이에 이의가 없겠고 또 그 등기의 효력에 영향을 미치지 않겠다는 의미가 있을 뿐이지 그러한 합의가 있었다 하여 중간매수인의 소유권이전등기청구권이 소멸된다거나 첫 매도인의 그 매수인에 대한 소유권이전등기의무가 소멸되는 것은 아니라 할 것이다.

(3) 당사자들의 채무이행

① 중간생략등기의 합의란 부동산이 전전 매도된 경우 각 매매계약이 유효하게 성립함을 전제로 그 이행의 편의상 최초의 매도인으로부터 최종의 매수인 앞으로 소유권이전등기를 경료하기로 한다는 당사자 사이의 합의에 불과할 뿐이므로, 이러한 합의가 있다고 하여 최초의 매도인이 자신이 당사자가 된 매매계약상의 매수인인 중간자에 대하여 갖고 있는 매매대금 청구권의 행사가 제한되는 것은 아니다.

② 최초 매도인과 중간 매수인, 중간 매수인과 최종 매수인 사이에 순차로 매매계약이 체결되고 이들 간에 중간생략등기의 합의가 있은 후에 최초 매도인과 중간 매수인 간에 매매대금을 인상하는 약정이 체결된 경우, 최초 매도인은 인상된 매매대금이 지급되지 않았음을 이유로 최종 매수인 명의로의 소유권이전등기의무의 이행을 거절할 수 있다(대판 2005.4.29, 2003다66431).

(4) 토지허가구역 내의 토지에 대한 중간생략등기

① 토지거래허가구역 내의 토지가 관할 관청의 허가 없이 전전매매되고 그 당사자들 사이에 최초의 매도인으로부터 최종 매수인 앞으로 직접 소유권이전등기를 경료하기로 하는 중간생략등기의 합의가 있는 경우, 이러한 중간생략등기의 합의란 부동산이 전전매도된 경우 각 매매계약이 유효하게 성립함을 전제로 그 이행의 편의상 최초의 매도인으로부터 최종의 매수인 앞으로 소유권이전등기를 경료하기로 한다는 당사자 사이의 합의에 불과할 뿐 그러한 합의가 있다고 하여 최초의 매도인과 최종의 매수인 사이에 매매계약이 체결되었다는 것을 의미하는 것은 아니고, 따라서 최종 매수인은 최초 매도인에 대하여 직접 그 토지에 관한 토지거래허가 신청절차의 협력의무 이행청구권을 가지고 있다고 할 수 없으며, 설사 최종 매수인이 자신과 최초 매도인을 매매 당사자로 하는 토지거래허가를 받아 최종 매수인 앞으로 소유권이전등기를 경료하더라도 그러한 소유권이전등기는 적법한 토지거래허가 없이 경료된 등기로서 무효이다.

② 국토이용관리법에 의하여 허가를 받아야 하는 토지거래계약이 처음부터 허가를 배제하거나 잠탈하는 내용의 계약인 경우에는 허가 여부를 기다릴 것도 없이 확정적으로 무효로서 유효화될 여지가 없는바, 토지거래허가구역 내의 토지가 거래허가를 받거나 소유권이전등기를 경료할 의사 없이 중간생략등기의 합의 아래 전매차익을 얻을 목적으로 소유자 甲으로부터 부동산중개업자인 乙, 丙을 거쳐 丁에게 전전매매한 경우, 그 각각의 매매계약은 모두 확정적으로 무효로서 유효화될 여지가 없고, 각 매수인이 각 매도인에 대하여 토지거래허가 신청절차 협력의무의 이행청구권을 가지고 있다고 할 수 없으며, 따라서 丁이 이들을 순차 대위하여 甲에 대한 토지거래허가 신청절차 협력의무의 이행청구권을 대위행사할 수도 없다.

4 미등기매수인의 법적 지위

(1) 대외관계

① 소유권 주장 不可

미등기매수인은 매도인의 부동산에 대한 강제집행 시 제3자 이익의 소를 제기할 수 없고, 매도인의 파산 시 환취권을 행사할 수 없다.

② 점유자로서 보호

미등기매수인이 목적부동산을 점유하고 있는 경우 점유자로서 점유보호청구권을 행사할 수 있다.

③ 미등기건물매수인의 경우

㉠ 미등기건물을 등기할 때에는 소유권을 원시취득한 자 앞으로 소유권보존등기를 한 다음 이를 양수한 자 앞으로 이전등기를 함이 원칙이나, 원시취득자(건물을 신축한 자)와 승계취득자(미등기건물의 매수인) 사이의 합치된 의사에 따라 그 건물에 대하여 승계취득자(미등기건물의 매수인) 앞으로 직접 소유권보존등기를 경료하게 되었다면 그 소유권보존등기는 실체적 권리관계에 부합하여 적절한 등기로서 유효하다.

ⓛ 또한 미등기건물이 그 원시취득자로부터 미등기건물의 매수인을 경유하여 제3자에게 전매된 경우에 제3자명의의 소유권보존등기를 한 경우에도, 그 등기는 결과적으로 실체적 법률관계에 부합하여 유효하다.

ⓒ 타인의 토지 위에 건립된 건물로 그 건물을 철거할 의무가 있는 사람은 그 건물의 소유자나 그 건물이 미등기건물일 때에는 이를 매수하여 법률상 사실상 처분할 수 있는 사람이라 할 것이므로, 미등기건물의 철거소송에서 미등기건물의 매수인을 상대로 철거를 청구할 수 있다.

ⓡ 미등기건물에 대한 양도담보계약상의 채권자의 지위를 승계하여 건물을 관리하고 있는 자는 건물의 소유자가 아님은 물론 건물에 대하여 법률상 또는 사실상 처분권을 가지고 있는 자라고 할 수도 없다 할 것이어서 건물에 대한 철거처분권을 가지고 있다고 할 수 없으므로, 미등기건물의 철거소송의 상대방이 될 수 없다.

ⓜ 미등기 무허가 건물의 양수인이라도 그 소유권이전등기를 경료하지 않는 한 그 건물의 소유권을 취득할 수 없고, "소유권에 준하는 관습상의 물권"이 있다고도 할 수 없으며, 현행법상 사실상의 소유권이라고 하는 포괄적인 권리 또는 법률상의 지위를 인정할 수도 없다.

따라서 건물을 신축하여 그 소유권을 원시취득한 자로부터 그 건물을 매수하였으나 아직 소유권이전등기를 갖추지 못한 자는 그 건물의 불법점거자에 대하여 직접 자신의 소유권 등에 기하여 인도를 청구할 수 없지만, 매도인을 대위하여 건물인도청구를 할 수 있다.

ⓗ 건물이 그 존립을 위한 토지사용권을 갖추지 못하여 토지의 소유자가 건물의 소유자에 대하여 당해 건물의 철거 및 그 대지의 인도를 청구할 수 있는 경우에라도 건물소유자가 아닌 사람이 건물을 점유하고 있다면 토지소유자는 그 건물 점유를 제거하지 아니하는 한 위의 건물 철거 등을 실행할 수 없다. 따라서 그때 토지소유권은 위와 같은 점유에 의하여 그 원만한 실현을 방해당하고 있다고 할 것이므로, 토지소유자는 자신의 소유권에 기한 방해배제로서 건물점유자에 대하여 건물로부터의 퇴출을 청구할 수 있다. 그리고 이는 건물점유자가 건물소유자로부터의 임차인으로서 그 건물임차권이 이른바 대항력을 가진다고 해서 달라지지 아니한다.

(2) 대내관계

① 토지의 매수인이 아직 소유권이전등기를 경료받지 아니하였다 하여도 매매계약의 이행으로 그 토지를 인도받은 때에는 매매계약의 효력으로서 이를 점유·사용할 권리가 생기게 된 것으로 보아야 하므로 매도인은 매수인에 대하여 토지소유권에 기한 물권적 청구권을 행사할 수 없다.

② 미등기 매수인의 등기청구권은 채권적 청구권에 해당하므로 매수인의 등기청구권은 10년의 소멸시효에 걸린다.

③ 그러나 미등기매수인의 등기청구권은 매수인은 목적부동산을 인도받아 점유하고 있는 경우 또는 목적부동산을 인도받아 사용·수익하다가 다른 사람에게 부동산을 처분하고 그 점유를 승계해 준 경우에는 소멸시효에 걸리지 않는다.

동산물권변동

1 권리자로부터 취득

제188조 동산물권양도의 효력, 간이인도

① 동산에 관한 물권의 양도는 그 동산을 인도하여야 효력이 생긴다.
② 양수인이 이미 그 동산을 점유한 때에는 당사자의 의사표시만으로 그 효력이 생긴다.

제189조 점유개정

동산에 관한 물권을 양도하는 경우에 당사자의 계약으로 양도인이 그 동산의 점유를 계속하는 때에는 양수인이 인도받은 것으로 본다.

제190조 목적물반환청구권의 양도

제삼자가 점유하고 있는 동산에 관한 물권을 양도하는 경우에는 양도인이 그 제삼자에 대한 반환청구권을 양수인에게 양도함으로써 동산을 인도한 것으로 본다.

2 무권리자로부터 취득

선의취득

| 제249조 | 선의취득 |

평온, 공연하게 동산을 양수한 자가 선의이며 과실 없이 그 동산을 점유한 경우에는 양도인이 정당한 소유자가 아닌 때에도 즉시 그 동산의 소유권을 취득한다.

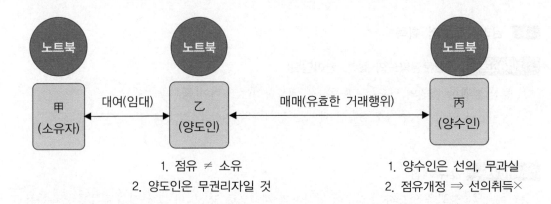

1. 점유 ≠ 소유
2. 양도인은 무권리자일 것

1. 양수인은 선의, 무과실
2. 점유개정 ⇒ 선의취득×

1 선의취득의 요건

(1) 등기, 등록할 수 없는 동산일 것	1. 부동산은 선의취득의 대상이 될 수 없다. 2. 등기, 등록할 수 있는 동산인 자동차, 선박 등은 선의취득의 대상이 될 수 없다. 3. 금전은 점유와 소유가 일치하므로 선의취득의 대상이 될 수 없다.
(2) 양도인은 무권리자일 것	본인의 물건을 무권대리인이 대리행위를 한 때에는 선의취득이 인정되지 않는다.
(3) 유효한 거래행위가 있을 것	1. 거래행위에 의해서만 선의취득할 수 있으므로, **상속 등에 의한 포괄승계의 경우에는 선의취득할 수 없다.** 2. 거래행위가 제한능력을 이유로 취소된 경우에도 선의취득할 수 없다.
(4) 양수인은 선의, 무과실로 동산을 인도받을 것	1. 인도 중에서 점유개정에 의한 **선의취득은 인정되지 않는다.** 2. 선의무과실은 물권행위 완성시를 기준으로 판단한다.

1. 민법 제249조의 동산 선의취득제도는 동산을 점유하는 자의 권리 외관을 중시하여 이를 신뢰한 자의 소유권 취득을 인정하고 진정한 소유자의 추급을 방지함으로써 거래의 안전을 확보하기 위하여 법이 마련한 제도이므로, 선의취득자가 임의로 이와 같은 선의취득 효과를 거부하고 종전 소유자에게 동산을 반환받아 갈 것을 요구할 수 없다(대판 1998.6.12, 98다6800).

2. 자동차관리법이 적용되는 자동차에 해당하더라도 구조와 장치가 제작 당시부터 자동차관리법령이 정한 자동차안전기준에 적합하지 아니하여 행정상 특례조치에 의하지 아니하고는 적법하게 등록할 수 없어서 등록하지 아니한 상태에 있고 통상적인 용도가 도로 외의 장소에서만 사용하는 것이라는 등의 특별한 사정이 있다면 그러한 자동차에 대하여 자동차관리법이 정한 공시방법인 '등록'에 의하여만 소유권 변동을 공시할 것을 기대하기는 어려우므로, 소유권을 취득함에는 민법상 공시방법인 '인도'에 의할 수도 있다. 그리고 이때는 민법 제249조의 선의취득 규정이 적용될 수 있다(대판 2016.12.15, 2016다205373).

3. 서울특별시가 무허가 건물을 자진철거하는 시민들을 위하여 건립하는 연립주택의 입주권은 수분양자로서의 지위에 불과한 것이므로 선의취득의 대상이 될 수 없다(대판 1980.9.9, 79다2233).

4. 저당권의 실행으로 부동산이 경매된 경우에 그 부동산에 부합된 물건은 그것이 부합될 당시에 누구의 소유이었는지를 가릴 것 없이 그 부동산을 낙찰받은 사람이 소유권을 취득하지만, 그 부동산의 상용에 공하여진 물건일지라도 그 물건이 부동산의 소유자가 아닌 다른 사람의 소유인 때에는 이를 종물이라고 할 수 없으므로 부동산에 대한 저당권의 효력에 미칠 수 없어 부동산의 낙찰자가 당연히 그 소유권을 취득하는 것은 아니며, 나아가 부동산의 낙찰자가 그 물건을 선의취득하였다고 할 수 있으려면 그 물건이 경매의 목적물로 되었고 낙찰자가 선의이며 과실 없이 그 물건을 점유하는 등으로 선의취득의 요건을 구비하여야 한다(대판 2008.5.8, 2007다36933).

5. 민법 제249조가 규정하는 선의·무과실의 기준시점은 물권행위가 완성되는 때인 것이므로 물권적 합의가 동산의 인도보다 먼저 행하여지면 인도된 때를, 인도가 물권적 합의보다 먼저 행하여지면 물권적 합의가 이루어진 때를 기준으로 해야 한다(대판 1991.3.22, 91다70).

6. 선의취득에 필요한 점유의 취득은 현실적인 인도가 있어야 하고 소위 점유개정에 의한 점유취득만으로써는 그 요건을 충족할 수 없다(대판 1964.5.5, 63다775).

7. 양도인이 소유자로부터 보관을 위탁받은 동산을 제3자에게 보관시킨 경우에 양도인이 그 제3자에 대한 반환청구권을 양수인에게 양도하고 지명채권 양도의 대항요건을 갖추었을 때에는 동산의 선의취득에 필요한 점유의 취득 요건을 충족한다(대판 1999.1.26, 97다48906).

2 선의취득의 효과

(1) 선의취득은 원시취득이다.

(2) 동산소유권과 동산질권에 한하여 선의취득할 수 있다.

(3) 선의취득은 거래의 안전을 보호하기 위한 제도이므로, 선의취득한 자는 원권리자에게 부당이득
반환의무를 부담하지 않는다.

> 민법 제249조의 선의취득은 동산소유권에 관한 규정이며 이를 동산질권에 준용하되, 저당권
> 에는 준용하지 않는다(대판 1985.12.24, 84다카2428).

3 도품 · 유실물의 특례

제250조 도품, 유실물에 대한 특례

전조의 경우에 그 **동산이 도품이나 유실물인 때**에는 피해자 또는 유실자는 도난 또는 유실한 날
로부터 **2년 내에 그 물건의 반환을 청구**할 수 있다. 그러나 도품이나 유실물이 금전인 때에는
그러하지 아니하다.

제251조 도품, 유실물에 대한 특례

양수인이 도품 또는 유실물을 **경매나 공개시장에서 또는 동종류의 물건을 판매하는 상인에게서
선의로 매수한 때**에는 피해자 또는 유실자는 양수인이 지급한 **대가를 변상하고 그 물건의 반환
을 청구**할 수 있다.

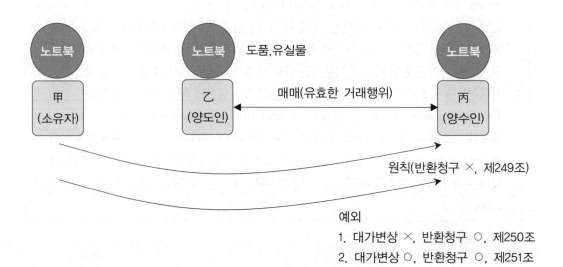

(1) 적용범위

① 도품이나 유실물이 금전인 때에는 민법 제250조의 특례의 적용이 없다.

② 민법 제250조, 제251조는 도품, 유실물의 경우에 적용되므로, 점유자의 의사가 관여된 사기·공갈·횡령의 경우는 적용되지 않는다.

> 1. 제250조, 제251조 소정의 도품·유실물이란 원권리자로부터 점유를 수탁한 사람이 적극적으로 제3자에게 부정 처분한 경우와 같은 위탁물 횡령의 경우는 포함되지 아니하고 또한 점유보조자 내지 소지기관의 횡령처럼 형사법상 절도죄가 되는 경우도 형사법과 민사법의 경우를 동일시해야 하는 것은 아닐 뿐만 아니라 진정한 권리자와 선의의 거래상대방 간의 이익형량의 필요성에 있어서 위탁물 횡령의 경우와 다를 바 없으므로 이 역시 민법 제250조의 도품·유실물에 해당되지 않는다.
> 2. 민법 제251조는 민법 제249조와 제250조를 전제로 하고 있는 규정이므로 무과실도 당연한 요건이라고 해석하여야 한다(대판 1991.3.22, 91다70).
> 3. 민법 제251조의 규정은 선의취득자에게 그가 지급한 대가의 변상을 받을 때까지는 그 물건의 반환청구를 거부할 수 있는 항변권만을 인정한 것이 아니고 피해자가 그 물건의 반환을 청구하거나 어떠한 원인으로 반환을 받은 경우에는 그 대가변상의 청구권이 있다는 취지이다(대판 1972.5.23, 72다115).

(2) 반환청구권의 기간

도난 또는 유실한 날부터 2년 이내이다.

물권의 소멸

1 의의

(1) 물권의 소멸에는 절대적 소멸과 상대적 소멸이 있다.

(2) '물권의 절대적 소멸'이란 물권의 객체인 목적물 자체가 완전히 소멸하여 존재하지 않게 되는 것으로, 모든 물권에 공통되는 소멸원인과 각종의 물권에 특유한 소멸원인이 있다.

(3) '물권의 상대적 소멸'이란 물권의 권리주체의 변동을 의미하는 것으로 법률행위 또는 법률의 규정에 의하여 이루어진다.

(4) 각종 물권의 특유한 소멸원인은 각각의 물권에서 설명한다. 물권의 공통적 소멸원인에는 목적물의 멸실·소멸시효·혼동·공용징수·몰수·포기·포락 등이 있다.

2 물권의 공통적 소멸원인

(1) 목적물의 멸실

(2) 소멸시효

① 소유권을 제외한 물권은 소멸시효의 대상이 되므로 물권은 20년의 시효로 소멸한다. 소유권은 소멸시효의 대상이 되지 않으나 시효취득의 결과 소멸될 수 있다.

② 점유를 기초로 하는 점유권과 유치권 등은 점유를 상실하면 소멸하므로 소멸시효의 대상이 되지 않는다.

③ 담보물권은 피담보채권이 존속하는 한 독립하여 소멸시효의 대상이 되지 않는다.

④ 결국 용익물권만 소멸시효대상이 된다.

(3) 혼동

> **제191조** 혼동으로 인한 물권의 소멸
>
> ① 동일한 물건에 대한 소유권과 다른 물권이 동일한 사람에게 귀속한 때에는 다른 물권은 소멸한다. 그러나 그 물권이 제삼자의 권리의 목적이 된 때에는 소멸하지 아니한다.
> ② 전항의 규정은 소유권 이외의 물권과 그를 목적으로 하는 다른 권리가 동일한 사람에게 귀속한 경우에 준용한다.
> ③ 점유권에 관하여는 전2항의 규정을 적용하지 아니한다.

① 혼동의 의의

㉠ '혼동'이란 서로 양립시킬 만한 가치가 없는 두 개의 법률상의 지위 또는 자격이 동일인에게 귀속하는 경우, 필요 없는 권리나 자격을 소멸시키는 제도를 말한다. 다만, 양립시킬 만한 특별한 사정이 있는 경우에는 예외적으로 소멸하지 않는 것으로 한다.

㉡ 혼동은 물권의 소멸원인이 되기도 하지만 채권의 소멸원인도 된다(제507조).

② 소유권과 제한물권의 혼동

㉠ 원칙

ⓐ 동일한 물건에 대한 소유권과 제한물권(저당권·지상권 등)이 동일인에게 귀속하면 제한물권은 소멸하는 것이 원칙이다(제191조 제1항 본문).

ⓑ 예를 들면, 甲소유 부동산에 대한 저당권자(지상권자) 乙이 저당물의 소유권을 취득하거나 반대로 소유권자 甲이 乙의 저당권(지상권)을 취득하는 경우에는 저당권(지상권) 등은 소멸한다.

㉡ 예외

ⓐ 본인의 이익을 위한 경우

예를 들면, 乙이 甲소유의 토지 위에 선순위 저당권을 가지고 있고, 제3자 丙이 같은 토지 위에 후순위 저당권을 가지고 있는 경우에, 선순위 저당권자 乙이 甲의 토지소유권을 취득하더라도 乙의 저당권은 소멸하지 않는다. 乙의 저당권이 소멸한다면 후순위인 제3자 丙의 저당권이 혼동의 결과 부당하게 유리한 지위를 차지(순위승진)하여 본인 乙의 이익을 해하기 때문이다.

ⓑ 제3자의 이익을 위한 경우(혼동한 제한물권이 제3자의 권리의 목적인 때)

예를 들면, 乙이 甲소유의 토지 위에 지상권(전세권)을 가지고 있고 그 지상권(전세권)이 丙의 저당권의 목적인 때에는 乙이 토지소유권을 취득하더라도, 乙의 지상권(전세권)은 소멸하지 아니한다.

③ 제한물권과 그 제한물권을 목적으로 하는 다른 권리와의 혼동

㉠ 원칙

예를 들면, 甲소유 토지에 乙이 지상권(전세권)을 취득하고 乙의 지상권(전세권) 위에 저당권을 가진 丙이 乙의 지상권(전세권)을 취득한 경우에 원칙적으로 丙의 저당권은 혼동으로 소멸하는 것이 원칙이다.

㉡ 예외

ⓐ 후순위 권리자가 있는 경우

乙이 甲이 가지는 지상권(전세권) 위에 선순위 저당권을 가지고 있고, 제3자 丙이 같은 지상권(전세권) 위에 후순위의 저당권을 가지고 있는 경우에는 乙이 지상권(전세권)을 취득하더라도 乙의 선순위 저당권은 소멸하지 아니한다. 이는 제3자(丙)가 부당하게 유리한 지위를 취득(순위상승)하여 본인(乙)의 이익을 해하게 하는 것을 막는 데 있다.

ⓑ 제한물권이 제3자의 권리의 목적인 때

甲의 지상권(전세권) 위에 乙이 저당권을 가지고 있고, 다시 그 저당권 위에 제3자 丙이 질권을 가지고 있을 때에는 乙이 지상권(전세권)을 취득하더라도 乙의 저당권은 소멸하지 아니한다.

④ 성질상 혼동으로 소멸하지 않는 권리

㉠ 점유권은 성질상 혼동으로 소멸하지 않는다(제191조 제3항). 지배하는 권리인 점유권과 지배할 수 있는 관념적인 권리인 본권, 즉 소유권과 제한물권은 양립할 수 있으므로 혼동으로 소멸하지 않는다.

㉡ 광업권은 토지소유권과는 별개의 권리로서 소유권과 양립할 수 있으므로 혼동으로 소멸하지 않는다.

⑤ 혼동의 효과

㉠ 혼동에 의한 물권의 소멸은 절대적이다. 그러나 혼동을 생기게 한 원인이 부존재하거나 원인행위가 무효·취소·해제된 경우에는 혼동으로 소멸하였던 물권은 부활한다.

㉡ 혼동에 의한 물권의 소멸은 법률의 규정에 의한 물권변동이므로 등기나 인도를 필요로 하지 않는다.

1. 어떠한 물건에 대한 소유권과 다른 물권이 동일한 사람에게 귀속한 경우 그 제한물권은 혼동에 의하여 소멸하는 것이 원칙이지만, 본인 또는 제3자의 이익을 위하여 그 제한물권을 존속시킬 필요가 있다고 인정되는 경우에는 민법 제191조 제1항 단서의 해석에 의하여 혼동으로 소멸하지 않는다(대판 1998.7.10, 98다18643).

2. 선순위 근저당권자 甲, 후순위 근저당권자 乙에 이어 丙과 丁이 각각 그 부동산에 대한 가압류등기를 경료한 다음에 乙이 그 부동산을 매수하여 소유권을 취득한 경우, 乙의 근저당권은 혼동으로 소멸하지 아니한다(대판 1998.7.10, 98다18643).

3. 부동산에 대한 소유권과 임차권이 동일인에게 귀속하게 되는 경우 임차권은 혼동에 의하여 소멸하는 것이 원칙이지만, 그 임차권이 대항요건을 갖추고 있고 또한 그 대항요건을 갖춘 후에 저당권이 설정된 때에는 혼동으로 인한 물권 소멸 원칙의 예외규정인 민법 제191조 제1항 단서를 준용하여 임차권은 소멸하지 않는다(대판 2001.5.15, 2000다12693).

4. 명의신탁자가 장차 소유권이전등기청구권 보전을 위한 가등기를 경료한 후 가등기와는 상관없이 소유권이전등기를 넘겨받은 경우, 가등기에 기한 본등기청구권이 혼동으로 소멸하지 않는다(대판 1995.12.26, 95다29888).

5. 어느 부동산에 대하여 근저당권을 취득한 자가 근저당권설정자로부터 동부동산을 매수하여 소유권이전등기를 경료하면 근저당권은 혼동으로 소멸하나, 후에 소유권이전등기가 원인무효가 되면 소멸하였던 근저당권은 당연히 부활한다(대판 1971.8.31, 71다1386).

CHAPTER 02 점유권

점유권 서론

1 점유권의 의의

'점유제도'는 물건을 사실상 지배하는 경우에 그 지배를 정당화시켜 주는 법률상의 권리(=본권, 本權)가 있는가의 여부를 묻지 않고, 그 사실상의 지배상태에 대하여 일정한 법률효과를 부여하는 제도를 말한다.

2 점유의 요건

> **제192조** **점유권의 취득과 소멸**
>
> ① 물건을 **사실상 지배**하는 자는 점유권이 있다.
> ② 점유자가 물건에 대한 사실상의 지배를 상실한 때에는 점유권이 소멸한다. 그러나 제204조의 규정에 의하여 점유를 회수한 때에는 그러하지 아니하다.

(1) 물건의 사실상 지배

(2) 점유설정의사

1. 물건에 대한 점유란 사회관념상 어떤 사람의 사실적 지배 아래에 있는 객관적 상태를 말하는 것으로서, 사실적 지배가 있다고 하기 위해서는 반드시 물건을 물리적, 현실적으로 지배하는 것만을 의미하는 것이 아니고, 물건과 사람과의 시간적, 공간적 관계와 본권 관계, 타인지배의 배제 가능성 등을 고려하여 사회관념에 따라 합목적적으로 판단하여야 한다. 특히 임야에 대한 점유의 이전이나 점유의 계속은 반드시 물리적이고 현실적인 지배를 요한다고 볼 것은 아니고, 관리나 이용의 이전이 있으면 인도가 있었다고 보아야 하고, 임야에 대한 소유권을 양도하는 경우라면 그에 대한 지배권도 넘겨지는 것이 거래에서 통상적인 형태라고 할 것이다. 또한 대지의 소유자로 등기한 자는 보통의 경우 등기할 때에 대지를 인도받아 점유를 얻은 것으로 보아야 하므로 등기사실을 인정하면서 특별한 사정의 설시 없이 점유사실을 인정할 수 없다고 판단해서는 아니 된다. 그러나 이는 임야나 대지 등이 매매 등을 원인으로 양도되고 이에 따라 소유권이전등기가 마쳐진 경우에 그렇다는 것이지, 소유권보존등기의 경우에도 마찬가지라고 볼 수는 없다. 소유권보존등기는

이전등기와 달리 해당 토지의 양도를 전제로 하는 것이 아니어서, 보존등기를 마쳤다고 하여 일반적으로 등기명의자가 그 무렵 다른 사람으로부터 점유를 이전받는다고 볼 수는 없기 때문이다(대판 2013.7.11, 2012다201410).

2. 사회통념상 건물은 그 부지를 떠나서는 존재할 수 없는 것이므로 건물의 부지가 된 토지는 그 건물의 소유자가 점유하는 것으로 볼 것이고, 이 경우 건물의 소유자가 현실적으로 건물이나 그 부지를 점거하고 있지 아니하고 있더라도 그 건물의 소유를 위하여 그 부지를 점유한다고 보아야 한다(대판 2003.11.13, 2002다57935).

3. 미등기건물을 양수하여 건물에 관한 사실상의 처분권을 보유하게 됨으로써 그 양수인이 건물부지 역시 아울러 점유하고 있다고 볼 수 있는 등의 다른 특별한 사정이 없는 한 건물의 소유명의자가 아닌 자로서는 실제로 그 건물을 점유하고 있다고 하더라도 그 건물의 부지를 점유하는 자로 볼 수 없다(대판 2003.11.13, 2002다57935).

4. 건물 공유자 중 일부만이 당해 건물을 점유하고 있는 경우라도 그 건물의 부지는 건물 소유를 위하여 공유명의자 전원이 공동으로 이를 점유하고 있는 것으로 볼 것이다(대판 2003.11.13, 2002다57935).

3 사실적 지배로서 점유에 대한 예외

(1) 상속인의 점유

제193조 상속으로 인한 점유권의 이전

점유권은 상속인에 이전한다.

(2) 간접점유

제194조 간접점유

지상권, 전세권, 질권, 사용대차, 임대차, 임치 기타의 관계로 타인으로 하여금 물건을 점유하게 한 자는 간접으로 점유권이 있다.

① 간접점유의 성립요건
  ㉠ 점유매개자(지상권자, 전세권자, 질권자, 사용차주, 임차인, 수치인 등)가 물건을 직접 점유할 것
  ㉡ 점유매개자와 간접점유자 사이에 점유매개관계가 존재할 것
    – '점유매개관계'란 간접점유자가 점유할 권리, 즉 본권을 가지고 있고, 직접점유자는 간접점유자인 본권자와의 점유매개관계에 의해 물건을 점유할 권리를 가지며, 점유매개관계가 종료하면 간접점유자가 물건의 반환을 청구할 수 있는 것을 의미한다.

- 점유매개관계는 법률행위뿐만 아니라, 법률의 규정, 국가행위, 위임조례 등으로 설정될 수 있다.
- 점유매개관계는 중첩적일 수 있다.
- 점유매개관계는 반드시 유효할 것을 요하지 않는다.
- 점유매개자의 점유는 타주점유이다.

② 간접점유의 효과

　㉠ 간접점유자도 점유권을 가진다.

　　따라서 간접점유자도 점유보호청구권을 행사할 수 있다. 또한 간접점유자도 점유자이므로 물권적 청구권의 상대방이 될 수 있다.

　㉡ 간접점유자에게는 자력구제권이 인정되지 않는다.

(3) 점유보조자

> **제195조**　**점유보조자**
>
> 가사상, 영업상 기타 유사한 관계에 의하여 **타인의 지시**를 받아 물건에 대한 사실상의 지배를 하는 때에는 그 타인만을 점유자로 한다.

① '점유보조자'의 의의

　편의점의 종업원처럼 물건에 대하여 직접적으로 실력을 행사하면서도 점유를 인정받지 못한 자를 의미한다.

② 요건

　㉠ 점유보조자가 물건에 대하여 직접 실력을 행사할 것

　㉡ '점유보조관계'란 지시에 의한 명령·복종관계를 말한다.

　㉢ '점유보조관계'는 반드시 유효한 것이어야 하는 것은 아니며, 계속적일 것도 요하지 않는다.

　㉣ '점유보조관계'는 외부에서 용이하게 인식할 수 있는 것이어야 하는 것도 아니다.

　㉤ 유아(幼兒)의 경우처럼 자기소유의 물건에 대해서도 점유보조관계가 성립할 수 있다.

③ 효과

　㉠ 점유보조자는 점유자가 아니다. 따라서 점유보조자에게는 점유권 및 점유보호청구권이 인정되지 않는다. 또한 점유보조자는 물권적 청구권의 상대방이 되지 못한다.

　㉡ 그러나 점유보조자에게도 자력구제권이 인정된다.

4　점유의 종류

(1) 자주점유(自主占有)와 타주점유(他主占有)

'자주점유'란 소유의 의사를 가지고 하는 점유를 의미하고, '타주점유'란 소유의 의사가 없는 점유를 의미한다.

1. 점유자의 점유가 소유의 의사 있는 <u>자주점유인지</u> 아니면 소유의 의사 없는 <u>타주점유인지</u>의 여부는 점유자의 <u>내심의 의사에 의하여 결정되는 것이 아니라</u> 점유취득의 원인이 된 권원의 성질이나 점유와 관계가 있는 모든 사정에 의하여 <u>외형적·객관적으로 결정되어</u>야 하는 것이기 때문에 점유자가 성질상 소유의 의사가 없는 것으로 보이는 권원에 바탕을 두고 점유를 취득한 사실이 증명되었거나, 점유자가 타인의 소유권을 배제하여 자기의 소유물처럼 배타적 지배를 행사하는 의사를 가지고 점유하는 것으로 볼 수 없는 객관적 사정, 즉 점유자가 진정한 소유자라면 통상 취하지 아니할 태도를 나타내거나 소유자라면 당연히 취했을 것으로 보이는 행동을 취하지 아니한 경우 등 외형적·객관적으로 보아 점유자가 타인의 소유권을 배척하고 점유할 의사를 가지고 있지 아니하였던 것이라고 볼 만한 사정이 증명된 경우에도 그 추정은 깨어진다(대판 1998.6.23, 98다10618).

2. 실제로 매매계약이 있었던 이상 그 <u>계약이 무효라고 하더라도 매수인</u>은 원칙적으로 자주점유자이다(대판 1994.12.27, 94다25513).

3. 부동산을 매수하여 이를 점유하게 된 자는 그 매매가 무효가 된다는 사정이 있음을 알았다는 등의 특별한 사정이 없는 한 그 점유의 시초에 소유의 의사로 점유한 것이며, 나중에 <u>매도자에게 처분권이 없었다는 등의 사유로 그 매매가 무효인 것이 밝혀졌다</u> 하더라도 점유의 성질이 변하는 것은 아니다(대판 1996.5.28, 95다40328).

4. 지상건물과 함께 그 대지를 매수·취득하여 점유를 개시함에 있어서 매수인이 인접토지와의 경계선을 정확하게 확인하여 보지 아니하여 착오로 인접토지의 일부를 그가 매수·취득한 대지에 속하는 것으로 믿고 점유를 하여 왔다고 하더라도 위 인접토지의 일부를 현실적으로 인도받아 점유하고 있는 이상 인접토지에 대한 점유 역시 소유의 의사에 기한 것이라고 보아야 한다(대판 1998.11.10, 98다32878).

5. 매수인에게 소유권이전등기를 경료하여 주거나 대금을 완불받았음에도 불구하고 매도인이 매매목적물을 계속 점유하고 있는 경우에, <u>특별한 사정이 없는 한 매도인의 점유는</u> 타주점유이다(대판 1995.5.23, 94다51871).

6. 어느 토지를 타주점유하는 자가 소유자로부터 그 토지를 매수함에 있어, 계약금을 제외한 나머지 매매대금을 4회에 걸쳐 분납하되 그 대금을 완납한 후가 아니면 소유권의 이전을 받을 수 없고, 소유권을 이전받기 전에는 매도인의 승인 없이 매매목적물의 전대·양도나 저당권설정 기타 제한물권의 설정을 하지 못할 뿐 아니라 매매목적물의 원형 또는 사용목적의 변경도 할 수 없도록 하는 내용의 매매계약을 체결한 뒤, <u>그 대금 일부만을 납부하였지 4회에 걸쳐 분납하기로 한 나머지 매매대금을 납부하지 아니한 경우</u>, 점유자와 소유자 사이에 그와 같은 내용의 매매계약이 체결되었다 하더라도 그 대금이 완납되기 전에는 매수인이 매매목적물인 토지를 소유자와 동일한 지배를 하려는 의사를 가지고 점유하게 되었다고 할 수는 없으므로, 그 점유는 여전히 타주점유로 남게 된다(대판 1995.12.22, 95다30062).

7. 등기명의가 신탁되었다면 특별한 사정이 없는 한 <u>명의수탁자의 부동산에 대한 점유는 그 권원의 성질상 자주점유라고 할 수 없고,</u> 명의수탁자로부터 상속에 의하여 점유를 승계한 자의 점유도 상속 전과 그 성질 내지 태양을 달리하는 것은 아니어서 특별한 사정이 없는 한 그 점유가 자주점유로 될 수 없다(대판 1996.6.11, 96다7403).

8. 매매대상 건물 부지의 면적이 <u>등기부상의 면적을 상당히 초과하는</u> 경우에는 특별한 사정이 없는 한 계약당사자들이 이러한 사실을 알고 있었다고 보는 것이 상당하며, 이러한 경우에는 매도인이 그 초과부분에 대한 소유권을 취득하여 이전하여 주기로 약정하는 등의 특별한 사정이 없는 한, 그 초과부분은 단순한 점용권의 매매로 보아야 하고 따라서 그 점유는 권원의 성질상 <u>타주점유에</u> 해당한다(대판 1999.6.25, 99다5866).

9. 공유자 1인이 공유토지 전부를 점유하고 있는 경우에, <u>다른 공유자의 지분범위 내에서</u> 권원의 성질상 타주점유이다(대판 1995.1.12, 94다19884).

(2) 선의의 점유와 악의의 점유

'선의의 점유'란 점유할 수 있는 권리, 즉 본권이 없음에도 불구하고 본권이 있다고 오신해서 하는 점유를 의미하고, '악의의 점유'란 본권이 없음을 알고서 또는 본권의 유무에 관하여 의심을 품으면서 하는 점유를 말한다.

<u>선의의 점유자라</u> 함은 과실수취권을 포함하는 권원이 있다고 오신한 점유자를 말하고, 다만 그와 같은 오신을 함에는 <u>오신할 만한 정당한 근거가</u> 있어야 한다(대판 2000.3.10, 99다6335).

> **제197조** **점유의 태양**
> ② 선의의 점유자라도 본권에 관한 소에 패소한 때에는 그 **소가 제기된 때로부터** 악의의 점유자로 본다.

'소가 제기된 때'란 소송이 계속된 때, 즉 소장 부본이 피고에게 송달된 때를 말한다(대판 2016.12.29, 2016다242273).

(3) 하자 없는 점유와 하자 있는 점유

'하자 없는 점유'란 선의·무과실·평온·공연·계속 등의 요건을 모두 갖춘 점유를 의미한다. '하자 있는 점유'란 악의·과실·강폭·은비·불계속 등의 요건 중 일부라도 갖춘 점유를 의미한다.

(4) 점유의 태양

> **제197조** 점유의 태양
>
> ① 점유자는 소유의 의사로 선의, 평온 및 공연하게 점유한 것으로 추정한다.

1. 민법 제197조 제1항에 의하면 물건의 점유자는 소유의 의사로 점유한 것으로 추정되므로 점유자의 점유가 소유의 의사 없는 <u>타주점유임을 주장하는 상대방에게 타주점유에 대한 입증책임</u>이 있는 것이고, 점유자가 스스로 매매 등과 같은 자주점유의 권원을 주장한 경우 이것이 인정되지 않았다는 이유만으로 자주점유의 추정이 번복된다거나 또는 점유권원의 성질상 타주점유로 볼 수는 없다(대판 1983.7.12, 82다708 전합).

2. 부동산의 점유권원의 성질이 분명하지 않을 때에는 민법 제197조 제1항에 의하여 점유자는 소유의 의사로 선의, 평온 및 공연하게 점유한 것으로 추정되고, <u>이러한 추정</u>은 지적공부 등의 관리주체인 국가나 지방자치단체가 점유하는 경우에도 마찬가지이다(대판 2016.4.15, 2015다230372).

3. 점유자가 성질상 <u>소유의 의사가 없는 것으로 보이는 권원에 바탕을 두고 점유를 취득한</u> 사실이 증명되었거나, 점유자가 타인의 소유권을 배제하여 자기의 소유물처럼 배타적 지배를 행사하는 의사를 가지고 점유하는 것으로 볼 수 없는 객관적 사정, 즉 외형적·객관적으로 보아 점유자가 타인의 소유권을 배척하고 점유할 의사를 갖고 있지 아니하였던 것이라고 볼 만한 사정이 증명된 경우에 그 추정은 깨어지는 것이고, 점유자가 점유 개시 당시 <u>소유권 취득의 원인이 될 수 있는 법률행위 기타 법률요건 없이 그와 같은 법률요건 이 없다는 사실을 잘 알면서 타인 소유의 부동산을 무단점유(=악의의 무단점유)한 것이 입증된 경우</u>에도 특별한 사정이 없는 한 점유자는 타인의 소유권을 배척하고 점유할 의사를 갖고 있지 않다고 보아야 할 것이므로 이로써 <u>소유의 의사가 있는 점유라는 추정은 깨어졌다고</u> 보아야 한다(대판 2003.8.22, 2001다23225).

4. 타주점유가 자주점유로 전환되기 위하여는 <u>새로운 권원에 의하여 다시 소유의 의사로 점유하거나 자기에게 점유시킨 자에게 소유의 의사가 있음을 표시</u>하지 않으면 그 점유의 성질이 변하지 않는다. 이때 타주점유자가 그 명의로 소유권이전등기를 경료한 것만으로는 점유시킨 자에 대하여 소유의 의사를 표시함으로써 자주점유로 전환되었다고 볼 수 없다(대판 1993.7.16, 92다37871).

5. 타인의 부동산을 점유하는 사람은 일응 소유의 의사로 점유하는 것으로 추정되고 그 추정을 번복할 만한 특별한 사정이 있는 경우에 한하여 타주점유로 인정할 수 있다 할 것인바, <u>토지의 점유자가 이전에 토지소유자를 상대로 그 토지에 관하여 매매를 원인으로 한 소유권이전등기청구소송을 제기하였다가 패소하고 그 판결이 확정되었다</u> 하더라도 그 사정만을 들어서는 토지점유자의 자주점유의 추정이 이로써 번복되어 타주점유로 전환된다고 할 수 없다(대판 1997.12.12, 97다30288).

6. 진정 소유자가 자신의 소유권을 주장하며 점유자 명의의 소유권이전등기는 원인무효의 등기라 하여 점유자를 상대로 토지에 관한 점유자 명의의 소유권이전등기의 말소등기청구소송을

제기하여 그 소송사건이 점유자의 패소로 확정되었다면, 점유자의 토지에 대한 점유는 패소판결 확정 후부터는 타주점유로 전환되었다고 보아야 한다(대판 1996.10.11, 96다19857).

7. 지방건물철거 및 토지인도청구권을 소송물로 하는 소송은 소유권 자체의 확정이 아니라 건물철거청구권 및 토지인도청구권의 존부만을 목적으로 할 따름이므로 그 소송에서 부동산 권리귀속에 관한 판단이 있더라도 그 기판력은 판결주문에 표시된 건물철거청구권 및 토지인도청구권에 국한되고 판결이유 중 부동산 권리귀속에 관한 판단부분에까지 미치지는 아니하며, 점유자는 선의로 점유한 것으로 추정되고 본권에 관한 소에서 패소한 때에 그 소가 제기된 때로부터 악의의 점유자로 볼 뿐이므로 <u>지상건물철거 및 토지인도청구 소송에서 패소하더라도 그 점유가 개시된 때로 소급하여 타주점유로 전환되는 것은 아니다</u>(대판 1989.4.25, 88다카3618).

8. 등기부취득시효에 있어서는 점유의 개시에 <u>과실이 없었음</u>을 필요로 하고, 그 입증책임은 <u>주장자(=점유자)</u>에게 있다(대판 1992.11.13, 92다30245).

점유권의 취득

1 점유권의 취득

(1) 원시취득

물건에 대한 사실상의 지배가 성립하면 점유권은 당연히 원시적으로 취득한다. 무주물 선점, 유실물 습득 등은 점유권의 원시취득의 모습이다.

(2) 승계취득

① 특정승계

> **제196조** 점유권의 양도
>
> ① 점유권의 양도는 점유물의 인도로 그 효력이 생긴다.
> ② 전항의 점유권의 양도에는 제188조 제2항, 제189조, 제190조의 규정을 준용한다.

② 포괄승계

> **제193조** 상속으로 인한 점유권의 이전
>
> 점유권은 상속인에 이전한다.

– 점유권의 상속에는 점유의 분리·병합(제199조)은 인정되지 않는다.

2 점유권 취득의 효과

(1) 점유의 분리 · 병합

> **제199조** **점유의 승계의 주장과 그 효과**
> ① 점유자의 승계인은 **자기의 점유만을 주장**하거나 **자기의 점유와 전점유자의 점유를 아울러 주장**할 수 있다.
> ② 전점유자의 점유를 아울러 주장하는 경우에는 그 하자도 계승한다.

1. 전 점유자의 점유를 승계한 자는 그 점유 자체와 하자만을 승계하는 것이지 그 점유로 인한 법률효과까지 승계하는 것은 아니다(대판 1995.3.28, 93다47745 전합).
2. 점유의 승계가 있는 경우 전 점유자의 점유가 타주점유라 하여도 점유자의 승계인이 자기의 점유만을 주장하는 경우에는 현 점유자의 점유는 자주점유로 추정된다(대판 2002.2.26, 99다72743).
3. 상속에 의하여 점유권을 취득한 경우에는 상속인이 새로운 권원에 의하여 자기 고유의 점유를 시작하지 않는 한 피상속인의 점유를 떠나 자기만의 점유를 주장할 수 없고, 또 선대의 점유가 타주점유인 경우 선대로부터 상속에 의하여 점유를 승계한 자의 점유도 그 성질 내지 태양을 달리하는 것이 아니어서 특별한 사정이 없는 한 그 점유가 자주점유로 될 수 없고, 그 점유가 자주점유가 되기 위하여는 점유자가 소유자에 대하여 소유의 의사가 있는 것을 표시하거나 새로운 권원에 의하여 다시 소유의 의사로써 점유를 시작하여야 한다(대판 1997.12.12, 97다40100).

(2) 점유계속의 추정

> **제198조** **점유계속의 추정**
> 전후양시에 점유한 사실이 있는 때에는 그 점유는 계속한 것으로 **추정한다.**

민법 제198조 소정의 점유계속추정은 동일인이 전후 양 시점에 점유한 것이 증명된 때에만 적용되는 것이 아니고 전후 양 시점의 점유자가 다른 경우에도 점유의 승계가 입증되는 한 점유계속은 추정된다(대판 1996.9.20, 96다24279).

점유권의 효력

1 점유의 권리추정적 효력

> **제200조** 권리의 적법의 추정
>
> 점유자가 점유물에 대하여 행사하는 권리는 적법하게 보유한 것으로 **추정**한다.

(1) 추정력의 내용

① 점유자가 소유의 의사를 가지고 점유한 것으로 추정되므로 점유자는 반증이 없는 한 정당한 소유자로 추정된다.

② 점유의 추정력은 법률상 추정이므로 입증책임은 상대방에게 있다.

③ 점유의 적법추정은 점유자의 이익뿐만 아니라 불이익을 위해서도 추정되며, 추정의 효과는 점유자뿐만 아니라 제3자도 이를 원용할 수 있다.

(2) 추정의 한계

점유자의 권리추정의 규정은 등기에 표장되어 있는 <u>부동산 물권</u>에 대하여는 특별한 사정이 없는 한 적용되지 아니한다(대판 1969.1.21, 68다1864).

2 점유자와 회복자의 관계

(1) 점유자의 과실수취권

> **제201조** 점유자와 과실
>
> ① **선의의 점유자는 점유물의 과실을 취득한다.**
>
> ② **악의의 점유자**는 수취한 과실을 반환하여야 하며 소비하였거나 과실로 인하여 훼손 또는 수취하지 못한 경우에는 그 과실의 대가를 보상하여야 한다.
>
> ③ 전항의 규정은 **폭력 또는 은비에 의한 점유자**에 준용한다.

① 선의의 점유자는 천연과실, 법정과실, 물건의 사용이익을 수취할 수 있다.

② 악의의 점유자는 과실수취권이 없으므로, 구체적 반환범위는 제748조 제2항을 적용한다. 악의의 점유자의 사용이익의 반환이 인정되더라도 초과이득에 대해서는 반환을 부정한다.

③ 판례는 매매계약이 무효이거나 취소된 경우 선의의 매수인에 대하여 제201조 제1항의 적용을 긍정하지만, 계약의 해제의 경우에는 부당이득반환에 관한 특칙 제548조를 근거로 제201조 제1항의 적용을 부정한다.

1. 건물을 사용함으로써 얻는 이득은 그 건물의 과실에 준하는 것이므로, 선의의 점유자는 비록 법률상 원인 없이 타인의 건물을 점유·사용하고 이로 말미암아 그에게 손해를 입혔다고 하더라도 그 점유·사용으로 인한 이득을 반환할 의무는 없다(대판 1996.1.26, 95다44290).

2. 토지를 점유경작하므로 얻는 이득은 그 토지로 인한 과실에 준하는 것이니, 비록 법률상 원인 없이 타인의 토지를 점유 경작함으로써 타인에게 손해를 입혔다고 할지라도 선의의 점유자는 그 점유 경작으로 인한 이득을 그 타인에게 반환할 의무는 없다(대판 1981.9.22, 81다233).

3. 선의의 점유자도 과실취득권이 있다 하여 불법행위로 인한 손해배상책임이 배제되는 것은 아니다(대판 1966.7.19, 66다994).

4. 쌍무계약이 취소된 경우 선의의 매수인에게 민법 제201조가 적용되어 과실취득권이 인정되는 이상 선의의 매도인에게도 민법 제587조의 유추적용에 의하여 대금의 운용이익 내지 법정이자의 반환을 부정함이 형평에 맞다(대판 1993.5.14, 92다45025).

(2) 점유물의 멸실·훼손에 대한 책임

제202조 　점유자의 회복자에 대한 책임

점유물이 **점유자의 책임 있는 사유로** 인하여 멸실 또는 훼손한 때에는 **악의의 점유자는 그 손해의 전부를 배상**하여야 하며 **선의의 점유자는 이익이 현존하는 한도에서** 배상하여야 한다. **소유의 의사가 없는 점유자는 선의인 경우에도 손해의 전부를** 배상하여야 한다.

(3) 점유자의 비용상환

제203조 　점유자의 상환청구권

① 점유자가 점유물을 반환할 때에는 회복자에 대하여 점유물을 보존하기 위하여 지출한 금액 기타 필요비의 상환을 청구할 수 있다. 그러나 **점유자가 과실을 취득한 경우에는 통상의 필요비는 청구하지 못한다.**

② 점유자가 점유물을 개량하기 위하여 지출한 금액 기타 유익비에 관하여는 그 가액의 증가가 현존한 경우에 한하여 **회복자의 선택에 좇아** 그 지출금액이나 증가액의 상환을 청구할 수 있다.

① 점유자가 과실을 수취하였다면 통상의 필요비는 청구할 수 없고, 특별필요비만 청구할 수 있다.

② 필요비와 달리 유익비는 가액의 증가가 현존하는 경우에 한하여 회복자의 선택에 좇아 지출금액 또는 증가액의 상환을 청구할 수 있다.

③ 비용상환청구권의 행사시기
- 점유자가 회복자로부터 점유물의 반환을 청구받거나 회복자에게 점유물을 반환한 때에 비로소 회복자에 대하여 행사할 수 있다.
④ 비용지출 후 소유권이 양도된 경우에는 현재의 소유자가 비용상환의무를 부담한다.
⑤ 비용지출 후 점유의 승계가 있는 경우에는 비용지출 당시의 점유자가 아니라 현재의 점유자가 비용상환청구권을 행사할 수 있다.
⑥ 비용상환청구권은 물건에 관하여 생긴 채권이므로 유치권을 행사할 수 있다.
⑦ 비용상환청구권이 인정되는 점유자의 점유는 선의·악의 및 자주·타주점유를 불문하고 인정된다.

---

1. 민법 제203조 제1항·제2항에 의하여 점유자의 필요비 또는 유익비상환청구권은 점유자가 회복자로부터 점유물의 반환을 청구받거나 회복자에게 점유물을 반환한 때에 비로소 회복자에 대하여 행사할 수 있다(대판 1994.9.9, 94다4592).

2. 점유자의 비용상환청구권은 점유자가 그 점유물을 반환할 때 비로소 회복자에 대해 발생하는 것이므로 소유권이전등기말소만을 구하는 경우에는 그 유익비상환청구권으로서 동시이행 또는 유치권 행사의 항변을 할 수 없다(대판 1976.3.23, 76다172).

3. 민법 제203조 제1항은 "점유자가 점유물을 반환할 때에는 회복자에 대하여 점유물을 보존하기 위하여 지출한 금액 기타 필요비의 상환을 청구할 수 있다. 그러나 점유자가 과실을 취득한 경우에는 통상의 필요비는 청구하지 못한다."라고 정하고 있다. 위 규정을 체계적으로 해석하면 민법 제203조 제1항 단서에서 말하는 '점유자가 과실을 취득한 경우'란 점유자가 선의의 점유자로서 민법 제201조 제1항에 따라 과실수취권을 보유하고 있는 경우를 뜻한다고 보아야 한다. 선의의 점유자는 과실을 수취하므로 물건의 용익과 밀접한 관련을 가지는 비용인 통상의 필요비를 스스로 부담하는 것이 타당하기 때문이다. 따라서 과실수취권이 없는 악의의 점유자에 대해서는 위 단서 규정이 적용되지 않는다(대판 2021.4.29, 2018다261889).

4. 민법 제203조 제2항에 의한 점유자의 회복자에 대한 유익비상환청구권은 점유자가 계약관계 등 적법하게 점유할 권리를 가지지 않아 소유자의 소유물반환청구에 응하여야 할 의무가 있는 경우에 성립되는 것으로서, 이 경우 점유자는 그 비용을 지출할 당시의 소유자가 누구이었는지에 관계없이 점유회복 당시의 소유자, 즉 회복자에 대하여 비용상환청구권을 행사할 수 있다. 그러나 점유자가 유익비를 지출할 당시 계약관계 등 적법한 점유의 권원을 가진 경우에 그 지출비용의 상환에 관하여는 그 계약관계를 규율하는 법조항이나 법리 등이 적용되는 것이어서, 점유자는 그 계약관계 등의 상대방에 대하여 해당 법조항이나 법리에 따른 비용상환청구권을 행사할 수 있을 뿐 계약관계 등의 상대방이 아닌 점유회복 당시의 소유자에 대하여 민법 제203조 제2항에 따른 지출비용의 상환을 구할 수는 없다(대판 2014.3.27, 2011다101209).

3 점유보호청구권

(1) 의의 및 당사자

① '점유보호청구권'이란 본권 유무에 관계없이 점유 그 자체를 보호하기 위하여 인정되는 일종의 물권적 청구권이다.

② 청구권자
 ㉠ 직접점유자는 물론 간접점유자도 점유보호청구권을 행사할 수 있다.
 ㉡ 그러나 점유보조자는 점유보호청구권을 행사할 수 없다.

③ 점유보호청구권의 상대방
 ㉠ 현재(사실심 변론종결 시) 점유를 침해하는 상태에 있는 자이다. 침탈자뿐만 아니라 침탈자의 악의의 특별승계인 또는 침탈자의 상속인 등 포괄승계인에게도 행사할 수 있다.
 ㉡ 다만 불법행위에 의한 손해배상청구권의 상대방은 스스로 손해를 발생하게 한 자이며, 그의 특별승계인은 상대방이 되지 못한다.

④ 점유방해제거청구권은 방해가 현존하는 동안 행사할 수 있다. 방해가 종료된 후에는 방해의 제거를 청구하지 못하고, 손해배상만 청구할 수 있다.

(2) 점유보호청구권의 종류

> **제204조 점유의 회수**
>
> ① 점유자가 점유의 침탈을 당한 때에는 그 물건의 반환 및 손해의 배상을 청구할 수 있다.
> ② 전항의 청구권은 침탈자의 특별승계인에 대하여는 행사하지 못한다. 그러나 **승계인이 악의인 때에는 그러하지 아니하다.**
> ③ 제1항의 청구권은 침탈을 당한 날로부터 **1년 내에 행사**하여야 한다.

> **제205조 점유의 보유**
>
> ① 점유자가 점유의 방해를 받은 때에는 그 **방해의 제거 및 손해의 배상**을 청구할 수 있다.
> ② 전항의 청구권은 방해가 종료한 날로부터 1년 내에 행사하여야 한다.
> ③ 공사로 인하여 점유의 방해를 받은 경우에는 **공사착수 후 1년을 경과하거나 그 공사가 완성한 때에는 방해의 제거를 청구하지 못한다.**

> **제206조 점유의 보전**
>
> ① 점유자가 점유의 방해를 받을 염려가 있는 때에는 그 **방해의 예방 또는 손해배상의 담보를 청구**할 수 있다.
> ② 공사로 인하여 점유의 방해를 받을 염려가 있는 경우에는 전조 제3항의 규정을 준용한다.

제207조 간접점유의 보호

① 전3조의 청구권은 제194조의 규정에 의한 간접점유자도 이를 행사할 수 있다.

② 점유자가 점유의 침탈을 당한 경우에 **간접점유자는 그 물건을 점유자에게 반환할 것을 청구할 수 있고** 점유자가 그 물건의 반환을 받을 수 없거나 이를 원하지 아니하는 때에는 자기에게 반환할 것을 청구할 수 있다.

점유보호청구권
- 점유회수청구권(반환청구권)
- 점유보유청구권(방해배제청구권)
- 점유보전청구권(방해예방청구권)

[점유보호청구권의 특징]
1. 상대방의 고의, 과실 不要
2. 손해의 발생 不要

1. <u>사기에 의하여 점유를 이전한 경우</u>에는 점유회수청구권을 행사할 수 없다(대판 1992.2.28, 91다17443).

2. 직접점유자가 <u>임의로 점유를 타에 양도</u>하였다면 그 점유이전이 간접점유자의 의사에 반하더라도 간접점유자는 점유의 회수를 구할 수 없다(대판 1993.3.9, 92다5300).

3. 점유보호청구권(제204조, 제205조)의 1년의 제척기간은 재판 외에서 권리행사하는 것으로 족한 기간이 아니라 반드시 그 기간 내에 소를 제기하여야 하는 이른바 출소기간으로 해석함이 상당하다(대판 2002.4.20, 2001다8097).

4. 민법 제204조에 따르면, 점유자가 점유의 침탈을 당한 때에는 그 물건의 반환 및 손해의 배상을 청구할 수 있고(제1항), 위 청구권은 점유를 침탈당한 날부터 1년 내에 행사하여야 하며(제3항), 여기서 말하는 1년의 행사기간은 제척기간으로서 소를 제기하여야 하는 기간을 말한다. 그런데 민법 제204조 제3항은 본권 침해로 발생한 손해배상청구권의 행사에는 적용되지 않으므로 점유를 침탈당한 자가 본권인 유치권 소멸에 따른 손해배상청구권을 행사하는 때에는 민법 제204조 제3항이 적용되지 아니하고, 점유를 침탈당한 날부터 1년 내에 행사할 것을 요하지 않는다(대판 2021.8.19, 2021다213866).

4 기타

제208조 점유의 소와 본권의 소와의 관계

① 점유권에 기인한 소와 본권에 기인한 소는 서로 영향을 미치지 아니한다.

② 점유권에 기인한 소는 본권에 관한 이유로 재판하지 못한다.

제209조 자력구제

① 점유자는 그 점유를 부정히 침탈 또는 방해하는 행위에 대하여 자력으로써 이를 방위할 수 있다.

② 점유물이 침탈되었을 경우에 부동산일 때에는 점유자는 침탈 후 즉시 가해자를 배제하여 이를 탈환할 수 있고 동산일 때에는 점유자는 현장에서 또는 추적하여 가해자로부터 이를 탈환할 수 있다.

제210조 준점유

본장의 규정은 재산권을 사실상 행사하는 경우에 준용한다.

(1) 점유의 소와 본권의 소는 제도의 목적이 상이하므로 서로 영향을 미치지 아니한다.

(2) 점유를 침탈당한 본권자는 본권의 소와 점유의 소를 동시에 제기하거나 양소(兩訴)를 선택적으로 병합할 수 있으며, 어느 한 청구에 대하여 패소한 후에 다른 청구를 할 수 있다.

CHAPTER 03 소유권

🗇 소유권 총설

1 소유권(所有權)

'소유권'이란 소유자가 법률의 범위 내에서 자유로이 물건을 사용·수익·처분할 수 있는 권리를 의미한다.

2 소유권의 내용

> **제211조   소유권의 내용**
>
> 소유자는 법률의 범위 내에서 그 소유물을 사용, 수익, 처분할 권리가 있다.

(1) 민법 제211조는 "소유자는 법률의 범위 내에서 그 소유물을 사용, 수익, 처분할 권리가 있다."고 규정하고 있으므로, 소유자가 채권적으로 상대방에 대하여 사용·수익의 권능을 포기하거나 사용·수익권 행사에 제한을 설정하는 것 외에 <u>소유권의 핵심적 권능에 속하는 배타적인 사용·수익 권능이 소유자에게 존재하지 아니한다고 하는 것</u>은 물권법정주의에 반하여 특별한 사정이 없는 한 허용될 수 없다(대판 2012.6.28, 2010다81049).

(2) 소유자가 소유권의 핵심적 권능에 속하는 <u>사용·수익의 권능을 대세적으로 포기하는 것</u>은 특별한 사정이 없는 한 <u>허용되지 않는다</u>. 이를 허용하면 결국 처분권능만이 남는 새로운 유형의 소유권을 창출하는 것이어서 민법이 정한 물권법정주의에 반하기 때문이다. 따라서 사유지가 일반 공중의 교통을 위한 도로로 사용되고 있는 경우, 토지 소유자가 스스로 토지의 일부를 도로 부지로 무상 제공하더라도 특별한 사정이 없는 한 이는 대세적으로 사용·수익권을 포기한 것이라기보다는 토지 소유자가 도로 부지로 무상 제공받은 사람들에 대한 관계에서 채권적으로 사용·수익권을 포기하거나 일시적으로 소유권을 행사하지 않겠다고 양해한 것이라고 보아야 한다(대판 2017.6.19, 2017다211528).

(3) 민법 제211조는 법률의 범위 내에서 소유권의 행사를 제한하고 있다. 그러나 법률로써 재산권을 제한하더라도 그 본질적인 내용은 침해할 수 없다.

3 토지소유권의 범위

> **제212조** **토지소유권의 범위**
>
> 토지의 소유권은 정당한 이익 있는 범위 내에서 토지의 상하에 미친다.

1. 지적도상의 경계와 실제의 경계가 불일치하는 경우, 원칙적으로 현실의 경계가 아니라 지적공부상의 경계 및 지적에 의한다(대판 1997.2.28, 96다49339).
2. 다만, 기술상의 착오로 지적도상의 경계선이 진실한 경계선과 다르게 작성되었고 당사자들의 의사도 진실한 경계선에 의하였다고 인정된다면 예외적으로 현실의 경계에 의한다(대판 1993.11.9, 93다22845).
3. 건물은 일정한 면적, 공간의 이용을 위하여 지상, 지하에 건설된 구조물을 말하는 것으로서, 건물의 개수는 토지와 달리 공부상의 등록에 의하여 결정되는 것이 아니라 사회통념 또는 거래관념에 따라 물리적 구조, 거래 또는 이용의 목적물로서 관찰한 건물의 상태 등 객관적 사정과 건축한 자 또는 소유자의 의사 등 주관적 사정을 참작하여 결정되는 것이고, 그 경계 또한 사회통념상 독립한 건물로 인정되는 건물 사이의 현실의 경계에 의하여 특정되는 것이다(대판 1997.7.8, 96다36517).

4 소유권에 기한 물권적 청구권

> **제213조** **소유물반환청구권**
>
> 소유자는 그 소유에 속한 물건을 점유한 자에 대하여 반환을 청구할 수 있다. 그러나 점유자가 그 물건을 점유할 권리가 있는 때에는 반환을 거부할 수 있다.

> **제214조** **소유물방해제거, 방해예방청구권**
>
> 소유자는 소유권을 방해하는 자에 대하여 방해의 제거를 청구할 수 있고 소유권을 방해할 염려 있는 행위를 하는 자에 대하여 그 예방이나 손해배상의 담보를 청구할 수 있다.

1. 소유권에 기한 물권적 청구권을 소유권과 분리하여 소유권 없는 전 소유자에게 유보하여 행사시킬 수 없는 것이므로, 소유권을 상실한 전 소유자는 제3자인 불법점유자에 대하여 소유권에 기한 물권적 청구권에 의한 방해배제를 구할 수 없다(대판 1980.9.9, 80다7).
2. 토지의 매수인이 아직 소유권이전등기를 경료받지 아니하였다 하여도 매매계약의 이행으로 그 토지를 인도받은 때에는 매매계약의 효력으로서 이를 점유·사용할 권리가 생기게 된 것으로 보아야 하고, 또 매수인으로부터 위 토지를 다시 매수한 자는 위와 같은 토지의 점유·사

용권을 취득한 것으로 봄이 상당하므로 매도인은 매수인으로부터 다시 위 토지를 매수한 자에 대하여 토지소유권에 기한 물권적 청구권을 행사할 수 없다(대판 1998.6.26, 97다42823).

3. 미등기 무허가건물의 양수인이라 할지라도 그 소유권이전등기를 경료받지 않는 한 그 건물에 대한 소유권을 취득할 수 없고, 그러한 상태의 건물 양수인에게 소유권에 준하는 관습상의 물권이 있다고 볼 수도 없으므로, 건물을 신축하여 그 소유권을 원시취득한 자로부터 그 건물을 매수하였으나 아직 소유권이전등기를 갖추지 못한 자는 그 건물의 불법점거자에 대하여 직접 자신의 소유권 등에 기하여 명도를 청구할 수는 없다(대판 2007.6.15, 2007다11347).

4. 소유권에 기한 방해배제청구권에 있어서 '방해'라 함은 현재에도 지속되고 있는 침해를 의미하고, 법익 침해가 과거에 일어나서 이미 종결된 경우에 해당하는 '손해'의 개념과는 다르다 할 것이어서, 소유권에 기한 방해배제청구권은 방해결과의 제거를 내용으로 하는 것이 되어서는 아니 되며(이는 손해배상의 영역에 해당한다 할 것이다) 현재 계속되고 있는 방해의 원인을 제거하는 것을 내용으로 한다. 그러므로 쓰레기 매립으로 조성한 토지에 소유권자가 매립에 동의하지 않은 쓰레기가 매립되어 있다 하더라도 이는 과거의 위법한 매립공사로 인하여 생긴 결과로서 소유권자가 입은 손해에 해당한다 할 것일 뿐, 그 쓰레기가 현재 소유권에 대하여 별도의 침해를 지속하고 있다고 볼 수 없다는 이유로 소유권에 기한 방해배제청구권을 행사할 수 없다(대판 2003.3.28, 2003다5917).

5. 소유물방해예방청구권은 방해의 발생을 기다리지 않고 현재 예방수단을 취할 것을 인정하는 것이므로, 그 방해의 염려가 있다고 하기 위하여는 방해예방의 소에 의하여 미리 보호받을 만한 가치가 있는 것으로서 객관적으로 근거 있는 상당한 개연성을 가져야 할 것이고 관념적인 가능성만으로는 이를 인정할 수 없다(대판 1995.7.14, 94다50533).

상린관계

1 상린관계(相隣關係)의 의의

(1) '상린관계'란 인접하는 두 부동산의 소유자 상호간의 이용을 조절하기 위하여 그들 사이의 권리관계를 규정하고 있는 것을 의미한다. 상린관계는 소유권의 내용의 확장 또는 제한이라고 할 수 있다.

(2) 상린관계에 관한 민법의 규정은 임의규정의 성격을 지닌다.

> 지하시설을 하는 경우에 있어서 경계로부터 두어야 할 거리에 관한 사항 등을 규정한 민법 제244조는 <u>강행규정이라고는 볼 수 없으므로</u> 이와 다른 내용의 당사자 간의 특약을 무효라고 할 수 없다(대판 1982.10.26, 80다1634).

(3) 상린관계의 적용범위

민법은 상린관계를 소유권에 규정하고 있고, 지상권·전세권에도 준용한다. 그리고 준용규정은 없지만 토지임대차에 유추적용된다.

(4) 상린관계에서 파생된 권리를 '상린권'이라고 한다. 상린권은 독자적인 물권이 아니라 소유권의 내용이므로 독자적으로 소멸시효에 걸리지 않으며, 상린권은 부동산의 소유자들에게 인정되고, 지상권·전세권에도 준용되므로 지상권자 또는 전세권자에게도 상린권이 인정된다.

2 민법의 규정

제216조 인지사용청구권

① 토지소유자는 경계나 그 근방에서 담 또는 건물을 축조하거나 수선하기 위하여 필요한 범위 내에서 이웃 토지의 사용을 청구할 수 있다. 그러나 이웃 사람의 승낙이 없으면 그 주거에 들어가지 못한다.
② 전항의 경우에 이웃 사람이 손해를 받은 때에는 보상을 청구할 수 있다.

제217조 매연 등에 의한 인지에 대한 방해금지

① 토지소유자는 매연, 열기체, 액체, 음향, 진동 기타 이에 유사한 것으로 이웃 토지의 사용을 방해하거나 이웃 거주자의 생활에 고통을 주지 아니하도록 적당한 조처를 할 의무가 있다.
② 이웃 거주자는 전항의 사태가 이웃 토지의 통상의 용도에 적당한 것인 때에는 이를 인용할 의무가 있다.

제218조 수도 등 시설권

① 토지소유자는 타인의 토지를 통과하지 아니하면 필요한 수도, 소수관, 까스관, 전선 등을 시설할 수 없거나 과다한 비용을 요하는 경우에는 타인의 토지를 통과하여 이를 시설할 수 있다. 그러나 이로 인한 손해가 가장 적은 장소와 방법을 선택하여 이를 시설할 것이며 타토지의 소유자의 요청에 의하여 손해를 보상하여야 한다.
② 전항에 의한 시설을 한 후 사정의 변경이 있는 때에는 타토지의 소유자는 그 시설의 변경을 청구할 수 있다. 시설변경의 비용은 토지소유자가 부담한다.

제219조   주위토지통행권

① 어느 토지와 공로사이에 그 토지의 용도에 필요한 통로가 없는 경우에 그 토지소유자는 주위의 토지를 통행 또는 통로로 하지 아니하면 **공로에 출입할 수 없거나 과다한 비용을 요하는 때**에는 그 주위의 토지를 통행할 수 있고 필요한 경우에는 통로를 개설할 수 있다. 그러나 이로 인한 손해가 가장 적은 장소와 방법을 선택하여야 한다.
② 전항의 통행권자는 통행지소유자의 **손해를 보상**하여야 한다.

제220조   분할, 일부양도와 주위통행권

① **분할로 인하여 공로에 통하지 못하는 토지가 있는 때**에는 그 토지소유자는 공로에 출입하기 위하여 다른 분할자의 토지를 통행할 수 있다. 이 경우에는 **보상의 의무가 없다.**
② 전항의 규정은 토지소유자가 그 **토지의 일부를 양도한 경우에 준용**한다.

제221조   자연유수의 승수의무와 권리

① 토지소유자는 이웃 토지로부터 자연히 흘러오는 물을 막지 못한다.
② 고지소유자는 이웃 저지에 자연히 흘러내리는 이웃 저지에서 필요한 물을 자기의 정당한 사용범위를 넘어서 이를 막지 못한다.

제222조   소통공사권

흐르는 물이 저지에서 폐색된 때에는 고지소유자는 자비로 소통에 필요한 공사를 할 수 있다.

제223조   저수, 배수, 인수를 위한 공작물에 대한 공사청구권

토지소유자가 저수, 배수 또는 인수하기 위하여 공작물을 설치한 경우에 공작물의 파손 또는 폐색으로 타인의 토지에 손해를 가하거나 가할 염려가 있는 때에는 타인은 그 공작물의 보수, 폐색의 소통 또는 예방에 필요한 청구를 할 수 있다.

제224조   관습에 의한 비용부담

전2조의 경우에 비용부담에 관한 관습이 있으면 그 관습에 의한다.

제225조   처마물에 대한 시설의무

토지소유자는 처마물이 이웃에 직접 낙하하지 아니하도록 적당한 시설을 하여야 한다.

제226조   여수소통권

① 고지소유자는 침수지를 건조하기 위하여 또는 가용이나 농, 공업용의 여수를 소통하기 위하여 공로, 공류 또는 하수도에 달하기까지 저지에 물을 통과하게 할 수 있다.

② 전항의 경우에는 저지의 손해가 가장 적은 장소와 방법을 선택하여야 하며 손해를 보상하여야 한다.

제227조   유수용공작물의 사용권

① 토지소유자는 그 소유지의 물을 소통하기 위하여 이웃 토지소유자의 시설한 공작물을 사용할 수 있다.

② 전항의 공작물을 사용하는 자는 그 이익을 받는 비율로 공작물의 설치와 보존의 비용을 분담하여야 한다.

제228조   여수급여청구권

토지소유자는 과다한 비용이나 노력을 요하지 아니하고는 가용이나 토지이용에 필요한 물을 얻기 곤란한 때에는 이웃 토지소유자에게 보상하고 여수의 급여를 청구할 수 있다.

제229조   수류의 변경

① 구거 기타 수류지의 소유자는 대안의 토지가 타인의 소유인 때에는 그 수로나 수류의 폭을 변경하지 못한다.

② 양안의 토지가 수류지소유자의 소유인 때에는 소유자는 수로와 수류의 폭을 변경할 수 있다. 그러나 하류는 자연의 수로와 일치하도록 하여야 한다.

③ 전2항의 규정은 다른 관습이 있으면 그 관습에 의한다.

제230조   언의 설치, 이용권

① 수류지의 소유자가 언을 설치할 필요가 있는 때에는 그 언을 대안에 접촉하게 할 수 있다. 그러나 이로 인한 손해를 보상하여야 한다.

② 대안의 소유자는 수류지의 일부가 자기소유인 때에는 그 언을 사용할 수 있다. 그러나 그 이익을 받는 비율로 언의 설치, 보존의 비용을 분담하여야 한다.

제231조 　공유하천용수권

① 공유하천의 연안에서 농, 공업을 경영하는 자는 이에 이용하기 위하여 타인의 용수를 방해하지 아니하는 범위 내에서 필요한 인수를 할 수 있다.
② 전항의 인수를 하기 위하여 필요한 공작물을 설치할 수 있다.

제232조 　하류 연안의 용수권보호

전조의 인수나 공작물로 인하여 하류연안의 용수권을 방해하는 때에는 그 용수권자는 방해의 제거 및 손해의 배상을 청구할 수 있다.

제233조 　용수권의 승계

농, 공업의 경영에 이용하는 수로 기타 공작물의 소유자나 몽리자의 특별승계인은 그 용수에 관한 전소유자나 몽리자의 권리의무를 승계한다.

제234조 　용수권에 관한 다른 관습

전3조의 규정은 다른 관습이 있으면 그 관습에 의한다.

제235조 　공용수의 용수권

상린자는 그 공용에 속하는 원천이나 수도를 각 수요의 정도에 응하여 타인의 용수를 방해하지 아니하는 범위 내에서 각각 용수할 권리가 있다.

제236조 　용수장해의 공사와 손해배상, 원상회복

① 필요한 용도나 수익이 있는 원천이나 수도가 타인의 건축 기타 공사로 인하여 단수, 감수 기타 용도에 장해가 생긴 때에는 용수권자는 손해배상을 청구할 수 있다.
② 전항의 공사로 인하여 음료수 기타 생활상 필요한 용수에 장해가 있을 때에는 원상회복을 청구할 수 있다.

제237조 　경계표, 담의 설치권

① 인접하여 토지를 소유한 자는 **공동비용으로 통상의 경계표나 담을 설치**할 수 있다.
② 전항의 **비용은 쌍방이 절반하여 부담**한다. 그러나 **측량비용은 토지의 면적에 비례**하여 부담한다.
③ 전2항의 규정은 다른 관습이 있으면 그 관습에 의한다.

제238조   담의 특수시설권

인지소유자는 자기의 비용으로 담의 재료를 통상보다 양호한 것으로 할 수 있으며 그 높이를 통상보다 높게 할 수 있고 또는 방화벽 기타 특수시설을 할 수 있다.

제239조   경계표 등의 공유추정

경계에 설치된 경계표, 담, 구거 등은 상린자의 공유로 추정한다. 그러나 경계표, 담, 구거 등이 상린자 일방의 단독비용으로 설치되었거나 담이 건물의 일부인 경우에는 그러하지 아니하다.

제240조   수지, 목근의 제거권

① 인접지의 **수목가지가 경계를 넘은 때**에는 그 소유자에 대하여 **가지의 제거를 청구**할 수 있다.
② 전항의 청구에 응하지 아니한 때에는 **청구자가 그 가지를 제거할 수 있다.**
③ 인접지의 **수목뿌리가 경계를 넘은 때에는 임의로 제거할 수 있다.**

제241조   토지의 심굴금지

토지소유자는 인접지의 지반이 붕괴할 정도로 자기의 토지를 심굴하지 못한다. 그러나 충분한 방어공사를 한 때에는 그러하지 아니하다.

제242조   경계선부근의 건축

① 건물을 축조함에는 특별한 관습이 없으면 **경계로부터 반미터 이상의 거리**를 두어야 한다.
② 인접지소유자는 전항의 규정에 위반한 자에 대하여 건물의 변경이나 철거를 청구할 수 있다. 그러나 **건축에 착수한 후 1년을 경과하거나 건물이 완성된 후에는 손해배상만을 청구**할 수 있다.

제243조   차면시설의무

경계로부터 2미터 이내의 거리에서 이웃 주택의 내부를 관망할 수 있는 창이나 마루를 설치하는 경우에는 적당한 차면시설을 하여야 한다.

제244조   지하시설 등에 대한 제한

① 우물을 파거나 용수, 하수 또는 오물 등을 저치할 지하시설을 하는 때에는 경계로부터 **2미터 이상의 거리**를 두어야 하며 저수지, 구거 또는 지하실공사에는 경계로부터 그 깊이의 반 이상의 거리를 두어야 한다.
② 전항의 공사를 함에는 토사가 붕괴하거나 하수 또는 오액이 이웃에 흐르지 아니하도록 적당한 조처를 하여야 한다.

3 주위토지통행권

(1) 의의

'주위토지통행권'이란 어느 토지와 공로(公路) 사이에 그 토지의 용도에 필요한 통로가 없어서 주위의 토지를 통행하거나 또는 통로를 개설하지 않고서는 공로에 출입할 수 없는 경우 또는 공로에 통하려면 과다한 비용을 요하는 때에는 그 토지소유자는 주위의 토지를 통행할 수 있고 필요한 경우에는 통로를 개설할 수 있는 권리를 말한다.

(2) 법적 성질

① 주위토지통행권은 법정의 물권적 청구권이다.

② 당사자의 의사에 상관없이 당연히 발생하는 법정통행권이므로 주위토지소유자의 승낙을 얻을 필요가 없다.

③ 주위토지통행권은 통행의 수인을 청구하는 데 불과한 소극적 권리이다. 따라서 통행지에 배타적 점유는 인정되지 않으며, 주위토지통행권에 기하여 토지소유자에게 토지의 인도를 청구할 수도 없다.

(3) 성립요건

주위의 토지를 통행 또는 통로로 하지 아니하면 공로에 전혀 출입할 수 없거나 이에 과다한 비용을 요하는 때에 법률상 당연히 인정된다.

> 1. '공로에 출입할 수 없는 경우'는 그 토지와 공로 사이에 통로가 전혀 없는 경우뿐만 아니라 이미 기존의 통로가 있더라도 그것이 토지의 용도에 필요한 통로로 기능하지 못하는 경우도 포함한다(대판 2003.8.19, 2002다53469).
> 2. 이미 그 소유토지의 용도에 필요한 통로가 있는 경우에는 그 통로를 사용하는 것보다 더 편리하다는 이유만으로 다른 장소로 통행할 권리를 인정할 수 없다(대판 1995.6.13, 95다1088).
> 3. 어느 토지가 타인 소유의 토지에 둘러싸여 공로에 통할 수 없는 경우뿐만 아니라, 별도의 진입로가 이미 있다고 하더라도 그 진입로가 당해 토지의 이용에 부적합하여 실제로 통로로서의 기능을 하지 못하거나 통로를 개설하는 데 과다한 비용을 요하는 때에는 민법 제219조에 의한 주위토지통행권이 인정될 수 있다(대판 2013.2.14, 2012마1417).

(4) 주위토지통행권의 인정범위

주위토지통행권은 통행권자에게 필요할 뿐만 아니라 이로 인하여 주위토지소유자의 손해가 가장 적은 장소와 방법의 범위 내에서 인정된다.

1. 그 통행권의 범위는 현재의 토지의 용법에 따른 이용의 범위에서 인정할 수 있을 뿐, 장래의 이용상황까지 미리 대비하여 정할 것은 아니다(대판 2006.10.26, 2005다30993).

2. 주위토지통행권자가 민법 제219조 제1항 본문에 따라 통로를 개설하는 경우 통행지 소유자는 원칙적으로 통행권자의 통행을 수인할 소극적 의무를 부담할 뿐 통로개설 등 적극적인 작위의무를 부담하는 것은 아니고, 다만 통행지 소유자가 주위토지통행권에 기한 통행에 방해가 되는 담장 등 축조물을 설치한 경우에는 주위토지통행권의 본래적 기능발휘를 위하여 통행지 소유자가 그 철거의무를 부담한다. 그리고 주위토지통행권자는 주위토지통행권이 인정되는 때에도 그 통로개설이나 유지비용을 부담한다(대판 2006.10.26, 2005다30993).

3. 통행권이 제대로 기능하기 위하여 필요한 경우에는 통행권자는 당초에 적법하게 설치된 담장의 철거를 청구할 수도 있다(대판 1990.11.13, 90다238).

4. 주위토지통행권이 통행지에 대한 통행지소유자의 점유를 배제할 권능까지 포함하는 것은 아니므로, 통행권자가 통행지를 배타적으로 점유하는 경우에는 통행지소유자는 통행지의 인도를 청구할 수 있다(대판 1993.8.24, 93다25479).

5. 다른 사람의 소유토지에 대하여 상린관계로 인한 통행권을 가지고 있는 사람은 그 통행권의 범위 내에서 그 토지를 사용할 수 있을 뿐이고 그 통행지에 대한 통행지소유자의 점유를 배제할 권능까지 가지고 있는 것은 아니므로 그 통행지소유자는 그 통행지를 전적으로 점유하고 있는 주위토지통행권자에 대하여 그 통행지의 인도를 구할 수 있다고 할 것이나, 주위토지통행권자는 통행지상에 필요한 경우에는 통행지상에 통로를 개설할 수 있으므로, 모래를 깔거나 돌계단을 조성하거나, 장해가 되는 나무를 제거하는 등의 방법으로 통로를 개설할 수 있으며 통행지소유자의 이익을 해하지 않는다면 통로를 포장하는 것도 허용된다고 할 것이고, 주위토지통행권자가 통로를 개설하였다고 하더라도 그 통로에 대하여 통행지소유자의 점유를 배제할 정도의 배타적인 점유를 하고 있지 않다면 통행지소유자가 주위토지통행권자에 대하여 주위토지통행권이 미치는 범위 내의 통로 부분의 인도를 구하거나 그 통로에 설치된 시설물의 철거를 구할 수 없다(대판 2003.8.19, 2002다53469).

6. 주위토지통행권은 법정의 요건을 충족하면 당연히 성립하고 요건이 없어지게 되면 당연히 소멸한다. 따라서 포위된 토지가 사정변경에 의하여 공로에 접하게 되거나 포위된 토지의 소유자가 주위의 토지를 취득함으로써 주위토지통행권을 인정할 필요성이 없어지게 된 경우에는 통행권은 소멸한다(대판 2014.12.24, 2013다11669).

7. 민법 제219조에 의한 주위토지통행권은 인접한 토지의 상호 이용의 조절에 기한 권리로서 토지의 소유자 또는 지상권자, 전세권자 등 토지사용권을 가진 자에게 인정되는 권리이다. 따라서 명의신탁자에게는 주위토지통행권이 인정되지 아니한다(대판 2008.5.8, 2007다22767).

8. 건축법에 건축과 관련하여 도로에 관한 폭 등의 제한규정이 있다 하더라도 이는 건물 신축

이나 중 개축 허가 시 그와 같은 범위의 도로가 필요하다는 행정법규에 불과할 뿐 위 규정만으로 당연히 포위된 토지 소유자에게 그 반사적 이익으로서 건축법에서 정하는 도로의 폭이나 면적 등과 일치하는 주위토지통행권이 바로 생긴다고 할 수 없다(대판 1994.2.25, 93누20498).

(5) 손해의 보상

① 주위토지통행권이 인정되는 경우에도 이로 인한 손해가 가장 적은 장소와 방법을 선택하여야 한다. 이 경우 통행권자는 통행지소유자의 손해를 보상하여야 한다.

② 통행권자가 보상의무의 이행을 지체하더라도 채무불이행책임이 발생할 뿐 통행권이 소멸하지 않는다. 보상의무의 이행은 통행권의 성립요소가 아니기 때문이다.

1. 통행권자의 허락을 얻어 사실상 통행하고 있는 자에게는 그 손해의 보상을 청구할 수 없다(대판 1991.9.10, 91다19623).
2. 주위토지통행권자가 통행지 소유자에게 보상해야 할 손해액은 주위토지통행권이 인정되는 당시의 현실적 이용 상태에 따른 통행지의 임료 상당액을 기준으로 하여, 구체적인 사안에서 사회통념에 따라 쌍방 토지의 토지소유권 취득 시기와 가격, 통행지에 부과되는 재산세, 본래 용도에의 사용 가능성, 통행지를 공동으로 이용하는 사람이 있는지를 비롯하여 통행 횟수ㆍ방법 등의 이용태양, 쌍방 토지의 지형적ㆍ위치적 형상과 이용관계, 부근의 환경, 상린지 이용자의 이해득실 기타 제반 사정을 고려하여 이를 감경할 수 있고, 단지 주위토지통행권이 인정되어 통행하고 있다는 사정만으로 통행지를 '도로'로 평가하여 산정한 임료 상당액이 통행지 소유자의 손해액이 된다고 볼 수 없다(대판 2014.12.24, 2013다11669).

(6) 무상의 주위토지통행권

1. 토지의 일부양도는 1필의 토지가 일부가 양도된 경우뿐만 아니라 일단으로 되어 있던 동일인 소유의 수필의 토지 중 일부가 양도된 경우도 포함한다(대판 1995.2.10, 94다45869).
2. 일단의 토지를 형성하고 있던 동일인 소유의 수필의 토지 중 일부가 양도된 경우에 일부 양도 전의 양도인 소유의 종전토지에 대하여 무상의 주위토지통행권이 인정되는 이상 제3자 소유의 토지에 대하여 주위토지통행권을 주장할 수 없다(대판 2005.3.10, 2004다65589).
3. 무상주위통행권에 관한 민법 제220조의 규정은 토지의 직접 분할자 또는 일부 양도의 당사자 사이에만 적용되고 포위된 토지 또는 피통행지의 특정승계인에게는 적용되지 않는 바, 이러한 법리는 분할자 또는 일부 양도의 당사자가 무상주위통행권에 기하여 이미 통로를 개설해 놓은 다음 특정승계가 이루어진 경우라 하더라도 마찬가지라 할 것이다(대판 2002.5.31, 2002다9202).

▣ 취득시효

1 취득시효의 의의

'취득시효'란 물건을 점유하는 상태가 법에서 규정한 일정한 기간 동안 계속되는 경우에 그 사실 상태가 진실한 권리관계와 일치하는지 여부를 묻지 않고 권리취득의 효과가 생기게 하는 제도를 의미한다.

> 부동산에 대한 취득시효 제도의 존재이유는 부동산을 점유하는 상태가 오랫동안 계속된 경우 권리자로서의 외형을 지닌 사실상태를 존중하여 이를 진실한 권리관계로 높여 보호함으로써 법질서의 안정을 기하고, 장기간 지속된 사실상태는 진실한 권리관계와 일치될 개연성이 높다는 점을 고려하여 권리관계에 관한 분쟁이 생긴 경우 점유자의 증명곤란을 구제하려는 데에 있다(대판 2016.10.27, 2016다224596).

2 취득시효의 종류

제245조　점유로 인한 부동산소유권의 취득기간

① 20년간 소유의 의사로 평온, 공연하게 부동산을 점유하는 자는 **등기함으로써 그 소유권을 취득**한다.
② 부동산의 소유자로 등기한 자가 10년간 소유의 의사로 평온, 공연하게 선의이며 과실 없이 그 부동산을 점유한 때에는 소유권을 취득한다.

제246조　점유로 인한 동산소유권의 취득기간

① 10년간 소유의 의사로 평온, 공연하게 동산을 점유한 자는 그 소유권을 취득한다.
② 전항의 점유가 선의이며 과실 없이 개시된 경우에는 5년을 경과함으로써 그 소유권을 취득한다.

3 취득시효의 대상

(1) 취득시효의 대상이 되는 권리

취득시효할 수 있는 권리	취득시효할 수 없는 권리
1. 소유권 2. 지상권 3. 표현되고 계속되는 지역권 4. 질권 5. 광업권, 어업권, 무체재산권	1. 점유권 2. 유치권 3. 저당권

(2) 취득시효의 대상이 되는 물건

> 1. 자기소유물에 대해서도 취득시효할 수 있다.
> 2. 성명불상자의 소유물에 대해서도 시효취득할 수 있다.
> 3. 부동산의 일부에 대해서도 시효취득할 수 있다.
> 4. 공유지분의 일부에 대해서도 시효취득할 수 있다.
> 5. 국유재산 중 일반재산에 대해서는 시효취득할 수 있다.
>   ① 원래 잡종재산이던 것이 행정재산으로 된 경우 잡종재산일 당시에 취득시효가 완성되었다고 하더라도 행정재산으로 된 이상 이를 원인으로 하는 소유권이전등기를 청구할 수 없다.
>   ② 행정재산이더라도 공용폐지에 의하여 일반재산으로 되면 시효취득의 대상이 된다.
> 6. 집합건물의 공용부분은 취득시효할 수 없다.

4 부동산의 점유취득시효

(1) 점유

① 취득시효의 요건이 되는 점유는 자주점유이어야 하고, 평온 그리고 공연한 점유이어야 한다. 그리고 직접점유뿐만 아니라 간접점유에 의해서도 시효취득이 인정된다.

② 자주점유(自主占有, 소유의 의사의 점유)

　㉠ 취득시효에서 요구되는 '자주점유'라 함은 소유자와 동일한 지배를 사실상 행사하려는 의사를 가지고 하는 점유를 의미하는 것이지, 법률상 그러한 지배를 할 수 있는 권한, 즉 소유권을 가지고 있거나 소유권이 있다고 믿고서 하는 점유를 의미하는 것은 아니다.

　㉡ 자주점유는 추정되므로(제197조), 점유자가 스스로 그 점유권원의 성질에 의하여 자주점유임을 증명할 필요는 없고, 점유자의 점유가 소유의 의사 없는 타주점유임을 주장하는 상대방에게 타주점유에 대한 증명책임이 있다.

　㉢ 부동산의 점유권원의 성질이 분명하지 않을 때에는 민법 제197조 제1항에 의하여 점유자는 소유의 의사로 선의, 평온 및 공연하게 점유한 것으로 추정되는 것이며, 이러한 추정

은 지적공부 등의 관리주체인 국가나 지방자치단체가 점유하는 경우에도 마찬가지로 적용된다(대판 2007.12.27, 2007다42112).

㉣ 부동산에 관하여 적법·유효한 등기를 마치고 소유권을 취득한 사람이 자기 소유의 부동산을 점유하는 경우에는 특별한 사정이 없는 한 사실상태를 권리관계로 높여 보호할 필요가 없고, 부동산의 소유명의자는 부동산에 대한 소유권을 적법하게 보유하는 것으로 추정되어 소유권에 대한 증명의 곤란을 구제할 필요 역시 없으므로, 그러한 점유는 취득시효의 기초가 되는 점유라고 할 수 없다. 다만 그 상태에서 다른 사람 명의로 소유권이전등기가 되는 등으로 소유권의 변동이 있는 때에 비로소 취득시효의 요건인 점유가 개시된다고 볼 수 있을 뿐이다.

(2) 시효기간의 경과

① 원칙(고정시설)

점유자가 임의로 기산점을 선택할 수 없고 현실적으로 점유를 개시한 시점을 확정하여 그때부터 20년의 기간을 기산하여야 한다.

② 예외(역산설)

전 점유기간을 통틀어 등기명의인이 동일하다면 취득시효의 완성을 주장할 수 있는 시점에 시효기간이 경과한 사실만 확정되면 충분하므로 임의의 시점을 그 기산점으로 삼을 수 있다.

③ 2차 취득시효

취득시효완성 후 토지소유자의 변동이 있어도 당초의 점유자가 계속 점유하고 있고 소유자가 변동된 시점을 새로운 기산점으로 삼아도 다시 취득시효의 점유기간이 완성되는 경우에 시효취득을 주장하는 점유자로서는 소유권 변동 시를 새로운 취득시효의 기산점으로 삼아 취득시효의 완성을 주장할 수 있다.

④ 점유의 승계가 있는 경우

㉠ 전 점유자의 점유를 함께 주장하는 경우 어느 점유자의 점유까지를 주장할 것인가에 대하여 선택권을 가지지만, 전 점유자의 점유를 아울러 주장하면서 그 점유의 개시시기를 어느 점유자의 점유기간 중의 임의의 시점으로 선택할 수 없다.

㉡ 전 점유자의 점유를 승계한 자는 그 점유 자체와 하자만을 승계하는 것이지 그 점유로 인한 법률효과까지 승계하는 것은 아니므로 부동산을 취득시효기간 만료 당시의 점유자로부터 양수하여 점유를 승계한 현 점유자는 자신의 전 점유자에 대한 소유권이전등기청구권을 보전하기 위하여 전 점유자의 소유자에 대한 소유권이전등기청구권을 대위행사할 수 있을 뿐, 전 점유자의 취득시효완성의 효과를 주장하여 직접 자기에게 소유권이전등기를 청구할 권원은 없다.

㉢ 전 점유기간 중 소유 명의에 변동이 없다면, 현재의 시점으로부터 역산하여 20년이 경과한 시점을 취득시효의 기산점으로 삼아, 자신이 시효취득하였음을 주장하여 직접 소유권이전등기를 청구할 수 있다.

(3) 등기

① 민법 제245조 제1항의 취득시효기간의 완성만으로는 소유권취득의 효력이 바로 생기는 것이 아니라, 다만 이를 원인으로 하여 소유권취득을 위한 등기청구권이 발생할 뿐이고, 미등기 부동산의 경우라고 하여 취득시효기간의 완성만으로 등기 없이도 점유자가 소유권을 취득한다고 볼 수 없다.

② 점유취득시효완성에 의한 권리의 취득은 원시취득이다.

③ 점유취득시효완성에 기한 등기청구권은 채권적 청구권으로 소멸시효의 대상이 된다.

ㄱ 점유자가 취득시효기간의 만료로 일단 소유권이전등기청구권을 취득한 이상, 그 후 점유를 상실하였다고 하더라도 이를 시효이익의 포기로 볼 수 있는 경우가 아닌 한, 이미 취득한 소유권이전등기청구권은 소멸되지 아니한다.

ㄴ 토지에 대한 취득시효완성으로 인한 소유권이전등기청구권은 그 토지에 대한 점유가 계속되는 한 시효로 소멸하지 아니하고, 그 후 점유를 상실하였다고 하더라도 이를 시효이익의 포기로 볼 수 있는 경우가 아닌 한 이미 취득한 소유권이전등기청구권은 바로 소멸되는 것은 아니나, 취득시효가 완성된 점유자가 점유를 상실한 경우 취득시효완성으로 인한 소유권이전등기청구권의 소멸시효는 이와 별개의 문제로서, 그 점유자가 점유를 상실한 때로부터 10년간 등기청구권을 행사하지 아니하면 소멸시효가 완성한다.

④ 등기청구권의 상대방

ㄱ 취득시효완성으로 토지의 소유권을 취득하기 위하여는 그로 인하여 소유권을 상실하게 되는 시효완성 당시의 소유자를 상대로 소유권이전등기청구를 하는 방법에 의하여야 한다.

ㄴ 점유취득시효완성을 원인으로 한 소유권이전등기청구는 시효완성 당시의 소유자를 상대로 하여야 하므로 시효완성 당시의 소유권보존등기 또는 이전등기가 무효라면 원칙적으로 그 등기명의인은 시효취득을 원인으로 한 소유권이전등기청구의 상대방이 될 수 없고, 이 경우 시효취득자는 소유자를 대위하여 위 무효등기의 말소를 구하고 다시 위 소유자를 상대로 취득시효완성을 이유로 한 소유권이전등기를 구하여야 한다.

5 부동산의 등기부취득시효

(1) 점유(자주점유 + 평온점유 + 공연점유 + 선의 + 무과실점유)

① '선의 · 무과실'은 등기에 관한 것이 아니라 점유에 관한 것이다.

② 선의 · 무과실이 전 시효기간을 통하여 계속되어야 하는 것은 아니고, 점유개시 시에 선의 · 무과실이면 족하다.

③ 제197조 제1항에 의하여 선의는 추정되지만, 무과실은 추정되지 않으므로 시효취득을 주장하는 점유자가 무과실에 대한 증명책임을 진다.

(2) 등기

① 등기부취득시효의 요건으로서 '소유자로 등기한 자'가 적법 유효한 등기를 마친 자일 필요는 없으며, 무효인 등기를 마친 자라도 등기부취득시효가 가능하다.

② 외관상 부적법한 등기(관할위반의 등기 등) 또는 이중의 보존등기에서 선차등기가 원인무효로 되지 않은 경우의 후차등기인 보존등기 또는 그에 터 잡은 이전등기를 근거로 한 등기부취득시효는 부정된다.

③ 상속등기를 경료하지 않은 상속인도 부동산의 소유자로 등기한 자에 해당하여 등기부취득시효가 가능하다.

④ 명의신탁에 의하여 부동산의 소유자로 등기된 자는 그 사실만으로 당연히 그 부동산을 점유하는 것으로 볼 수 없음은 물론이고, 설사 그의 점유가 인정된다고 하더라도 그 점유권원의 성질상 자주점유라 할 수 없는 것이고, 한편 명의신탁자가 스스로 점유를 계속하면서 등기명의를 수탁자에게 이전한 경우에 수탁자의 등기명의를 신탁자의 등기명의와 동일한 것으로 볼 수는 없다.

(3) 점유와 등기의 계속

① 등기기간과 점유기간은 각각 10년이어야 한다.

② 점유의 승계뿐만 아니라 등기의 승계도 인정된다.

6 취득시효 완성의 효과

제247조 **소유권취득의 소급효, 중단사유**

① 전2조의 규정에 의한 소유권취득의 효력은 **점유를 개시한 때에 소급**한다.
② 소멸시효의 중단에 관한 규정은 전2조의 소유권취득기간에 준용한다.

제248조 **소유권 이외의 재산권의 취득시효**

전3조의 규정은 소유권 이외의 재산권의 취득에 준용한다.

(1) 소유권의 원시취득

① 취득시효에 의한 소유권의 취득은 원시취득이므로 원소유자의 권리 위에 존재하던 제한은 원칙적으로 소멸하고 시효완성자는 완전한 내용의 소유권을 취득한다. 다만, 점유하는 동안 그 부동산에 존재하는 제한(지역권 등)을 인용하고 행해진 경우에는 그렇지 않다.

② 등기부취득시효가 완성된 후에 그 부동산에 관한 점유자 명의의 등기가 말소되거나 적법한 원인 없이 다른 사람 앞으로 소유권이전등기가 경료되었다 하더라도 그 점유자는 등기부취득시효의 완성에 의하여 취득한 소유권을 상실하는 것은 아니다.

(2) 소급효

① 취득시효로 인한 소유권 취득의 효과는 점유를 개시한 때에 소급한다.

② 소급효가 인정되므로 점유자가 취득시효기간 중에 취득한 과실은 정당한 권원에 기한 것으로 되어 소유자에게 부당이득으로 반환할 필요가 없다.

③ 부동산에 대한 취득시효가 완성되면 점유자는 소유명의자에 대하여 취득시효완성을 원인으로 한 소유권이전등기절차의 이행을 청구할 수 있고 소유명의자는 이에 응할 의무가 있으므로 점유자가 그 명의로 소유권이전등기를 경료하지 아니하여 아직 소유권을 취득하지 못하였다고 하더라도 소유명의자는 점유자에 대하여 점유로 인한 부당이득반환청구를 할 수 없다.

④ 취득시효기간 중에 점유자가 한 임대나 기타의 처분은 소급효 때문에 유효한 것으로 되지만, 그렇다고 하여 그 기간(점유기간뿐만 아니라 등기가 경료되기 전까지의 기간 포함) 중에 원소유자가 한 처분이 무효로 되는 것은 아니다.

⑤ 부동산점유취득시효는 원시취득에 해당하므로 특별한 사정이 없는 한 원소유자의 소유권에 가하여진 각종 제한에 의하여 영향을 받지 아니하는 완전한 내용의 소유권을 취득하는 것이지만, 진정한 권리자가 아니었던 채무자 또는 물상보증인이 채무담보의 목적으로 채권자에게 부동산에 관하여 저당권설정등기를 경료해 준 후 그 부동산을 시효취득하는 경우에는, 채무자 또는 물상보증인은 피담보채권의 변제의무 내지 책임이 있는 사람으로서 이미 저당권의 존재를 용인하고 점유하여 온 것이므로, 저당목적물의 시효취득으로 저당권자의 권리는 소멸하지 않는다. 이러한 법리는 부동산 양도담보의 경우에도 마찬가지이므로, 양도담보권설정자가 양도담보부동산을 20년간 소유의 의사로 평온, 공연하게 점유하였다고 하더라도, 양도담보권자를 상대로 피담보채권의 시효소멸을 주장하면서 담보 목적으로 경료된 소유권이전등기의 말소를 구하는 것은 별론으로 하고, 점유취득시효를 원인으로 하여 담보 목적으로 경료된 소유권이전등기의 말소를 구할 수 없고, 이와 같은 효과가 있는 양도담보권설정자 명의로의 소유권이전등기를 구할 수도 없다.

⑥ 취득시효가 완성된 점유자는 점유권에 기하여 등기부상의 명의인을 상대로 점유방해의 배제를 청구할 수 있다 할 것인데, 시효취득자가 점유취득시효의 완성을 원인으로 하여 소유권이전등기를 청구하면서, 그와 동시에 시효 완성 후에 토지소유자가 멋대로 설치한 담장 등의 철거를 구하고 있을 뿐, 소유권에 기한 방해배제청구권에 기하여 위 담장 등의 철거를 구한 바 없고, 오히려 "토지소유자가 기존의 담장을 허물고 새로운 담장을 쌓은 것은 시효취득자의 점유를 침탈한 행위에 해당한다."고 주장하였으며, 원심의 변론종결 직전에는 소유권에 기한 주장은 하지 아니하고 담장 등 철거 청구도 시효취득에 의하여서만 구하는 것이라고 진술하였는바, 그렇다면 시효취득자는 점유권에 기한 방해배제청구권의 행사로서 토지소유자를 상대로 담장 등의 철거를 청구하고 있는 것으로 보아야 한다.

(3) 점유취득시효에서 시효완성 후의 등기 전의 법률관계

① 취득시효를 완성한 점유자의 지위

    ㉠ 점유취득시효에서 시효기간의 만료만으로 권리취득의 효과가 생기는 것이 아니고, 시효 완성자는 등기를 함으로써 비로소 권리를 취득한다. 따라서 미등기부동산이더라도 등기 없이는 소유권을 취득하지 못한다.

    ㉡ 시효완성자는 소유명의자에게 채권적 등기청구권만 가질 뿐이다.

    ㉢ 등기 전에는 아직 소유자라고 할 수 없지만, 시효가 완성됨에 따라 시효권리자에게 등기를 해 줄 의무를 지는 소유명의자는 시효권리자에 대하여 불법점유임을 이유로 건물의 철거 및 또는 대지의 인도를 청구할 수 없고, 점유로 인한 부당이득의 반환도 할 수 없다.

② 시효완성 전의 사정변경

    ㉠ 취득시효기간의 만료 전에 등기부상의 소유 명의가 변경되었다 하더라도 이로써 종래의 점유상태의 계속이 파괴되었다고 할 수 없으므로 이는 취득시효의 중단사유가 될 수 없다.

    ㉡ 따라서 시효완성자는 시효완성 당시의 등기명의인을 상대로 시효완성을 주장할 수 있다.

③ 시효완성 후의 사정변경

    ㉠ 취득시효완성 후 그 등기 전에 제3자가 소유자로부터 부동산을 양수하여 등기를 마쳤다면 점유자는 제3자에 대하여 취득시효의 완성을 주장할 수 없다.

    ㉡ 점유취득시효완성을 원인으로 한 소유권이전등기의무를 부담하는 자는 취득시효기간 완성 당시의 소유자이고, 취득시효완성사실을 알면서 소유자로부터 그 부동산을 매수하여 소유권 이전등기를 마친 자라고 하더라도, 소유자와의 사이에서 소유자의 소유권이전등기의무를 인수하여 이행하기로 묵시적 또는 명시적으로 약정하였다는 등의 특별한 사정이 인정되지 않는 한, 위의 의무를 승계한다고 볼 수는 없다. 즉, 악의의 제3자에게도 대항하지 못한다.

    ㉢ 어떤 사유로든 소유명의자에게 소유권이 복귀되었다면 시효권리자는 소유명의자에게 시효의 완성을 주장할 수 있다.

    ㉣ 시효완성 당시 미등기로 남아 있던 토지에 관하여 소유권을 가지고 있던 자가 시효완성 후 그 명의로 소유권보존등기를 마친 경우에도 그 자가 시효완성 후의 새로운 이해관계인이 아니기 때문에 그 자에 대하여 시효완성을 주장할 수 있다.

    ㉤ 시효완성 후에 원래의 소유자인 소유명의자의 위탁에 의하여 소유권이전등기를 마친 신탁법상의 수탁자는 시효권리자가 시효취득을 주장할 수 없는 새로운 이해관계인인 제3자에 해당한다.

    ㉥ 시효완성 후 명의신탁이 해지되어 명의신탁자 명의로 소유권이전등기가 경료된 경우, 그 명의신탁자는 취득시효완성 후에 소유권을 취득한 자에 해당하여 그에 대하여 취득시효를 주장할 수 없다.

    ㉦ 부동산에 관한 점유취득시효기간이 경과하였다고 하더라도 그 점유자가 자신의 명의로 등기하지 아니하고 있는 사이에 먼저 제3자 명의로 소유권이전등기가 경료되어 버리면, 특별한 사정이 없는 한, 그 제3자에 대하여는 시효취득을 주장할 수 없으나, 그 제3자가

취득시효기간만료 당시의 등기명의인으로부터 신탁 또는 명의신탁받은 경우라면 종전 등기명의인으로서는 언제든지 이를 해지하고 소유권이전등기를 청구할 수 있고, 점유시효취득자로서는 종전 등기명의인을 대위하여 이러한 권리를 행사할 수 있으므로, 그러한 제3자가 소유자로서의 권리를 행사하는 경우 점유자로서는 취득시효완성을 이유로 이를 저지할 수 있다.

◎ 취득시효 완성 후 시효완성자가 그 등기를 하기 전에 취득시효 완성 전에 이미 설정된 가등기에 기하여 소유권이전의 본등기를 경료하였다면 시효완성자는 시효완성 후 본등기를 경료한 자에게 시효취득을 주장할 수 없다.

④ 시효완성 후 소유권이 타인에게 이전된 경우의 법률관계

㉠ 시효완성 후 시효권리자가 시효완성을 주장하거나 그로 인한 소유권이전등기청구를 하기 전에는 특별한 사정이 없는 한 시효완성 사실을 알 수 없는 소유명의자가 소유권을 제3자에게 양도하였더라도 불법행위가 성립하지 않는다.

㉡ 부동산소유자가 취득시효가 완성된 사실을 알고 그 부동산을 제3자에게 처분하여 소유권이전등기를 넘겨줌으로써 취득시효완성을 원인으로 한 소유권이전등기의무가 이행불능에 빠지게 되어 시효취득을 주장하는 자가 손해를 입었다면 불법행위를 구성한다고 할 것이고, 부동산을 취득한 제3자가 부동산소유자의 이와 같은 불법행위에 적극 가담하였다면 이는 사회질서에 반하는 행위로서 무효라고 할 것이다.

㉢ 부동산점유자에게 시효취득으로 인한 소유권이전등기청구권이 있다고 하더라도 이로 인하여 부동산소유자와 시효취득자 사이에 계약상의 채권·채무관계가 성립하는 것은 아니므로, 그 부동산을 처분한 소유자에게 채무불이행책임을 물을 수 없다.

㉣ 민법상 이행불능의 효과로서 채권자의 전보배상청구권과 계약해제권 외에 별도로 대상청구권을 규정하고 있지는 않으나 해석상 대상청구권을 부정할 이유는 없는 것이지만, 점유로 인한 부동산 소유권 취득기간 만료를 원인으로 한 등기청구권이 이행불능으로 되었다고 하여 대상청구권을 행사하기 위하여는, 그 이행불능 전에 등기명의자에 대하여 점유로 인한 부동산 소유권 취득기간이 만료되었음을 이유로 그 권리를 주장하였거나 그 취득기간 만료를 원인으로 한 등기청구권을 행사하였어야 하고, 그 이행불능 전에 그와 같은 권리의 주장이나 행사에 이르지 않았다면 대상청구권을 행사할 수 없다고 봄이 공평의 관념에 부합한다. 즉, 취득시효완성 후 대상청구권을 제한적으로 인정한다.

㉤ 시효이익의 포기는 달리 특별한 사정이 없는 한 시효취득자가 취득시효완성 당시의 진정한 소유자에 대하여 하여야 그 효력이 발생하는 것이지 원인무효인 등기의 등기부상 소유명의자에게 그와 같은 의사를 표시하였다고 하여 그 효력이 발생하는 것은 아니라 할 것이다(대판 1994.12.23, 94다40734).

(4) 취득시효의 중단

① 소멸시효의 중단에 관한 규정이 취득시효에 준용된다(제247조 제2항).

② 취득시효의 정지에 대해서는 규정이 없지만 학설은 유추적용을 긍정한다.

③ 취득시효의 이익의 포기 역시 제184조 제1항을 유추하여 판례는 인정한다.

④ 민법 제247조 제2항은 '소멸시효의 중단에 관한 규정은 점유로 인한 부동산소유권의 시효취득기간에 준용한다.'고 규정하고, 민법 제168조 제2호는 소멸시효 중단사유로 '압류 또는 가압류, 가처분'을 규정하고 있다. 점유로 인한 부동산소유권의 시효취득에 있어 취득시효의 중단사유는 종래의 점유상태의 계속을 파괴하는 것으로 인정될 수 있는 사유이어야 하는데, 민법 제168조 제2호에서 정하는 '압류 또는 가압류'는 금전채권의 강제집행을 위한 수단이거나 그 보전수단에 불과하여 취득시효기간의 완성 전에 부동산에 압류 또는 가압류 조치가 이루어졌다고 하더라도 이로써 종래의 점유상태의 계속이 파괴되었다고는 할 수 없으므로 이는 취득시효의 중단사유가 될 수 없다.

🗔 법률의 규정에 의한 소유권의 취득

제252조 무주물의 귀속

① 무주의 **동산**을 소유의 의사로 점유한 자는 그 소유권을 취득한다.

② **무주의 부동산은 국유로 한다.**

③ 야생하는 동물은 무주물로 하고 사양하는 야생동물도 다시 야생상태로 돌아가면 무주물로 한다.

제253조 유실물의 소유권취득

유실물은 법률에 정한 바에 의하여 공고한 후 **6개월** 내에 그 소유자가 권리를 주장하지 아니하면 습득자가 그 소유권을 취득한다.

제254조 매장물의 소유권취득

매장물은 법률에 정한 바에 의하여 공고한 후 1년 내에 그 소유자가 권리를 주장하지 아니하면 발견자가 그 소유권을 취득한다. 그러나 타인의 토지 기타 물건으로부터 발견한 매장물은 그 토지 기타 물건의 소유자와 발견자가 절반하여 취득한다.

> ### 제255조 「국가유산기본법」 제3조에 따른 국가유산의 국유
> ① 학술, 기예 또는 고고의 중요한 재료가 되는 물건에 대하여는 제252조 제1항 및 전2조의 규정에 의하지 아니하고 국유로 한다.
> ② 전항의 경우에 습득자, 발견자 및 매장물이 발견된 토지 기타 물건의 소유자는 국가에 대하여 적당한 보상을 청구할 수 있다.
> [제목개정 2023.5.16.]
> [시행일: 2024.5.17.]

> ### 제256조 부동산에의 부합
> **부동산의 소유자는 그 부동산에 부합한 물건의 소유권을 취득한다.** 그러나 타인의 권원에 의하여 부속된 것은 그러하지 아니하다.

부합물에 관한 소유권 귀속의 예외를 규정한 민법 제256조 단서의 규정은 타인이 그 권원에 의하여 부속시킨 물건이라 할지라도 그 부속된 물건이 분리하여 경제적 가치가 있는 경우에 한하여 부속시킨 타인의 권리에 영향이 없다는 취지이지 분리하여도 경제적 가치가 없는 경우에는 원래의 부동산 소유자의 소유에 귀속된다(대판 2007.7.27, 2006다39290).

> ### 제257조 동산간의 부합
> 동산과 동산이 부합하여 훼손하지 아니하면 분리할 수 없거나 그 분리에 과다한 비용을 요할 경우에는 그 합성물의 소유권은 주된 동산의 소유자에게 속한다. 부합한 **동산의 주종을 구별할 수 없는 때에는 동산의 소유자는 부합당시의 가액의 비율로 합성물을 공유**한다.

> ### 제258조 혼화
> 전조의 규정은 동산과 동산이 혼화하여 식별할 수 없는 경우에 준용한다.

> ### 제259조 가공
> ① 타인의 동산에 가공한 때에는 그 물건의 소유권은 원재료의 소유자에게 속한다. 그러나 가공으로 인한 가액의 증가가 원재료의 가액보다 현저히 다액인 때에는 가공자의 소유로 한다.
> ② 가공자가 재료의 일부를 제공하였을 때에는 그 가액은 전항의 증가액에 가산한다.

제260조 **첨부의 효과**

① 전4조의 규정에 의하여 동산의 소유권이 소멸한 때에는 그 동산을 목적으로 한 다른 권리도 소멸한다.

② 동산의 소유자가 합성물, 혼화물 또는 가공물의 단독소유자가 된 때에는 전항의 권리는 합성물, 혼화물 또는 가공물에 존속하고 그 공유자가 된 때에는 그 지분에 존속한다.

제261조 **첨부로 인한 구상권**

전5조의 경우에 손해를 받은 자는 부당이득에 관한 규정에 의하여 보상을 청구할 수 있다.

---

(1) 양도담보권의 목적인 주된 동산에 다른 동산이 부합되어 부합된 동산에 관한 권리자가 권리를 상실하는 손해를 입은 경우 주된 동산이 담보물로서 가치가 증가된 데 따른 실질적 이익은 주된 동산에 관한 양도담보권설정자에게 귀속되는 것이므로, 이 경우 부합으로 인하여 권리를 상실하는 자는 양도담보권설정자를 상대로 민법 제261조에 따라 보상을 청구할 수 있을 뿐 양도담보권자를 상대로 보상을 청구할 수는 없다(대판 2016.4.28, 2012다19659).

(2) 매도인에게 소유권이 유보된 자재가 제3자와 매수인 사이에 이루어진 도급계약의 이행으로 제3자 소유 건물의 건축에 사용되어 부합된 경우 보상청구를 거부할 법률상 원인이 있다고 할 수 없지만, 제3자가 도급계약에 의하여 제공된 자재의 소유권이 유보된 사실에 관하여 과실 없이 알지 못한 경우라면 선의취득의 경우와 마찬가지로 제3자가 그 자재의 귀속으로 인한 이익을 보유할 수 있는 법률상 원인이 있다고 봄이 상당하므로, 매도인으로서는 그에 관한 보상청구를 할 수 없다(대판 2009.9.24, 2009다15602).

공동소유

1 공유(共有)

제262조 **물건의 공유**

① 물건이 지분에 의하여 수인의 소유로 된 때에는 공유로 한다.

② 공유자의 지분은 균등한 것으로 추정한다.

---

(1) 공유의 의의

① '공유'란 하나의 물건을 지분(持分)에 의하여 수인이 소유하는 형태를 의미한다.

② '지분'은 1개의 소유권이 분량적으로 분할되어 수인에게 귀속되는 형태이며, 성질상 공유물

전부에 미친다.

③ 지분의 비율은 법률의 규정 또는 공유자의 의사표시에 의하여 정하여진다. 지분비율에 관해 정함이 없는 경우, 공유자의 지분은 균등한 것으로 추정된다.

법률행위에 의한 공유의 성립	법률의 규정에 의한 공유의 성립
• 공유자들의 합의에 의하여 성립 • 공유의 등기와 지분의 등기	• 타인의 물건속에서 매장물 발견 • 주종을 구별할 수 없는 동산의 부합 또는 혼화 • 귀속불명의 부부재산 • 공동상속재산 ⎫ • 구분소유의 공용부분 ⎬ 공유물분할청구 ✕ • 경계에 설치된 경계표, 담, 구거 ⎭

④ 지분의 처분

> 제263조 **공유지분의 처분과 공유물의 사용, 수익**
>
> 공유자는 그 **지분을 처분**할 수 있고 공유물 전부를 지분의 비율로 사용, 수익할 수 있다.

㉠ 공유지분은 다른 공유자의 동의 없이 자유롭게 처분할 수 있다.

㉡ 공유자끼리 그 지분을 교환하는 것도 지분의 처분에 해당하므로 다른 공유자의 동의를 요하지 아니한다.

㉢ 공유지분에도 저당권을 설정할 수 있다.

⑤ 공유지분의 탄력성

> 제267조 **지분포기 등의 경우의 귀속**
>
> 공유자가 그 **지분을 포기**하거나 **상속인 없이 사망**한 때에는 그 지분은 다른 공유자에게 **각 지분의 비율로 귀속**한다.

민법 제267조는 "공유자가 그 지분을 포기하거나 상속인 없이 사망한 때에는 그 지분은 다른 공유자에게 각 지분의 비율로 귀속한다."라고 규정하고 있다. 여기서 공유지분의 포기는 법률행위로서 상대방 있는 단독행위에 해당하므로, 부동산 공유자의 공유지분 포기의 의사표시가 다른 공유자에게 도달하더라도 이로써 곧바로 공유지분 포기에 따른 물권변동의 효력이 발생하는 것은 아니고, 다른 공유자는 자신에게 귀속될 공유지분에 관하여 소유권이전등기청구권을 취득하며, 이후 민법 제186조에 의하여 등기를 하여야 공유지분 포기에 따른 물권변동의 효력이 발생한다. 그리고 부동산 공유자의 공유지분 포기에 따른 등기는 해당 지분에 관하여 다른 공유자 앞으로 소유권이전등기를 하는 형태가 되어야 한다(대판 2016.10.27, 2015다52978).

(2) 공유자 간의 법률관계

① 공유물의 사용·수익

제263조 **공유지분의 처분과 공유물의 사용, 수익**

공유자는 그 지분을 처분할 수 있고 **공유물 전부를 지분의 비율로 사용, 수익**할 수 있다.

1. 토지의 공유자는 각자의 지분 비율에 따라 토지 전체를 사용·수익할 수 있지만, 그 구체적인 사용·수익 방법에 관하여 공유자들 사이에 지분 과반수의 합의가 없는 이상, 1인이 특정 부분을 배타적으로 점유·사용할 수 없는 것이므로, 공유자 중의 일부가 특정 부분을 배타적으로 점유·사용하고 있다면, 그들은 비록 그 특정 부분의 면적이 자신들의 지분 비율에 상당하는 면적 범위 내라고 할지라도, 다른 공유자들 중 지분은 있으나 사용·수익은 전혀 하지 않고 있는 자에 대하여는 그 자의 지분에 상응하는 부당이득을 하고 있다고 보아야 할 것인바, 이는 모든 공유자는 공유물 전부를 지분의 비율로 사용·수익할 권리가 있기 때문이다(대판 2001.12.11, 2000다13948).

2. 공유건물에 관하여 과반수지분권을 가진 자가 공유건물의 특정된 한 부분을 배타적으로 사용·수익할 것을 정하는 것은 공유물의 관리방법으로서 적법하지만, 이 경우 비록 그 특정 부분이 자기의 지분비율에 상당하는 면적의 범위 내라 할지라도 다른 공유자들 중 지분은 있으나 사용·수익은 전혀 하고 있지 아니함으로써 손해를 입고 있는 자에 대하여는 과반수지분권자를 포함한 모든 사용·수익을 하고 있는 공유자가 그 자의 지분에 상응하는 부당이득을 하고 있다고 보아야 한다. 왜냐하면, 모든 공유자는 공유물 전부를 지분의 비율로 사용·수익할 수 있기 때문이다(대판 2011.2.27, 2011다42430).

② 공유물의 관리 및 보존

제265조 **공유물의 관리, 보존**

공유물의 관리에 관한 사항은 **공유자의 지분의 과반수로써 결정**한다. 그러나 **보존행위는 각자가 할 수 있다.**

1. 공유자가 공유물을 타인에게 임대하는 행위 및 그 임대차계약을 해지하는 행위는 공유물의 관리행위에 해당하므로, 민법 제265조 본문에 의하여 공유자의 지분의 과반수로써 결정하여야 한다(대판 2010.9.9, 2010다37905).

2. 과반수 지분권자가 나대지에 건물을 신축하여 소유하거나, 제3자에게 건물소유를 위하여 공유지를 임대하는 행위는 원칙적으로 관리의 범위를 넘어서는 것으로 평가되고, 따라서 제264조가 적용되어야 한다(대판 2002.5.14, 2002다9378).

3. 공유자 사이에 공유물을 사용·수익할 구체적인 방법을 정하는 것은 공유물의 관리에 관한 사항으로서 공유자의 지분의 과반수로써 결정하여야 할 것이고, 과반수 지분의

공유자는 다른 공유자와 사이에 미리 공유물의 관리방법에 관한 협의가 없었다 하더라도 공유물의 관리에 관한 사항을 단독으로 결정할 수 있다. 과반수 지분의 공유자가 그 공유물의 특정 부분을 배타적으로 사용·수익하기로 정하는 것은 공유물의 관리방법으로서 적법하다고 할 것이므로, 과반수 지분의 공유자로부터 사용·수익을 허락받은 점유자에 대하여 소수 지분의 공유자는 그 점유자가 사용·수익하는 건물의 철거나 퇴거 등 점유배제를 구할 수 없다(대판 2002.5.14, 2002다9738).

4. 공유자 사이에 공유물을 사용·수익할 구체적인 방법을 정하는 것은 공유물의 관리에 관한 사항으로서 공유자의 지분의 과반수로써 결정하여야 할 것이고, 과반수의 지분을 가진 공유자는 다른 공유자와 사이에 미리 공유물의 관리방법에 관한 협의가 없었다 하더라도 공유물의 관리에 관한 사항을 단독으로 결정할 수 있으므로, 과반수의 지분을 가진 공유자가 그 공유물을 배타적으로 사용·수익하기로 정하는 것은 공유물의 관리방법으로서 적법하다(대판 2015.11.26, 2015다206584).

5. 공유자 간의 공유물에 대한 사용수익·관리에 관한 특약은 공유자의 특정승계인에 대하여도 당연히 승계된다고 할 것이나, 민법 제265조는 "공유물의 관리에 관한 사항은 공유자의 지분의 과반수로써 결정한다."라고 규정하고 있으므로, 위와 같은 특약 후에 공유자에 변경이 있고 특약을 변경할 만한 사정이 있는 경우에는 공유자의 지분의 과반수의 결정으로 기존 특약을 변경할 수 있다(대판 2005.5.12, 2005다1827).

6. 공유물의 사용·수익·관리에 관한 공유자 사이의 특약은 유효하며 그 특정승계인에 대하여도 승계되지만, 그 특약이 지분권자로서의 사용·수익권을 사실상 포기하는 등으로 공유지분권의 본질적 부분을 침해하는 경우에는 특정승계인이 그러한 사실을 알고도 공유지분권을 취득하였다는 등의 특별한 사정이 없다면 특정승계인에게 당연히 승계된다고 볼 수 없다(대판 2013.3.14, 2011다58701).

7. 건물의 공유자가 공동으로 건물을 임대하고 보증금을 수령한 경우, 특별한 사정이 없는 한 그 임대는 각자 공유지분을 임대한 것이 아니고 임대목적물을 다수의 당사자로서 공동으로 임대한 것이고 그 보증금 반환채무는 성질상 불가분채무에 해당된다고 보아야 할 것이다(대판 1998.12.8, 98다43137).

8. 공유물을 제3자가 불법점유하고 있는 경우에 소수지분권자라고 하더라도 공유물의 보존행위로서 명도청구를 할 수 있다(대판 1966.4.19, 66다283).

9. 부동산의 공유자의 1인은 당해 부동산에 관하여 제3자 명의로 원인무효의 소유권이전등기가 경료되어 있는 경우 공유물에 관한 보존행위로서 제3자에 대하여 그 등기 전부의 말소를 구할 수 있다(대판 1993.5.11, 92다52870).

10. 공유물의 소수지분권자가 다른 공유자와 협의 없이 공유물의 전부 또는 일부를 독점적으로 점유·사용하고 있는 경우 다른 소수지분권자는 공유물의 보존행위로서 그 인도를 청구할 수는 없고, 다만 자신의 지분권에 기초하여 공유물에 대한 방해 상태를 제거하거나 공동 점유를 방해하는 행위의 금지 등을 청구할 수 있다고 보아야 한다(대판 2020.5.21, 2018다287522 전합).

11. 공유자가 <u>다른 공유자의 지분권을 대외적으로 주장하는 것</u>을 공유물의 멸실·훼손을 방지하고 공유물의 현상을 유지하는 사실적·법률적 행위인 공유물의 보존행위에 속한다고 할 수 없으므로, 자신의 소유지분을 침해하는 지분 범위를 초과하는 부분에 대하여 공유물에 관한 보존행위로서 무효라고 주장하면서 그 부분 등기의 말소를 구할 수는 없다(대판 2010.1.14, 2009다67429). 즉, 부동산 공유자의 1인이 <u>자신의 공유지분이 아닌 '다른 공유자'의 공유지분을 침해하는 원인 무효의 등기가 이루어졌다</u>는 이유로 공유물에 관한 보존행위로서 그 부분 등기의 말소를 구할 수 없다.

12. 상속에 의하여 수인의 공유로 된 부동산에 관하여 그 <u>공유자 중의 1인이</u> 부정한 방법으로 <u>공유물 전부에 관한 소유권이전등기를 그 단독명의로</u> 경료함으로써 타의 공유자가 공유물에 대하여 갖는 권리를 방해한 경우에 있어서는 그 방해를 받고 있는 공유자 중의 1인은 공유물의 보존행위로서 위 단독명의로 등기를 경료하고 있는 공유자에 대하여 <u>그 공유자의 공유지분을 제외한 나머지 공유지분 전부에 관하여</u> 소유권이전등기말소등기절차의 이행을 구할 수 있다(대판 1988.2.23, 87다카961).

13. 공유물에 끼친 불법행위를 이유로 하는 <u>손해배상청구권은 특별한 사유가 없는 한 각 공유자가 지분에 대응하는 비율의 한도</u> 내에서만 이를 행사할 수 있다(대판 1970.4.14, 70다171).

③ 공유물의 처분·변경

| 제264조 | 공유물의 처분, 변경 |

공유자는 **다른 공유자의 동의 없이 공유물을 처분하거나 변경하지 못한다.**

㉠ 공유자의 1인이 공유물을 제3자에게 매도한 경우, 그 매매는 당연히 무효가 되는 것은 아니고 다른 공유자의 지분에 대해서는 타인의 권리를 매매한 것이 된다.

㉡ 공유자 중 1인이 다른 공유자의 동의 없이 그 공유 토지의 특정부분을 매도하여 타인의 명의로 소유권이전등기를 마쳤다면, 그 매도부분 토지에 관한 소유권이전등기는 처분공유자의 공유지분 범위 내에서 실체관계에 부합하는 유효한 등기이다(대판 1994.12.2, 93다1596).

④ 공유물의 부담

| 제266조 | 공유물의 부담 |

① 공유자는 그 지분의 비율로 공유물의 관리비용 기타 의무를 부담한다.

② 공유자가 **1년 이상 전항의 의무이행을 지체한 때**에는 다른 공유자는 상당한 가액으로 지분을 매수할 수 있다.

1. 민법 제266조 제2항의 규정에 의하여 공유자가 다른 공유자의 의무이행지체를 이유로 그 지분의 매수청구권을 행사함에 있어서는 매수대상이 되는 지분 전부의 매매대금을 제공한 다음 매수청구권을 행사하여야 한다(대판 1992.10.9, 92다25656).

2. 공유자가 <u>공유물의 관리에 관하여 제3자와 계약을 체결한 경우</u>에 그 계약에 기하여 제3자가 지출한 관리비용의 상환의무를 누가 어떠한 내용으로 부담하는가는 <u>일차적으로 당해 계약의 해석으로 정하여진다</u>. 공유자들이 공유물의 관리비용을 각 지분의 비율로 부담한다는 내용의 민법 제266조 제1항은 공유자들 사이의 내부적인 부담관계에 관한 규정일 뿐이다(대판 2009.11.12, 2009다54034·54041). 즉, 민법 제266조 제1항이 적용되지 않는다.

(3) 공유물의 분할

① 공유물분할청구권

> **제268조** **공유물의 분할청구**

> ① **공유자는 공유물의 분할을 청구할 수 있다.** 그러나 5년 내의 기간으로 분할하지 아니할 것을 약정할 수 있다.
> ② 전항의 계약을 갱신한 때에는 그 기간은 갱신한 날로부터 5년을 넘지 못한다.
> ③ 전2항의 규정은 제215조, 제239조의 공유물에는 적용하지 아니한다.

㉠ 공유자는 다른 공유자의 동의 없이도 언제든지 자유롭게 공유물의 분할을 청구할 수 있다.
㉡ 공유물 중에서 구분건물의 공용부분 그리고 경계에 설치된 경계표·담·구거는 분할을 청구하지 못한다.

② 분할의 방법

> **제269조** **분할의 방법**

> ① **분할의 방법에 관하여 협의가 성립되지 아니한 때**에는 공유자는 **법원에 그 분할을 청구**할 수 있다.
> ② **현물로 분할**할 수 없거나 분할로 인하여 현저히 그 가액이 감손될 염려가 있는 때에는 법원은 **물건의 경매를 명할 수 있다.**

1. 공유물분할은 협의분할을 원칙으로 하고 <u>협의가 성립되지 아니한 때에는 재판상 분할을 청구할 수 있으므로</u> 공유자 사이에 <u>이미 분할에 관한 협의가 성립된 경우</u>에는 일부 공유자가 <u>분할에 따른 이전등기에 협조하지 않거나</u> 분할에 관하여 다툼이 있더라도 그 분할된 부분에 대한 소유권이전등기를 청구하든가 소유권확인을 구함은 별문제이나 또다시 <u>소로써 그 분할을 청구하거나 이미 제기한 공유물분할의 소를 유지함은 허용되지 않는다</u>(대판 1995.1.12, 94다30348·30355).

2. 공유물분할청구의 소는 분할을 청구하는 공유자가 원고가 되어 다른 공유자 전부를 공동피고로 하여야 하는 고유필수적 공동소송이다(대판 2003.12.12, 2003다44615).

3. 공유물의 분할은 공유자 간에 협의가 이루어지는 경우에는 방법을 임의로 선택할 수 있으나 협의가 이루어지지 아니하여 재판에 의하여 공유물을 분할하는 경우에는 법원은 <u>현물로 분할하는 것이 원칙</u>이고, 현물로 분할할 수 없거나 현물로 분할을 하게 되면 현저히 가액이 감손될 염려가 있는 때에 비로소 물건의 경매를 명하여 <u>대금분할</u>을 할 수 있는 것이므로, 위와 같은 사정이 없는 한 법원은 <u>각 공유자의 지분비율에 따라</u> 공유물을 <u>현물 그대로 수개의 물건으로 분할</u>하고 <u>분할된 물건에 대하여 각 공유자의 단독소유권을 인정</u>하는 판결을 하여야 한다. 그리고 <u>분할의 방법</u>은 <u>당사자가 구하는 방법에 구애받지 아니하고 법원의 재량에 따라</u> 공유관계나 객체인 물건의 제반 상황에 따라 공유자의 지분비율에 따른 합리적인 분할을 하면 되는데, 여러 사람이 공유하는 물건을 현물분할하는 경우에는 <u>분할청구자의 지분한도 안에서 현물분할</u>을 하고 <u>분할을 원하지 않는 나머지 공유자는 공유로 남는 방법도 허용된다.</u> 그러나 <u>분할청구자가 상대방들을 공유로 남기는 방식의 현물분할을 청구하고 있다고 하여,</u> <u>상대방들이 그들 사이만의 공유관계의 유지를 원하고 있지 아니한데도 상대방들을 여전히 공유로 남기는 방식으로 현물분할을 하여서는 아니 된다</u>(대판 2015.3.26, 2014다233428).

4. 여러 사람이 공유하는 물건을 분할하는 경우에는 원칙적으로는 각 공유자가 취득하는 토지의 면적이 그 공유지분의 비율과 같도록 하여야 할 것이나, 반드시 그런 방법으로만 분할하여야 하는 것은 아니고, <u>분할 대상이 된 공유물의 형상이나 위치, 그 이용상황이나 경제적 가치가 균등하지 아니할 때에는</u> 이와 같은 여러 사정을 고려하여 경제적 가치가 지분비율에 상응되도록 분할하는 것도 허용되며 일정한 요건이 갖추어진 경우에는 공유자 상호간에 금전으로 경제적 가치의 과부족을 조정하게 하여 분할을 하는 것도 현물분할의 한 방법으로 허용된다(대판 2011.8.18, 2011다24104).

5. 공유물을 공유자 중의 1인의 단독소유 또는 수인의 공유로 하되 현물을 소유하게 되는 공유자로 하여금 다른 공유자에 대하여 그 지분의 적정하고도 합리적인 가격을 배상시키는 방법에 의한 분할도 현물분할의 하나로 허용된다(대판 2004.10.14, 2004다30583).

③ 분할의 효과

㉠ 공유물의 분할은 소유권지분의 이전으로서, 공유물분할의 효과는 소급효가 없어서 분할 시에 발생한다. 다만, 상속재산의 분할은 상속이 개시된 때에 소급하여 효력이 있다.

㉡ 협의분할의 경우 등기 시에 효력이 발생하며, 재판상 분할의 경우에는 판결확정 시에 효력이 발생한다.

④ 분할에 의한 담보책임

> **제270조** **분할로 인한 담보책임**
>
> 공유자는 다른 공유자가 분할로 인하여 취득한 물건에 대하여 그 지분의 비율로 매도인
> 과 동일한 담보책임이 있다.

> 토지공유자의 한 사람의 지분 위에 설정된 근저당권 등 담보물권은 특단의 합의가 없는
> 한, 공유물분할이 된 뒤에도 종전의 지분비율대로 공유물 전부의 위에 그대로 존속하며
> 근저당권설정자 앞으로 분할된 부분에 대하여 당연히 집중되는 것은 아니다(대판 1989.8.8,
> 88다카24868).

2 합유(合有)

(1) 합유의 의의

> **제271조** **물건의 합유**
>
> ① 법률의 규정 또는 계약에 의하여 수인이 조합체로서 물건을 소유하는 때에는 합유로 한
> 다. 합유자의 권리는 합유물 전부에 미친다.
> ② 합유에 관하여는 전항의 규정 또는 계약에 의하는 외에 다음 3조의 규정에 의한다.

'합유'란 수인이 조합체로서 물건을 소유하는 형태를 의미한다.

(2) 합유의 성립

① 계약에 의한 성립

2인 이상이 조합계약을 체결하여 조합체를 결성하고 그 조합재산을 공동소유하는 경우를 의
미하고, 조합재산이 부동산인 경우에는 합유자 전원의 명의로 등기를 하고 각자의 지분과
합유의 취지를 등기하여야 한다(부등법 제48조).

② 법률의 규정에 의한 성립

신탁법, 광업법 등에 의하여 성립한다.

> 1. 계는 당사자 간에 특별한 약정이 없으면 조합계약이라고 추정되며, 계를 중심으로 하
>   는 재산은 각 계원의 합유라고 한다(대판 1962.7.26, 62다265).
> 2. 합유부동산에 대해서는 합유자 전원의 명의로 등기가 되어야 한다. 합유자 중 1인 명
>   의의 등기는 원인무효인 등기이다(대판 1970.12.29, 69다22).

(3) 합유의 법률관계

> **제272조** 합유물의 처분, 변경과 보존
>
> 합유물을 처분 또는 변경함에는 합유자 전원의 동의가 있어야 한다. 그러나 **보존행위는 각자가 할 수 있다.**

> **제273조** 합유지분의 처분과 합유물의 분할금지
>
> ① 합유자는 **전원의 동의 없이 합유물에 대한 지분을 처분하지 못한다.**
> ② 합유자는 **합유물의 분할을 청구하지 못한다.**

> **제274조** 합유의 종료
>
> ① 합유는 조합체의 해산 또는 합유물의 양도로 인하여 종료한다.
> ② 전항의 경우에 합유물의 분할에 관하여는 공유물의 분할에 관한 규정을 준용한다.

1. 부동산의 합유자 중 일부가 사망한 경우 합유자 사이에 특별한 약정이 없는 한 사망한 합유자의 상속인은 합유자로서의 지위를 승계하지 못하므로, 해당 부동산은 잔존 합유자가 2인 이상일 경우에는 잔존 합유자의 합유로 귀속되고 잔존 합유자가 1인인 경우에는 잔존 합유자의 단독소유로 귀속된다(대판 1996.12.10, 96다23238).

2. 합유지분 포기가 적법하다면 그 포기된 합유지분은 나머지 잔존 합유지분권자들에게 균분으로 귀속하게 되지만 그와 같은 물권변동은 합유지분권의 포기라고 하는 법률행위에 의한 것이므로 등기하여야 효력이 있고 지분을 포기한 합유지분권자로부터 잔존 합유지분권자들에게 합유지분권 이전등기가 이루어지지 아니하는 한 지분을 포기한 지분권자는 제3자에 대하여 여전히 합유지분권자로서의 지위를 가지고 있다고 보아야 한다(대판 1997.9.9, 96다16896).

3. 합유물에 관하여 경료된 원인 무효의 소유권이전등기의 말소를 구하는 소송은 합유물에 관한 보존행위로서 합유자 각자가 할 수 있다(대판 1997.9.9, 96다16896).

4. 합유로 소유권이전등기가 된 부동산에 관하여 명의신탁해지를 원인으로 한 소유권이전등기절차의 이행을 구하는 소송은 합유물에 관한 소송으로서 고유필요적 공동소송에 해당하여 합유자 전원을 피고로 하여야 할 뿐 아니라 합유자 전원에 대하여 합일적으로 확정되어야 하므로, 합유자 중 일부의 청구인낙이나 합유자 중 일부에 대한 소의 취하는 허용되지 않는다(대판 1996.12.10, 96다23238).

5. 민법 제272조에 따르면 합유물을 처분 또는 변경함에는 합유자 전원의 동의가 있어야 하나, 합유물 가운데서도 조합재산의 경우 그 처분·변경에 관한 행위는 조합의 특별사무에

해당하는 업무집행으로서, 이에 대하여는 특별한 사정이 없는 한 <u>민법 제706조 제2항이</u>
<u>민법 제272조에 우선하여 적용되므로</u>, 조합재산의 처분·변경은 업무집행자가 없는 경우
에는 조합원의 과반수로 결정하고, 업무집행자가 수인 있는 경우에는 그 업무집행자의 과
반수로써 결정하며, 업무집행자가 1인만 있는 경우에는 그 업무집행자가 단독으로 결정한
다(대판 2010.4.29, 2007다18911).

3 총유

제275조 **물건의 총유**

① **법인이 아닌 사단**의 사원이 집합체로서 물건을 소유할 때에는 **총유**로 한다.
② 총유에 관하여는 사단의 정관 기타 계약에 의하는 외에 다음 2조의 규정에 의한다.

제276조 **총유물의 관리, 처분과 사용, 수익**

① **총유물의 관리 및 처분은 사원총회의 결의**에 의한다.
② 각 사원은 정관 기타의 규약에 좇아 총유물을 사용, 수익할 수 있다.

제277조 **총유물에 관한 권리의무의 득상**

총유물에 관한 사원의 권리의무는 사원의 지위를 취득상실함으로써 취득상실된다.

제278조 **준공동소유**

본절의 규정은 소유권 이외의 재산권에 준용한다. 그러나 다른 법률에 특별한 규정이 있으면 그
에 의한다.

4 공동소유 비교

구분	공유	합유	총유
보존행위	각자	각자	• 각자 × • 사원총회 결의
지분	있음	있음	없음
지분의 처분	동의 없이 자유 처분	전원동의 처분	
관리행위	지분의 과반수	조합규약에 의함	사원총회 결의
분할청구	공유물분할청구	합유물분할청구 ×	총유물분할청구 ×
처분·변경	전원동의	전원동의	사원총회 결의

CHAPTER 04 지상권

1 지상권의 의의

제279조 지상권의 내용

지상권자는 타인의 토지에 **건물 기타 공작물이나 수목을 소유하기 위하여** 그 토지를 사용하는 권리가 있다.

(1) 타인의 토지	타인의 토지 전부뿐만 아니라 토지의 일부 ○
(2) 건물, 공작물, 수목을 소유하기 위하여	건물 공작물 사용 × 지상물(건물 등) 멸실하더라도 지상권 소멸 ×
(3) 타인의 토지를 사용하는 권리	타인의 토지를 독점적, 배타적 점유 토지사용 대가인 지료는 지상권 성립요소 ×

1. 지상권은 타인의 토지에서 건물 기타의 공작물이나 수목을 소유하는 것을 본질적 내용으로 하는 것이 아니라 <u>타인의 토지를 사용하는 것을 본질적 내용</u>으로 하고 있으므로 지상권 설정 계약 당시 건물 기타의 공작물이나 수목이 없더라도 지상권은 유효하게 성립할 수 있고, 또한 <u>기존의 건물 기타의 공작물이나 수목이 멸실되더라도 존속기간이 만료되지 않는 한 지상권이 소멸되지 아니한다</u>(대판 1996.3.22, 95다49318).

2. 기존 건물의 <u>사용</u>을 목적으로 지상권이 설정된 경우, 지상권의 최단 존속기간에 관한 민법 제280조 제1항 제1호가 적용되지 않는다(대판 1996.3.22, 95다49318).

3. 근저당권 등 담보권 설정의 당사자들이 그 목적이 된 토지 위에 차후 용익권이 설정되거나 건물 또는 공작물이 축조·설치되는 등으로써 그 목적물의 담보가치가 저감하는 것을 막는 것을 주요한 목적으로 하여 채권자 앞으로 아울러 지상권을 설정하였다면, 그 <u>피담보채권이</u> 변제 등으로 만족을 얻어 <u>소멸한 경우</u>는 물론이고 <u>시효소멸한 경우</u>에도 그 <u>지상권은 피담보채권에 부종하여 소멸한다</u>(대판 2011.4.14, 2011다6342).

4. 지상권은 용익물권으로서 담보물권이 아니므로 피담보채무라는 것이 존재할 수 없다. 근저당권 등 담보권 설정의 당사자들이 담보로 제공된 토지에 추후 용익권이 설정되거나 건물 또는 공작물이 축조·설치되는 등으로 토지의 담보가치가 줄어드는 것을 막기 위하여 담보권과 아울러 설정하는 지상권을 이른바 담보지상권이라고 하는데, 이는 당사자의 약정에 따라 담보권의 존속과 지상권의 존속이 서로 연계되어 있을 뿐이고, 이러한 경우에도 <u>지상권의 피담보채무가 존재하는 것은 아니다</u>(대판 2017.10.31, 2015다65042).

5. 금융기관이 대출금 채권의 담보를 위하여 토지에 저당권과 함께 <u>지료 없는</u> 지상권을 설정하면서 채무자 등의 사용·수익권을 배제하지 않은 경우, 위 지상권은 근저당목적물의 담보가치를 확보하는 데 목적이 있으므로, 그 위에 도로개설·옹벽축조 등의 행위를 한 무단점유자에 대하여 지상권 자체의 침해를 이유로 한 <u>임료 상당 손해배상을 구할 수 없다</u>(대판 2008.1.17, 2006다586).

6. 토지에 관하여 저당권을 취득함과 아울러 그 저당권의 담보가치를 확보하기 위하여 지상권을 취득하는 경우, 특별한 사정이 없는 한 그 지상권은 저당권이 실행될 때까지 제3자가 용익권을 취득하거나 목적 토지의 담보가치를 하락시키는 침해행위를 하는 것을 배제함으로써 저당 부동산의 담보가치를 확보하는 데에 그 목적이 있다고 할 것이므로, 제3자가 저당권의 목적인 토지 위에 건물을 신축하는 경우에는, 그 제3자가 지상권자에게 대항할 수 있는 권원을 가지고 있다는 등의 특별한 사정이 없는 한, 지상권자는 그 방해배제청구로서 신축중인 <u>건물의 철거와 대지의 인도 등을 구할 수 있다</u>고 할 것이다(대판 2008.2.15, 2005다47205).

7. 토지에 관하여 저당권을 취득함과 아울러 그 저당권의 담보가치를 확보하기 위하여 지상권을 취득하는 경우, 특별한 사정이 없는 한 당해 지상권은 저당권이 실행될 때까지 제3자가 용익권을 취득하거나 목적 토지의 담보가치를 하락시키는 침해행위를 하는 것을 배제함으로써 저당 부동산의 담보가치를 확보하는 데에 그 목적이 있다고 할 것이므로, 그와 같은 경우 제3자가 비록 토지소유자로부터 신축중인 지상 건물에 관한 건축주 명의를 변경받았다 하더라도, 그 지상권자에게 대항할 수 있는 권원이 없는 한 지상권자로서는 제3자에 대하여 목적 <u>토지 위에 건물을 축조하는 것을 중지하도록</u> 요구할 수 있다(대결 2004.3.29, 2003마1753).

8. 지상권설정계약에서 <u>지료에 관한 약정이 없다면</u>, <u>무상의 지상권을 설정하기로</u> 한 것으로 인정된다(대판 1999.9.3, 99다24874).

2 지상권의 취득

(1) 법률행위에 의한 취득

① 일반적으로 지상권설정계약과 등기에 의하여 (약정)지상권은 성립한다.
② 그 밖에도 유언 또는 지상권의 양도에 의하여 지상권을 취득할 수 있다.

(2) 법률의 규정에 의한 취득

① 상속, 판결, 경매, 공용징수 등 기타 법률의 규정에 의한 지상권의 취득은 등기 없이 효력이 생긴다. 다만 취득시효에 의한 지상권의 취득은 등기하여야 한다.
② 법정지상권
　㉠ 관습법에 의한 법정지상권의 취득
　㉡ 제305조에 의한 법정지상권의 취득
　㉢ 민법 제366조에 의한 법정지상권의 취득

② 가등기담보법에 의한 법정지상권의 취득
⑩ 입목법에 의한 법정지상권의 취득

3 지상권의 존속기간

제280조 **존속기간을 약정한 지상권**

① 계약으로 지상권의 존속기간을 정하는 경우에는 그 기간은 **다음 연한보다 단축하지 못한다.**
1. 석조, 석회조, 연와조 또는 이와 유사한 **견고한 건물이나 수목의 소유**를 목적으로 하는 때에는 **30년**
2. 전호 이외의 건물의 소유를 목적으로 하는 때에는 **15년**
3. 건물 이외의 공작물의 소유를 목적으로 하는 때에는 **5년**
② 전항의 기간보다 단축한 기간을 정한 때에는 전항의 기간까지 연장한다.

제281조 **존속기간을 약정하지 아니한 지상권**

① 계약으로 지상권의 존속기간을 정하지 아니한 때에는 그 기간은 전조의 최단존속기간으로 한다.
② 지상권 설정 당시에 공작물의 종류와 구조를 정하지 아니한 때에는 지상권은 전조 제2호의 건물의 소유를 목적으로 한 것으로 본다.

1. 민법상 지상권의 존속기간은 최단기만이 규정되어 있을 뿐 최장기에 관하여는 아무런 제한이 없으며, 존속기간이 영구인 지상권을 인정할 실제의 필요성도 있고, 이러한 지상권을 인정한다고 하더라도 지상권의 제한이 없는 토지의 소유권을 회복할 방법이 있을 뿐만 아니라, 특히 구분지상권의 경우에는 존속기간이 영구라고 할지라도 대지의 소유권을 전면적으로 제한하지 아니한다는 점 등에 비추어 보면, 지상권의 존속기간을 영구로 약정하는 것도 허용된다(대판 2001.5.29, 99다66410).
2. 민법 제281조 제2항은 당사자가 지상권설정의 합의를 함에 있어서 다만 그 존속기간을 정하지 아니하고 지상권을 설정할 토지상에 소유한 공작물의 종류와 구조가 객관적으로 확정되지 않을 경우에 한하여 적용이 있는 것이므로 비록 무허가 또는 미등기건물이라 하더라도 그 건물의 종류와 구조가 확정되어 있는 경우에는 적용되는 것이 아니고 이러한 경우에는 민법 제281조 제1항에 의하여 존속기간을 정하여야 한다(대판 1988.4.12, 87다카2404).

제284조　**갱신과 존속기간**

당사자가 계약을 갱신하는 경우에는 지상권의 존속기간은 갱신한 날로부터 제280조의 최단존속기간보다 단축하지 못한다. 그러나 당사자는 이보다 장기의 기간을 정할 수 있다.

💠 **용익물권의 존속기간의 비교**

지 상 권		지 역 권		전 세 권	
최장기간	민법규정 X	최장기간	민법규정 ×	최장기간	10년
최단기간	30, 15, 5년	최단기간	민법규정 ×	최단기간	토지전세권 규정 ×
					건물전세권 1년

4　지상권 갱신청구권과 지상물매수청구권

제283조　**지상권자의 갱신청구권, 매수청구권**

① 지상권이 소멸한 경우에 건물 기타 공작물이나 수목이 현존한 때에는 지상권자는 계약의 갱신을 청구할 수 있다.
② 지상권설정자가 계약의 갱신을 원하지 아니하는 때에는 지상권자는 상당한 가액으로 전항의 공작물이나 수목의 매수를 청구할 수 있다.

형성권　지상물매매계약성립

1. 민법 제283조 제2항 소정의 지상물매수청구권은 지상권이 존속기간의 만료로 인하여 소멸하는 때에 지상권자에게 갱신청구권이 있어 그 갱신청구를 하였으나 지상권설정자가 계약갱신을 원하지 아니할 경우 행사할 수 있는 권리이므로, <u>지상권자의 지료연체를 이유로 토지소유자가 그 지상권소멸청구를 하여 이에 터 잡아 지상권이 소멸된 경우에는 매수청구권이 인정되지 않는다</u>(대판 1993.6.29, 93다10781).
2. 지상권자의 수목 매수청구권은 형성권으로서 지상권자가 이를 행사하므로 인하여 수목에 관하여 매매계약 관계가 성립된다고 할 것이니 그 가격의 산출은 <u>매매계약 관계가 성립한 당시의 시가</u>에 의할 것이고 매수청구권의 대상이 공작물이 아니고 매년 성장하는 수목이라도 마찬가지다(대판 1967.12.18, 67다2355).

5 지상권의 효력

(1) 토지사용권

① 지상권자는 설정계약에서 정한 목적범위 내에서 타인의 토지를 사용할 권리가 있다.

② 지상권이 침해된 경우에 지상권자는 점유권에 기한 물권적 청구권을 행사할 수 있고, 지상권(본권)에 기한 물권적 청구권(제290조 제1항)도 행사할 수 있다.

③ 지상권은 토지이용권이므로 상린관계에 관한 규정이 준용된다.

> **제290조** 준용규정
>
> ① 제213조, 제214조, 제216조 내지 제244조의 규정은 지상권자간 또는 지상권자와 인지소유자간에 이를 준용한다.
> ② 제280조 내지 제289조 및 제1항의 규정은 제289조의2의 규정에 의한 구분지상권에 관하여 이를 준용한다.

(2) 지상권의 처분

> **제282조** 지상권의 양도, 임대
>
> 지상권자는 타인에게 그 권리를 양도하거나 그 권리의 존속기간 내에서 그 토지를 임대할 수 있다.

1. 입목에 대한 벌채권의 확보를 위하여 지상권을 설정하였다 할지라도 지상권에는 부종성이 인정되지 아니하므로 벌채권이 소멸하였다 하더라도 지상권마저 소멸하는 것은 아니고, 지상권은 독립된 물권으로서 다른 권리에 부종함이 없이 그 자체로서 양도될 수 있으며 그 양도성은 민법 제282조, 제289조에 의하여 절대적으로 보장되고 있으므로 소유자의 의사에 반하여도 자유롭게 타인에게 양도할 수 있다(대판 1991.11.8, 90다15716).

2. 지상권자는 지상권을 유보한 채 지상물 소유권만을 양도할 수도 있고 지상물 소유권을 유보한 채 지상권만을 양도할 수도 있는 것이어서 지상권자와 그 지상물의 소유권자가 반드시 일치하여야 하는 것은 아니며, 또한 지상권 설정 시에 그 지상권이 미치는 토지의 범위와 그 설정 당시 매매되는 지상물의 범위를 다르게 하는 것도 가능하다(대판 2006.6.15, 2006다6126 · 6133).

(3) 지료관계

① 지료의 성격

1. 지상권에 있어서 지료의 지급은 그의 요소가 아니어서 지료에 관한 유상 약정이 없는 이상 지료의 지급을 구할 수 없다(대판 1999.9.3, 99다24874).

2. 지상권에 있어서 유상인 지료에 관하여 지료액 또는 그 지급시기 등의 약정은 이를 등기하여야만 그 뒤에 토지소유권 또는 지상권을 양수한 사람 등 제3자에게 대항할 수 있고, 지료에 관하여 등기되지 않은 경우에는 무상의 지상권으로서 지료증액청구 권도 발생할 수 없다(대판 1999.9.3, 99다24874).

3. 지상권에 있어서 지료의 지급은 그 요소가 아니므로 지료에 관한 약정이 없으면 지료의 지급을 구할 수 없으나 그 약정이 있는 이상 토지소유자는 지료에 관한 등기 여부에 관계 없이 지상권자에 대하여 그 약정된 지료의 지급을 구할 수 있다(대판 2009.9.24, 2007 두7505).

4. 지료액 또는 그 지급시기 등 지료에 관한 약정은 이를 등기하여야만 제3자에게 대항할 수 있으므로, 지료의 등기를 하지 않은 이상 토지소유자는 구 지상권자의 지료연체 사실을 들어 지상권을 이전받은 자에게 대항하지 못한다(대판 1996.4.26, 95다52864).

부동산등기법 제69조 **지상권의 등기사항**

등기관이 지상권설정의 등기를 할 때에는 제48조에서 규정한 사항 외에 다음 각 호의 사항을 기록하여야 한다. 다만, 제3호부터 제5호까지는 등기원인에 그 약정이 있는 경우 에만 기록한다.

1. 지상권설정의 목적
2. 범위

3. 존속기간
4. 지료와 지급시기
5. 「민법」 제289조의2 제1항 후단의 약정
6. 지상권설정의 범위가 토지의 일부인 경우에는 그 부분을 표시한 도면의 번호

② 지료체납의 효과

> **제287조**　**지상권소멸청구권**

지상권자가 2년 이상의 지료를 지급하지 아니한 때에는 지상권설정자는 지상권의 소멸을 청구할 수 있다.

> **제288조**　**지상권소멸청구와 저당권자에 대한 통지**

지상권이 저당권의 목적인 때 또는 그 토지에 있는 건물, 수목이 저당권의 목적이 된 때에는 전조의 청구는 저당권자에게 통지한 후 **상당한 기간이 경과함으로써** 그 효력이 생긴다.

1. 지상권자의 지료 지급 연체가 <u>토지소유권의 양도 전후</u>에 걸쳐 이루어진 경우 <u>토지양수인에 대한 연체기간이 2년이 되지 않는다면 양수인은 지상권소멸청구를 할 수 없다</u>(대판 2001.3.13, 99다17142).
2. <u>법정지상권에 관한 지료가 결정된 바 없다면</u> 법정지상권자가 지료를 지급하지 아니하였다고 하더라도 지료지급을 지체한 것으로는 볼 수 없으므로 법정지상권자가 2년 이상의 지료를 지급하지 아니하였음을 이유로 하는 토지소유자의 지상권소멸청구는 그 이유가 없다(대판 1994.12.2, 93다52297).

③ 지료증감청구권

> **제286조**　**지료증감청구권**

지료가 토지에 관한 조세 기타 부담의 증감이나 지가의 변동으로 인하여 상당하지 아니하게 된 때에는 당사자는 그 증감을 청구할 수 있다.

지료증감청구권은 형성권에 속하며, 사정변경의 원칙을 입법화한 규정이다.

6 지상권 소멸의 효과

제285조 수거의무, 매수청구권

① 지상권이 소멸한 때에는 지상권자는 건물 기타 공작물이나 수목을 수거하여 토지를 원상에 회복하여야 한다.

② 전항의 경우에 **지상권설정자**가 상당한 가액을 제공하여 그 공작물이나 수목의 **매수를 청구**한 때에는 지상권자는 정당한 이유 없이 이를 거절하지 못한다.

7 편면적 강행규정

제289조 강행규정

제280조 내지 제287조의 규정에 위반되는 계약으로 **지상권자에게 불리한 것은 그 효력이 없다.**

8 구분지상권

제289조의2 구분지상권

① **지하** 또는 **지상의 공간은 상하의 범위를 정하여 건물 기타 공작물을 소유**하기 위한 지상권의 목적으로 할 수 있다. 이 경우 설정행위로써 지상권의 행사를 위하여 토지의 사용을 제한할 수 있다.

② 제1항의 규정에 의한 구분지상권은 제3자가 토지를 사용·수익할 권리를 가진 때에도 그 권리자 및 그 권리를 목적으로 하는 권리를 가진 자 전원의 승낙이 있으면 이를 설정할 수 있다. 이 경우 토지를 사용·수익할 권리를 가진 제3자는 그 지상권의 행사를 방해하여서는 아니 된다.

🗇 분묘기지권

1 분묘기지권(墳墓基地權)의 의의

'분묘기지권'이란 타인의 토지에서 분묘라는 특수한 공작물을 설치한 자가 그 분묘를 소유하기 위하여 분묘의 기지부분의 타인소유 토지를 사용할 수 있는 권리로서 지상권에 유사한 성질을 갖는 물권이다.

2 성립요건

(1) 다음의 3가지 성립모습이 있다.

　① 토지소유자의 승낙을 얻어 그 토지에 분묘를 설치한 때에는 약정에 의한 분묘기지권을 취득한다.

　② 타인소유의 토지에 소유자의 승낙 없이 분묘를 설치한 때에는 20년간 평온·공연하게 그 분묘의 기지를 점유함으로써 분묘기지권을 시효취득한다.

　③ 자기소유의 토지에 분묘를 설치한 자가 그 분묘를 이장한다는 특약이 없이 그 토지를 매매 등에 의해 처분한 때에는 관습법상의 분묘기지권을 취득한다.

(2) 위 경우에 의해 분묘기지권을 취득하기 위해서는 그 전제로 분묘로서의 요건을 갖추어야 한다.

(3) 분묘의 외형 자체가 공시방법으로서의 구실을 하며, 등기는 필요하지 않다.

3 효력

(1) 분묘기지권은 오직 분묘의 소유를 위해서만 타인의 토지를 사용할 수 있는 것이고, 또 이때의 분묘는 이미 설치되어 있는 분묘만을 의미한다.

(2) 분묘기지권은 분묘를 수호하고 봉사하는 데 필요한 범위에까지 미친다.

(3) 분묘기지권은 권리자가 분묘를 수호하고 그 분묘가 존속하고 있는 동안 존속하며, 상속될 수 있으나 양도될 수는 없다.

(4) 장사 등에 관한 법률에 의하여 2001.1.13. 이후에 설치한 분묘에 대해서는 분묘기지권의 시효취득이 인정되지 않는다(장사 등에 관한 법률 제27조).

> 1. 타인소유의 토지에 소유자의 승낙 없이 분묘를 설치한 경우에는 20년간 평온·공연하게 그 분묘의 기지를 점유하면 지상권 유사의 관습법상의 물권인 분묘기지권을 시효로 취득하는데, 이러한 분묘기지권은 봉분 등 외부에서 분묘의 존재를 인식할 수 있는 형태를 갖

추고 있는 경우에 한하여 인정되고, 평장되어 있거나 암장되어 있어 객관적으로 인식할 수 있는 외형을 갖추고 있지 아니한 경우에는 인정되지 않으므로, 이러한 특성상 분묘기지권은 등기 없이 취득한다(대판 1996.6.14, 96다14036).

2. 타인의 토지 위에 분묘를 설치 또는 소유하는 자는 그 분묘의 보존 및 관리에 필요한 범위 내에서만 타인 토지를 점유하는 것이므로, 점유권원의 성질상 소유의 의사가 추정되지 않는다(대판 2000.11.14, 2000다35511).

3. 분묘기지권의 존속기간에 관하여는 민법의 지상권에 관한 규정에 따를 것이 아니라 당사자 사이에 특약이 있으면 그에 따를 것이며, 그러한 사정이 없는 경우에는 권리자가 분묘의 수호와 봉사를 계속하며 그 분묘가 존속하고 있는 동안은 분묘기지권은 존속한다(대판 1994.8.26, 94다28970).

4. 분묘기지권은 분묘의 기지 자체뿐만 아니라 그 분묘의 설치목적인 분묘의 수호 및 제사에 필요한 범위 내에서 분묘의 기지 주위의 공지를 포함한 지역에까지 미치는 것이고, (구)매장 및 묘지 등에 관한 법률(현 장사 등에 관한 법률)로 규정한 제한면적 범위 내로 한정되는 것은 아니다(대판 1994.8.26, 94다28970).

5. 분묘기지권은 분묘의 기지 자체(봉분의 기저 부분)뿐만 아니라 그 분묘의 수호 및 제사에 필요한 범위 내에서 분묘의 기지 주위의 공지를 포함한 지역에까지 미치는 것이고, 사성이 조성되어 있다 하여 반드시 그 사성 부분을 포함한 지역에까지 분묘기지권이 미치는 것은 아니다(대판 1997.5.23, 95다29086).

6. 분묘기지권은 기존의 분묘 외에 새로운 분묘를 신설할 권능은 포함되지 아니하는 것이므로, 부부 중 일방이 먼저 사망하여 이미 그 분묘가 설치되고 그 분묘기지권이 미치는 범위 내에서 그 후에 사망한 다른 일방의 합장을 위하여 쌍분형태의 분묘를 설치하는 것도 허용되지 않는다(대판 1997.5.23, 95다29086).

7. 타인의 토지에 합법적으로 분묘를 설치한 자는 관습상 그 토지 위에 지상권에 유사한 일종의 물권인 분묘기지권을 취득하나, 분묘기지권에는 그 효력이 미치는 범위 안에서 새로운 분묘를 설치하거나 원래의 분묘를 다른 곳으로 이장할 권능은 포함되지 않는다(대판 2007.6.28, 2007다16885).

8. 분묘기지권을 둘러싼 전체적인 법질서 체계에 중대한 변화가 생겨 분묘기지권의 시효취득에 관한 종래의 관습법이 헌법을 최상위 규범으로 하는 전체 법질서에 부합하지 아니하거나 정당성과 합리성을 인정할 수 없게 되었다고 보기도 어렵다. 마지막으로 화장률 증가 등과 같이 전통적인 장사방법이나 장묘문화에 대한 사회 구성원들의 의식에 일부 변화가 생겼더라도 여전히 우리 사회에 분묘기지권의 기초가 된 매장문화가 자리 잡고 있고 사설묘지의 설치가 허용되고 있으며, 분묘기지권에 관한 관습에 대하여 사회 구성원들의 법적 구속력에 대한 확신이 소멸하였다거나 그러한 관행이 본질적으로 변경되었다고 인정할 수 없다. 그렇다면 타인 소유의 토지에 분묘를 설치한 경우에 20년간 평온, 공연하

게 분묘의 기지를 점유하면 지상권과 유사한 관습상의 물권인 분묘기지권을 시효로 취득한다는 점은 오랜 세월 동안 지속되어 온 관습 또는 관행으로서 법적 규범으로 승인되어 왔고, 이러한 법적 규범이 장사법(법률 제6158호) 시행일인 2001.1.13. 이전에 설치된 분묘에 관하여 현재까지 유지되고 있다고 보아야 한다(대판 2017.1.19, 2013다17292 전합).

9. 2000.1.12. 법률 제6158호로 전부 개정된 구 장사 등에 관한 법률(이하 '장사법'이라 한다)의 시행일인 2001.1.13. 이전에 타인의 토지에 분묘를 설치한 다음 20년간 평온·공연하게 분묘의 기지(基地)를 점유함으로써 분묘기지권을 시효로 취득하였더라도, 분묘기지권자는 토지소유자가 분묘기지에 관한 지료를 청구하면 그 청구한 날부터의 지료를 지급할 의무가 있다고 보아야 한다(대판 2021.4.29, 2017다228007 전합).

10. 자기 소유 토지에 분묘를 설치한 사람이 그 토지를 양도하면서 분묘를 이장하겠다는 특약을 하지 않음으로써 분묘기지권을 취득한 경우, 특별한 사정이 없는 한 분묘기지권자는 분묘기지권이 성립한 때부터 토지 소유자에게 그 분묘의 기지에 대한 토지사용의 대가로서 지료를 지급할 의무가 있다(대판 2021.9.16, 2017다271834).

관습법상의 법정지상권

1 의의

'관습법상의 법정지상권'이란 토지와 그 지상의 건물이 동일인에게 속하였다가 매매 기타 원인으로 각각 그 소유자를 달리하게 된 경우에, 그 건물을 철거한다는 특약이 없으면 건물소유자로 하여금 토지를 계속 사용하게 하려는 것이 당사자의 의사라고 보아 관습법에 의하여 건물소유자에게 인정되는 지상권을 의미한다.

2 성립요건

(1) 토지와 그 지상의 건물이 동일인의 소유에 속할 것

① 동일인의 소유에 속하고 있던 토지와 그 지상 건물이 강제경매 또는 국세징수법에 의한 공매 등으로 인하여 소유자가 다르게 된 경우에는 그 건물을 철거한다는 특약이 없는 한 건물소유자는 토지소유자에 대하여 그 건물의 소유를 위한 관습상 법정지상권을 취득한다. 원래 관습상 법정지상권이 성립하려면 토지와 그 지상 건물이 애초부터 원시적으로 동일인의 소유에 속하였을 필요는 없고, 그 소유권이 유효하게 변동될 당시에 동일인이 토지와 그 지상 건물을 소유하였던 것으로 족하다(대판 2012.10.18, 2010다52140 전합).

② 강제경매의 목적이 된 토지 또는 그 지상 건물의 소유권이 강제경매로 인하여 그 절차상의 매수인에게 이전된 경우에 건물의 소유를 위한 관습상 법정지상권이 성립하는가 하는 문제에 있어서는 그 매수인이 소유권을 취득하는 매각대금의 완납 시가 아니라 <u>그 압류의 효력이 발생하는 때를 기준</u>으로 하여 토지와 그 지상 건물이 동일인에 속하였는지가 판단되어야 한다(대판 2012.10.18, 2010다52140 전합).

③ 강제경매의 목적이 된 토지 또는 그 지상 건물에 관하여 강제경매를 위한 <u>압류나 그 압류에 선행한 가압류가 있기 이전에 저당권이 설정</u>되어 있다가 그 후 강제경매로 인해 그 저당권이 소멸하는 경우에는, 그 저당권 설정 이후의 특정 시점을 기준으로 토지와 그 지상 건물이 동일인의 소유에 속하였는지에 따라 관습상 법정지상권의 성립 여부를 판단하게 되면, 저당권자로서는 저당권 설정 당시를 기준으로 그 토지나 지상 건물의 담보가치를 평가하였음에도 저당권 설정 이후에 토지나 그 지상 건물의 소유자가 변경되었다는 외부의 우연한 사정으로 인하여 자신이 당초에 파악하고 있던 것보다 부당하게 높아지거나 떨어진 가치를 가진 담보를 취득하게 되는 예상하지 못한 이익을 얻거나 손해를 입게 되므로, 그 <u>저당권 설정 당시를 기준</u>으로 토지와 그 지상 건물이 동일인에게 속하였는지에 따라 관습상 법정지상권의 성립 여부를 판단하여야 한다(대판 2013.4.11, 2009다62059).

④ 동일인의 소유에 속하였던 토지와 건물이 매매, 증여, 강제경매, 국세징수법에 의한 공매 등으로 그 소유권자를 달리하게 된 경우에 그 건물을 철거한다는 특약이 없는 한 건물소유자는 그 건물의 소유를 위하여 그 부지에 관하여 관습상의 법정지상권을 취득하는 것이고 그 건물은 건물로서의 요건을 갖추고 있는 이상 <u>무허가건물이거나 미등기건물이거나를 가리지 않는다</u>(대판 1988.4.12, 87다카2404).

⑤ <u>미등기건물이 대지와 함께 양도되었는데 대지에 대해서만 소유권이전등기가 경료된 후 대지가 경매되어 소유자가 달라진 경우에는 관습법상의 법정지상권이 성립되지 않는다</u>(대판 2002.6.20, 2002다9660 전합).

⑥ 관습상의 법정지상권의 성립 요건인 해당 토지와 건물의 소유권의 동일인에의 귀속과 그 후의 각기 다른 사람에의 귀속은 법의 보호를 받을 수 있는 권리변동으로 인한 것이어야 하므로, <u>원래 동일인에게의 소유권 귀속이 원인무효로 이루어졌다가 그 뒤 그 원인무효임이 밝혀져 그 등기가 말소됨으로써 그 건물과 토지의 소유자가 달라지게 된 경우에는 관습상의 법정지상권을 허용할 수 없다</u>(대판 1999.3.26, 98다64189).

⑦ <u>공유자 중 1인이 지분 과반수의 동의</u>에 기하여 공유지에 건물을 신축한 후 경매를 통하여 공유지가 분할됨에 따라 토지와 건물의 소유자가 달라진 경우에도 관습상의 법정지상권이 인정되지 않는다(대판 1993.4.13, 92다55756).

⑧ 토지공유자 중 1인이 <u>공유토지 위에</u> 건물을 소유하고 있다가 대지지분만을 양도한 경우에도 관습상의 법정지상권이 인정되지 않는다(대판 1987.6.23, 86다카2188).

⑨ 명의수탁자가 <u>명의신탁토지 위에</u> 건물을 신축한 경우에, 명의신탁 해지시 그 건물의 소유를 위한 관습법상의 법정지상권이 인정되지 않는다(대판 1986.5.27, 86다카62). 다만, 명의수탁자가 명의신탁토지 또는 지상건물을 제3자에게 양도한 경우에는 법정지상권이 성립할 수 있다.

⑩ 상호명의신탁, 즉 구분소유적 공유에서 공유자 甲이 배타적인 점유부분에 건물을 신축하여 소유하던 중 강제경매에 의하여 다른 공유자 乙이 대지지분을 취득하였다면 건물소유자 甲은 관습법상의 법정지상권을 취득한다(대판 1990.6.26, 89다카24094).

⑪ 甲과 乙이 대지를 각자 특정하여 매수하여 배타적으로 점유하여 왔으나 분필이 되어 있지 아니한 탓으로 그 특정부분에 상응하는 지분소유권이전등기만을 경료하였다면 그 대지의 소유관계는 처음부터 구분소유적 공유관계에 있다 할 것이고, 또한 구분소유적 공유관계에 있어서는 통상적인 공유관계와는 달리 당사자 내부에 있어서는 각자가 특정매수한 부분은 각자의 단독 소유로 되었다 할 것이므로, 乙은 위 대지 중 그가 매수하지 아니한 부분에 관하여는 甲에게 그 소유권을 주장할 수 없어 위 대지 중 乙이 매수하지 아니한 부분지상에 있는 乙 소유의 건물부분은 당초부터 건물과 토지의 소유자가 서로 다른 경우에 해당되어 그에 관하여는 관습상의 법정지상권이 성립될 여지가 없다(대판 1994.1.28, 93다49871).

⑫ 타인의 토지위에 토지소유자의 승낙을 얻어 신축한 건물을 매수, 취득한 경우에도 관습법상의 법정지상권이 인정되지 않는다(대판 1966.5.17, 66다504).

⑬ 토지의 매매에 수반하여 토지소유자가 매수인으로부터 토지대금을 다 받기 전에 그 토지 위에 건물을 신축할 수 있도록 토지사용을 승낙하였다 하더라도 특별한 사정이 없는 한 매매당사자 사이에 그 토지에 관한 지상권 설정의 합의까지도 있었던 것이라고 할 수 없다 할 것이므로 그 매매계약이 적법하게 해제된 경우에는 토지매수인은 비록 당초에 토지사용 승락을 받아 그 토지 위에 건물을 신축중이었다 하더라도 그 토지를 신축건물의 부지로 점유할 권원을 상실하게 되는 것이고 또 당초에 건물과 그 대지가 동일인의 소유였다가 경매 등의 사유로 소유자를 달리하게 되는 경우가 아닌 이상 관습에 의한 법정지상권도 성립되지 아니한다(대판 1988.6.28, 87다카2895).

⑭ 원래 채권을 담보하기 위하여 나대지상에 가등기가 경료되었고, 그 뒤 대지소유자가 그 지상에 건물을 신축하였는데, 그 후 그 가등기에 기한 본등기가 경료되어 대지와 건물의 소유자가 달라진 경우에 관습상 법정지상권을 인정하면 애초에 대지에 채권담보를 위하여 가등기를 경료한 사람의 이익을 크게 해하게 되기 때문에 특별한 사정이 없는 한 건물을 위한 관습상 법정지상권이 성립한다고 할 수 없다(대판 1994.11.22, 94다5458).

⑮ 환지로 인하여 새로운 분할지적선이 그어진 결과 환지 전에는 동일인에게 속하였던 토지와 그 지상건물의 소유자가 달라졌다 하더라도 환지의 성질상 건물의 부지에 관하여 소유권을 상실한 건물 소유자가 환지된 토지(건물부지)에 대하여 건물을 위한 관습상의 법정지상권을 취득한다거나 그 환지된 토지의 소유자가 그 건물을 위한 관습상의 법정지상권의 부담을 안게 된다고는 할 수 없다(대판 2001.5.8, 2001다4101).

⑯ 가설건축물은 특별한 사정이 없는 한 독립된 부동산으로서 건물의 요건을 갖추지 못하여 법정지상권이 성립하지 않는다(대판 2021.10.28, 2020다224821).

(2) 토지와 건물의 소유권이 매매, 대물변제, 증여, 공유물분할, 강제경매, 국세징수법 등에 의하여 달라지게 될 것

(3) 토지와 건물의 소유권이 다른 사람에게 귀속될 때 당사자 사이에 건물을 철거한다는 특약이 없어야 한다.

① 토지와 건물이 동일한 소유자에게 속하였다가 건물 또는 토지가 매매 기타 원인으로 인하여 양자의 소유자가 다르게 되었더라도, 당사자 사이에 그 건물을 철거하기로 하는 합의가 있었던 경우에는 건물 소유자는 토지 소유자에 대하여 그 건물을 위한 관습상의 법정지상권을 취득할 수 없다(대판 1999.12.10, 98다58467).

② 토지와 건물의 소유자가 토지만을 타인에게 증여한 후 구 건물을 철거하되 그 지상에 자신의 이름으로 건물을 다시 신축하기로 합의한 경우, 그 건물 철거의 합의는 건물 소유자가 토지의 계속 사용을 그만두고자 하는 내용의 합의로 볼 수 없어 관습상의 법정지상권의 발생을 배제하는 효력이 인정되지 않는다(대판 1999.12.10, 98다58467).

③ 대지에 관한 임대차계약을 체결하였다면 관습법상의 법정지상권을 포기한 것으로 보아야 한다(대판 1991.5.14, 91다1912).

④ 건물철거에 대한 합의 등 특별한 사정에 대한 입증책임은 그러한 사정을 주장하는 자가 진다(대판 1988.9.27, 87다카279).

3 관습법상의 법정지상권의 내용

(1) 민법 제366조 소정의 법정지상권이나 관습상의 법정지상권이 성립한 후에 건물을 개축 또는 증축하는 경우는 물론 건물이 멸실되거나 철거된 후에 신축하는 경우에도 법정지상권은 성립하나, 다만 그 법정지상권의 범위는 구건물을 기준으로 하여 그 유지 또는 사용을 위하여 일반적으로 필요한 범위 내의 대지 부분에 한정된다(대판 1997.1.21, 96다40080).

(2) 관습상의 지상권은 법률행위로 인한 물권의 취득이 아니고 관습법에 의한 부동산물권의 취득이므로 등기를 필요로 하지 아니하고 지상권취득의 효력이 발생하고 이 관습상의 법정지상권은 물권으로서의 효력에 의하여 이를 취득할 당시의 토지소유자나 이로부터 소유권을 전득한 제3자에게 대하여도 등기 없이 위 지상권을 주장할 수 있다(대판 1988.9.27, 87다카279).

(3) 법정지상권을 가진 건물소유자로부터 건물을 양수하면서 법정지상권까지 양도받기로 한 자는 채권자대위의 법리에 따라 전건물소유자 및 대지소유자에 대하여 차례로 지상권의 설정등기 및 이전등기절차이행을 구할 수 있다 할 것이므로 이러한 법정지상권을 취득할 지위에 있는 자에 대하여 대지소유자가 소유권에 기하여 건물철거를 구함은 지상권의 부담을 용인하고 그 설정등기절차를 이행할 의무 있는 자가 그 권리자를 상대로 한 청구라 할 것이어서 신의성실의 원칙상 허용될 수 없다(대판 1985.4.9, 84다카1131·1132 전합).

(4) 건물 소유를 위하여 법정지상권을 취득한 자로부터 경매에 의하여 건물의 소유권을 이전받은 경락인은 경락 후 건물을 철거한다는 등의 매각조건하에서 경매되는 경우 등 특별한 사정이 없는 한 건물의 경락취득과 함께 위 지상권도 당연히 취득한다(대판 2014.9.4, 2011다13463).

(5) 지료는 당사자 간의 합의 또는 법원의 결정에 의한다.

CHAPTER 05 지역권

1 지역권의 의의

제291조 지역권의 내용

지역권자는 일정한 목적을 위하여 타인의 토지를 자기토지의 편익에 이용하는 권리가 있다.

(1) '지역권(地役權)'이란 어느 토지의 편익을 위하여 타인의 토지를 이용하는 용익물권을 의미한다. 이때 편익을 받는 토지를 요역지(要役地)라고 하고, 편익을 제공하는 토지를 승역지(承役地)라고 한다.

① 요역지는 반드시 독립된 1필의 토지이여야 한다. 토지의 일부를 위한 지역권은 인정되지 않는다.
② 승역지는 1필지 토지의 일부라도 가능하다. 토지의 일부에 지역권을 설정할 수 있다.
③ 지역권은 지역권 설정계약과 등기에 의하여 성립한다. 여기서 '지역권등기'는 요역지의 등기기록에 등기하는 것이 아니라 승역지의 乙구에 등기하고, 등기관이 요역지의 등기기록에도 지역권의 내용을 직권으로 기록한다.

(2) 지역권이 설정되면 요역지의 가치는 증대되는 반면, 승역지의 이용은 제한을 받게 된다.

상린관계와 지역권의 비교

구분	상린관계	지역권
발생원인	법률의 규정(등기 不要)	설정계약(등기 要)
성격	소유권의 내용(독립 ×)	독립한 물권
대상	부동산	토지
인접성	두 토지의 인접할 것	두 토지가 인접하지 않아도 됨
소멸시효	시효소멸 ×	20년 불행사 시효소멸 ○
취득시효	×	계속, 표현된 지역권 시효취득 ○

2 지역권의 법적 성질

(1) 비배타적 · 공용적 점유

① 지역권자의 승역지에 대한 점유는 배타적 · 독점적 점유가 아니라 비배타적 · 공용적 점유이므로 지역권의 점유침탈에 의한 반환청구권은 인정되지 않는다. 다만 지역권도 독립된 물권이므로 지역권에 기한 방해배제청구권과 방해예방청구권은 인정된다.

② 지역권은 하나의 승역지에 동일한 내용의 여러 개의 지역권이 설정될 수 있다. 다만, 먼저 설정된 지역권이 나중에 설정된 지역권에 우선한다.

> **제301조** **준용규정**
>
> 제214조의 규정은 지역권에 준용한다.

(2) 부종성(附從性)

> **제292조** **부종성**
>
> ① 지역권은 요역지소유권에 부종하여 이전하며 또는 요역지에 대한 소유권 이외의 권리의 목적이 된다. 그러나 다른 약정이 있는 때에는 그 약정에 의한다.
> ② **지역권은 요역지와 분리하여 양도하거나 다른 권리의 목적으로 하지 못한다.**

지역권은 요역지를 위하여 존재하는 종된 권리이다. 따라서 요역지소유권의 처분은 지역권의 처분을 수반한다. 즉 요역지소유권이 이전되면 지역권의 이전등기가 없더라도 지역권이전의 효과가 발생한다. 그러나 수반성은 설정행위로 배제할 수 있고, 특약을 등기하면 제3자에게 대항할 수 있다.

(3) 불가분성(不可分性)

> **제293조** **공유관계, 일부양도와 불가분성**
>
> ① **토지공유자의 1인은 지분에 관하여 그 토지를 위한 지역권 또는 그 토지가 부담한 지역권**을 소멸하게 하지 못한다.
> ② **토지의 분할이나 토지의 일부양도의 경우에는 지역권은 요역지의 각 부분을 위하여 또는 그 승역지의 각 부분에 존속한다. 그러나 지역권이 토지의 일부분에만 관한 것인 때에는 다른 부분에 대하여는 그러하지 아니하다.**

> **제295조** **취득과 불가분성**
>
> ① **공유자의 1인이 지역권을 취득한 때에는 다른 공유자도 이를 취득한다.**
> ② 점유로 인한 지역권취득기간의 중단은 지역권을 행사하는 모든 공유자에 대한 사유가 아니면 그 효력이 없다.

> **제296조** **소멸시효의 중단, 정지와 불가분성**
>
> 요역지가 수인의 공유인 경우에 그 1인에 의한 지역권소멸시효의 중단 또는 정지는 다른 공유자를 위하여 효력이 있다.

(4) 지역권의 존속기간과 대가

민법은 지역권의 존속기간과 토지이용의 대가에 대하여 규정하고 있지 않다. 다만, 존속기간과 대가는 등기사항이 아니어서 등기할 수도 없다.

3 지역권의 취득

(1) 지역권은 지역권설정계약과 등기에 의하여 취득된다. 또한 상속 또는 양도 등에 의해서도 취득될 수 있다.

(2) 지역권의 취득시효

> **제294조 지역권취득기간**
>
> 지역권은 **계속되고 표현된 것에 한하여** 제245조의 규정을 준용한다.

1. 민법 제294조는 "지역권은 계속되고 표현된 것에 한하여 제245조의 규정을 준용한다"고 규정하고 있으므로 점유로 인한 지역권취득기간의 만료로 통행지역권을 취득하기 위해서는 요역지의 소유자가 타인의 소유인 승역지 위에 통로를 개설하였을 것을 요건으로 한다(대판 1993.5.11, 91다46861).
2. 통행지역권의 시효취득을 주장하는 자가 타인 소유의 토지를 통행로로 이용했을 뿐 이를 스스로 자신 소유의 대지를 위한 통행로로 개설한 사실이 인정되지 않으므로, 그 토지에 관하여 통행지역권을 시효취득하였다고 볼 수 없다(2010.1.28, 2009다74739 · 74946).
3. 위 요지 통행권이나 통행지역권은 모두 인접한 토지의 상호이용의 조절에 기한 권리로서 토지의 소유자 또는 지상권자 전세권자 등 토지사용권을 가진자에게 인정되는 권리라 할 것이므로 위와 같은 권리자가 아닌 토지의 불법점유자는 토지소유권의 상린관계로서 위 요지 통행권의 주장이나 통행지역권의 시효취득 주장을 할 수 없다(대판 1976.10.29, 76다1694).
4. 종전의 승역지 사용이 무상으로 이루어졌다는 등의 다른 특별한 사정이 없다면 통행지역권을 취득시효한 경우에도 주위토지통행권의 경우와 마찬가지로 요역지 소유자는 승역지에 대한 도로 설치 및 사용에 의하여 승역지 소유자가 입은 손해를 보상하여야 한다고 해석함이 타당하다(대판 2015.3.20, 2012다17479).

4 지역권의 효력과 특수지역권

제297조 용수지역권

① 용수승역지의 수량이 **요역지 및 승역지의 수요에 부족한 때**에는 그 수요정도에 의하여 **먼저 가용에 공급하고 다른 용도에 공급**하여야 한다. 그러나 설정행위에 다른 약정이 있는 때에는 그 약정에 의한다.

② 승역지에 수개의 용수지역권이 설정된 때에는 후순위의 지역권자는 선순위의 지역권자의 용수를 방해하지 못한다.

제298조 승역지소유자의 의무와 승계

계약에 의하여 승역지소유자가 자기의 비용으로 지역권의 행사를 위하여 공작물의 설치 또는 수선의 의무를 부담한 때에는 승역지소유자의 특별승계인도 그 의무를 부담한다.

제299조 위기에 의한 부담면제

승역지의 소유자는 지역권에 필요한 부분의 토지소유권을 지역권자에게 **위기**하여 전조의 부담을 면할 수 있다.

제300조 공작물의 공동사용

① 승역지의 소유자는 지역권의 행사를 방해하지 아니하는 범위 내에서 지역권자가 지역권의 행사를 위하여 승역지에 설치한 공작물을 사용할 수 있다.

② 전항의 경우에 승역지의 소유자는 수익정도의 비율로 공작물의 설치, 보존의 비용을 분담하여야 한다.

제302조 특수지역권

어느 지역의 주민이 집합체의 관계로 각자가 타인의 토지에서 초목, 야생물 및 토사의 채취, 방목 기타의 수익을 하는 권리가 있는 경우에는 관습에 의하는 외에 본장의 규정을 준용한다.

전세권

1 전세권(傳貰權)의 의의

제303조　전세권의 내용

① 전세권자는 전세금을 지급하고 타인의 부동산을 **점유**하여 그 부동산의 용도에 좇아 **사용·수익**하며, 그 부동산 전부에 대하여 후순위권리자 기타 채권자보다 전세금의 우선변제를 받을 권리가 있다.

② 농경지는 전세권의 목적으로 하지 못한다.

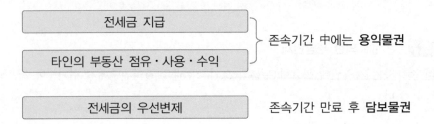

전세금 지급

타인의 부동산 점유·사용·수익 ⎬ 존속기간 中에는 **용익물권**

전세금의 우선변제　　존속기간 만료 후 **담보물권**

(1) 타물권(他物權)

① 전세권의 목적물은 타인의 토지 또는 건물(부동산)이다. 부동산(토지 또는 건물)의 일부에도 전세권을 설정할 수 있다. 다만 농경지는 전세권의 목적이 될 수 없다.

② 전세권도 물권이므로 양도성과 상속성을 가진다. 다만 설정행위로 양도를 제한할 수 있다.

③ 전세권이 침해되면 전세권에 기한 물권적 청구권이 인정된다.

(2) 용익물권의 성질

전세권은 목적부동산을 점유하여 그 용도에 좇아 사용, 수익하는 용익물권이다. 상린관계에 관한 규정이 준용된다.

(3) 담보물권의 성질

① 전세권의 본질은 용익물권이지만, 전세권기간 만료 후에는 전세금반환채권을 피담보채권으로 하는 담보물권으로 전환된다.

② 전세권설정자가 전세금의 반환을 지체한 때에는 전세권자는 전세목적물을 경매를 청구할 수 있고, 전세금에서 후순위권리자 기타 채권자보다 우선변제를 받을 수 있다.

③ 전세권도 담보물권이므로, 부종성·수반성·불가분성·물상대위성 등을 가진다.

전세권설정등기를 마친 민법상의 전세권은 그 성질상 <u>용익물권적 성격과 담보물권적 성격을 겸비한 것으로서</u>, 전세권의 존속기간이 만료되면 전세권의 <u>용익물권적 권능은 전세권설정등기의 말소 없이도 당연히 소멸</u>하고 단지 전세금반환채권을 담보하는 담보물권적 권능의 범위 내에서 전세금의 반환 시까지 그 전세권설정등기의 효력이 존속하고 있다(대판 2005.3.25, 2003다35659).

2 전세권의 취득

(1) 전세권설정계약에 의한 전세권의 취득

① 전세권은 당사자들의 전세권설정계약과 등기에 의해서 취득한다.
② 전세금의 지급은 전세권의 성립요소이다.
③ 전세목적물의 인도는 전세권의 성립요소가 아니다.

1. 전세금의 지급은 전세권 성립의 요소가 되는 것이지만 그렇다고 하여 <u>전세금의 지급이 반드시 현실적으로 수수되어야만 하는 것은 아니고</u>, 기존의 채권으로 전세금의 지급에 갈음할 수도 있다(대판 1995.2.10, 94다18508).
2. 전세권이 담보물권적 성격을 아울러 가지고 있는 이상 부종성과 수반성이 있기는 하지만, 다른 담보권과 마찬가지로 전세권자와 전세권설정자 및 제3자 사이에 합의가 있으면 그 전세권자의 명의를 제3자로 하는 것도 가능하므로, 임대차계약에 바탕을 두고 이에 기한 임차보증금반환채권을 담보할 목적으로 임대인, 임차인 및 제3자 사이의 합의에 따라 <u>제3자 명의로 경료된 전세권설정등기는 유효</u>하다 할 것이고, 비록 임대인과 임차인 또는 제3자 사이에 실제로 전세권설정계약이 체결되거나 전세금이 수수된 바 없다거나, 위 전세권설정등기의 피담보채권인 임차보증금반환채권의 귀속자는 임차인이고 제3자는 임대인에 대하여 직접 어떤 채권을 가지고 있지 아니하다 하더라도 달리 볼 것은 아니다(대판 1998.9.4, 98다20981).
3. 전세권이 용익물권적 성격과 담보물권적 성격을 겸비하고 있다는 점, <u>목적물의 인도는 전세권의 성립요건이 아닌 점</u> 등에 비추어 볼 때, 당사자가 주로 채권담보의 목적으로 전세권을 설정하였고, 그 설정과 동시에 목적물을 인도하지 아니한 경우라 하더라도, 장차 전세권자가 목적물을 사용·수익하는 것을 완전히 배제하는 것이 아니라면, 그 전세권의 효력을 부인할 수는 없다(대판 1995.2.10, 94다18508).
4. 전세권이 용익물권적인 성격과 담보물권적인 성격을 모두 갖추고 있는 점에 비추어 <u>전세권 존속기간이 시작되기 전에 마친 전세권설정등기</u>도 특별한 사정이 없는 한 유효한 것으로 추정된다(대결 2018.1.25, 2017마1093).

(2) 전세권 양도 등에 의한 전세권의 취득

전세권설정계약에 의한 전세권의 취득뿐만 아니라 전세권의 양도 또는 상속에 의해서도 전세권을 승계취득할 수 있다.

3 전세권의 존속기간

제312조 전세권의 존속기간

① **전세권의 존속기간은 10년을 넘지 못한다.** 당사자의 약정기간이 10년을 넘는 때에는 이를 10년으로 단축한다.

② **건물에 대한 전세권의 존속기간을** 1년 미만으로 정한 때에는 이를 1년으로 한다.

③ 전세권의 설정은 이를 갱신할 수 있다. 그 기간은 갱신한 날로부터 10년을 넘지 못한다.

④ 건물의 전세권설정자가 전세권의 존속기간 만료 전 6월부터 1월까지 사이에 전세권자에 대하여 갱신거절의 통지 또는 조건을 변경하지 아니하면 갱신하지 아니한다는 뜻의 통지를 하지 아니한 경우에는 그 기간이 만료된 때에 전전세권과 동일한 조건으로 다시 전세권을 설정한 것으로 본다. 이 경우 **전세권의 존속기간은 그 정함이 없는 것으로 본다.**

제313조 전세권의 소멸통고

전세권의 존속기간을 약정하지 아니한 때에는 각 당사자는 언제든지 상대방에 대하여 전세권의 소멸을 통고할 수 있고 상대방이 이 통고를 받은 날로부터 6월이 경과하면 전세권은 소멸한다.

전세권의 법정갱신은 법률의 규정에 의한 부동산에 관한 물권의 변동이므로 전세권 갱신에 관한 등기를 필요로 하지 아니하고 전세권자는 그 등기 없이도 전세권설정자나 그 목적물을 취득한 제3자에 대하여 그 권리를 주장할 수 있다(대판 1989.7.11, 88다카21029).

4 전세권의 효력

(1) 전세권의 효력이 미치는 범위

① 토지가 전세권의 목적인 경우

토지가 전세권의 목적인 때에는 토지의 상하에 전세권의 효력이 미친다.

② 건물이 전세권의 목적인 경우

> **제304조** 건물의 전세권, 지상권, 임차권에 대한 효력
>
> ① 타인의 토지에 있는 건물에 전세권을 설정한 때에는 전세권의 효력은 그 건물의 소유를 목적으로 한 지상권 또는 임차권에 미친다.
> ② 전항의 경우에 전세권설정자는 전세권자의 동의 없이 지상권 또는 임차권을 소멸하게 하는 행위를 하지 못한다.

> 1. 지상권을 가지는 건물소유자가 그 건물에 전세권을 설정하였으나 그가 <u>2년 이상의 지료를 지급하지 아니하였음을 이유로 지상권설정자, 즉 토지소유자의 청구로 인하여 지상권이 소멸하는 것</u>은 전세권설정자가 전세권자의 동의 없이는 할 수 없는 위 민법 제304조 제2항상의 '<u>지상권 또는 임차권을 소멸하게 하는 행위</u>'에 해당하지 아니한다.
> 2. 전세권설정자가 건물의 존립을 위한 토지사용권을 가지지 못하여 그가 토지소유자의 건물철거 등 청구에 대항할 수 없는 경우에 민법 제304조 등을 들어 전세권자 또는 대항력 있는 임차권자가 토지소유자의 권리행사에 대항할 수 없음은 물론이다. 또한 건물에 대하여 전세권 또는 대항력 있는 임차권을 설정하여 준 지상권자가 그 지료를 지급하지 아니함을 이유로 토지소유자가 한 지상권소멸청구가 그에 대한 전세권자 또는 임차인의 동의가 없이 행하여졌다고 해도 민법 제304조 제2항에 의하여 그 효과가 제한된다고 할 수 없다(대판 2010.8.19, 2010다43801).

③ 법정지상권

> **제305조** 건물의 전세권과 법정지상권
>
> ① 대지와 건물이 동일한 소유자에 속한 경우에 건물에 전세권을 설정한 때에는 그 대지소유권의 특별승계인은 **전세권설정자에 대하여 지상권을 설정한 것으로 본다.** 그러나 지료는 당사자의 청구에 의하여 법원이 이를 정한다.
> ② 전항의 경우에 대지소유자는 타인에게 그 대지를 임대하거나 이를 목적으로 한 지상권 또는 전세권을 설정하지 못한다.

> 토지와 건물을 함께 소유하던 토지·건물의 소유자가 건물에 대하여 전세권을 설정하여 주었는데 그 후 토지가 타인에게 경락되어 민법 제305조 제1항에 의한 법정지상권을 취득한 상태에서 다시 건물을 타인에게 양도한 경우, 그 건물을 양수하여 소유권을 취득한 자는 특별한 사정이 없는 한 법정지상권을 취득할 지위를 가지게 되고, 다른 한편으로는 전세권 관계도 이전받게 되는바, 민법 제304조 등에 비추어 <u>건물 양수인</u>이 토지 소유자와의 관계에서 <u>전세권자의 동의 없이 법정지상권을 취득할 지위를 소멸</u>시켰다고 하더라도, 그 건물 양수인은 물론 토지 소유자도 그 사유를 들어 전세권자에게 대항할 수 없다(대판 2007.8.24, 2006다14684).

(2) 전세권과 다른 권리와의 관계

① 전세권과 저당권의 우열의 순위

㉠ 전세권이 최선순위 저당권보다 먼저 설정되었다면 전세권은 저당권의 실행으로 인하여 소멸하지 않으며 매수인(경락인)이 전세권의 부담을 인수한다. 다만, 전세권자가 경락에서 배당을 요구하면 전세권은 매각(경매)으로 인하여 소멸한다.

㉡ 전세권이 최선순위 저당권보다 후순위라면 저당권의 실행으로 전세권은 소멸한다. 이 경우 전세권자는 순위에 따라서 경락에서 배당을 받을 뿐이다.

② 지상권 또는 등기된 임차권과 전세권의 순위는 등기순위에 의한다.

(3) 전세권자의 권리·의무

① 전세권자의 부동산의 사용·수익권

㉠ 전세권자는 목적부동산을 점유하여 전세권설정계약이나 부동산의 성질에 따라 정해진 용도에 좇아 사용·수익할 권리가 있다.

㉡ 전세권자가 이에 위반하여 사용·수익하는 경우에는 전세권설정자는 전세권의 소멸을 청구할 수 있다. 이 경우 전세권설정자는 전세권자에 대해 원상회복 또는 손해배상을 청구할 수 있다.

㉢ 전세권도 부동산을 이용하는 권리이므로 상린관계가 준용된다.

> **제311조** **전세권의 소멸청구**
> ① 전세권자가 전세권설정계약 또는 그 목적물의 성질에 의하여 정하여진 용법으로 이를 사용, 수익하지 아니한 경우에는 전세권설정자는 전세권의 소멸을 청구할 수 있다.
> ② 전항의 경우에는 전세권설정자는 전세권자에 대하여 원상회복 또는 손해배상을 청구할 수 있다.

> **제319조** **준용규정**
> 제213조, 제214조, 제216조 내지 제244조의 규정은 전세권자 간 또는 전세권자와 인지소유자 및 지상권자 간에 이를 준용한다.

② 전세권자의 목적물 유지·수선의무

> **제309조** 전세권자의 유지, 수선의무
>
> **전세권자는 목적물의 현상을 유지하고 그 통상의 관리에 속한 수선을 하여야 한다.**

전세권자가 목적물의 유지·수선의무를 부담하므로, 전세권자에게는 필요비상환청구권이 인정되지 않는다.

③ 전세권자의 유익비상환청구권

> **제310조** 전세권자의 상환청구권
>
> ① 전세권자가 목적물을 개량하기 위하여 지출한 금액 기타 유익비에 관하여는 그 **가액의 증가가 현존한 경우에 한하여 소유자의 선택에 좇아** 그 지출액이나 증가액의 상환을 청구할 수 있다.
> ② 전항의 경우에 법원은 소유자의 청구에 의하여 상당한 상환기간을 허여할 수 있다.

④ 전세금증감청구권

> **제312조의2** 전세금 증감청구권
>
> 전세금이 목적부동산에 관한 조세·공과금 기타 부담의 증감이나 경제사정의 변동으로 인하여 상당하지 아니하게 된 때에는 당사자는 장래에 대하여 그 증감을 청구할 수 있다. 그러나 증액의 경우에는 대통령령이 정하는 기준에 따른 비율을 초과하지 못한다.

> **민법 제312조의2 단서의 시행에 관한 규정 제2조** 증액청구의 비율
>
> 전세금의 증액청구의 비율은 약정한 전세금의 <u>20분의 1</u>을 초과하지 못한다.

> **제3조** 증액청구의 제한
>
> 전세금의 증액청구는 전세권설정계약이 있은 날 또는 약정한 전세금의 증액이 있은 날로부터 1년 이내에는 이를 하지 못한다.

(4) 전세권의 처분

> **제306조** 전세권의 양도, 임대 등
>
> 전세권자는 전세권을 타인에게 양도 또는 담보로 제공할 수 있고 그 존속기간 내에서 그 목적물을 타인에게 전전세 또는 임대할 수 있다. 그러나 **설정행위로 이를 금지한 때에는 그러하지 아니하다.**

> **제307조** 전세권양도의 효력

전세권양수인은 전세권설정자에 대하여 전세권양도인과 동일한 권리의무가 있다.

> **제308조** 전전세 등의 경우의 책임

전세권의 목적물을 전전세 또는 임대한 경우에는 전세권자는 전전세 또는 임대하지 아니하였으면 면할 수 있는 불가항력으로 인한 손해에 대하여 그 책임을 부담한다.

① **전세권의 양도**

전세권자는 전세권을 제3자에게 양도할 수 있다. 전세권 양도의 합의와 등기가 있어야 한다. 그러나 전세권설정자의 도의나 그에 대한 통지를 요하지 아니한다. 그러나 설정행위로 금지한 때에는 양도할 수 없다.

② **전세금반환채권의 양도**

1. 전세권은 전세금을 지급하고 타인의 부동산을 그 용도에 따라 사용·수익하는 권리로서 전세금의 지급이 없으면 전세권은 성립하지 아니하는 등으로 전세금은 전세권과 분리될 수 없는 요소일 뿐 아니라, 전세권에 있어서는 그 설정행위에서 금지하지 아니하는 한 전세권자는 전세권 자체를 처분하여 전세금으로 지출한 자본을 회수할 수 있도록 되어 있으므로 <u>전세권이 존속하는 동안은 전세권을 존속시키기로 하면서 전세금 반환채권만을 전세권과 분리하여 확정적으로 양도하는 것은 허용되지 않는 것이며,</u> 다만 <u>전세권 존속 중에는 장래에 그 전세권이 소멸하는 경우에 전세금 반환채권이 발생하는 것을 조건으로 그 장래의 조건부 채권을 양도할 수 있을 뿐</u>이라 할 것이다(대판 2002.8.23, 2001다69122).

2. 전세권이 담보물권적 성격도 가지는 이상 부종성과 수반성이 있는 것이므로 전세권을 그 담보하는 전세금반환채권과 분리하여 양도하는 것은 허용되지 않는다고 할 것이나, 한편 담보물권의 수반성이란 피담보채권의 처분이 있으면 언제나 담보물권도 함께 처분된다는 것이 아니라, 채권 담보라고 하는 담보물권 제도의 존재 목적에 비추어 볼 때 특별한 사정이 없는 한 피담보채권의 처분에는 담보물권의 처분도 포함된다고 보는 것이 합리적이라는 것일 뿐이므로, <u>전세권이 존속기간의 만료로 소멸한 경우이거나 전세계약의 합의해지 또는 당사자 간의 특약</u>에 의하여 전세권반환채권의 처분에도 불구하고, <u>전세권의 처분이 따르지 않는 경우 등의 특별한 사정이 있는 때에는 채권양수인은 담보물권이 없는 무담보의 채권을 양수한 것</u>이 된다(대판 1997.11.25, 97다29790).

3. 전세기간 만료 이후 전세권양도계약 및 전세권이전의 부기등기가 이루어진 것만으로는 전세금반환채권의 양도에 관하여 확정일자 있는 통지나 승낙이 있었다고 볼 수 없어 이로써 제3자인 전세금반환채권의 압류·전부 채권자에게 대항할 수 없다(대판 2005.3.25, 2003다35659).

③ 전세목적물의 양도

전세권이 성립한 후 목적물의 소유권이 이전되는 경우에 있어서 전세권 관계가 전세권자와 전세권설정자인 종전 소유자와 사이에 계속 존속되는 것인지 아니면 전세권자와 목적물의 소유권을 취득한 신 소유자와 사이에 동일한 내용으로 존속되는지에 관하여 민법에 명시적인 규정은 없으나, 전세목적물의 소유권이 이전된 경우 민법이 전세권 관계로부터 생기는 상환청구, 소멸청구, 갱신청구, 전세금증감청구, 원상회복, 매수청구 등의 법률관계의 당사자로 규정하고 있는 전세권설정자 또는 소유자는 모두 목적물의 소유권을 취득한 신 소유자로 새길 수밖에 없다고 할 것이므로, 전세권은 전세권자와 목적물의 소유권을 취득한 신 소유자 사이에서 계속 동일한 내용으로 존속하게 된다고 보아야 할 것이고, 따라서 목적물의 신 소유자는 구 소유자와 전세권자 사이에 성립한 전세권의 내용에 따른 권리의무의 직접적인 당사자가 되어 전세권이 소멸하는 때에 전세권자에 대하여 전세권설정자의 지위에서 전세금반환의무를 부담하게 되고, 구 소유자는 전세권설정자의 지위를 상실하여 전세금반환의무를 면하게 된다고 보아야 하고, 전세권이 전세금 채권을 담보하는 담보물권적 성질을 가지고 있다고 하여도 전세권은 전세금이 존재하지 않으면 독립하여 존재할 수 없는 용익물권으로서 전세금은 전세권과 분리될 수 없는 요소이므로 전세권 관계로 생기는 위와 같은 법률관계가 신 소유자에게 이전되었다고 보는 이상, 전세금 채권 관계만이 따로 분리되어 전 소유자와 사이에 남아 있다고 할 수는 없을 것이고, 당연히 신 소유자에게 이전되었다고 보는 것이 옳다.

④ 전세권의 담보제공

1. 전세권이 기간만료로 종료된 경우 전세권은 전세권설정등기의 말소등기 없이도 당연히 소멸하고, 저당권의 목적물인 전세권이 소멸하면 저당권도 당연히 소멸하는 것이므로 전세권을 목적으로 한 저당권자는 전세권의 목적물인 부동산의 소유자에게 더 이상 저당권을 주장할 수 없다.

2. 전세권에 대하여 저당권이 설정된 경우 그 저당권의 목적물은 물권인 전세권 자체이지 전세금반환채권은 그 목적물이 아니고, 전세권의 존속기간이 만료되면 전세권은 소멸하므로 더 이상 전세권 자체에 대하여 저당권을 실행할 수 없게 되고, 이러한 경우에는 민법 제370조, 제342조 및 민사소송법 제733조에 의하여 저당권의 목적물인 전세권에 갈음하여 존속하는 것으로 볼 수 있는 전세금반환채권에 대하여 압류 및 추심명령 또는 전부명령을 받거나 제3자가 전세금반환채권에 대하여 실시한 강제집행절차에서 배당요구를 하는 등의 방법으로 자신의 권리를 행사하여 비로소 전세권설정자에 대해 전세금의 지급을 구할 수 있게 된다는 점, 원래 동시이행항변권은 공평의 관념과 신의칙에 입각하여 각 당사자가 부담하는 채무가 서로 대가적 의미를 가지고 관련되어 있을 때 그 이행에 있어서 견련관계를 인정하여 당사자 일방은 상대방이 채무를 이행하거나

> 이행의 제공을 하지 아니한 채 당사자 일방의 채무의 이행을 청구할 때에는 자기의
> 채무이행을 거절할 수 있도록 하는 제도인 점, 전세권을 목적물로 하는 저당권의 설정은
> 전세권의 목적물 소유자의 의사와는 상관없이 전세권자의 동의만 있으면 가능한 것이고,
> 원래 전세권에 있어 전세권설정자가 부담하는 전세금반환의무는 전세금반환채권에
> 대한 제3자의 압류 등이 없는 한 전세권자에 대해 전세금을 지급함으로써 그 의무이행을
> 다할 뿐이라는 점에 비추어 볼 때, <u>전세권저당권이 설정된 경우에도 전세권이 기간만료로
> 소멸되면 전세권설정자는 전세금반환채권에 대한 제3자의 압류 등이 없는 한 전세권자
> 에 대하여만</u> 전세금반환의무를 부담한다고 보아야 한다(대판 1999.9.17, 98다31301).

⑤ 전전세(轉傳貰)

  ⑦ 전전세권은 원전세권자(=전전세권설정자)와 전전세권자 간의 전전세권 설정의 합의와
    등기를 요하지만, 원전세권설정자의 동의는 요하지 않는다.

  ⓛ 전전세권의 존속기간은 원전세권의 존속기간 내이어야 한다.

  ⓒ 전전세권이 설정되더라도 원전세권은 소멸하지 않는다.

  ⓔ 전전세권자도 경매청구권과 우선변제권이 인정된다. 다만, 전전세권은 원전세권을 기초
    로 하므로 전전세권의 존속기간이 만료되더라도 원전세권의 존속기간이 만료되기 전에
    는 경매청구할 수 없다.

⑥ 전세목적물의 임대

전세권자는 전세권의 존속기간 내에서 전세목적물을 임대할 수 있다.

5 전세권의 소멸

(1) 전세권의 소멸

전세권은 존속기간의 만료로 인한 소멸, 전세권의 포기, 전세권의 소멸청구, 전세권의 소멸통
고, 목적부동산의 멸실, 공용징수, 혼동, 전세권에 우선하는 저당권의 실행, 약정소멸사유의 발
생 등으로 소멸한다.

(2) 전세목적물의 멸실

> **제314조**   **불가항력으로 인한 멸실**
>
> ① 전세권의 목적물의 전부 또는 일부가 **불가항력으로 인하여 멸실된 때**에는 그 멸실된 부
>   분의 전세권은 소멸한다.
> ② 전항의 일부멸실의 경우에 전세권자가 그 잔존부분으로 전세권의 목적을 달성할 수 없는
>   때에는 전세권설정자에 대하여 전세권전부의 소멸을 통고하고 전세금의 반환을 청구할
>   수 있다.

> **제315조** **전세권자의 손해배상책임**
>
> ① 전세권의 목적물의 전부 또는 일부가 **전세권자에 책임 있는 사유로 인하여 멸실된 때에**는 전세권자는 손해를 배상할 책임이 있다.
> ② 전항의 경우에 전세권설정자는 전세권이 소멸된 후 전세금으로써 손해의 배상에 충당하고 잉여가 있으면 반환하여야 하며 부족이 있으면 다시 청구할 수 있다.

6 전세권 소멸의 효과

(1) 전세권의 소멸과 동시이행

> **제317조** **전세권의 소멸과 동시이행**
>
> 전세권이 소멸한 때에는 전세권설정자는 전세권자로부터 그 **목적물의 인도 및 전세권설정등기의 말소등기에 필요한 서류의 교부를 받는 동시에 전세금을 반환하여야** 한다.

(2) 전세권자의 경매청구권과 우선변제권

> **제318조** **전세권자의 경매청구권**
>
> 전세권설정자가 **전세금의 반환을 지체한 때**에는 전세권자는 민사집행법의 정한 바에 의하여 **전세권의 목적물의 경매를 청구**할 수 있다.

1. 임대인과 임차인이 임대차계약을 체결하면서 임대차보증금을 전세금으로 하는 전세권설정등기를 경료한 경우 임대차보증금은 전세금의 성질을 겸하게 되므로, 당사자 사이에 다른 약정이 없는 한 <u>임대차보증금 반환의무</u>는 민법 제317조에 따라 <u>전세권설정등기의 말소의무와도 동시이행관계에 있다</u>(대판 2011.3.24, 2010다95062).

2. 전세권설정자는 전세권이 소멸한 경우 전세권자로부터 그 목적물의 인도 및 전세권설정등기의 말소등기에 필요한 서류의 교부를 받는 동시에 전세금을 반환할 의무가 있을 뿐이므로, 전세권자가 그 <u>목적물을 인도하였다고</u> 하더라도 전세권설정등기의 말소등기에 필요한 서류를 교부하거나 그 이행의 제공을 하지 아니하는 이상, 전세권설정자는 전세금의 반환을 거부할 수 있고, 이 경우 다른 특별한 사정이 없는 한 그가 전세금에 대한 <u>이자 상당액의 이득을 법률상 원인 없이 얻는다고 볼 수 없다</u>(대판 2002.2.5, 2001다62091).

3. 전세권자의 전세목적물 인도의무 및 전세권설정등기말소의무와 전세권설정자의 전세금 반환의무는 서로 동시이행의 관계에 있으므로 전세권자인 채권자가 전세목적물에 대한 <u>경매를 청구하려면</u> 우선 전세권설정자에 대하여 전세목적물의 인도의무 및 전세권설정등기말소의무의 이행제공을 완료하여 전세권설정자를 <u>이행지체에 빠뜨려야</u> 한다(대결 1977.4.13, 77마90).

4. 건물의 일부에 대하여 전세권이 설정되어 있는 경우 그 전세권자는 그 건물 전부에 대하여 후순위 권리자 기타 채권자보다 전세금의 우선변제를 받을 권리가 있다고 할 것이나, 전세권의 목적물이 아닌 나머지 건물부분에 대하여는 우선변제권은 별론으로 하고 경매신청권은 없다(대결 1992.3.10, 91마256).

(3) 원상회복의무 등

> **제316조**　**원상회복의무, 매수청구권**
>
> ① 전세권이 그 존속기간의 만료로 인하여 소멸한 때에는 전세권자는 그 목적물을 원상에 회복하여야 하며 그 목적물에 부속시킨 물건은 수거할 수 있다. 그러나 **전세권설정자가 그 부속물건의 매수를 청구**한 때에는 전세권자는 정당한 이유 없이 거절하지 못한다.
> ② 전항의 경우에 그 부속물건이 **전세권설정자의 동의를 얻어 부속시킨 것**인 때에는 **전세권자**는 전세권설정자에 대하여 그 **부속물건의 매수를 청구**할 수 있다. 그 부속물건이 **전세권설정자로부터 매수한 것**인 때에도 같다.

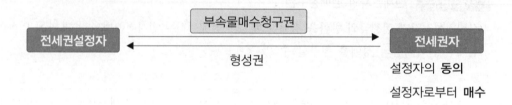

❸ 지상권과 전세권의 비교

구분	지상권	전세권
대상	타인의 토지	타인의 토지 또는 건물
존속기간	• 최장규정 없음(영구무한) • 최단규정 30년, 15년, 5년	• 최장 10년 • 최단 1년(건물 ○, 토지 ×)
대가성	지료 성립요소 ×	전세금의 지급 성립요소 ○
약정갱신	○	○
법정갱신	×	건물전세권에 한하여 인정
갱신청구권	○	×
비용상환청구권	규정 없음	필요비상환청구 ×, 유익비상환청구 ○
소멸청구	지상권소멸청구	전세권소멸청구
매수청구권	지상물매수청구권	부속물매수청구권

담보물권 서론

1 담보물권의 공통적 성질

(1) 부종성(附從性)

'부종성'이란 담보물권은 피담보채권의 존재를 전제로 해서만 존재할 수 있다는 것을 의미한다. 즉 피담보채권이 존재하지 않으면 담보물권은 존재할 수 없고, 피담보채권이 소멸하면 담보물권도 소멸한다.

(2) 수반성(隨伴性)

'수반성'이란 피담보채권의 처분은 담보물권의 처분도 수반한다는 것을 의미한다. 즉, 피담보채권이 양도되면 담보물권도 함께 이전된다.

(3) 물상대위성(物上代位性)

'물상대위'란 담보물이 멸실되더라도 그에 갈음하는 교환가치가 존재한다면 담보물권이 교환가치에 효력을 미치는 것을 의미한다.

(4) 불가분성(不可分性)

'불가분성'이란 피담보채권 전부를 변제받을 때까지 목적물 전부에 대하여 그 권리를 행사할 수 있다는 것을 의미한다.

2 민법상 담보물권의 비교

구분	유치권	질권	저당권
성립	법정담보물권	• 원칙 : 약정담보물권 • 예외 : 법정질권	• 원칙 : 약정담보물권 • 예외 : 법정저당권
객체	• 타인의 물건(동산, 부동산) • 유가증권	• 동산(부동산 ×) • 재산권	• 부동산(동산 ×) • 지상권, 전세권
유치적 효력	• 유치적 효력 • 점유 요건	• 유치적 효력 • 점유 요건	• 점유 요건 ×
부종성	○	○	○
수반성	○	○	○
물상대위성	×	○	○
우선변제력	×	○	○
불가분성	○	○	○
경매청구권	○	○	○

CHAPTER 07 유치권

1 유치권(留置權)의 의의

(1) '유치권'이란 타인의 물건 또는 유가증권을 점유하는 자가 그 물건 등에 관하여 생긴 채권을 가지는 경우에, 그 채권을 변제받을 때까지 그 목적물을 유치할 수 있는 권리를 의미한다.

(2) 유치권은 법률상 당연히 성립하는 법정담보물권이다.

2 유치권의 법적 성질

(1) 타물권(他物權)

① 유치권은 채권의 변제를 받을 때까지 채무자뿐만 아니라 그 물건의 소유자·양수인·매수인 (경락인) 등에게 목적물을 유치하여 인도를 거절할 수 있다.

② 법정담보물권이므로 부동산유치권의 경우 등기를 요하지 아니한다.

(2) 담보물권의 성질

① 유치권은 담보물권으로서 부종성, 수반성, 불가분성, 유치적 효력이 인정된다.

② 그러나 유치권에는 우선변제적 권능은 인정되지 않고, 물상대위성도 인정되지 않는다.

③ 유치권자도 경매청구권이 인정되지만, 우선변제받기 위한 경매가 아니라 환가를 위한 경매이다.

> 우리 법에서 유치권제도는 무엇보다도 권리자에게 그 목적인 물건을 유치하여 계속 점유할 수 있는 대세적 권능을 인정한다. 그리하여 소유권 등에 기하여 목적물을 인도받고자하는 사람(물건의 점유는 대부분의 경우에 그 사용수익가치를 실현하는 전제가 된다)은유치권자가 가지는 그 피담보채권을 만족시키는 등으로 <u>유치권이 소멸하지 아니하는 한그 인도를 받을 수 없으므로</u> 실제로는 그 변제를 강요당하는 셈이 된다. 그와 같이 하여유치권은 유치권자의 그 채권의 만족을 간접적으로 확보하려는 것이다. 그런데 우리 법상저당권 등의 부동산담보권은 이른바 비점유담보로서 그 권리자가 목적물을 점유함이 없이 설정되고 유지될 수 있고 실제로도 저당권자 등이 목적물을 점유하는 일은 매우 드물다. 따라서 어떠한 부동산에 저당권 또는 근저당권과 같이 담보권이 설정된 경우에도 그설정 후에 제3자가 그 목적물을 점유함으로써 그 위에 유치권을 취득하게 될 수 있다.이와 같이 저당권 등의 설정 후에 유치권이 성립한 경우에도 마찬가지로 유치권자는 그저당권의 실행절차에서 목적물을 매수한 사람을 포함하여 목적물의 소유자 기타 권리자

에 대하여 위와 같은 대세적인 인도거절권능을 행사할 수 있다. 따라서 <u>부동산유치권은 대부분의 경우에 사실상 최우선순위의 담보권으로서 작용</u>하여, 유치권자는 자신의 채권을 목적물의 교환가치로부터 일반채권자는 물론 저당권자 등에 대하여도 그 성립의 선후를 불문하여 우선적으로 자기 채권의 만족을 얻을 수 있게 된다. 이렇게 되면 유치권의 성립 전에 저당권 등 담보를 설정받고 신용을 제공한 사람으로서는 목적물의 담보가치가 자신이 애초 예상·계산하였던 것과는 달리 현저히 하락하는 경우가 발생할 수 있다. 이와 같이 유치권제도는 "시간에서 앞선 사람은 권리에서도 앞선다."라는 일반적 법원칙의 예외로 인정되는 것으로서, 특히 부동산담보거래에 일정한 부담을 주는 것을 감수하면서 마련된 것이다(대판 2011.12.22, 2011다84298).

3 유치권의 성립요건

제320조 유치권의 내용

① 타인의 **물건 또는 유가증권**을 점유한 자는 그 물건이나 유가증권에 관하여 생긴 **채권이 변제기에 있는 경우**에는 변제를 받을 때까지 그 물건 또는 유가증권을 유치할 권리가 있다.
② 전항의 규정은 그 **점유가 불법행위로 인한 경우에 적용하지 아니한다.**

(1) 타인의 물건 또는 유가증권을 적법하게 점유	① 자기소유의 물건에 대해서는 유치권 성립 × ② 분할가능한 물건의 일부에 대해서도 유치권 성립 ○ ③ 직접점유뿐만 아니라 간접점유에 의해서도 유치권 성립 　단, 직접점유자가 채무자인 경우에는 유치권 성립 × ④ 불법점유에 의해서는 유치권 성립 ×
(2) 채권이 변제기가 도래할 것	채권의 변제기가 도래하지 않은 경우 유치권 성립 ×
(3) 채권과 물건 사이의 견련관계가 있을 것	
(4) 유치권 성립을 배제하는 특약의 부존재	제320조가 임의규정, 유치권 배제특약이 있으면 유치권 성립 ×

1. 유치권이 타물권인 점에 비추어 볼 때 <u>수급인의 재료와 노력으로 건축되었고 독립한 건물에 해당되는 기성부분은 수급인의 소유</u>라 할 것이므로 수급인은 공사대금을 지급받을 때까지 이에 대하여 유치권을 가질 수 없다(대판 1993.3.26, 91다14116).

2. 민법 제320조 제1항에서 '그 물건에 관하여 생긴 채권'은 유치권 제도 본래의 취지인 공평의 원칙에 특별히 반하지 않는 한 채권이 목적물 자체로부터 발생한 경우는 물론이고 채권이 목적물의 반환청구권과 동일한 법률관계나 사실관계로부터 발생한 경우도 포함하고, 한편 민법 제321조는 "유치권자는 채권 전부의 변제를 받을 때까지 유치물 전부에 대하여 그 권리를 행사할 수 있다"고 규정하고 있으므로, 유치물은 그 각 부분으로써 피담보채권의 전부를 담보하며, 이와 같은 유치권의 불가분성은 그 <u>목적물이 분할 가능하거나 수개의 물건인 경우에도 적용된다</u>. 다세대주택의 창호 등의 공사를 완성한 하수급인이 공사대금채권 잔액을 변제받기 위하여 위 <u>다세대주택 중 한 세대를 점유하여</u> 유치권을 행사하는 경우, 그 유치권은 위 한 세대에 대하여 시행한 공사대금만이 아니라 다세대주택 전체에 대하여 시행한 <u>공사대금채권의 잔액 전부</u>를 피담보채권으로 하여 성립한다고 본 사례이다(대판 2007.9.7, 2005다16942).

3. 유치권의 성립요건이자 존속요건인 유치권자의 점유는 직접점유이든 간접점유이든 관계가 없으나, 다만 유치권은 목적물을 유치함으로써 채무자의 변제를 간접적으로 강제하는 것을 본체적 효력으로 하는 권리인 점에 비추어, <u>그 직접점유자가 채무자인 경우에는 유치권의 요건으로서의 점유에 해당하지 않는다</u>(대판 2008.4.11, 2007다27236).

4. 유치권자가 점유를 상실하면 유치권은 소멸한다. 그러나 점유가 침탈되었더라도 점유보호청구권에 기하여 침탈된 점유를 회복하면 그 점유가 소멸하지 않은 것으로 간주되므로 유치권은 소멸하지 않는다. 다만 점유회수의 소를 제기하여 승소판결을 받아 점유를 회복하여야 유치권이 되살아나고, <u>점유회수의 소를 제기하여 점유를 회복할 수 있다는 사정만으로는 유치권이 되살아나지 않는다</u>(대판 2012.2.9, 2011다72189 참조).

5. 건물점유자가 건물의 원시취득자에게 그 건물에 관한 유치권이 있다고 하더라도 그 건물의 존재와 점유가 <u>토지소유자에게 불법행위가 되고 있다면</u> 그 유치권으로 토지소유자에게 대항할 수 없다(대판 1989.2.14, 87다카3073).

6. 건물임차인이 <u>임대차계약의 해지 후에도 계속 건물을 점유</u>하고 그 기간 동안에 필요비나 유익비를 지출하더라도 이는 불법점유상태에서 지출된 비용으로서 그 상환청구권에 관해서는 유치권이 성립되지 않는다(대판 1967.1.24, 66다2144).

7. 점유가 불법행위로 인하여 개시되었다는 점에 대한 증명책임은 반환청구자에게 있다(대판 1966.6.7, 66다600).

8. 유치권은 그 목적물에 관하여 생긴 채권이 변제기에 있는 경우에 성립하는 것이므로 아직 <u>변제기에 이르지 아니한 채권</u>에 기하여 유치권을 행사할 수는 없다(대판 2007.9.21, 2005다41740).

9. 유치권은 법정담보물권이기는 하나 채권자의 이익보호를 위한 채권담보의 수단에 불과하므로 이를 <u>포기하는 특약은 유효</u>하고, 유치권을 사전에 포기한 경우 다른 법정요건이 모두 충족되더라도 유치권이 발생하지 않는 것과 마찬가지로 유치권을 사후에 포기한 경우 곧바로 유치권은 소멸한다. 그리고 유치권 포기로 인한 유치권의 소멸은 유치권 포기의 의사표시의 <u>상대방뿐 아니라 그 이외의 사람도 주장할 수 있다</u>(대판 2016.5.12, 2014다52087).

(5) 채권과 물건 사이의 견련관계

1. 민법 제320조 제1항은 "타인의 물건 또는 유가증권을 점유한 자는 그 물건이나 유가증권에 관하여 생긴 채권이 변제기에 있는 경우에는 변제를 받을 때까지 그 물건 또는 유가증권을 유치할 권리가 있다."라고 규정하고 있으므로, 유치권의 피담보채권은 '그 물건에 관하여 생긴 채권'이어야 한다(대판 2013.10.24, 2011다44788).

2. 민법 제320조 제1항에서 '그 물건에 관하여 생긴 채권'은 유치권 제도 본래의 취지인 공평의 원칙에 특별히 반하지 않는 한 채권이 목적물 자체로부터 발생한 경우는 물론이고 채권이 목적물의 반환청구권과 동일한 법률관계나 사실관계로부터 발생한 경우도 포함한다(대판 2007.9.7, 2005다16942).

3. 주택건물의 신축공사를 한 수급인이 그 건물을 점유하고 있고 또 그 건물에 관하여 생긴 공사금채권이 있다면, 수급인은 그 채권을 변제받을 때까지 건물을 유치할 권리가 있다(대판 1995.9.15, 95다16202).

4. 임대인과 임차인 사이에 건물명도 시 권리금을 반환하기로 하는 약정이 있었다 하더라도 그와 같은 권리금반환청구권은 건물에 관하여 생긴 채권이라 할 수 없으므로 그와 같은 채권을 가지고 건물에 대한 유치권을 행사할 수 없다(대판 1994.10.14, 93다62119).

5. 건물의 임대차에 있어서 임차인의 임대인에게 지급한 임차보증금반환청구권은 모두 민법 제320조 소정 소위 그 건물에 관하여 생긴 채권이라 할 수 없다(대판 1976.5.11, 75다1305).

6. 부동산 매도인이 매매대금을 다 지급받지 아니한 상태에서 매수인에게 소유권이전등기를 마쳐주어 목적물의 소유권을 매수인에게 이전한 경우에는, 매도인의 목적물인도의무에 관하여 동시이행의 항변권 외에 물권적 권리인 유치권을 인정할 것은 아니다. 따라서 매도인이 부동산을 점유하고 있고 소유권을 이전받은 매수인에게서 매매대금 일부를 지급받지 못하고 있다고 하여 매매대금채권을 피담보채권으로 매수인이나 그에게서 부동산소유권을 취득한 제3자를 상대로 유치권을 주장할 수 없다(대결 2012.1.12, 2011마2380).

7. 건물의 신축공사를 도급받은 수급인이 사회통념상 독립한 건물이라고 볼 수 없는 정착물을 토지에 설치한 상태에서 공사가 중단된 경우에 위 정착물은 토지의 부합물에 불과하여 이러한 정착물에 대하여 유치권을 행사할 수 없는 것이고, 또한 공사중단시까지 발생한 공사금채권은 토지에 관하여 생긴 것이 아니므로 위 공사금채권에 기하여 토지에 대하여 유치권을 행사할 수도 없는 것이다(대결 2008.5.30, 2007마98).

8. 甲이 건물 신축공사 수급인인 乙 주식회사와 체결한 약정에 따라 공사현장에 시멘트와 모래 등의 건축자재를 공급한 사안에서, 甲의 건축자재대금채권은 매매계약에 따른 매매대금채권에 불과할 뿐 건물 자체에 관하여 생긴 채권이라고 할 수는 없다(대판 2012.1.26, 2011다96208).

9. 명의신탁자와 명의수탁자가 이른바 계약명의신탁약정을 맺고 명의수탁자가 당사자가 되어 명의신탁약정이 있다는 사실을 알지 못하는 소유자와 부동산에 관한 매매계약을 체결한

뒤 수탁자 명의로 소유권이전등기를 마친 경우에는, 명의신탁자와 명의수탁자 사이의 명의신탁약정은 무효이지만 그 명의수탁자는 당해 부동산의 완전한 소유권을 취득하게 되고(부동산 실권리자명의 등기에 관한 법률 제4조 제1항, 제2항 참조), 반면 명의신탁자는 애초부터 당해 부동산의 소유권을 취득할 수 없고 다만 그가 명의수탁자에게 제공한 부동산 매수자금이 무효의 명의신탁약정에 의한 법률상 원인 없는 것이 되는 관계로 명의수탁자에 대하여 동액 상당의 부당이득반환청구권을 가질 수 있을 뿐이다. 명의신탁자의 이와 같은 부당이득반환청구권은 부동산 자체로부터 발생한 채권이 아닐 뿐만 아니라 소유권 등에 기한 부동산의 반환청구권과 동일한 법률관계나 사실관계로부터 발생한 채권이라고 보기도 어려우므로, 결국 민법 제320조 제1항에서 정한 유치권 성립요건으로서의 목적물과 채권 사이의 견련관계를 인정할 수 없다(대판 2009.3.26, 2008다34828).

10. 유치권의 성립에는 채권자의 채권과 유치권의 목적인 물건 간에 일정한 관련이 있으면 충분하고, 물건 점유 이전에 그 물건에 관련하여 채권이 발생한 후 그 물건에 대하여 점유를 취득한 경우에도 그 채권자는 유치권에 의해 보호된다(대판 1965.3.30, 64다1977).

견련관계 인정되는 경우	견련관계가 부정되는 경우
• 물건으로 인한 손해배상청구권 • 물건에 관한 채권(비용상환청구권)	• 임차보증금 또는 권리금 반환채권 • 임차인이 부속물매수청구권을 행사한 경우에 부속물대금채권과 건물 또는 건물의 부지인 대지의 반환의무 상호간 • 이중매매 또는 타인의 물건의 매매로 인한 손해배상채권

4 유치권의 효력

(1) 목적물을 유치할 권리

1. 민사집행법 제91조 제5항에서 규정한 '매수인은 유치권자에게 그 유치권으로 담보하는 채권을 변제할 책임이 있다.'는 의미로 해석되는데, 변제할 책임이 있다는 것은 유치권자가 매수인에 대하여 그 피담보채권의 변제가 있을 때까지 유치목적물인 부동산의 인도를 거절할 수 있다는 의미이지, 유치권자가 매수인에게 피담보채권의 변제를 청구할 수 있다는 것을 의미하지 않는다(대판 1996.8.23, 95다8713).

2. 소유자는 그 소유에 속한 물건을 점유한 자에 대하여 반환을 청구할 수 있다. 그러나 점유자가 그 물건을 점유할 권리가 있는 때에는 반환을 거부할 수 있다(민법 제213조). 여기서 반환을 거부할 수 있는 점유할 권리에는 유치권도 포함되고, 유치권자로부터 유치물을 유치하기 위한 방법으로 유치물의 점유 내지 보관을 위탁받은 자는 특별한 사정이 없는 한 점유할 권리가 있음을 들어 소유자의 소유물반환청구를 거부할 수 있다(대판 2014.12.24, 2011다62618).

(2) 경매에서 유치권의 주장

1. 체납처분압류가 되어 있는 부동산이라고 하더라도 그러한 사정만으로 경매절차가 개시되어 경매개시결정등기가 되기 전에 부동산에 관하여 민사유치권을 취득한 유치권자가 경매절차의 매수인에게 유치권을 행사할 수 없다고 볼 것은 아니다(대판 2014.3.20, 2009다60336 전합).

2. 부동산 경매절차에서의 매수인은 민사집행법 제91조 제5항에 따라 유치권자에게 그 유치권으로 담보하는 채권을 변제할 책임이 있는 것이 원칙이나, 채무자 소유의 건물 등 부동산에 경매개시결정의 기입등기가 경료되어 압류의 효력이 발생한 후에 채무자가 위 부동산에 관한 공사대금 채권자에게 그 점유를 이전함으로써 그로 하여금 유치권을 취득하게 한 경우, 그와 같은 점유의 이전은 목적물의 교환가치를 감소시킬 우려가 있는 처분행위에 해당하여 민사집행법 제92조 제1항, 제83조 제4항에 따른 압류의 처분금지효에 저촉되므로 점유자로서는 위 유치권을 내세워 그 부동산에 관한 경매절차의 매수인에게 대항할 수 없다. 그러나 이러한 법리는 경매로 인한 압류의 효력이 발생하기 전에 유치권을 취득한 경우에는 적용되지 아니하고, 유치권 취득시기가 근저당권설정 후라거나 유치권 취득 전에 설정된 근저당권에 기하여 경매절차가 개시되었다고 하여 달리 볼 것은 아니다(대판 2009.1.15, 2008다70763).

3. 유치권은 목적물에 관하여 생긴 채권이 변제기에 있는 경우에 비로소 성립하고(민법 제320조), 한편 채무자 소유의 부동산에 경매개시결정의 기입등기가 마쳐져 압류의 효력이 발생한 후에 유치권을 취득한 경우에는 그로써 부동산에 관한 경매절차의 매수인에게 대항할 수 없는데, 채무자 소유의 건물에 관하여 증·개축 등 공사를 도급받은 수급인이 경매개시결정의 기입등기가 마쳐지기 전에 채무자에게서 건물의 점유를 이전받았다 하더라도 경매개시결정의 기입등기가 마쳐져 압류의 효력이 발생한 후에 공사를 완공하여 공사대금채권을 취득함으로써 그때 비로소 유치권이 성립한 경우에는, 수급인은 유치권을 내세워 경매절차의 매수인에게 대항할 수 없다(대판 2011.10.13, 2011다55214).

4. 유치권제도와 관련하여서는 거래당사자가 유치권을 자신의 이익을 위하여 고의적으로 작출함으로써 유치권의 최우선순위담보권으로서의 지위를 부당하게 이용하고 전체 담보권질서에 관한 법의 구상을 왜곡할 위험이 내재한다. 따라서 개별 사안의 구체적인 사정을 종합적으로 고려할 때 신의성실의 원칙에 반한다고 평가되는 유치권제도 남용의 유치권 행사는 허용될 수 없다(대판 2014.12.11, 2014다53462).

(3) 유치권 행사의 효과

유치권을 행사하는 경우 상환급부판결(일부승소판결)에 의한다. 즉 물건의 인도를 청구하는 소송에서 피고의 유치권 항변이 인용되는 경우에는 그 물건에 관하여 생긴 채권의 변제와 상환으로 물건의 인도를 명하여야 한다.

(4) 불가분성

> **제321조**　**유치권의 불가분성**
>
> 유치권자는 채권전부의 변제를 받을 때까지 유치물전부에 대하여 그 권리를 행사할 수 있다.

(5) 경매권과 간이변제충당권

> **제322조**　**경매, 간이변제충당**
>
> ① 유치권자는 채권의 변제를 받기 위하여 유치물을 경매할 수 있다.
> ② 정당한 이유 있는 때에는 유치권자는 감정인의 평가에 의하여 유치물로 직접 변제에 충당할 것을 법원에 청구할 수 있다. 이 경우에는 유치권자는 미리 채무자에게 통지하여야 한다.

① 유치권자는 채권의 변제를 받기 위하여 유치물을 경매할 수 있으나, 경매대금으로부터 우선변제를 받을 수 없다. 즉 유치권자의 경매권은 환가를 위한 경매이다.
② 법원이 간이변제충당을 허가하는 결정을 하면 유치권자는 유치물의 소유권을 취득한다. 법률의 규정에 의한 물권변동이므로 등기를 요하지 아니한다.

> 부동산에 관한 강제경매 또는 담보권 실행을 위한 경매절차에서의 매수인은 유치권자에게 그 유치권으로 담보하는 채권을 변제할 책임이 있고, 유치권에 의한 경매절차는 목적물에 대하여 강제경매 또는 담보권 실행을 위한 경매절차가 개시된 경우에는 정지되도록 되어 있으므로(민사집행법 제274조 제2항), <u>유치권에 의한 경매절차가 정지된 상태에서 그 목적물에 대한 강제경매 또는 담보권 실행을 위한 경매절차가 진행되어 매각이 이루어졌다면, 유치권에 의한 경매절차가 소멸주의를 원칙으로 하여 진행된 경우와는 달리 그 유치권은 소멸하지 않는다</u>고 봄이 상당하다(대판 2011.8.18, 2011다35593).

(6) 과실수취권

> **제323조**　**과실수취권**
>
> ① 유치권자는 유치물의 과실을 수취하여 다른 채권보다 먼저 그 채권의 변제에 충당할 수 있다. 그러나 과실이 금전이 아닌 때에는 경매하여야 한다.
> ② 과실은 먼저 채권의 이자에 충당하고 그 잉여가 있으면 원본에 충당한다.

PART · 02

(7) 비용상환청구권

> **제325조**　유치권자의 상환청구권
>
> ① 유치권자가 유치물에 관하여 필요비를 지출한 때에는 소유자에게 그 상환을 청구할 수 있다.
> ② 유치권자가 유치물에 관하여 유익비를 지출한 때에는 그 가액의 증가가 현존한 경우에 한하여 소유자의 선택에 좇아 그 지출한 금액이나 증가액의 상환을 청구할 수 있다. 그러나 법원은 소유자의 청구에 의하여 상당한 상환기간을 허여할 수 있다.

(8) 유치권자의 의무

> **제324조**　유치권자의 선관의무
>
> ① 유치권자는 선량한 관리자의 주의로 유치물을 점유하여야 한다.
> ② **유치권자는 채무자의 승낙 없이 유치물의 사용, 대여 또는 담보제공을 하지 못한다. 그러나 유치물의 보존에 필요한 사용은 그러하지 아니하다.**
> ③ 유치권자가 전2항의 규정에 위반한 때에는 채무자는 **유치권의 소멸을 청구**할 수 있다.

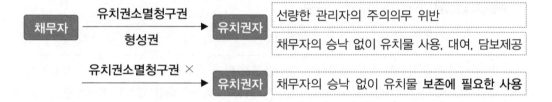

민법 제324조에 의하면, 유치권자는 선량한 관리자의 주의로 유치물을 점유하여야 하고, 소유자의 승낙 없이 유치물을 보존에 필요한 범위를 넘어 사용하거나 대여 또는 담보제공을 할 수 없으며, 소유자는 유치권자가 위 의무를 위반한 때에는 유치권의 소멸을 청구할 수 있다고 할 것인바, 공사대금채권에 기하여 유치권을 행사하는 자가 스스로 <u>유치물인 주택에 거주하며 사용</u>하는 것은 특별한 사정이 없는 한 유치물인 주택의 보존에 도움이 되는 행위로서 유치물의 보존에 필요한 사용에 해당한다고 할 것이다. 그리고 유치권자가 유치물의 보존에 <u>필요한 사용을 한 경우에도</u> 특별한 사정이 없는 한 <u>차임에 상당한 이득을 소유자에게 반환할 의무가 있다</u>(대판 2009.9.24, 2009다40684).

(9) 유치권의 행사와 소멸시효

> **제326조** 피담보채권의 소멸시효
>
> 유치권의 행사는 채권의 소멸시효의 진행에 영향을 미치지 아니한다.

(10) 기타

> **제327조** 타담보제공과 유치권소멸
>
> 채무자는 상당한 담보를 제공하고 유치권의 소멸을 청구할 수 있다.

유치권 소멸청구는 민법 제327조에 규정된 채무자뿐만 아니라 유치물의 소유자도 할 수 있다. 민법 제327조에 따라 채무자나 소유자가 제공하는 담보가 상당한지는 담보 가치가 채권 담보로서 상당한지, 유치물에 의한 담보력을 저하시키지 않는지를 종합하여 판단해야 한다. 따라서 유치물 가액이 피담보채권액보다 많을 경우에는 피담보채권액에 해당하는 담보를 제공하면 되고, 유치물 가액이 피담보채권액보다 적을 경우에는 유치물 가액에 해당하는 담보를 제공하면 된다(대판 2021.7.29, 2019다216077).

> **제328조** 점유상실과 유치권소멸
>
> 유치권은 점유의 상실로 인하여 소멸한다.

甲 회사가 점유회수의 소를 제기하여 승소판결을 받아 점유를 회복하면 점유를 상실하지 않았던 것으로 되어 유치권이 되살아나지만, 甲 회사가 상가에 대한 점유를 회복하였는지를 심리하지 아니한 채 점유회수의 소를 제기하여 점유를 회복할 수 있다는 사정만으로 甲 회사의 유치권이 되살아나지 않는다(대판 2012.2.9, 2011다72189).

CHAPTER 08 | 질권

1 질권 서론

(1) '질권(質權)'이란 채권자가 채무의 변제를 받을 때까지 그 채권의 담보로 채무자 또는 물상보증인으로부터 인도받은 물건 또는 재산권을 점유(유치)함으로써 채무의 변제를 간접적으로 강제하다가 채무의 변제가 없으면 질물의 대각대금으로부터 다른 채권자보다 자기채권의 우선변제를 받을 수 있는 담보물권을 말한다.

(2) 질권의 법적 성질

① 질권은 당사자의 합의에 의하여 성립하는 약정담보물권이다.

② 질권은 목적물을 유치할 권리가 있다. 그러나 그 점유는 채권의 변제를 촉구하기 위한 수단일 뿐, 용익물권처럼 목적물을 사용·수익할 수 있는 권능은 없다.

③ 질권도 담보물권이므로, 부종성, 수반성, 불가분성, 물상대위성, 우선변제적 권능, 유치적 효력이 인정된다.

2 동산질권

(1) 동산질권의 성립요건

> **제329조 동산질권의 내용**
>
> 동산질권자는 채권의 담보로 채무자 또는 제삼자가 제공한 동산을 점유하고 그 동산에 대하여 다른 채권자보다 자기채권의 우선변제를 받을 권리가 있다.

① 동산질권설정계약

　　㉠ 계약의 당사자는 채권자와 채무자 또는 물상보증인이다.

　　　ⓐ 질권자는 채권자에 한한다.

　　　ⓑ 질권설정자는 채무자 또는 제3자(물상보증인)일 수도 있다.

　　㉡ 질권의 설정은 처분행위이므로 질권설정자에게 처분권한이 없더라도 질권자가 선의·무과실이면 질권을 선의취득할 수 있다.

> **제343조 준용규정**
>
> 제249조 내지 제251조, 제321조 내지 제325조의 규정은 동산질권에 준용한다.

② 목적동산의 인도

> **제330조** **설정계약의 요물성**
>
> 질권의 설정은 질권자에게 **목적물을 인도함으로써** 그 **효력이 생긴다.**

> **제332조** **설정자에 의한 대리점유의 금지**
>
> 질권자는 설정자로 하여금 질물의 점유를 하게 하지 못한다.

질권설정에서 인도는 현실의 인도, 간이인도, 목적물반환청구권의 양도가 포함된다. 그러나 점유개정에 의한 질권의 설정은 인정되지 않는다.

③ 목적물

> **제331조** **질권의 목적물**
>
> 질권은 **양도할 수 없는 물건을 목적으로 하지 못한다.**

(2) 피담보채권

① 질권에 의하여 담보될 수 있는 채권의 종류에는 제한이 없다.
② 장래 성립하는 조건부·기한부 채권에 대해서도 질권을 설정할 수 있고, 장래의 증감변동하는 불특정채권을 담보하는 근질도 설정할 수 있다.

(3) 법정질권

> **제648조** **임차지의 부속물, 과실 등에 대한 법정질권**
>
> 토지임대인이 임대차에 관한 채권에 의하여 임차지에 부속 또는 그 사용의 편익에 공용한 임차인의 소유동산 및 그 토지의 과실을 압류한 때에는 질권과 동일한 효력이 있다.

> **제650조** **임차건물등의 부속물에 대한 법정질권**
>
> 건물 기타 공작물의 임대인이 임대차에 관한 채권에 의하여 그 건물 기타 공작물에 부속한 임차인소유의 동산을 압류한 때에는 질권과 동일한 효력이 있다.

3 동산질권의 효력

(1) 피담보채권의 범위

> **제334조** **피담보채권의 범위**
>
> 질권은 **원본, 이자, 위약금, 질권실행의 비용, 질물보존의 비용 및 채무불이행 또는 질물의 하자로 인한 손해배상의 채권을 담보**한다. 그러나 다른 약정이 있는 때에는 그 약정에 의한다.

➲ 질권과 저당권의 피담보채권의 범위 비교

질권(제334조)	저당권(제360조)
• 원본, 이자, 위약금 • 질권실행비용(감정인의 평가비용, 채권추심비용 등을 의미하고 경매비용은 포함 ×) • 질물보존비용 • 채무불이행으로 인한 손해배상청구권(지연이자는 무제한으로 담보) • 질물의 하자로 인한 손해배상채권	• 원본, 이자, 위약금 • 저당권실행비용 • 목적물보존비용 × • 채무불이행으로 인한 손해배상청구권(지연이자는 1년분에 한하여 담보) • 목적물의 하자로 인한 손해배상채권 ×

(2) 목적물의 범위

① 질권은 설정계약에 의하여 인도된 그 목적물 전부에 효력이 미친다.

② 다른 약정이 없는 한 종물이 인도된 경우에 질권의 효력은 종물에 미친다.

③ 유치권의 과실수취권(제323조)과 유치물의 대여(제324조)가 준용된다.

(3) 물상대위

제342조　물상대위

질권은 **질물의 멸실, 훼손 또는 공용징수로 인하여** 질권설정자가 받을 금전 기타 물건에 대하여도 이를 행사할 수 있다. 이 경우에는 **그 지급 또는 인도 전에 압류**하여야 한다.

(4) 유치적 효력

제335조　유치적 효력

질권자는 전조의 채권의 변제를 받을 때까지 질물을 유치할 수 있다. 그러나 자기보다 우선권이 있는 채권자에게 대항하지 못한다.

(5) 우선변제적 효력 등

제333조　동산질권의 순위

수개의 채권을 담보하기 위하여 동일한 동산에 수개의 질권을 설정한 때에는 그 순위는 설정의 선후에 의한다.

제338조　경매, 간이변제충당

① 질권자는 채권의 변제를 받기 위하여 **질물을 경매할 수 있다.**

② 정당한 이유 있는 때에는 질권자는 감정인의 평가에 의하여 질물로 직접 변제에 충당할 것을 법원에 청구할 수 있다. 이 경우에는 질권자는 미리 채무자 및 질권설정자에게 통지하여야 한다.

제339조 유질계약의 금지

질권설정자는 **채무변제기전의 계약**으로 질권자에게 변제에 가름하여 질물의 소유권을 취득하게 하거나 법률에 정한 방법에 의하지 아니하고 질물을 처분할 것을 약정하지 못한다.

제340조 질물 이외의 재산으로부터의 변제

① 질권자는 질물에 의하여 변제를 받지 못한 부분의 채권에 한하여 채무자의 다른 재산으로부터 변제를 받을 수 있다.
② 전항의 규정은 질물보다 먼저 다른 재산에 관한 배당을 실시하는 경우에는 적용하지 아니한다. 그러나 다른 채권자는 질권자에게 그 배당금액의 공탁을 청구할 수 있다.

제341조 물상보증인의 구상권

타인의 채무를 담보하기 위한 질권설정자가 그 채무를 변제하거나 질권의 실행으로 인하여 질물의 소유권을 잃은 때에는 보증채무에 관한 규정에 의하여 채무자에 대한 구상권이 있다.

(6) 전질

'전질(轉質)'이란 질권자가 자신의 채권자에 대한 담보로 질물 위에 다시 질권을 설정하는 것을 의미한다. 전질에는 책임전질과 승낙전질이 있다.

제336조 전질권

질권자는 그 권리의 범위 내에서 자기의 책임으로 질물을 전질할 수 있다. 이 경우에는 전질을 하지 아니하였으면 면할 수 있는 불가항력으로 인한 손해에 대하여도 책임을 부담한다.

제337조 전질의 대항요건

① 전조의 경우에 질권자가 채무자에게 전질의 사실을 통지하거나 채무자가 이를 승낙함이 아니면 전질로써 채무자, 보증인, 질권설정자 및 그 승계인에게 대항하지 못한다.
② 채무자가 전항의 통지를 받거나 승낙을 한 때에는 전질권자의 동의 없이 질권자에게 채무를 변제하여도 이로써 전질권자에게 대항하지 못한다.

제343조 준용규정

제249조 내지 제251조, 제321조 내지 제325조의 규정은 동산질권에 준용한다.

제324조 유치권자의 선관의무

② 유치권자는 채무자의 승낙 없이 유치물의 사용, 대여 또는 담보제공을 하지 못한다. 그러나 유치물의 보존에 필요한 사용은 그러하지 아니하다.

책임전질과 승낙전질의 비교

책임전질(제336조)	승낙전질(제343조, 제324조)
• 원질권 범위 내에서만 행사할 수 있다.	• 원질권의 범위 내임을 요하지 아니한다.
• 질권자가 채무자에게 통지하거나 채무자가 승낙하지 않으면 채무자나 제3자에 대항할 수 없다.	• 권리질권설정 대항요건을 요구하지 아니한다.
• 책임이 가중(제336조)된다.	• 책임의 가중이 없다.
• 전질권은 원질권에 기초하여 존속한다. 따라서 원질권이 소멸하면 전질권도 소멸한다.	• 원질권이 소멸해도 전질권은 소멸하지 않는다.

(7) 질권 침해에 대한 효력

① 질권은 점유를 요소로 하므로, 그 침해가 있는 때에는 점유권에 기초한 물권적 청구권이 인정된다. 민법의 규정의 없지만 학설은 질권 그 자체에 기한 물권적 청구권을 인정하고 있다.

② 채무자가 질물을 훼손한 때에는 기한의 이익이 상실되므로 질권자는 즉시 질권을 실행할 수 있고, 제3자가 훼손한 때에는 불법행위에 의한 손해배상을 청구할 수 있다.

③ 질권자도 선량한 관리자의 주의의무를 부담한다.

4 권리질권

(1) 의의

'권리질권'이란 동산 외의 재산권을 목적으로 하는 질권을 의미한다.

(2) 권리질권의 목적물

> **제345조 권리질권의 목적**
>
> 질권은 재산권을 그 목적으로 할 수 있다. 그러나 부동산의 사용, 수익을 목적으로 하는 권리는 그러하지 아니하다.

① 권리질권의 목적이 될 수 없는 재산권

  ㉠ 인격권, 가족권 등은 권리질권의 목적이 될 수 없다.

  ㉡ 부양청구권, 재해배상청구권, 연금청구권, 국가배상청구권 등은 양도성이 없는 재산권이므로 권리질권의 목적이 되지 못한다.

  ㉢ 지상권, 전세권 부동산임차권 등 부동산 사용·수익을 목적으로 하는 권리는 권리질권의 목적이 되지 못한다.

  ㉣ 소유권, 지역권, 점유권 등도 권리질권의 목적이 되지 못한다.

  ㉤ 광업권, 어업권 등은 저당권의 목적은 될 수 있지만, 권리질권의 목적은 되지 못한다.

② 권리질권의 목적이 되는 재산권

　채권, 주식, 무체재산권 등은 권리질권의 목적이 될 수 있다.

③ 권리질권의 설정방법

> **제346조**　**권리질권의 설정방법**
>
> 권리질권의 설정은 법률에 다른 규정이 없으면 그 권리의 양도에 관한 방법에 의하여야 한다.

> **제355조**　**준용규정**
>
> 권리질권에는 본절의 규정 외에 동산질권에 관한 규정을 준용한다.

　동산질권에 관한 규정이 준용되는 것에는 '목적물의 양도성', '질권의 순위', '피담보채권의 범위', '유치적 효력', '전질권', '유질계약의 금지', '물상대위' 등이다. '경매 및 간이변제충당'에 관한 규정은 권리질권에는 준용되지 않는다.

> 주권발행 전의 주식에 대한 양도도 인정되고, 주권발행 전 주식의 담보제공을 금하는 법률규정도 없으므로 주권발행 전 주식에 대한 질권설정도 가능하다고 할 것이지만, 상법 제338조 제1항은 기명주식을 질권의 목적으로 하는 때에는 주권을 교부하여야 한다고 규정하고 있으나, 이는 주권이 발행된 기명주식의 경우에 해당하는 규정이라고 해석함이 상당하므로, <u>주권발행 전의 주식 입질에 관하여는 상법 제338조 제1항의 규정이 아니라 권리질권설정의 일반원칙인 민법 제346조로 돌아가 그 권리의 양도방법에 의하여 질권을 설정할 수 있다</u>고 보아야 한다(대결 2000.8.16, 99그1).

(3) 채권질권

① 채권질권의 목적

　㉠ 양도성 있는 채권은 물론이고, 질권자 자신에 대한 채권, 장래의 채권, 조건부 채권, 선택채권도 채권질권의 목적이 될 수 있다.

　㉡ 그러나 성질상 양도할 수 없는 채권, 법률에서 양도를 금지하는 채권(위자료청구권, 부양청구권 등)은 채권질권의 목적이 될 수 없다.

② 채권질권의 설정방법

> **제347조**　**설정계약의 요물성**
>
> 채권을 질권의 목적으로 하는 경우에 채권증서가 있는 때에는 질권의 설정은 그 **증서를 질권자에게 교부함으로써 그 효력이 생긴다.**

> **제348조**　**저당채권에 대한 질권과 부기등기**
>
> 저당권으로 담보한 채권을 질권의 목적으로 한 때에는 그 **저당권등기에 질권의 부기등기를 하여야** 그 효력이 저당권에 미친다.

제349조 　지명채권에 대한 질권의 대항요건

① 지명채권을 목적으로 한 질권의 설정은 설정자가 제450조의 규정에 의하여 제삼채무자에게 질권설정의 사실을 통지하거나 제삼채무자가 이를 승낙함이 아니면 이로써 제삼채무자 기타 제삼자에게 대항하지 못한다.
② 제451조의 규정은 전항의 경우에 준용한다.

> **제450조【지명채권양도의 대항요건】**
> ① 지명채권의 양도는 양도인이 채무자에게 통지하거나 채무자가 승낙하지 아니하면 채무자 기타 제삼자에게 대항하지 못한다.
> ② 전항의 통지나 승낙은 확정일자 있는 증서에 의하지 아니하면 채무자 이외의 제삼자에게 대항하지 못한다.
>
> **제451조【승낙, 통지의 효과】**
> ① 채무자가 이의를 보류하지 아니하고 전조의 승낙을 한 때에는 양도인에게 대항할 수 있는 사유로써 양수인에게 대항하지 못한다. 그러나 채무자가 채무를 소멸하게 하기 위하여 양도인에게 급여한 것이 있으면 이를 회수할 수 있고 양도인에 대하여 부담한 채무가 있으면 그 성립되지 아니함을 주장할 수 있다.
> ② 양도인이 양도통지만을 한 때에는 채무자는 그 통지를 받은 때까지 양도인에 대하여 생긴 사유로써 양수인에게 대항할 수 있다.

제350조 　지시채권에 대한 질권의 설정방법

지시채권을 질권의 목적으로 한 질권의 설정은 **증서에 배서하여 질권자에게 교부함으로**써 그 효력이 생긴다.

제351조 　무기명채권에 대한 질권의 설정방법

무기명채권을 목적으로 한 질권의 설정은 **증서를 질권자에게 교부**함으로써 그 효력이 생긴다.

1. 민법 제347조는 채권을 질권의 목적으로 하는 경우에 채권증서가 있는 때에는 질권의 설정은 그 증서를 질권자에게 교부함으로써 효력이 생긴다고 규정하고 있다. 여기에서 말하는 '채권증서'는 채권의 존재를 증명하기 위하여 채권자에게 제공된 문서로서 특정한 이름이나 형식을 따라야 하는 것은 아니지만, 장차 변제 등으로 채권이 소멸하는 경우에는 민법 제475조에 따라 채무자가 채권자에게 그 반환을 청구할 수 있는 것이어야 한다. 이에 비추어 임대차계약서와 같이 계약 당사자 쌍방의 권리의무관계의 내용을 정한 서면은 그 계약에 의한 권리의 존속을 표상하기 위한 것이라고 할 수는 없으므로 위 채권증서에 해당하지 않는다(대판 2013.8.22, 2013다32574).
2. 민법 제349조 제1항은 지명채권을 목적으로 한 질권의 설정은 설정자가 제450조의 규

정(지명채권양도의 대항요건)에 의하여 제3채무자에게 질권설정의 사실을 통지하거나 제3채무자가 이를 승낙함이 아니면 이로써 제3채무자 기타 제3자에게 대항하지 못한다고 하고, 제2항은 제451조의 규정은 전항에 준용한다고 하고 있으며, 제451조 제1항은 채무자가 이의를 보류하지 아니하고 승낙을 한 때에는 양도인에게 대항할 수 있는 사유로서 양수인에게 대항하지 못한다고 하고 있으므로, 채권양도나 채권에 대한 질권설정에 있어서 채무자가 이의를 보류하지 않은 승낙을 한 경우, 채무자는 질권설정자에게 대항할 수 있는 사유로서 질권자에게 대항할 수 없고, 이 경우 대항할 수 없는 사유는 협의의 항변권에 한하지 아니하고, 넓게 채권의 성립, 존속, 행사를 저지하거나 배척하는 사유를 포함한다(대판 2002.3.29, 2000다13887).

3. 민법 제451조 제1항이 이의를 보류하지 않은 승낙에 대하여 항변사유를 제한한 취지는 이의를 보류하지 않은 승낙이 이루어진 경우 양수인은 양수한 채권에 아무런 항변권도 부착되지 아니한 것으로 신뢰하는 것이 보통이므로 채무자의 '승낙'이라는 사실에 공신력을 주어 양수인의 신뢰를 보호하고 채권양도나 질권설정과 같은 거래의 안전을 꾀하기 위한 규정이라 할 것이므로, 채권의 양도나 질권의 설정에 대하여 이의를 보류하지 아니하고 승낙을 하였더라도 양수인 또는 질권자가 악의 또는 중과실의 경우에 해당하는 한 채무자의 승낙 당시까지 양도인 또는 질권설정자에 대하여 생긴 사유로써도 양수인 또는 질권자에게 대항할 수 있다(대판 2002.3.29, 2000다13887).

③ 채권질권의 효력

제352조   질권설정자의 권리처분제한

질권설정자는 질권자의 동의 없이 질권의 목적된 권리를 소멸하게 하거나 질권자의 이익을 해하는 변경을 할 수 없다.

제353조   질권의 목적이 된 채권의 실행방법

① 질권자는 질권의 목적이 된 채권을 직접 청구할 수 있다.
② 채권의 목적물이 금전인 때에는 질권자는 자기채권의 한도에서 직접 청구할 수 있다.
③ 전항의 채권의 변제기가 질권자의 채권의 변제기보다 먼저 도래한 때에는 질권자는 제삼채무자에 대하여 그 변제금액의 공탁을 청구할 수 있다. 이 경우에 질권은 그 공탁금에 존재한다.
④ 채권의 목적물이 금전 이외의 물건인 때에는 질권자는 그 변제를 받은 물건에 대하여 질권을 행사할 수 있다.

제354조   동전

질권자는 전조의 규정에 의하는 외에 민사집행법에 정한 집행방법에 의하여 질권을 실행할 수 있다.

제355조 준용규정

권리질권에는 본절의 규정 외에 동산질권에 관한 규정을 준용한다.

1. 피담보채권액이 입질채권액보다 적은 경우에도 담보물권의 불가분성 때문에 입질채권 전부에 미친다(대판 1972.12.26, 72다1941).

2. 질권의 목적인 채권의 양도행위는 민법 제352조 소정의 질권자의 이익을 해하는 변경에 해당되지 않으므로 질권자의 동의를 요하지 아니한다(대판 2005.12.22, 2003다55059).

3. 민법 제352조가 질권설정자는 질권자의 동의 없이 질권의 목적된 권리를 소멸하게 하거나 질권자의 이익을 해하는 변경을 할 수 없다고 규정한 것은 질권자가 질권의 목적인 채권의 교환가치에 대하여 가지는 배타적 지배권능을 보호하기 위한 것이므로, 질권설정자와 제3채무자가 질권의 목적된 권리를 소멸하게 하는 행위를 하였다고 하더라도 이는 질권자에 대한 관계에 있어 무효일 뿐이어서 특별한 사정이 없는 한 질권자 아닌 제3자가 그 무효의 주장을 할 수는 없다(대판 1997.11.11, 97다35375).

4. 타인에 대한 채무의 담보로 제3채무자에 대한 채권에 대하여 권리질권을 설정한 경우 질권설정자는 질권자의 동의 없이 질권의 목적된 권리를 소멸하게 하거나 질권자의 이익을 해하는 변경을 할 수 없다(민법 제352조). 이는 질권자가 질권의 목적인 채권의 교환가치에 대하여 가지는 배타적 지배권능을 보호하기 위한 것이다. 따라서 질권설정자가 제3채무자에게 질권설정의 사실을 통지하거나 제3채무자가 이를 승낙한 때에는 제3채무자가 질권자의 동의 없이 질권의 목적인 채무를 변제하더라도 이로써 질권자에게 대항할 수 없고, 질권자는 민법 제353조 제2항에 따라 여전히 제3채무자에 대하여 직접 채무의 변제를 청구할 수 있다. 제3채무자가 질권자의 동의 없이 질권설정자와 상계합의를 함으로써 질권의 목적인 채무를 소멸하게 한 경우에도 마찬가지로 질권자에게 대항할 수 없고, 질권자는 여전히 제3채무자에 대하여 직접 채무의 변제를 청구할 수 있다(대판 2018.12.27, 2016다265689).

5. 질권의 목적이 된 채권이 금전채권인 때에는 질권자는 자기채권의 한도에서 질권의 목적이 된 채권을 직접 청구할 수 있고, 채권질권의 효력은 질권의 목적이 된 채권의 지연손해금 등과 같은 부대채권에도 미치므로 채권질권자는 질권의 목적이 된 채권과 그에 대한 지연손해금채권을 피담보채권의 범위에 속하는 자기채권액에 대한 부분에 한하여 직접 추심하여 자기채권의 변제에 충당할 수 있다(대판 2005.2.25, 2003다40668).

6. 질권자가 피담보채권을 초과하여 질권의 목적이 된 금전채권을 추심하였다면 그중 피담보채권을 초과하는 부분은 특별한 사정이 없는 한 법률상 원인이 없는 것으로서 질권설정자에 대한 관계에서 부당이득이 되고, 이러한 법리는 채무담보 목적으로 채권이 양도된 경우에서도 마찬가지이다(대판 2011.4.14, 2010다5694).

CHAPTER 09 저당권

1 총설(總說)

제356조 저당권의 내용

> 저당권자는 채무자 또는 제삼자가 **점유를 이전하지 아니하고** 채무의 담보로 제공한 부동산에 대하여 다른 채권자보다 자기채권의 우선변제를 받을 권리가 있다.

(1) '저당권(抵當權)'이란 채권자가 채무담보를 위하여 채무자 또는 물상보증인이 제공한 부동산 기타 목적물의 점유를 이전받지 아니한 채 그 목적물을 관념상으로만 지배하다가, 채무의 변제가 없으면 그 목적물로부터 우선변제를 받을 수 있는 담보물권을 의미한다.

(2) 저당권은 전형적인 가치권이다.

(3) **저당권의 법적 성질**

　① 저당권은 저당권설정계약과 저당권설정등기에 의해서 성립하는 약정담보물권이다. 다만 예외적으로 법정저당권이 인정될 뿐이다.

　② 저당권은 유치적 효력이 인정되지 않는다. 그러나 불가분성, 수반성, 부종성, 물상대위성, 우선변제적 효력은 인정된다.

　③ 저당권은 타물권이다.

제649조 임차지상의 건물에 대한 법정저당권

> 토지임대인이 변제기를 경과한 최후 2년의 차임채권에 의하여 그 지상에 있는 임차인소유의 건물을 압류한 때에는 저당권과 동일한 효력이 있다.

2 저당권의 성립

(1) 저당권 설정계약

　① 저당권설정계약은 피담보채권의 발생을 위한 계약(금전소비대차계약)의 종된 계약이다.

　② 저당권설정계약은 불요식계약이며, 조건이나 기한을 붙일 수 있다.

> 채권담보의 목적으로 채무자 소유의 부동산을 담보로 제공하여 저당권을 설정하는 경우에는 담보물권의 부종성의 법리에 비추어 <u>원칙적으로 채권과 저당권이 그 주체를 달리할 수 없는 것이지만</u>, 채권자 아닌 제3자의 명의로 저당권등기를 하는 데 대하여 채권자와

채무자 및 제3자 사이에 합의가 있었고, 나아가 제3자에게 그 채권이 실질적으로 귀속되었다고 볼 수 있는 특별한 사정이 있거나, 거래경위에 비추어 제3자의 저당권등기가 한낱 명목에 그치는 것이 아니라 그 제3자도 채무자로부터 유효하게 채권을 변제받을 수 있고 채무자도 채권자나 저당권 명의자인 제3자 중 누구에게든 채무를 유효하게 변제할 수 있는 관계, 즉 묵시적으로 채권자와 제3자가 불가분적 채권자의 관계에 있다고 볼 수 있는 경우에는, 그 <u>제3자 명의의 저당권등기도 유효</u>하다(대판 2001.3.15, 99다48948 전합).

(2) 저당권설정등기

부동산등기법 제75조 저당권의 등기사항

① 등기관이 저당권설정의 등기를 할 때에는 제48조에서 규정한 사항 외에 다음 각 호의 사항을 기록하여야 한다. 다만, 제3호부터 제8호까지는 등기원인에 그 약정이 있는 경우에만 기록한다.
  1. 채권액
  2. 채무자의 성명 또는 명칭과 주소 또는 사무소 소재지
  3. 변제기(辨濟期)
  4. 이자 및 그 발생기 · 지급시기
  5. 원본(元本) 또는 이자의 지급장소
  6. 채무불이행(債務不履行)으로 인한 손해배상에 관한 약정
  7. 「민법」 제358조 단서의 약정
  8. 채권의 조건

② 등기관은 제1항의 저당권의 내용이 근저당권(根抵當權)인 경우에는 제48조에서 규정한 사항 외에 다음 각 호의 사항을 기록하여야 한다. 다만, 제3호 및 제4호는 등기원인에 그 약정이 있는 경우에만 기록한다.
  1. 채권의 최고액
  2. 채무자의 성명 또는 명칭과 주소 또는 사무소 소재지
  3. 「민법」 제358조 단서의 약정
  4. 존속기간

1. 등기는 물권의 효력 발생 요건이고 존속 요건은 아니어서 <u>등기가 원인 없이 말소된 경우에는 그 물권의 효력에 아무런 영향이 없고</u>, 그 회복등기가 마쳐지기 전이라도 <u>말소된 등기의 등기명의인은 적법한 권리자로 추정</u>되며, 그 회복등기 신청절차에 의하여 말소된 등기를 회복할 수 있으므로(부동산등기법 제75조), 근저당권설정등기가 불법행위로 인하여 원인 없이 말소되었다 하더라도 말소된 근저당권설정등기의 등기명의인이 곧바로 근저당권 상실의 손해를 입게 된다고 할 수는 없다(대판 2010.2.11, 2009다68408).

2. 부동산에 관하여 근저당권설정등기가 경료되었다가 그 등기가 위조된 등기서류에 의하여 아무런 원인 없이 말소되었다는 사정만으로는 곧바로 근저당권이 소멸하는 것은 아니라고 할 것이지만, 부동산이 경매절차에서 경락되면 그 부동산에 존재하였던 근저당권은 당연히 소멸하는 것이므로, <u>근저당권설정등기가 원인 없이 말소된 이후</u>에 그 근저당 목적물인 부동산에 관하여 다른 근저당권자 등 권리자의 경매신청에 따라 경매절차가 진행되어 경락허가결정이 확정되고 경락인이 경락대금을 완납하였다면, <u>원인 없이 말소된 근저당권은 이에 의하여 소멸한다</u>(대판 1998.10.2, 98다27197).

3. <u>부동산의 소유자 겸 채무자가 채권자인 저당권자에게 당해 저당권설정등기에 의하여 담보되는 채무를 모두 변제함으로써 저당권이 소멸된 경우</u> 그 저당권설정등기 또한 효력을 상실하여 말소되어야 할 것이나, 그 부동산의 소유자가 새로운 제3의 채권자로부터 금원을 차용함에 있어 그 제3자와 사이에 새로운 차용금 채무를 담보하기 위하여 잔존하는 종전 채권자 명의의 저당권설정등기를 이용하여 이에 터 잡아 새로운 제3의 채권자에게 저당권이전의 부기등기를 경료하기로 하는 내용의 저당권등기 유용의 합의를 하고 실제로 그 부기등기를 경료하였다면, 그 저당권이전등기를 경료받은 새로운 제3의 채권자로서는 언제든지 부동산의 소유자에 대하여 그 <u>등기 유용의 합의를 주장</u>하여 저당권설정등기의 말소청구에 대항할 수 있다고 할 것이고, 다만 그 저당권이전의 부기등기 이전에 등기부상 이해관계를 가지게 된 자에 대하여는 위 등기 유용의 합의 사실을 들어 위 저당권설정등기 및 그 저당권이전의 부기등기의 유효를 주장할 수는 없다(대판 1998.3.24, 97다56242).

3 저당권의 객체 및 피담보채권

(1) 저당권의 객체

① 민법상으로 부동산 그리고 지상권 또는 전세권이 저당권의 목적이 될 수 있다.

② 토지의 일부 또는 1동의 건물의 일부에는 저당권을 설정할 수 없지만, 구분소유권의 목적이 된 1동의 건물의 일부에 저당권을 설정할 수 있으며, 공유지분에도 저당권을 설정할 수 있다.

③ 특별법에서 인정되는 것으로 등기된 선박, 입목등기가 경료된 입목, 광업권, 어업권, 댐사용권, 공장재단, 광업재단, 자동차, 항공기, 건설기계, 소형선박 등이 있다.

(2) 피담보채권

① 채권의 종류에는 제한이 없다. 금전채권이 일반적이지만, 금전 이외의 급부를 목적으로 하는 채권도 가능하다.

② 채권의 일부를 피담보채권으로 할 수 있고, 여러 개의 채권을 합하여 피담보채권으로 할 수 있다.

③ 장래의 채권을 목적으로 저당권을 설정할 수 있다.

4 저당권의 효력이 미치는 범위

(1) 피담보채권의 범위

> **제360조   피담보채권의 범위**
>
> 저당권은 **원본, 이자, 위약금, 채무불이행으로 인한 손해배상 및 저당권의 실행비용을 담보**한다. 그러나 지연배상에 대하여는 원본의 이행기일을 경과한 후의 1년분에 한하여 저당권을 행사할 수 있다.

① 원본, 이자, 위약금, 채무불이행으로 인한 손해배상은 등기하여야 한다.
② 저당권의 실행비용은 등기하지 않더라도 피담보채권의 범위에 포함된다.
③ 민법 제360조 단서가 지연배상의 범위를 제한하는 이유는 후순위 저당권자를 포함하여 다른 채권자의 이익을 보호하기 위해서이다.

> 저당권의 피담보채무의 범위에 관하여 <u>민법 제360조가 지연배상에 대하여는 원본의 이행기일을 경과한 후의 1년분에 한하여 저당권을 행사할 수 있다고 규정하고 있는 것은 저당권자의 제3자에 대한 관계에서의 제한이며 채무자나 저당권설정자가 저당권자에 대하여 대항할 수 있는 것은 아니고</u>, 민법 제360조가 양도담보의 경우에 준용된다고 하여도 마찬가지로 해석하여야 할 것인 만큼, 양도담보의 채무자가 양도담보권자에 대하여 민법 제360조에 따른 피담보채권의 제한을 주장할 수는 없는 것이다(대판 1992.5.12, 90다8855).

(2) 저당권의 효력이 미치는 목적물의 범위

> **제358조   저당권의 효력의 범위**
>
> **저당권의 효력은 저당부동산에 부합된 물건과 종물에 미친다.** 그러나 법률에 특별한 규정 또는 설정행위에 다른 약정이 있으면 그러하지 아니하다.

> **제359조   과실에 대한 효력**
>
> 저당권의 효력은 저당부동산에 대한 **압류가 있은 후에** 저당권설정자가 그 부동산으로부터 **수취한 과실 또는 수취할 수 있는 과실에 미친다.** 그러나 저당권자가 그 부동산에 대한 소유권, 지상권 또는 전세권을 취득한 제삼자에 대하여는 압류한 사실을 통지한 후가 아니면 이로써 대항하지 못한다.

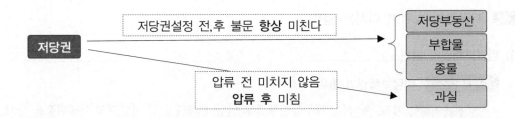

1. 건물의 증축부분이 기존건물에 부합하여 기존건물과 분리해서는 별개의 독립물로서의 효용을 갖지 못하는 이상 제358조에 의하여 부합된 증축부분에도 기존건물에 대한 근저당권의 효력이 미치므로, 기존건물에 대한 경매절차에서 경매목적물로 평가되지 않았더라도 경락인은 부합된 증축부분의 소유권을 취득한다(대판 1992.12.8, 92다2672).

2. 구분건물에 있어 대지사용권의 분리처분이 가능하도록 규약으로 정하는 등의 특별한 사정이 없는 한, 제358조를 유추적용하여 소유자가 사후에 취득한 대지권에도 미친다(대판 1995.10.13, 95다25206).

3. 건물의 소유를 목적으로 하여 토지를 임차한 사람이 그 토지 위에 소유하는 건물에 저당권을 설정한 때에는 민법 제358조 본문에 따라서 저당권의 효력이 건물뿐만 아니라 건물의 소유를 목적으로 한 토지의 임차권에도 미친다고 보아야 할 것이므로, 건물에 대한 저당권이 실행되어 경락인이 건물의 소유권을 취득한 때에는 특별한 다른 사정이 없는 한 건물의 소유를 목적으로 한 토지의 임차권도 건물의 소유권과 함께 경락인에게 이전된다(대판 1993.4.13, 92다24950).

4. 저당권은 법률에 특별한 규정이 있거나 설정행위에 다른 약정이 있는 경우를 제외하고 그 저당 부동산에 부합된 물건과 종물 이외에까지 그 효력이 미치는 것이 아니므로, 토지에 대한 경매절차에서 그 지상 건물을 토지의 부합물 내지 종물로 보아 경매법원에서 저당 토지와 함께 경매를 진행하고 경락허가를 하였다고 하여 그 건물의 소유권에 변동이 초래될 수 없다(대판 1997.9.26, 97다10314).

5. 저당권의 효력이 저당부동산에 부합된 물건과 종물에 미친다는 민법 제358조 본문을 유추하여 보면 건물에 대한 저당권의 효력은 그 건물에 종된 권리인 건물의 소유를 목적으로 하는 지상권에도 미치게 되므로, 건물에 대한 저당권이 실행되어 경락인이 그 건물의 소유권을 취득하였다면 경락 후 건물을 철거한다는 등의 매각조건에서 경매되었다는 등 특별한 사정이 없는 한, 경락인은 건물 소유를 위한 지상권도 민법 제187조의 규정에 따라 등기 없이 당연히 취득하게 되고, 한편 이 경우에 경락인이 건물을 제3자에게 양도한 때에는, 특별한 사정이 없는 한 민법 제100조 제2항의 유추적용에 의하여 건물과 함께 종된 권리인 지상권도 양도하기로 한 것으로 봄이 상당하다(대판 1996.4.26, 95다52864).

6. 민법 제359조 전문은 "저당권의 효력은 저당부동산에 대한 압류가 있은 후에 저당권설정자가 그 부동산으로부터 수취한 과실 또는 수취할 수 있는 과실에 미친다."라고 규정하고

있는데, 위 규정상 '과실'에는 천연과실뿐만 아니라 법정과실도 포함되므로, 저당부동산에 대한 압류가 있으면 압류 이후의 저당권설정자의 <u>저당부동산에 관한 차임채권</u> 등에도 저당권의 효력이 미친다(대2016.7.27, 2015다230020).

(3) 물상대위

제342조 　물상대위

질권은 **질물의 멸실, 훼손 또는 공용징수로 인하여** 질권설정자가 받을 금전 기타 물건에 대하여도 이를 행사할 수 있다. 이 경우에는 **그 지급 또는 인도 전에 압류**하여야 한다.

제370조 　준용규정

제214조, 제321조, 제333조, 제340조, 제341조 및 **제342조**의 규정은 저당권에 준용한다.

① '물상대위'란 저당물의 멸실, 훼손 또는 공용징수로 인하여 저당권설정작 받을 금전 기타 물건에 대하여 저당권의 효력이 미치는 것을 의미한다.
② 물상대위는 유치권에는 인정되지 않고, 질권과 저당권에만 인정된다.
③ 물상대위는 담보물의 멸실, 훼손, 공용징수에 한하여 인정되므로, 담보물의 매매대금이나 차임에는 물상대위가 인정되지 않는다.
④ 물상대위의 요건인 '압류'는 물상대위의 목적인 것을 특정하기 위한 것이므로, 저당권자가 아닌 제3자에 의해서 이루어진 때에도 물상대위를 행사할 수 있다.

1. 민법 제370조에 의하여 저당권에 준용되는 제342조 후문이 "저당권자가 물상대위권을 행사하기 위하여서는 저당권 설정자가 지급받을 금전 기타 물건의 지급 또는 인도 전에 압류하여야 한다."라고 규정한 취지는, 물상대위의 목적이 되는 금전 기타 물건의 특정성을 유지하여 제3자에게 불측의 손해를 입히지 아니하려는 데 있는 것이므로, 저당목적물의 변형물인 금전 기타 물건에 대하여 이미 <u>제3자가 압류</u>하여 그 금전 또는 물건이 특정된 이상 <u>저당권자는 스스로 이를 압류하지 않고서도</u> 물상대위권을 행사할 수 있다(대판 1996.7.12, 96다21058).
2. 저당목적물이 소실되어 저당권설정자가 보험회사에 대하여 화재보험계약에 따른 보험금청구권을 취득한 경우 그 보험금청구권은 저당목적물이 가지는 가치의 변형물이라 할 것이므로 저당권자는 민법 제370조, 제342조에 의하여 저당권설정자의 보험회사에 대한 <u>보험금청구권</u>에 대하여 물상대위권을 행사할 수 있다(대판 2004.12.24, 2004다52798).
3. 전세권을 목적으로 한 저당권이 설정된 경우, 전세권의 존속기간이 만료되면 전세권의 용익물권적 권능이 소멸하기 때문에 더 이상 전세권 자체에 대하여 저당권을 실행할 수

없게 되고, 저당권자는 저당권의 목적물인 전세권에 갈음하여 존속하는 것으로 볼 수 있는 전세금반환채권에 대하여 압류 및 추심명령 또는 전부명령을 받거나 제3자가 전세금반환채권에 대하여 실시한 강제집행절차에서 배당요구를 하는 등의 방법으로 물상대위권을 행사하여 전세금의 지급을 구하여야 한다(대판 2014.10.27, 2013다91672).

4. 공용용지의 취득 및 손실보상에 관한 특례법에 따라 저당권이 설정된 토지의 취득에 관하여 토지소유자와 사업시행자 사이에 <u>협의가 성립된 경우</u>에 동 토지의 저당권자는 토지소유자가 수령할 <u>보상금</u>에 대하여 민법 제370조, 제342조에 의한 물상대위를 할 수 없다(대판 1981.5.26, 80다2109).

5. 압류 또는 배당요구가 있기 전에 금전 또는 물건이 지급되거나 배당되었다면 저당권자는 물상대위를 할 수 없지만, 저당권설정자에게 부당이득의 반환을 구할 수 있다(대판 2009.5.14, 2008다17656). 그러나 채권양수인 또는 압류채권자가 지급받거나 배당받은 경우 그의 권리취득은 종국적이므로 저당권자는 부당이득의 반환을 청구할 수 없다(대판 2002.10.11, 2002다33137).

6. 민법 제370조, 제342조에 의한 저당권자의 물상대위권의 행사는 민사소송법 제733조에 의하여 담보권의 존재를 증명하는 서류를 집행법원에 제출하여 채권압류 및 전부명령을 신청하거나, 민사소송법 제580조에 의하여 배당요구를 하는 방법에 의하여 하는 것이고, 이는 늦어도 민사소송법 제580조 제1항 각 호 소정의 <u>배당요구의 종기까지</u> 하여야 하는 것으로 그 이후에는 물상대위권자로서의 우선변제권을 행사할 수 없다(대판 2000.5.12, 2000다4272).

7. 저당권자의 물상대위권 행사로서의 압류 및 전부는 그 명령이 제3채무자에게 송달됨으로써 효력이 생기며, 물상대위권의 행사를 제한하는 취지인 '특정성의 유지'나 '제3자의 보호'는 물상대위권자의 압류 및 전부명령이 효력을 발생함으로써 비로소 달성될 수 있는 것이므로, <u>배당요구의 종기가 지난 후</u>에 물상대위에 기한 채권압류 및 전부명령이 제3채무자에게 송달되었을 경우에는, 물상대위권자는 배당절차에서 우선변제를 받을 수 없다(2003.3.28, 2002다13539).

5 저당권의 우선변제적 효력

(1) 우선변제권

① 의의

채무자가 변제기에 변제하지 않으면 저당권자는 저당목적물의 경매대금으로부터 다른 채권자에 우선하여 피담보채권의 변제를 받을 수 있는 권리를 말한다.

② 저당권자 스스로 저당권을 실행하여 우선변제를 받는 것이 일반적이지만, 저당부동산에 대하여 일반채권, 전세권자 또는 후순위 저당권자의 집행을 막지 못하며, 다만 우선순위에 따라 매각대금으로부터 우선변제를 받게 된다.

③ 우선변제권에 의하여 피담보채권이 변제되지 않은 경우에 저당권자는 일반채권자로서 채무자의 일반재산에 대하여 집행하거나 배당에 참가할 수 있다.

(2) 다른 제한물권과의 관계

다른 제한물권 사이의 순위의 우열은 설정의 순위에 의한다.

(3) 저당권 상호간의 관계

동일한 부동산 위에 수개의 저당권이 경합하는 경우, 각 저당권의 순위는 설정등기의 선후에 의하며 선순위 저당권자가 변제받고 남은 잔액에 대해서만 후순위 저당권자가 우선변제권을 행사할 수 있다.

(4) 일반채권자에 대한 관계

① 원칙 : 설정순위에 관계없이 저당권자는 일반채권자에게 우선한다.

② 예외

    ㉠ 저당권설정등기일보다 먼저 주택임대차보호법 또는 상가건물 임대차보호법 소정의 대항요건과 임대차계약서에 확정일자를 갖춘 임차인은 그의 보증금의 반환에 관하여 저당권자보다 우선한다.

    ㉡ 소액보증금의 일정액에 관하여 다른 담보권자의 경매신청등기 전의 일정한 대항요건을 갖춘 경우에 임차인은 언제나 저당권자에 우선한다.

(5) 국세 등의 우선권과의 관계

① 저당부동산 소유자가 체납하고 있는 국세 또는 지방세는 그 법정기일 전에 설정된 저당권에 우선하여 징수하지 못한다.

② 당해세, 즉 그 재산에 대하여 부과되는 국세 등은 언제나 저당권에 우선한다.

(6) 임금의 우선권과의 관계

① 근로관계가 소멸한 경우에 최종 3월분의 임금, 최종 3년분의 퇴직금 및 재해보상금에 대한 채권은 사용자의 총재산에 대하여 저당권에 의하여 담보된 채권에 우선한다.

② 임금 등에 대한 지연손해금채권에 대하여는 최우선변제권이 인정되지 않는다.

③ 한편, 임금우선채권은 배당요구채권이다. 즉, 배당요구의 종기까지 배당요구를 한 경우에 한하여 배당을 받을 수 있고, 적법한 배당요구를 하지 않았다면 배당을 받을 수 없다.

(7) 저당권의 실행

> **제363조**   **저당권자의 경매청구권, 경매인**
>
> ① 저당권자는 그 채권의 변제를 받기 위하여 저당물의 경매를 청구할 수 있다.

① **의의** : '저당권의 실행'이란 저당권자가 스스로의 발의에 의하여 주도적으로 저당물을 현금화하여 그 대가로부터 피담보채권의 변제를 받는 것을 말한다.

② **경락(매각)의 효과**

　　㉠ 매수인은 매각대금을 완납한 때에 저당목적물의 소유권을 취득한다. 제187조에 의한 물권변동이므로 등기를 요하지 않는다.

　　㉡ 저당부동산 위에 존재하던 다른 저당권은 순위에 관계없이 모두 소멸한다(소제주의).

　　㉢ 저당목적물 위에 존재하던 용익물권(지상권 또는 전세권)은 최선순위의 저당권과의 우선순위에 따라 결정된다.

　　㉣ 유치권은 경매(매각)가 되더라도 존속한다. 따라서 유치권자는 경락인(매수인)에 대해서도 채권의 변제가 있을 때까지 인도를 거절할 수 있으므로 사실상 우선변제권을 가진다.

　　㉤ 담보가등기는 순위에 관계없이 모두 말소되지만, 보전가등기는 최선순위의 저당권에 앞선 것이라면 소멸하지 않는다.

　　㉥ 경매절차상의 하자를 항고(抗告) 또는 이의(異議)에 의하여 다툴 수 있지만, 매각허가결정이 확정된 후에는 그 하자가 치유되어 더 이상 다툴 수 없다.

　　㉦ 저당권이 유효하게 성립하였지만 경매절차가 진행되는 도중에 그러한 하자가 발생하거나 발견되면 절차를 정지하거나 취소하여야 하지만, 매수인이 경락대금을 완납한 후에는 채무자가 매수인의 소유권 취득을 다투지 못한다(민사집행법 제267조).

6 법정지상권

> **제366조** 법정지상권
>
> 저당물의 경매로 인하여 토지와 그 지상건물이 다른 소유자에 속한 경우에는 토지소유자는 건물소유자에 대하여 지상권을 설정한 것으로 본다. 그러나 지료는 당사자의 청구에 의하여 법원이 이를 정한다.

(1) '제366조의 법정지상권'은 동일인에게 속하던 토지와 그 지상의 건물 중 어느 하나 위에 또는 양자 위에 설정된 저당권의 실행으로 인하여 토지와 그 지상건물이 그 소유자를 달리하게 된 경우에, 그 건물의 소유자가 건물을 소유하도록 하기 위하여 법률상 당연히 인정되는 지상권을 말한다.

(2) 제366조는 가치권과 이용권의 조절이라는 공익상의 요청에 기한 <u>강행규정</u>이다.

(3) 성립요건

① 최선순위의 저당권설정 당시의 건물의 존재

　　㉠ 건물이 없는 토지에 <u>저당권을 설정한 후</u> 설정자가 건물을 <u>신축</u>한 경우에, 그 건물을 위하여 법정지상권이 성립하지 않는다.

ⓛ 저당권설정자가 법정지상권의 성립을 인정한다는 저당권자의 <u>동의</u>를 얻어 건물을 신축한 경우에도 법정지상권은 성립하지 않는다.

ⓒ 민법 제366조의 법정지상권은 저당권 설정 당시부터 저당권의 목적되는 토지 위에 건물이 존재할 경우에 한하여 인정되며, 토지에 관하여 저당권이 설정될 당시 그 지상에 토지소유자에 의한 건물의 건축이 개시되기 이전이었다면, 건물이 없는 토지에 관하여 저당권이 설정될 당시 근저당권자가 토지소유자에 의한 건물의 건축에 <u>동의</u>하였다고 하더라도 그러한 사정은 주관적 사항이고 공시할 수도 없는 것이어서 토지를 낙찰받는 제3자로서는 알 수 없는 것이므로 그와 같은 사정을 들어 법정지상권의 성립을 인정한다면 토지소유권을 취득하려는 제3자의 법적 안정성을 해하는 등 법률관계가 매우 불명확하게 되므로 법정지상권이 성립되지 않는다.

ⓒ 민법 제366조의 법정지상권은 저당권 설정 당시 동일인의 소유에 속하던 토지와 건물이 경매로 인하여 양자의 소유자가 다르게 된 때에 건물의 소유자를 위하여 발생하는 것으로서, 토지에 관하여 <u>저당권이 설정될 당시 토지 소유자에 의하여 그 지상에 건물을 건축 중이었던 경우</u> 그것이 사회관념상 독립된 건물로 볼 수 있는 정도에 이르지 않았다 하더라도 건물의 규모·종류가 외형상 예상할 수 있는 정도까지 건축이 진전되어 있었고, 그 후 경매절차에서 매수인이 매각대금을 다 낸 때까지 최소한의 기둥과 지붕 그리고 주벽이 이루어지는 등 독립된 부동산으로서 건물의 요건을 갖추면 법정지상권이 성립하며, 그 건물이 미등기라 하더라도 법정지상권의 성립에는 아무런 지장이 없는 것이다.

ⓜ 저당권설정 당시 건물이 존재하기만 하면 되고, 가령 그 건물이 <u>무허가건물</u>로서 보존등기가 경료되어 있지 않더라도 법정지상권이 성립한다.

ⓗ 민법 제366조 소정의 법정지상권이나 관습상의 법정지상권이 성립한 후에 건물을 개축 또는 증축하는 경우는 물론 건물이 멸실되거나 철거된 후에 신축하는 경우에도 법정지상권은 성립하나, 다만 그 법정지상권의 범위는 <u>구건물을 기준</u>으로 하여 그 유지 또는 사용을 위하여 일반적으로 필요한 범위 내의 대지 부분에 한정된다.

ⓢ 동일인의 소유에 속하는 토지 및 그 지상 건물에 관하여 <u>공동저당권이 설정</u>된 후 그 지상 건물이 철거되고 새로 건물이 신축된 경우에는 그 신축건물의 소유자가 토지의 소유자와 동일하고 토지의 저당권자에게 신축건물에 관하여 토지의 저당권과 동일한 순위의 공동저당권을 설정해 주는 등 특별한 사정이 없는 한 저당물의 경매로 인하여 토지와 그 신축건물이 다른 소유자에 속하게 되더라도 그 신축건물을 위한 법정지상권은 성립하지 않는다.

ⓞ 토지와 함께 <u>공동근저당권이 설정된 건물이 그대로 존속함에도 불구하고 사실과 달리 등기부에 멸실의 기재가 이루어지고 이를 이유로 등기부가 폐쇄</u>된 경우, 저당권자로서는 멸실 등으로 인하여 폐쇄된 등기기록을 부활하는 절차 등을 거쳐 건물에 대한 저당권을 행사하는 것이 불가능한 것이 아닌 이상 저당권자가 건물의 교환가치에 대하여 이를 담보로 취득할 수 없게 되는 불측의 손해가 발생한 것은 아니라고 보아야 하므로, 그 후 토지에 대하여만 경매절차가 진행된 결과 토지와 건물의 소유자가 달라지게 되었다면 그 건물을 위한 법정지상권은 성립한다 할 것이고, 단지 건물에 대한 등기부가 폐쇄되었다

는 사정만으로 건물이 멸실된 경우와 동일하게 취급하여 법정지상권이 성립하지 아니한다고 할 수는 없다.

② 저당권설정 당시 토지와 건물이 동일소유자에게 속할 것

 ㉠ 대지 또는 그 지상건물의 소유명의를 타인에게 신탁한 경우에, 신탁자는 제3자에 대하여 그 대지 또는 지상건물이 자기 소유임을 주장할 수 없으므로, 동일소유자라는 요건이 충족되지 않았다.

 ㉡ 토지와 건물이 저당권설정 당시 동일인에게 속하였으나 그 후 저당권의 실행으로 토지가 낙찰되기 전에 어느 한 쪽 또는 양쪽이 제3자에게 양도되어 각각 다른 소유자에게 속하게 된 경우라도 법정지상권이 성립한다.

 ㉢ 토지공유자 중 한 사람이 다른 공유자의 동의를 얻어 그 지상에 건물을 소유하면서 그 토지지분에 저당권을 설정한 후 경매로 인하여 그 공유지분과 건물의 소유자가 달라지게 된 경우에, 그 건물을 위한 법정지상권을 성립하지 않는다.

 ㉣ 미등기건물을 그 대지와 함께 매수한 사람이 그 대지에 관하여만 소유권이전등기를 넘겨받고 건물에 대하여는 그 등기를 이전 받지 못하고 있다가, 대지에 대하여 저당권을 설정하고 그 저당권의 실행으로 대지가 경매되어 다른 사람의 소유로 된 경우에는, 그 저당권의 설정 당시에 이미 대지와 건물이 각각 다른 사람의 소유에 속하고 있었으므로 법정지상권이 성립될 여지가 없다.

 ㉤ 미등기건물과 대지를 함께 양수하였으나 대지에 관하여도 소유권이전등기를 경료하지 않았다면 미등기건물과 대지의 소유권이 여전히 양도인에게 남아 있으므로 토지의 저당권이 실행되어 대지와 건물의 소유자가 달라진 때 법정지상권이 성립한다.

③ 토지가 건물의 양쪽 또는 어느 한쪽에 저당권이 설정될 것

④ 경매로 인하여 소유자가 달라질 것

(4) 법정지상권의 내용

① 제366조 법정지상권은 법률의 규정에 의한 물권변동이므로 그 취득에는 등기를 요하지 아니한다.

② 지료는 당사자의 협의로 결정되지만, 협의가 이루어지지 않으면 당사자의 청구로 법원이 이를 정한다. 법원에 의하여 결정된 지료는 소급하여 그 효력이 발생한다.

③ 민법 제366조 단서의 규정에 의하여 법정지상권의 경우 그 지료는 당사자의 협의나 법원에 의하여 결정하도록 되어 있는데, 당사자 사이에 지료에 관한 협의가 있었다거나 법원에 의하여 지료가 결정되었다는 아무런 입증이 없고 법정지상권에 관한 지료가 결정된 바 없다면, 법정지상권자가 지료를 지급하지 않았다고 하더라도 지료 지급을 지체한 것으로는 볼 수 없으므로 법정지상권자가 2년 이상의 지료를 지급하지 아니하였음을 이유로 하는 토지소유자의 지상권 소멸청구는 이유가 없다.

④ 법정지상권이 성립하는 시기는 매각대금 완납 시이다.

7 일괄경매청구권

> **제365조** 저당지상의 건물에 대한 경매청구권
>
> 토지를 목적으로 저당권을 설정한 후 그 설정자가 그 토지에 건물을 축조한 때에는 저당권자는 토지와 함께 그 건물에 대하여도 경매를 청구할 수 있다. 그러나 그 건물의 경매대가에 대하여는 우선변제를 받을 권리가 없다.

(1) 의의

민법 제365조가 토지를 목적으로 한 저당권을 설정한 후 그 저당권설정자가 그 토지에 건물을 축조한 때에는 저당권자가 토지와 건물을 일괄하여 경매를 청구할 수 있도록 규정한 취지는, 저당권은 담보물의 교환가치의 취득을 목적으로 할 뿐 담보물의 이용을 제한하지 아니하여 저당권설정자로서는 저당권설정 후에도 그 지상에 건물을 신축할 수 있는데, 후에 그 저당권의 실행으로 토지가 제3자에게 경락될 경우에 건물을 철거하여야 한다면 사회경제적으로 현저한 불이익이 생기게 되어 이를 방지할 필요가 있으므로 이러한 이해관계를 조절하고, 저당권자에게도 저당토지상의 건물의 존재로 인하여 생기게 되는 경매의 어려움을 해소하여 저당권의 실행을 쉽게 할 수 있도록 한 데에 있다(대결 2001.6.13, 2001마1632).

(2) 일괄경매청구권의 요건

① 저당권설정 당시 지상에 건물이 없고, 저당권 설정 후 신축된 건물일 것
② 저당권설정자가 지상건물을 축조하고 소유하고 있을 것

(3) 효과

① 토지에 대한 저당권자는 토지와 함께 지상건물에 대해서도 경매를 청구할 수 있다.
② 그러나 토지저당권자는 토지의 경매대가에서는 우선변제 받을 권리가 있지만, 건물의 경매대가에서는 우선변제 받을 권리가 없다.
③ 일괄경매청구권은 저당권의 권리이지 의무가 아니므로, 저당권자는 토지에 대해서만 경매를 신청하여 그 매각으로 소유권을 취득하고 건물의 철거를 구하는 것이 위법한 것은 아니다.

> 1. 저당지상의 건물에 대한 일괄경매청구권은 저당권설정자가 건물을 축조한 경우뿐만 아니라 저당권설정자로부터 저당토지에 대한 용익권을 설정받은 자가 그 토지에 건물을 축조한 경우라도 그 후 저당권설정자가 그 건물의 소유권을 취득한 경우에는 저당권자는 토지와 함께 그 건물에 대하여 경매를 청구할 수 있다(대판 2003.4.11, 2003다3850).
> 2. 토지소유자가 저당권을 설정해 준 후 그 지상에 건물을 축조하여 소유권이전등기를 마침과 동시에 이를 제3자에게 매도한 경우 토지의 저당권자는 건물에 대하여 경매를 청구할 수 없다(대결 1999.4.20, 99마146).

8 제3취득자의 지위

제363조 저당권자의 경매청구권, 경매인

② 저당물의 소유권을 취득한 제삼자도 경매인이 될 수 있다.

제364조 제삼취득자의 변제

저당부동산에 대하여 소유권, 지상권 또는 전세권을 취득한 제삼자는 저당권자에게 **그 부동산으로 담보된 채권을 변제**하고 저당권의 소멸을 청구할 수 있다.

제367조 제삼취득자의 비용상환청구권

저당물의 제삼취득자가 그 부동산의 보존, 개량을 위하여 필요비 또는 유익비를 지출한 때에는 제203조 제1항, 제2항의 규정에 의하여 저당물의 경매대가에서 우선상환을 받을 수 있다.

---

1. 근저당부동산에 대하여 후순위근저당권을 취득한 자는 민법 제364조에서 정한 권리를 행사할 수 있는 제3취득자에 해당하지 아니하므로 이러한 후순위근저당권자가 선순위근저당권의 피담보채무가 확정된 이후에 그 확정된 피담보채무를 변제한 것은 민법 제469조의 규정에 의한 이해관계 있는 제3자의 변제로서 유효한 것인지 따져볼 수는 있을지언정 민법 제364조의 규정에 따라 선순위근저당권의 소멸을 청구할 수 있는 사유로는 삼을 수 없다(대판 2006.1.26, 2005다17341).

2. 저당부동산의 제3취득자가 피담보채무를 인수한 경우에는 그때부터는 제3취득자는 채권자에 대한 관계에서 채무자의 지위로 변경되므로 민법 제364조의 규정은 적용될 여지가 없을 것이다. 다만, 민법 제364조를 둔 취지가, 저당권설정자가 제3취득자로부터 매매목적물의 대가 전액을 받고서도 저당권자에 대한 피담보채무를 변제하지 않는 경우에 저당권의 실행으로 말미암아 제3취득자의 권리가 상실될 위험이 있으므로, 제3취득자로 하여금 대가 전액을 저당권설정자에 대하여 지급하고 다시 저당권설정자가 그 피담보채무를 변제하게 할 것이 아니라 저당권자에게 직접 담보된 채권을 변제하도록 하게 함으로써 제3취득자의 보호를 도모하고자 한 것이라는 점을 감안해 볼 때, 저당부동산에 관한 매매계약을 체결하는 당사자 사이에 매매대금에서 피담보채무 또는 채권최고액을 공제한 잔액만을 현실로 수수하였다는 사정만을 가지고 언제나 매수인이 매도인의 저당채권자에 대한 피담보채무를 인수한 것으로 보아 제3취득자는 채권자에 대한 관계에서 제3취득자가 아니라 채무자와 동일한 지위에 놓이게 됨으로써 저당부동산의 제3취득자가 원래 행사할 수 있었던 저당권소멸청구권을 상실한다고 볼 수는 없고, 오히려 이러한 매매대금 지급방법상의 약정은 다른 특별한 사정이 없는 한 매

매당사자 사이에서는 매수인이 피담보채무 또는 채권최고액에 해당하는 매매대금 부분을 매도인에게 지급하는 것이 아니라 채권자에게 직접 지급하기로 하여 그 매매목적 부동산에 관한 저당권의 말소를 보다 확실하게 보장하겠다고 하는 취지로 그런 약정을 하게 된 것이라고 볼 것이다(대판 2002.5.24, 2002다7176).

3. 민법 제367조가 저당물의 제3취득자가 그 부동산에 관한 필요비 또는 유익비를 지출한 때에는 저당물의 경매대가에서 우선상환을 받을 수 있다고 규정한 취지는 저당권설정자가 아닌 제3취득자가 저당물에 관한 필요비 또는 유익비를 지출하여 저당물의 가치가 유지·증가된 경우, 매각대금 중 그로 인한 부분은 일종의 공익비용과 같이 보아 제3취득자가 경매대가에서 우선상환을 받을 수 있도록 한 것이므로 저당물에 관한 지상권, 전세권을 취득한 자만이 아니고 소유권을 취득한 자도 민법 제367조 소정의 제3취득자에 해당한다(대판 2004.10.15, 2004다36604).

9 저당권 침해에 대한 구제방법

(1) 저당권에 기한 물권적 청구권

> **제370조** 준용규정
>
> **제214조**, 제321조, 제333조, 제340조, 제341조 및 제342조의 규정은 저당권에 준용한다.

저당권자는 점유하지 않으므로 저당권에 기한 반환청구권은 인정되지 않더라도, 방해배제청구권, 방해예방청구권은 인정된다.

1. 공장저당권의 목적동산이 저당권자의 동의를 얻지 아니하고 설치된 공장으로부터 반출된 경우에는 저당권자는 점유권이 없기 때문에 설정자로부터 일탈한 저당목적물을 저당권자 자신에게 반환할 것을 청구할 수는 없지만, 저당목적물이 제3자에게 선의취득되지 아니하는 한 원래의 설치 장소에 원상회복할 것을 청구함은 저당권의 성질에 반하지 아니함은 물론 저당권자가 가지는 방해배제권의 당연한 행사에 해당한다(대판 1996.3.22, 95다55184).

2. 대지의 소유자가 나대지 상태에서 저당권을 설정한 다음 대지상에 건물을 신축하기 시작하였으나 피담보채무를 변제하지 못함으로써 저당권이 실행에 이르렀거나 실행이 예상되는 상황인데도 소유자 또는 제3자가 신축공사를 계속한다면 신축건물을 위한 법정지상권이 성립하지 않는다고 할지라도 경매절차에 의한 매수인으로서는 신축건물의 소유자로 하여금 이를 철거하게 하고 대지를 인도받기까지 별도의 비용과 시간을 들여야 하므로, 저당목적 대지상에 건물신축공사가 진행되고 있다면, 이는 경매절차에서 매수희망자를 감소시키거나 매각가격을 저감시켜 결국 저당권자가 지배하는 교환가치의 실현을 방해하거나 방해할 염려가 있는 사정에 해당한다(대판 2006.1.27, 2003다58454).

(2) 불법행위에 의한 손해배상청구권

① 저당권자는 저당권침해를 이유로 침해자에 대하여 불법행위에 의한 손해배상을 청구할 수 있다.

② 그러나 저당권의 침해가 있더라도 나머지 가치만으로도 채권의 완전한 만족을 얻을 수 있다면 손해배상청구권은 발생하지 않는다.

(3) 담보물보충청구권

> **제362조**　**저당물의 보충**
>
> 저당권설정자의 책임 있는 사유로 인하여 저당물의 가액이 현저히 감소된 때에는 저당권자는 저당권설정자에 대하여 그 원상회복 또는 상당한 담보제공을 청구할 수 있다.

(4) 즉시변제청구권

> **제388조**　**기한의 이익의 상실**
>
> 채무자는 다음 각 호의 경우에는 기한의 이익을 주장하지 못한다.
> 1. 채무자가 담보를 손상, 감소 또는 멸실하게 한 때
> 2. 채무자가 담보제공의 의무를 이행하지 아니한 때

10 저당권의 처분 및 소멸

(1) 저당권의 처분

> **제361조**　**저당권의 처분제한**
>
> 저당권은 그 담보한 채권과 분리하여 타인에게 양도하거나 다른 채권의 담보로 하지 못한다.

1. 저당권은 피담보채권과 분리하여 양도하지 못하는 것이어서 저당권부 채권의 양도는 언제나 저당권의 양도와 채권양도가 결합되어 행해지므로 저당권부 채권의 양도는 민법 제186조의 부동산물권변동에 관한 규정과 민법 제449조 내지 제452조의 채권양도에 관한 규정에 의해 규율되므로 저당권의 양도에 있어서도 물권변동의 일반원칙에 따라 저당권을 이전할 것을 목적으로 하는 물권적 합의와 등기가 있어야 저당권이 이전된다고 할 것이나, 이때의 물권적 합의는 저당권의 양도·양수받는 당사자 사이에 있으면 족하고 그 외에 그 채무자나 물상보증인 사이에까지 있어야 하는 것은 아니라 할 것이고, 단지 채무자에게 채권양도의 통지나 이에 대한 채무자의 승낙이 있으면 채권양도를 가지고 채무자에게 대항할 수 있게 되는 것이다(대판 2005.6.10, 2002다15412·15429).

2. 피담보채권을 저당권과 함께 양수한 자는 저당권이전의 부기등기를 마치고 저당권실행의 요건을 갖추고 있는 한 채권양도의 대항요건을 갖추고 있지 아니하더라도 경매신청을 할 수 있으며, 채무자는 경매절차의 이해관계인으로서 채권양도의 대항요건을 갖추지 못하였다는 사유를 들어 경매개시결정에 대한 이의나 즉시항고절차에서 다툴 수 있고, 이 경우는 신청채권자가 대항요건을 갖추었다는 사실을 증명하여야 할 것이나, 이러한 절차를 통하여 채권 및 근저당권의 양수인의 신청에 의하여 개시된 경매절차가 실효되지 아니한 이상 그 경매절차는 적법한 것이고, 또한 그 경매신청인은 양수채권의 변제를 받을 수도 있다(대판 2005.6.23, 2004다29279).

3. 담보권의 수반성이란 피담보채권의 처분이 있으면 언제나 담보권도 함께 처분된다는 것이 아니라 채권담보라고 하는 담보권 제도의 존재 목적에 비추어 볼 때 특별한 사정이 없는 한 피담보채권의 처분에는 담보권의 처분도 당연히 포함된다고 보는 것이 합리적이라는 것일 뿐이므로, 피담보채권의 처분이 있음에도 불구하고, 담보권의 처분이 따르지 않는 특별한 사정이 있는 경우에는 채권양수인은 담보권이 없는 무담보의 채권을 양수한 것이 되고 채권의 처분에 따르지 않은 담보권은 소멸한다(대판 2004.4.28, 2003다61542).

(2) 저당권의 소멸

제369조 **부종성**

저당권으로 담보한 채권이 시효의 완성 기타 사유로 인하여 소멸한 때에는 저당권도 소멸한다.

제371조 **지상권, 전세권을 목적으로 하는 저당권**

② 지상권 또는 전세권을 목적으로 저당권을 설정한 자는 저당권자의 동의 없이 지상권 또는 전세권을 소멸하게 하는 행위를 하지 못한다.

1. 근저당권이 설정된 후에 그 부동산의 소유권이 제3자에게 이전된 경우에는 현재의 소유자가 자신의 소유권에 기하여 피담보채무의 소멸을 원인으로 그 근저당권설정등기의 말소를 청구할 수 있음은 물론이지만, 근저당권설정자인 종전의 소유자도 근저당권설정계약의 당사자로서 근저당권 소멸에 따른 원상회복으로 근저당권자에게 근저당권설정등기의 말소를 구할 수 있는 계약상 권리가 있으므로 이러한 계약상 권리에 터 잡아 근저당권자에게 피담보채무의 소멸을 이유로 하여 그 근저당권설정등기의 말소를 청구할 수 있다고 봄이 상당하고, 목적물의 소유권을 상실하였다는 이유만으로 그러한 권리를 행사할 수 없다고 볼 것은 아니다(대판 1994.1.25, 93다16338).

2. 피담보채권이 소멸하면 저당권은 그 부종성에 의하여 당연히 소멸하게 되므로, <u>그 말소등기가 경료되기 전에 그 저당권부채권을 가압류하고 압류 및 전부명령을 받아 저당권 이전의 부기등기를 경료한 자</u> 할지라도, 그 가압류 이전에 그 저당권의 피담보채권이 소멸된 이상, 그 <u>근저당권을 취득할 수 없고</u>, 실체관계에 부합하지 않는 그 근저당권 설정등기를 말소할 의무를 부담한다(대판 2002.9.24, 2002다27910).

3. <u>피담보채권의 소멸로 저당권이 소멸하였는데도</u> 이를 간과하고 경매개시결정이 되고 그 경매절차가 진행되어 매각허가결정이 확정되었다면 이는 소멸한 저당권을 바탕으로 하여 이루어진 무효의 절차와 결정으로서 비록 매수인이 매각대금을 완납하였다고 하더라도 그 부동산의 소유권을 취득할 수 없다(대판 2012.1.12, 2011다68012).

🗗 근저당권

> **제357조** 근저당
>
> ① 저당권은 그 담보할 **채무의 최고액만을 정하고 채무의 확정을 장래에 보류**하여 이를 설정할 수 있다. 이 경우에는 그 확정될 때까지의 채무의 소멸 또는 이전은 저당권에 영향을 미치지 아니한다.
> ② 전항의 경우에는 채무의 이자는 최고액 중에 산입한 것으로 본다.

1 근저당권(根抵當權)의 의의

(1) '근저당권'이란 계속적 거래관계로부터 다수의 불특정채권을 장래의 일정 시기(결산기)에 일정한 한도까지 담보하기 위하여 설정되는 것으로서, 담보할 채무의 채권최고액만을 정하고, 채무의 확정을 장래에 보류하여 설정하는 저당권을 의미한다.

(2) 근저당권은 부종성이 완화된 모습으로, 증감·변동하는 장래의 불특정채권을 담보하기 때문에 중간에 피담보채권이 일시에 소멸되더라도 근저당권은 소멸하지 않고 채권이 다시 발생하면 근저당권도 동일성을 유지한 채 그 채권을 담보한다.

2 근저당권의 성립요건

(1) 근저당권설정계약

> 근저당권은 그 담보할 채무의 최고액만을 정하고, 채무의 확정을 장래에 보류하여 설정하는 저당권으로서(민법 제357조 제1항), 계속적인 거래관계로부터 발생하는 다수의 불특정채권을 장래의 결산기에서 일정한 한도까지 담보하기 위한 목적으로 설정되는 담보권이므로, 근저당권설정행위와는 별도로 근저당권의 피담보채권을 성립시키는 법률행위가 있어야 하고, 근저당권의 성립 당시 근저당권의 피담보채권을 성립시키는 법률행위가 있었는지 여부에 대한 입증책임은 그 존재를 주장하는 측에 있다(대판 2009.12.24, 2009다72070).

(2) 근저당권설정등기

> **부동산등기법 제75조** **저당권의 등기사항**
>
> ② 등기관은 제1항의 저당권의 내용이 근저당권(根抵當權)인 경우에는 제48조에서 규정한 사항 외에 다음 각 호의 사항을 기록하여야 한다. 다만, 제3호 및 제4호는 등기원인에 그 약정이 있는 경우에만 기록한다.
> 1. 채권의 최고액
> 2. 채무자의 성명 또는 명칭과 주소 또는 사무소 소재지
> 3. 「민법」 제358조 단서의 약정
> 4. 존속기간

① 채권최고액에 채권의 원본뿐만 아니라 이자 그리고 손해배상금까지 포함된다.
② 존속기간 등은 등기하지 않더라도 근저당권설정등기가 무효가 되는 것은 아니다.

3 피담보채권의 범위

(1) '채권최고액'이란 근저당권자가 목적물로부터 우선변제를 받을 수 있는 한도액을 의미한다. 따라서 확정된 피담보채권액이 채권최고액을 초과하더라도 최고액까지만 우선변제를 받을 수 있다. 그러나 이것이 근저당권자와 채무자 겸 근저당권설정자 사이에서도 채권최고액의 범위 내의 채권에 한하여서만 변제받을 수 있음을 의미하지 않는다.

(2) 근저당권의 효력이 미치는 피담보채권의 범위는 근저당권설정계약에 의하여 결정되지만, 정함이 없으면 민법 제360조가 적용된다. 따라서 채권최고액에는 원본, 이자, 위약금 그리고 채무불이행으로 인한 손해배상금까지 포함된다. 여기서 채무불이행으로 인한 손해배상금 즉 지연손해금은 1년분에 한하지 않고 전액 담보된다.

(3) 채권최고액에 근저당권의 실행비용은 포함되지 않는다.

1. 원래 저당권은 원본, 이자, 위약금, 채무불이행으로 인한 손해배상 및 저당권의 실행비용을 담보하는 것이며, 채권최고액의 정함이 있는 근저당권에 있어서 이러한 채권의 총액이 그 채권최고액을 초과하는 경우, 적어도 근저당권자와 채무자 겸 근저당권설정자와의 관계에 있어서는 위 채권 전액의 변제가 있을 때까지 근저당권의 효력은 채권최고액과는 관계없이 잔존채무에 여전히 미친다(대판 2001.10.12, 2000다59081).

2. 근저당권의 물상보증인은 민법 357조에서 말하는 채권의 최고액만을 변제하면 근저당권설정등기의 말소청구를 할 수 있고 채권최고액을 초과하는 부분의 채권액까지 변제할 의무가 있는 것이 아니다(대판 1974.12.10, 74다998).

3. 근저당부동산에 대하여 소유권을 취득한 제3자는 피담보채무가 확정된 이후에 그 확정된 피담보채무를 채권최고액의 범위 내에서 변제하고 근저당권의 소멸을 청구할 수 있다(대판 2002.5.24, 2002다7176).

4. 근저당부동산에 대하여 후순위근저당권을 취득한 자는 민법 제364조에서 정한 권리를 행사할 수 있는 제3취득자에 해당하지 아니하므로 이러한 후순위근저당권자가 선순위근저당권의 피담보채무가 확정된 이후에 그 확정된 피담보채무를 변제한 것은 민법 제469조의 규정에 의한 이해관계 있는 제3자의 변제로서 유효한 것인지 따져볼 수는 있을지언정 민법 제364조의 규정에 따라 선순위근저당권의 소멸을 청구할 수 있는 사유로는 삼을 수 없다(대판 2006.1.26, 2005다17341).

4 피담보채권의 확정

(1) '피담보채권의 확정'이란 근저당권의 기본계약이 존속하는 동안 증감·변동되다가 결산기의 도래 등 일정한 사유가 발생하면 피담보채권이 확정됨을 의미한다.

(2) 거래관계의 종료, 존속기간의 만료, 기본계약상의 결산기의 도래, 당사자의 합의 또는 기본계약의 해지 등에 의하여 피담보채권은 확정된다.

1. 피담보채무는 근저당권설정계약에서 근저당권의 존속기간을 정하거나 근저당권으로 담보되는 기본적인 거래계약에서 결산기를 정한 경우에는 원칙적으로 존속기간이나 결산기가 도래한 때에 확정되지만, 이 경우에도 근저당권에 의하여 담보되는 채권이 전부 소멸하고 채무자가 채권자로부터 새로이 금원을 차용하는 등 거래를 계속할 의사가 없는 경우에는, 그 존속기간 또는 결산기가 경과하기 전이라 하더라도 근저당권설정자는 계약을 해지하고 근저당권설정등기의 말소를 구할 수 있고, 한편 존속기간이나 결산기의 정함이 없는 때에는 근저당권의 피담보채무의 확정방법에 관한 다른 약정이 있으면 그에 따르되 이러한 약정이 없는 경우라면 근저당권설정자가 근저당권자를 상대로 언제든지 해지의 의사표시를 함으로써 피담보채무를 확정시킬 수 있다(대판 2002.5.24, 2002다7176).

2. 근저당권자가 피담보채무의 불이행을 이유로 경매신청을 한 경우에는 경매신청 시에 근
   저당 채무액이 확정되고, 그 이후부터 근저당권은 부종성을 가지게 되어 보통의 저당권과
   같은 취급을 받게 되는바, 위와 같이 경매신청을 하여 경매개시결정이 있은 후에 경매신
   청이 취하되었다고 하더라도 채무확정의 효과가 번복되는 것은 아니다(대판 2002.11.26,
   2001다73022).

3. 후순위 근저당권자가 경매를 신청한 경우 선순위 근저당권의 피담보채권은 그 근저당권이
   소멸하는 시기, 즉 경락인이 경락대금을 완납한 때에 확정된다고 보아야 한다(대판 1999.9.21,
   99다26085).

4. 공동근저당권자가 목적 부동산 중 일부 부동산에 대하여 제3자가 신청한 경매절차에 소
   극적으로 참가하여 우선배당을 받은 경우, 해당 부동산에 관한 근저당권의 피담보채권은
   그 근저당권이 소멸하는 시기, 즉 매수인이 매각대금을 지급한 때에 확정되지만, 나머지
   목적 부동산에 관한 근저당권의 피담보채권은 기본거래가 종료하거나 채무자나 물상보증
   인에 대하여 파산이 선고되는 등의 다른 확정사유가 발생하지 아니하는 한 확정되지 아니
   한다(대판 2017.9.21, 2015다50637).

5. 공동근저당권자가 스스로 근저당권을 실행하거나 타인에 의하여 개시된 경매 등의 환가
   절차를 통하여 공동담보의 목적 부동산 중 일부에 대한 환가대금 등으로부터 다른 권리자
   에 우선하여 피담보채권의 일부에 대하여 배당받은 경우에, 그와 같이 우선변제받은 금액
   에 관하여는 공동담보의 나머지 목적 부동산에 대한 경매 등의 환가절차에서 다시 공동근
   저당권자로서 우선변제권을 행사할 수 없다(대판 2017.12.21, 2013다16992 전합).

6. 근저당권자가 그 피담보채무의 불이행을 이유로 경매신청을 한 때에는 그 경매신청 시에
   근저당권은 확정되는 것이고 근저당권이 확정되면 그 이후에 발생하는 원금채권은 그 근
   저당권에 의하여 담보되지 않는다(대판 1989.11.28, 89다카15601).

7. 근저당권자의 경매신청 등의 사유로 인하여 근저당권의 피담보채권이 확정되었을 경우,
   확정 이후에 새로운 거래관계에서 발생한 원본채권은 그 근저당권에 의하여 담보되지 아니
   하지만, 확정 전에 발생한 원본채권에 관하여 확정 후에 발생하는 이자나 지연손해금 채권은
   채권최고액의 범위 내에서 근저당권에 의하여 여전히 담보되는 것이다(대판 2007.4.26,
   2005다38300).

5 근저당권의 변경

근저당권은 당사자 사이의 계속적인 거래관계로부터 발생하는 불특정채권을 어느 시기에 계산하여 잔존하는 채무를 일정한 한도액 범위 내에서 담보하는 저당권으로서 보통의 저당권과 달리 발생 및 소멸에 있어 피담보채무에 대한 부종성이 완화되어 있는 관계로 피담보채무가 확정되기 이전이라면 채무의 범위나 또는 채무자를 변경할 수 있는 것이고, 채무의 범위나 채무자가 변경된 경우에는 당연히 변경 후의 범위에 속하는 채권이나 채무자에 대한 채권만이 당해 근저당권에 의하여 담보되고, 변경 전의 범위에 속하는 채권이나 채무자에 대한 채권은 그 근저당권에 의하여 담보되는 채무의 범위에서 제외된다(대판 1999.5.14, 97다15777 · 15784).

공동저당

제368조 공동저당과 대가의 배당, 차순위자의 대위

① 동일한 채권의 담보로 수개의 부동산에 저당권을 설정한 경우에 그 부동산의 경매대가를 동시에 배당하는 때에는 각부동산의 경매대가에 비례하여 그 채권의 분담을 정한다.
② 전항의 저당부동산 중 일부의 경매대가를 먼저 배당하는 경우에는 그 대가에서 그 채권전부의 변제를 받을 수 있다. 이 경우에 그 경매한 부동산의 차순위저당권자는 선순위저당권자가 전항의 규정에 의하여 다른 부동산의 경매대가에서 변제를 받을 수 있는 금액의 한도에서 선순위자를 대위하여 저당권을 행사할 수 있다.

1 공동저당의 의의

'공동저당(共同抵當)'이란 동일한 채권을 담보하기 위하여 수개의 부동산 위에 저당권을 설정하는 것을 의미한다.

2 공동저당의 성립요건

(1) 동일한 채권의 담보로써 여러 개의 부동산 위에 저당권을 설정하는 공동저당설정계약과 각 부동산별로 저당권설정등기를 하여야 한다.
(2) 이 경우 등기관이 동일한 채권에 관하여 여러 개의 부동산에 관한 권리를 목적으로 하는 저당권설정의 등기를 할 때에는 각 부동산의 등기기록에 그 부동산에 관한 권리가 다른 부동산에 관한

권리와 함께 저당권의 목적으로 제공된 뜻을 기록하여야 한다(공동저당관계의 등기, 부동산등기법 제78조 제1항).

> 부동산등기법 규정에 의한 공동담보등기의 신청이 있는 경우 각 부동산에 관한 권리에 대하여 등기를 하는 때에는 그 부동산의 등기용지 중 해당 구 사항란에 다른 부동산에 관한 권리의 표시를 하고 그 권리가 함께 담보의 목적이라는 뜻을 기재하도록 규정하고 있지만, 이는 공동저당권의 목적물이 수 개의 부동산에 관한 권리인 경우에 한하여 적용되는 등기절차에 관한 규정일 뿐만 아니라, 수 개의 저당권이 피담보채권의 동일성에 의하여 서로 결속되어 있다는 취지를 공시함으로써 권리관계를 명확히 하기 위한 것에 불과하므로, 이와 같은 공동저당관계의 등기를 공동저당권의 성립요건이나 대항요건이라고 할 수 없다. 따라서 근저당권설정자와 근저당권자 사이에서 동일한 기본계약에 기하여 발생한 채권을 중첩적으로 담보하기 위하여 수 개의 근저당권을 설정하기로 합의하고 이에 따라 수 개의 근저당권설정등기를 마친 때에는 부동산등기법 제149조에 따라 공동근저당관계의 등기를 마쳤는지 여부와 관계없이 그 수 개의 근저당권 사이에는 각 채권최고액이 동일한 범위 내에서 공동근저당관계가 성립한다(대판 2010.12.23, 2008다57746).

3 공동저당의 효력

(1) 공동저당권자가 공동저당물중 일부만에 대하여 저당권을 실행하는 것은 저당권자의 권리에 속하는 것으로 권리남용에 해당하지 아니하는 한 정당하다고 할 것이므로 공동저당물인 토지와 건물 전부에 대하여 경매절차를 진행하던 중 건물에 대한 경매신청을 취하하고 토지에 대해서만 경매를 실행하여 토지 소유자가 그에 대한 소유권을 상실하였다고 하더라도 불법행위가 된다고 할 수 없다(대판 1983.3.22, 81다43).

(2) 동시배당의 경우(원칙 – 경매대가에서 비례)

> 1. 민법 제368조는 공동저당의 목적인 여러 개의 부동산이 동시에 경매된 경우에 공동저당권자로서는 어느 부동산의 경매대가로부터 배당받든 우선변제권이 충족되기만 하면 되지만, 각 부동산의 소유자나 차순위저당권자 기타의 채권자에게는 어느 부동산의 경매대가가 공동저당권자에게 배당되는가에 대하여 중대한 이해관계를 가지게 되므로, 같은 조 제1항은 여러 부동산의 매각대금이 동일한 배당절차에서 배당되는 이른바 동시배당(동시배당)의 경우에 공동저당권자의 실행선택권과 우선변제권을 침해하지 않는 범위 내에서 각 부동산의 책임을 안분시킴으로써 각 부동산상의 소유자와 차순위저당권자 기타의 채권자의 이해관계를 조절하고자 하는 것이고, 같은 조 제2항의 대위제도는 동시배당이 아닌 공동저당 부동산 중 일부의 경매 대가를 먼저 배당하는 경우, 이른바 이시배당의 경우에도 최종적인 배당의 결과가 동시배당의 경우와 같게 하기 위한 것으로서 공동저당권자의 실행

선택권 행사로 인하여 불이익을 입은 차순위저당권자를 보호하기 위한 규정이다(대판 2006.5.26, 2003다18401).

2. 주택임대차보호법 제8조에 규정된 소액보증금반환청구권은 임차목적 주택에 대하여 저당권에 의하여 담보된 채권, 조세 등에 우선하여 변제받을 수 있는 이른바 법정담보물권으로서, 주택임차인이 대지와 건물 모두로부터 배당을 받는 경우에는 마치 그 대지와 건물 전부에 대한 공동저당권자와 유사한 지위에 서게 되므로 대지와 건물이 동시에 매각되어 주택임차인에게 그 경매대가를 동시에 배당하는 때에는 민법 제368조 제1항을 유추적용하여 대지와 건물의 경매대가에 비례하여 그 채권의 분담을 정하여야 한다(대판 2003.9.5, 2001다66291).

3. 공동저당권이 설정되어 있는 수개의 부동산 중 일부는 채무자 소유이고 일부는 물상보증인의 소유인 경우 위 각 부동산의 경매대가를 동시에 배당하는 때에는, 물상보증인이 민법 제481조, 제482조의 규정에 의한 변제자대위에 의하여 채무자 소유 부동산에 대하여 담보권을 행사할 수 있는 지위에 있는 점 등을 고려할 때, "동일한 채권의 담보로 수개의 부동산에 저당권을 설정한 경우에 그 부동산의 경매대가를 동시에 배당하는 때에는 각 부동산의 경매대가에 비례하여 그 채권의 분담을 정한다"고 규정하고 있는 민법 제368조 제1항은 적용되지 아니한다고 봄이 상당하다. 따라서 이러한 경우 경매법원으로서는 채무자 소유 부동산의 경매대가에서 공동저당권자에게 우선적으로 배당을 하고, 부족분이 있는 경우에 한하여 물상보증인 소유 부동산의 경매대가에서 추가로 배당을 하여야 한다(대판 2010.4.15, 2008다41475).

(3) 이시배당

① 공동저당권의 목적물 중 일부에 대해 경매를 하여 그 대가를 배당하는 경우 공동저당권자는 그 대가에서 채권 전부의 변제를 받을 수 있다.

② 이시배당의 경우 먼저 경매된 부동산의 차순위 저당권자는 공동저당권자가 동시배당에 의하여 다른 부동산의 경매대가에서 변제를 받을 수 있는 금액의 한도에서 공동저당권자를 대위하여 저당권을 행사할 수 있다. 이것을 '후순위 저당권자의 대위'라고 하며 이는 법률의 규정에 의한 저당권의 이전이므로 등기를 요하지 아니한다.

1. 공동저당의 목적인 채무자 소유의 부동산과 물상보증인 소유의 부동산 중 채무자 소유의 부동산에 대하여 먼저 경매가 이루어져 그 경매대금의 교부에 의하여 1번 공동저당권자가 변제를 받더라도 채무자 소유의 부동산에 대한 후순위 저당권자는 민법 제368조 제2항 후단에 의하여 1번 공동저당권자를 대위하여 물상보증인 소유의 부동산에 대하여 저당권을 행사할 수 없다. 그리고 이러한 법리는 채무자 소유의 부동산에 후순위 저당권이 설정된 후에 물상보증인 소유의 부동산이 추가로 공동저당의 목적으로 된 경우에도 마찬가지로 적용된다(대판 2014.1.23, 2013다207996).

2. 공동저당의 목적인 채무자 소유의 부동산과 물상보증인 소유의 부동산에 각각 채권자를 달리하는 후순위저당권이 설정되어 있는 경우, <u>물상보증인 소유의 부동산에 대하여 먼저 경매가 이루어져</u> 그 경매대금의 교부에 의하여 1번저당권자가 변제를 받은 때에는 물상보증인은 채무자에 대하여 구상권을 취득함과 동시에, 민법 제481조, 제482조의 규정에 의한 변제자대위에 의하여 채무자 소유의 부동산에 대한 1번저당권을 취득하고, 이러한 경우 물상보증인 소유의 부동산에 대한 후순위저당권자는 물상보증인에게 이전한 1번저당권으로부터 우선하여 변제를 받을 수 있으며, 물상보증인이 수인인 경우에도 마찬가지라 할 것이므로(이 경우 물상보증인들 사이의 변제자대위의 관계는 민법 제482조 제2항 제4호, 제3호에 의하여 규율될 것이다), 자기 소유의 부동산이 먼저 경매되어 1번저당권자에게 대위변제를 한 물상보증인은 1번저당권을 대위취득하고, <u>그 물상보증인 소유의 부동산의 후순위저당권자는 1번저당권에 대하여 물상대위를 할 수 있다</u>(대판 1994.5.10, 93다25417).

3. <u>동일한 채권의 담보로 부동산과 선박에 대하여 저당권이 설정된 경우에는 민법 제368조 제2항 후문의 규정이 적용 또는 유추적용되지 아니하므로</u> 동일한 채권을 담보하기 위하여 부동산과 선박에 선순위 저당권이 설정된 후 선박에 대하여서만 후순위 저당권이 설정된 경우 먼저 선박에 대하여 담보권 실행절차가 진행되어 선순위 저당권자가 선박에 대한 경매대가에서 피담보채권 전액을 배당받음으로써 선박에 대한 후순위 저당권자가 부동산과 선박에 대한 담보권 실행절차가 함께 진행되어 동시에 배당을 하였더라면 받을 수 있었던 금액보다 적은 금액만을 배당받게 되었다고 하더라도 선박에 대한 후순위 저당권자는 민법 제368조 제2항 후문의 규정에 따라 부동산에 대한 선순위 저당권자의 저당권을 대위할 수 없다(대판 2002.7.12, 2001다53264).

CHAPTER 10 명의신탁

🔲 부동산 실권리자명의 등기에 관한 법률

1 제정목적

제1조 목적

이 법은 부동산에 관한 소유권과 그 밖의 물권을 실체적 권리관계와 일치하도록 실권리자 명의(名義)로 등기하게 함으로써 부동산등기제도를 악용한 투기·탈세·탈법행위 등 반사회적 행위를 방지하고 부동산 거래의 정상화와 부동산 가격의 안정을 도모하여 국민경제의 건전한 발전에 이바지함을 목적으로 한다.

2 적용범위

제2조 정의

이 법에서 사용하는 용어의 뜻은 다음과 같다.
1. "명의신탁약정"(名義信託約定)이란 부동산에 관한 소유권이나 그 밖의 물권(이하 "부동산에 관한 물권"이라 한다)을 보유한 자 또는 사실상 취득하거나 취득하려고 하는 자[이하 "실권리자"(實權利者)라 한다]가 타인과의 사이에서 대내적으로는 실권리자가 부동산에 관한 물권을 보유하거나 보유하기로 하고 그에 관한 등기(가등기를 포함한다. 이하 같다)는 그 타인의 명의로 하기로 하는 약정[위임·위탁매매의 형식에 의하거나 추인(追認)에 의한 경우를 포함한다]을 말한다. 다만, 다음 각 목의 경우는 제외한다.
   가. 채무의 변제를 담보하기 위하여 채권자가 부동산에 관한 물권을 이전(移轉)받거나 가등기하는 경우
   나. 부동산의 위치와 면적을 특정하여 2인 이상이 구분소유하기로 하는 약정을 하고 그 구분소유자의 공유로 등기하는 경우
   다. 「신탁법」 또는 「자본시장과 금융투자업에 관한 법률」에 따른 신탁재산인 사실을 등기한 경우
2. "명의신탁자"(名義信託者)란 명의신탁약정에 따라 자신의 부동산에 관한 물권을 타인의 명의로 등기하게 하는 실권리자를 말한다.
3. "명의수탁자"(名義受託者)란 명의신탁약정에 따라 실권리자의 부동산에 관한 물권을 자신의 명의로 등기하는 자를 말한다.

4. "실명등기"(實名登記)란 법률 제4944호 부동산 실권리자명의 등기에 관한 법률 시행 전에 명의신탁약정에 따라 명의수탁자의 명의로 등기된 부동산에 관한 물권을 법률 제4944호 부동산 실권리자명의 등기에 관한 법률 시행일 이후 명의신탁자의 명의로 등기하는 것을 말한다.

(1) 적용되는 경우

① 부동산에 관한 소유권 이외의 물권에도 적용되므로, 지상권, 전세권 저당권 등도 타인에게 명의신탁을 하는 것이 금지된다.

② 본등기 외에 가등기에도 적용되므로 가등기의 명의신탁도 금지된다.

③ 위임·위탁매매의 형식에 의하거나 추인에 의한 경우에도 적용되므로 이러한 형식의 명의신탁도 금지된다.

(2) 적용되지 않는 경우

① 채무의 변제를 담보하기 위하여 채권자가 부동산에 관한 물권을 이전(移轉)받거나 가등기하는 경우(=양도담보 및 가등기담보)

② 부동산의 위치와 면적을 특정하여 2인 이상이 구분소유하기로 하는 약정을 하고 그 구분소유자의 공유로 등기하는 경우(=상호명의신탁)

③ 「신탁법」 또는 「자본시장과 금융투자업에 관한 법률」에 따른 신탁재산인 사실을 등기한 경우

제8조   종중, 배우자 및 종교단체에 대한 특례

다음 각 호의 어느 하나에 해당하는 경우로서 조세 포탈, 강제집행의 면탈(免脫) 또는 법령상 제한의 회피를 목적으로 하지 아니하는 경우에는 제4조부터 제7조까지 및 제12조 제1항부터 제3항까지를 적용하지 아니한다.

1. 종중(宗中)이 보유한 부동산에 관한 물권을 종중(종중과 그 대표자를 같이 표시하여 등기한 경우를 포함한다) 외의 자의 명의로 등기한 경우

2. 배우자 명의로 부동산에 관한 물권을 등기한 경우

3. 종교단체의 명의로 그 산하 조직이 보유한 부동산에 관한 물권을 등기한 경우

1. 부동산 실권리자명의 등기에 관한 법률(이하 '부동산실명법'이라 한다) 규정의 문언, 내용, 체계와 입법 목적 등을 종합하면, 부동산실명법을 위반하여 무효인 명의신탁약정에 따라 명의수탁자 명의로 등기를 하였다는 이유만으로 그것이 당연히 불법원인급여에 해당한다고 단정할 수는 없다. 이는 농지법에 따른 제한을 회피하고자 명의신탁을 한 경우에도 마찬가지이다(대판 2019.6.20, 2013다218156 전합).

2. 명의신탁관계가 성립하기 위하여 명의수탁자 앞으로 새로운 소유권이전등기가 행하여지는 것이 반드시 필요한 것은 아니라 할 것이므로, 부동산 소유자가 그 소유하는 부동산의 전부 또는 일부 지분에 관하여 제3자(명의신탁자)를 위하여 '대외적으로만' 보유하는 관계에 관한 약정(명의신탁약정)을 하는 경우에도 '부동산 실권리자명의 등기에 관한 법률'에서 정하는 명의신탁관계가 성립할 수 있다(대판 2010.2.11, 2008다16899).

3. 부동산 실권리자명의 등기에 관한 법률(이하 '부동산실명법'이라 한다) 제8조 제1호에 의하면 종중이 보유한 부동산에 관한 물권을 종중 이외의 자의 명의로 등기하는 명의신탁의 경우 조세포탈, 강제집행의 면탈 또는 법령상 제한의 회피를 목적으로 하지 아니하는 경우에는 같은 법 제4조 내지 제7조 및 제12조 제1항·제2항의 규정의 적용이 배제되도록 되어 있는바, 부동산실명법의 제정목적, 위 조항에 의한 특례의 인정취지, 다른 비법인 사단과의 형평성 등을 고려할 때 위 조항에서 말하는 종중은 고유의 의미의 종중만을 가리키고, 종중 유사의 비법인 사단은 포함하지 않는 것으로 봄이 상당하다(대판 2007.10.25, 2006다14165).

4. 부동산 실권리자명의 등기에 관한 법률 제8조 제2호에서는 배우자 명의로 부동산에 관한 물권을 등기한 경우로서 조세포탈, 강제집행의 면탈 또는 법령상 제한의 회피를 목적으로 하지 아니하는 경우에는 그 명의신탁약정과 그 약정에 기하여 행하여진 물권변동을 무효로 보는 위 법률 제4조 등을 적용하지 않는다고 규정하고 있는바, 어떠한 명의신탁등기가 위 법률에 따라 무효가 되었다고 할지라도 그 후 신탁자와 수탁자가 혼인하여 그 등기의 명의자가 배우자로 된 경우에는 조세포탈, 강제집행의 면탈 또는 법령상 제한의 회피를 목적으로 하지 아니하는 한 이 경우에도 위 법률 제8조 제2호의 특례를 적용하여 그 명의신탁등기는 당사자가 혼인한 때로부터 유효하게 된다고 보아야 한다(대판 2002.10.25, 2002다23840).

5. 부동산에 관하여 부부간의 명의신탁 약정에 따른 등기가 있는 경우 그것이 조세 포탈 등을 목적으로 한 것이라는 점은 예외에 속한다. 따라서 이러한 목적이 있다는 이유로 등기가 무효라는 점은 이를 주장하는 자가 증명하여야 한다(대판 2017.12.5, 2015다240645).

3 명의신탁약정의 효력

> **제4조** 명의신탁약정의 효력
>
> ① 명의신탁약정은 **무효**로 한다.
> ② 명의신탁약정에 따른 등기로 이루어진 부동산에 관한 물권변동은 무효로 한다. 다만, 부동산에 관한 물권을 취득하기 위한 계약에서 명의수탁자가 어느 한쪽 당사자가 되고 상대방 당사자는 명의신탁약정이 있다는 사실을 알지 못한 경우에는 그러하지 아니하다.
> ③ 제1항 및 제2항의 무효는 **제3자에게 대항하지 못한다.**

(1) 명의신탁약정은 무효이고, 그에 기초한 부동산에 관한 물권변동도 무효이므로, 수탁자 명의의 등기는 원인무효의 등기가 된다.

(2) 「부동산 실권리자명의 등기에 관한 법률」(이하 '부동산실명법') 제4조 제3항에 의하면 명의신탁약정 및 이에 따른 등기로 이루어진 부동산에 관한 물권변동의 무효는 제3자에게 대항하지 못하는데, 여기서 '제3자'는 명의신탁약정의 당사자 및 포괄승계인 이외의 자로서 명의수탁자가 물권자임을 기초로 그와 사이에 직접 새로운 이해관계를 맺은 사람으로서 소유권이나 저당권 등 물권을 취득한 자뿐만 아니라 압류 또는 가압류채권자도 포함하고 그의 선의·악의를 묻지 않는다(대판 2013.3.14, 2012다107068).

(3) 부동산 실권리자명의 등기에 관한 법률 제4조 제3항에 정한 '제3자'는 명의수탁자가 물권자임을 기초로 그와 새로운 이해관계를 맺은 사람을 말하고, 이와 달리 오로지 명의신탁자와 부동산에 관한 물권을 취득하기 위한 계약을 맺고 단지 등기명의만을 명의수탁자로부터 경료받은 것 같은 외관을 갖춘 자는 위 조항의 제3자에 해당하지 아니하므로, 같은 조항을 들어 무효인 명의신탁 등기에 터 잡아 경료된 자신의 등기의 유효를 주장할 수는 없으나, 이러한 자도 자신의 등기가 실체관계에 부합하는 등기로서 유효하다는 주장은 할 수 있다(대판 2008.12.11, 2008다45187).

(4) 명의수탁자의 일반채권자는 제3자에 해당한다고 볼 수 없다.

4 양자간 명의신탁

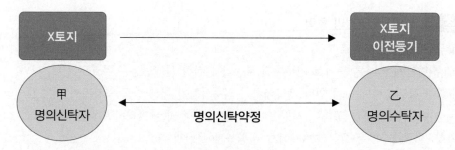

(1) 명의신탁자와 명의수탁자 간의 명의신탁약정은 무효이다.

① 명의수탁자 명의의 등기는 **무효**이고, 명의신탁자가 소유자이다.

② 신탁자는 **명의신탁 해지**에 의한 소유권이전등기를 청구할 수 **없다.**

③ 다만 신탁자는 수탁자를 상대로 **소유권에 기한 방해배제청구권**을 행사하여 수탁자 명의의
등기의 말소를 구할 수 있고, **진정명의회복을 원인**으로 한 소유권이전등기를 구할 수 **있다**.

(2) 명의수탁자가 제3자에게 처분한 경우

① 제3자는 선의, 악의를 불문하고 소유권을 취득한다.

② '제3자'란 명의수탁자가 물권자임을 기초로 하여 그와의 사이에 직접 실질적으로 새로운 이
해관계를 맺은 자를 말하며, '소유권'이나 '저당권' 등 물권을 취득한 자뿐만 아니라 '압류 또
는 가압류채권자'도 포함된다.

③ 다만 오로지 '명의신탁자'와 부동산에 관한 물권을 취득하기 위한 계약을 맺고 단지 등기명의
만을 명의수탁자로부터 경료받은 것 같은 외관을 갖춘 자는 제3자에 포함되지 않는다.

④ 제3자가 유효하게 소유권을 취득한 경우 명의수탁자는 명의신탁자에게 불법행위로 인한 손
해배상책임을 진다.

⑤ 양자간 등기명의신탁에서 명의수탁자가 신탁부동산을 처분하여 제3자가 유효하게 소유권을
취득하고 이로써 명의신탁자가 신탁부동산에 대한 소유권을 상실하였다면, 명의신탁자의 소
유권에 기한 물권적 청구권, 즉 말소등기청구권이나 진정명의회복을 원인으로 한 이전등기
청구권도 더 이상 그 존재 자체가 인정되지 않는다. 따라서 명의수탁자가 우연히 신탁부동산
의 소유권을 다시 취득하였다고 하더라도 명의신탁자가 신탁부동산의 소유권을 상실한 사실
에는 변함이 없으므로, 여전히 물권적 청구권은 그 존재 자체가 인정되지 않는다.

⑥ 부동산실명법을 위반한 양자간 명의신탁의 경우 명의수탁자가 신탁받은 부동산을 임의로 처분
하여도 명의신탁자에 대한 관계에서 횡령죄가 성립하지 아니한다.

이러한 법리는 부동산 명의신탁이 부동산실명법 시행 전에 이루어졌고 같은 법이 정한 유예기간
이내에 실명등기를 하지 아니함으로써 그 명의신탁약정 및 이에 따라 행하여진 등기에 의한 물
권변동이 무효로 된 후에 처분행위가 이루어진 경우에도 마찬가지로 적용된다.

5 3자간 명의신탁약정

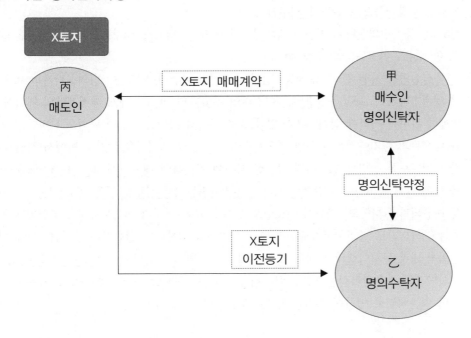

(1) 명의신탁자 와 명의수탁자 사이의 **명의신탁약정**은 **무효**이다.

(2) 매도인에게서 명의수탁자에게로의 '**소유권이전등기**'는 **무효**이다. 따라서 여전히 **매도인이 소유자**이므로 명의수탁자를 상대로 소유권이전등기의 말소를 청구할 수 있다.

(3) 매도인과 명의신탁자 사이의 법률관계

① 매도인과 명의신탁자 사이의 **매매계약**은 **유효**하다.

② 따라서 **명의신탁자**는 매도인에 대하여 매매계약에 기한 소유권이전등기를 청구할 수 있고, 그 소유권이전등기청구권을 보전하기 위하여 <u>매도인을 대위</u>하여 명의수탁자에게 무효인 그 명의 등기의 말소를 구할 수도 있다.

③ 또한 **명의수탁자가** 명의신탁자 앞으로 바로 경료해 준 소유권이전등기는 결국 '실체관계에 부합하는 등기'로서 <u>유효</u>하다.

(4) 명의수탁자가 제3자에 처분한 경우

① 명의수탁자가 그 신탁재산을 제3자에게 처분하면 그 처분행위는 **제3자의 선의, 악의를 불문**하고 유효하다.

② 3자간 등기명의신탁에서 부동산실명법에서 정한 유예기간이 경과한 후 명의수탁자가 신탁부동산을 임의로 처분한 경우, 제3자는 유효하게 소유권을 취득하게 되므로, 그로 인하여 매도인의 명의신탁자에 대한 소유권이전등기의무는 이행불능으로 되고 그 결과 명의신탁자는 신탁부동산의 소유권을 이전받을 권리를 상실하는 손해를 입게 되는 반면, 명의수탁자는

신탁부동산의 처분대금을 취득하는 이익을 얻게 되므로, <u>명의수탁자는 명의신탁자</u>에게 그 이익을 **부당이득으로 반환할 의무**가 있다.

③ 제3자간 등기명의신탁에 있어서 명의신탁자는 명의수탁자를 상대로 부당이득반환을 원인으로 한 소유권이전등기를 구할 수 없다.

④ <u>(부동산실명법 시행 전)</u> 부동산실명법이 시행되기 이전에 매도인이 명의신탁자의 요구에 따라 명의수탁자 앞으로 등기명의를 이전하여 주었다면, 매도인에게 매매계약의 체결이나 그 이행에 관하여 어떠한 귀책사유가 있다고 보기 어려우므로, 자신의 편의를 위하여 명의수탁자 앞으로의 등기이전을 요구한 명의신탁자가 자신의 귀책사유로 같은 법에서 정한 유예기간이 지나도록 실명등기를 하지 아니한 사정에 기인하여 <u>매도인에 대하여 매매대금의 반환을 구하거나, 명의신탁자 앞으로 재차 소유권이전등기를 경료할 것을 요구하는 것은 **신의칙상 허용되지 아니하고**,</u> 따라서 매도인으로서는 명의수탁자가 신탁부동상을 타인에게 처분하였다고 하더라도 명의수탁자로부터 그 소유명의를 회복하기 전까지는 명의신탁자에 대하여 신의칙 내지 동시이행의 관계에 있는 <u>매매대금 반환채무의 이행을 거절할 수 있고</u>, 또한 명의신탁자의 소유권이전등기청구권도 허용되지 아니하므로, 결국 매도인으로서는 명의수탁자의 처분행위로 인하여 손해를 입은 바가 없다.

6 계약형 명의신탁

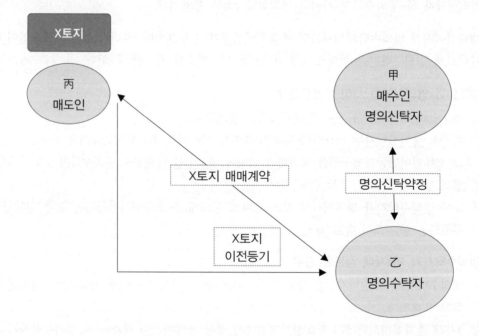

(1) 매도인이 '선의'인 경우

① 매도인과 명의수탁자 사이의 법률관계

매도인과 명의수탁자 사이의 **매매계약**과 **물권변동(등기)**는 유효하다. 따라서 명의수탁자가 신탁재산에 대한 소유권을 유효하게 취득한다.

② 매도인과 명의신탁자 사이의 법률관계

매도인과 명의신탁자 사이에는 아무런 법률관계가 존재하지 않는다.

③ 명의신탁자와 명의수탁자 사이의 법률관계

㉠ 명의신탁자와 명의수탁자 사이의 **위임계약** 및 **명의신탁약정**은 **무효**이다.

㉡ 무효인 명의신탁약정에 기하여 명의신탁자는 **명의수탁자에게 명의신탁해지를 원인**으로 소유권이전등기청구를 할 수 없다.

㉢ **부동산실명법 시행 전**에 명의신탁한 경우 명의신탁자는 명의수탁자에게 <u>부당이득반환청구로 소유권이전등기</u>를 청구할 수 있었지만, **부동산실명법 시행 후**에 명의신탁한 경우 명의신탁자는 명의수탁자에게 부당이득반환청구로 소유권이전등기를 청구할 수 없으며, **매수대금**을 부당이득으로 반환청구할 수 있다.

㉣ 명의신탁자가 명의수탁자에 대하여 가지는 소유권이전등기청구권은 일종의 '부당이득반환청구권'으로서 10년의 기간이 경과함으로써 시효로 인하여 소멸한다.

㉤ 매매대금반환의 범위는 '**매수자금 상당액**'이며, 이때 명의수탁자가 소유권이전등기를 위하여 지출하여야 할 '취득세, 등록세' 등을 명의신탁자로부터 제공받았다면, 이러한 자금 역시 명의신탁자에게 부당이득으로 반환하여야 한다. 그러나 명의수탁자가 그 부동산을 '제3자에게 매도하여 받은 대금'은 명의신탁자에 대하여 부당이득이 되는 것은 아니다.

㉥ 계약명의신탁관계가 성립한 경우, 명의신탁자의 요구에 따라 <u>부동산의 소유 명의를 이전하거나 그 처분대금을 반환하기로</u> **약정**하였다 하더라도, 이는 부동산실명법에 의하여 무효인 명의신탁약정을 전제로 명의신탁 부동산 자체 또는 그 처분대금의 반환을 구하는 범주에 속하는 것이어서 **역시 무효**이므로 이 약정에 의한 청구 역시 부정된다.

㉦ 명의신탁자와 명의수탁자가 위와 같이 무효인 명의신탁약정을 함과 아울러 그 약정을 전제로 하여 이에 기한 명의신탁자의 명의수탁자에 대한 소유권이전등기청구권을 확보하기 위하여 <u>명의신탁 부동산에 명의신탁자 명의의 가등기</u>를 마치고 향후 명의신탁자가 요구하는 경우 본등기를 마쳐 주기로 약정하였더라도, 그 **가등기는 원인무효**이다.

㉧ 설령 명의신탁자가 명의신탁약정과는 <u>별개의 적법한 원인에 기하여</u> 명의수탁자에 대하여 소유권이전등기청구권을 가지게 되었다 하더라도, 이를 보전하기 위하여 자신의 명의가 아닌 '**제3자 명의로 가등기**'를 마친 경우 위 가등기는 명의신탁자와 그 제3자 사이의 '명의신탁약정'에 기하여 마쳐진 것으로서 그 약정의 무효로 말미암아 <u>무효</u>이다.

㉨ 명의수탁자가 명의수탁자의 완전한 소유권 취득을 전제로 하여 사후적으로 명의신탁자와의 사이에 매수자금반환의무의 이행에 갈음하여 명의신탁된 부동산 자체를 양도하기로 합의하고 그에 기하여 명의신탁자 앞으로 소유권이전등기를 마쳐준 경우에는 (**원칙적**

으로) 그 소유권이전등기는 새로운 소유권 이전의 원인인 '대물급부의 약정'에 기한 것이 므로 유효하다. 다만 (예외적으로) 약정이 무효인 명의신탁약정을 명의신탁자를 위하여 사후에 보완하는 방책에 불과한 등의 다른 특별한 사정이 있으면 무효이다.

④ 명의수탁자가 제3자에게 매수부동산을 처분한 경우

ㄱ 제3자는 선의, 악의를 불문하고 소유권을 취득한다.

ㄴ 계약형 명의신탁에서 매도인이 선의인 경우, **명의신탁자**의 명의수탁자에 대한 **부당이득 반환청구권(매수자금 상당액)**은 부동산 자체로부터 발생한 채권이 아닐 뿐만 아니라 소유권 등에 기한 부동산의 반환청구권과 동일한 법률관계나 사실관계로부터 발생한 채권이라고 보기도 어려우므로 **유치권을 행사할 수 없다**(즉 명의신탁자의 명의수탁자에 대한 부당이득반환청구권에 기하여 제3자에게 유치권을 행사할 수 없다).

ㄷ 명의신탁자가 목적부동산을 점유하면서 **유익비**를 지출한 경우, **유익비상환청구권**에 기하여 제3자에게 **유치권을 행사할 수 있다**.

ㄹ 계약명의신탁에서 명의신탁자와 명의수탁자 및 제3자 사이의 새로운 명의신탁약정에 의하여 명의수탁자가 다시 명의신탁자가 지정하는 제3자 앞으로 소유권이전등기를 마쳐 주었다면, 제3자 명의의 소유권이전등기는 무효이므로, 제3자는 소유권을 취득할 수 없다.

ㅁ 부동산경매절차에서 甲이 매수자금을 부담하면서 乙 명의로 매각허가결정을 받기로 乙과 약정하였고, 그 약정에 따라 매각이 이루어졌다면, 甲과 乙 사이에는 경매 목적 부동산에 대한 명의신탁관계가 성립되었다 할 것이고, 당사자들의 명의신탁약정은 '부동산 실권리자명의 등기에 관한 법률' 제4조 제1항에 의하여 무효라 할 것이며, 따라서 甲은 乙에게 경매 목적 부동산 자체나 그 처분대금의 반환을 청구할 수 없고, 다만 甲이 제공한 매수대금을 부당이득으로 청구할 수 있을 뿐이다. 한편 부동산 경매절차에서 매수대금의 실질적 부담자와 명의인 간에 명의신탁관계가 성립하는 경우, 그들 사이에 매수대금의 실질적 부담자의 지시에 따라 부동산의 소유 명의를 이전하거나 그 처분대금을 반환하기로 약정하였다 하더라도, 이는 '부동산 실권리자명의 등기에 관한 법률'에 의하여 무효인 명의신탁약정을 전제로 명의신탁 부동산 자체 또는 그 처분대금의 반환을 구하는 범주에 속하는 것이어서 역시 무효이다.

ㅂ 부동산 실권리자명의 등기에 관한 법률 제4조 제2항 단서는 부동산 거래의 상대방을 보호하기 위한 것으로 상대방이 명의신탁약정이 있다는 사실을 알지 못한 채 물권을 취득하기 위한 계약을 체결한 경우 그 계약과 그에 따른 등기를 유효라고 한 것이다. 명의신탁자와 명의수탁자가 계약명의신탁약정을 맺고 명의수탁자가 당사자가 되어 매도인과 부동산에 관한 매매계약을 체결하는 경우 그 계약과 등기의 효력은 매매계약을 체결할 당시 매도인의 인식을 기준으로 판단해야 하고, 매도인이 계약 체결 이후에 명의신탁약정 사실을 알게 되었다고 하더라도 위 계약과 등기의 효력에는 영향이 없다. 매도인이 계약 체결 이후 명의신탁약정 사실을 알게 되었다는 우연한 사정으로 인해서 위와 같이 유효하게 성립한 매매계약이 소급적으로 무효로 된다고 볼 근거가 없다. 만일 매도인이

계약 체결 이후 명의신탁약정 사실을 알게 되었다는 사정을 들어 매매계약의 효력을 다툴 수 있도록 한다면 매도인의 선택에 따라서 매매계약의 효력이 좌우되는 부당한 결과를 가져올 것이다.

(2) 매도인이 악의인 경우

① 매도인과 명의수탁자 사이의 법률관계
매도인이 악의인 경우 그 물권변동(등기)는 <u>무효</u>이므로, 매도인은 명의수탁자에게 소유권이전등기의 말소를 청구할 수 있고, 명의수탁자는 매도인에게 매매대금의 반환을 청구할 수 있다.

② 매도인과 명의신탁자 사이의 법률관계
㉠ 원칙적으로 매도인과 명의신탁자 사이에는 아무런 법률관계가 없다.

㉡ 매매계약상의 무효사실이 밝혀진 후에 계약상대방인 매도인이 계약명의자인 명의수탁자 대신 <u>명의신탁자가 그 계약의 매수인으로 되는 것에 대하여 동의 내지 승낙을 함으로써 부동산을 명의신탁자에게 양도할 의사를 표시</u>하였다면, 매도인과 명의신탁자 사이에는 종전의 매매계약과 같은 내용의 양도약정이 따로 체결된 것으로 봄이 상당하고, 따라서 이 경우 명의신탁자는 당초의 매수인이 아니라고 하더라도 매도인에 대하여 별도의 양도약정을 원인으로 하는 소유권이전등기청구를 할 수 있다.

③ 명의수탁자가 제3자에게 목적부동산을 처분한 경우
㉠ 제3자는 선의, 악의를 불문하고 소유권을 취득한다.

㉡ 매도인이 명의수탁자로부터 매매대금을 수령하지 않은 경우 수탁자의 처분행위는 매도인에 대하여 불법행위가 성립하지만, 매도인이 매매대금을 수령한 경우에는 불법행위가 성립하지 않는다.

(3) 제3자 간 명의신탁인지 계약형 명의신탁인지 구별방법

명의신탁약정이 3자 간 등기명의신탁인지 아니면 계약명의신탁인지를 구별하는 것은 계약당사자를 확정하는 문제로서, 타인을 통하여 부동산을 매수하면서 매수인 명의를 그 타인 명의로 하기로 하였다면, 계약명의자인 명의수탁자가 아니라 명의신탁자에게 계약에 따른 법률효과를 직접 귀속시킬 의도로 계약을 체결하였다는 등의 특별한 사정이 없는 한, 그 명의신탁관계는 계약명의신탁에 해당한다고 보아야 한다(대판 2017.7.11, 2012두28414).

🗓 구분소유적 공유

1 구분소유적 공유의 의의

(1) 구분소유적 공유란 1필의 토지 중 일부를 특정하여 매수하면서, 그 등기는 토지 전체에 대하여 공유지분이전등기를 한 경우를 말한다. 즉 등기상으로는 토지 전체에 대한 공유지분등기가 경료되어 있으나, 내부적으로는 각 공유자들이 그 토지의 특정부분만을 배타적으로 사용·수익하는 관계를 의미한다.

(2) 건물에 대해서도 구분소유적 공유관계가 성립할 수 있다. 즉 1동의 건물 중 위치 및 면적이 특정되고 구조상·이용상 독립성이 있는 일부분씩을 2인 이상이 구분소유하기로 하는 약정을 하고 등기만은 편의상 각 구분소유의 면적에 해당하는 비율로 공유지분등기를 하여 놓은 경우, 구분소유자들 사이에 공유지분등기의 상호명의신탁관계 내지 건물에 대한 구분소유적 공유관계가 성립하지만, 1동 건물 중 각 일부분의 위치 및 면적이 특정되지 않거나 구조상·이용상 독립성이 인정되지 아니한 경우에는 공유자들 사이에 이를 구분소유하기로 하는 취지의 약정이 있다 하더라도 일반적인 공유관계가 성립할 뿐, 공유지분등기의 상호명의신탁관계 내지 건물에 대한 구분소유적 공유관계가 성립한다고 할 수 없다(대판 2014.2.27, 2011다42430).

2 구분소유적 공유의 법적 성질

(1) 수인이 대지를 특정하여 매수하고 다만 그에 관한 소유권 이전등기만은 편의상 공유지분 등기를 경료한 경우에는 각자 특정매수한 부분에 관하여 상호 명의신탁을 하고 있다고 볼 것이다(대판 1973.2.28, 72다317).

(2) 상호명의신탁의 경우 '부동산실권리자 등에 관한 법률 제2조 제1호 단서에 의해 동법이 적용되지 않는다.

3 구분소유적 공유의 법률관계

(1) 구분소유적 공유관계는 어떤 토지에 관하여 그 위치와 면적을 특정하여 여러 사람이 구분소유하기로 하는 약정이 있어야만 적법하게 성립할 수 있고, 공유자들 사이에 그 공유물을 분할하기로 약정하고 그때부터 각자의 소유로 분할된 부분을 특정하여 각자 점유·사용하여 온 경우에도 구분소유적 공유관계가 성립할 수 있지만, 공유자들 사이에서 특정 부분을 각각의 공유자들에게 배타적으로 귀속시키려는 의사의 합치가 이루어지지 아니한 경우에는 이러한 관계가 성립할 여지가 없다(대판 2005.4.29, 2004다71409).

(2) 1필지의 토지 중 일부를 특정하여 매수하고 다만 그 소유권이전등기는 그 필지 전체에 관하여 공유지분권이전등기를 한 경우에는 그 특정부분 이외의 부분에 관한 등기는 상호 명의신탁을 하고 있는 것으로서, 그 지분권자는 <u>내부관계에 있어서는</u> 특정부분에 한하여 소유권을 취득하고 이를 배타적으로 사용, 수익할 수 있고, 다른 구분소유자의 방해행위에 대하여는 소유권에 터잡아 그 배제를 구할 수 있으나, <u>외부관계에 있어서는</u> 1필지 전체에 관하여 공유관계가 성립되고 공유자로서의 권리만을 주장할 수 있는 것이므로, 제3자의 방해행위가 있는 경우에는 자기의 구분소유 부분뿐 아니라 전체토지에 대하여 공유물의 보존행위로서 그 배제를 구할 수 있다(대판 1994.2.28, 93다42986).

(3) 토지 전부를 구분 특정하여 소유하고 있다고 하더라도 지분소유권이전등기가 경료되어 있는 이상 특별한 사정이 없는 한 공유자들 외의 제3자에 대한 관계에 있어서는 그 <u>지분의 범위 내에서만</u> 토지에 대한 권리를 행사할 수 있을 뿐이다(대판 1993.11.23, 93다22326).

(4) 여러 명이 각기 공유지분 비율에 따라 특정 부분을 독점적으로 소유하고 있는 토지 중 공유자 1인이 독점적으로 소유하고 있는 부분에 대하여 취득시효가 완성된 경우, 공유자 사이에 그와 같은 구분소유적 공유관계가 형성되어 있다 하더라도 이로써 제3자인 시효취득자에게 대항할 수는 없는 법리이므로, 그 토지 부분과 무관한 다른 공유자들도 그 토지 부분에 관한 각각의 공유지분에 대하여 취득시효완성을 원인으로 한 소유권이전등기절차를 이행할 의무가 있다(대판 1997.6.13, 97다1730).

(5) 1필지의 토지의 위치와 면적을 특정하여 2인 이상이 구분소유하기로 하는 약정을 하고 그 구분소유자의 공유로 등기하는 이른바 구분소유적 공유관계에 있어서, 각 구분소유적 공유자가 자신의 권리를 타인에게 처분하는 경우 중에는 <u>구분소유의 목적인 특정 부분을 처분하면서 등기부상의 공유지분을 그 특정 부분에 대한 표상으로서 이전하는 경우와 등기부의 기재대로 1필지 전체에 대한 진정한 공유지분으로서 처분하는 경우</u>가 있을 수 있고, 이 중 전자의 경우에는 그 제3자에 대하여 구분소유적 공유관계가 승계되나, 후자의 경우에는 제3자가 그 부동산 전체에 대한 공유지분을 취득하고 구분소유적 공유관계는 소멸한다. 이는 경매에서도 마찬가지이므로, 전자에 해당하기 위하여는 집행법원이 공유지분이 아닌 특정 구분소유 목적물에 대한 평가를 하게 하고 그에 따라 최저경매가격을 정한 후 경매를 실시하여야 하며, 그러한 사정이 없는 경우에는 1필지에 관한 공유자의 지분에 대한 경매목적물은 원칙적으로 1필지 전체에 대한 공유지분이라고 봄이 상당하다(대판 2008.2.15, 2006다68810).

(6) 공유로 등기된 토지의 소유관계가 구분소유적 공유관계에 있는 경우에는 공유자 중 1인이 소유하고 있는 건물과 그 대지는 다른 공유자와의 내부관계에 있어서는 그 공유자의 단독소유로 되었다 할 것이므로 건물을 소유하고 있는 공유자가 그 건물 또는 토지지분에 대하여 저당권을 설정하였다가 그 후 저당권의 실행으로 소유자가 달라지게 되면 건물 소유자는 그 건물의 소유를 위한 법정지상권을 취득하게 되며, 이는 구분소유적 공유관계에 있는 토지의 공유자들이 그

토지 위에 각자 독자적으로 별개의 건물을 소유하면서 그 토지 전체에 대하여 저당권을 설정하였다가 그 저당권의 실행으로 토지와 건물의 소유자가 달라지게 된 경우에도 마찬가지라 할 것이다(대판 2004.6.11, 2004다13533).

(7) 갑과 을이 대지를 각자 특정하여 매수하여 배타적으로 점유하여 왔으나 분필이 되어 있지 아니한 탓으로 그 특정부분에 상응하는 지분소유권이전등기만을 경료하였다면 그 대지의 소유관계는 처음부터 구분소유적 공유관계에 있다 할 것이고, 또한 구분소유적 공유관계에 있어서는 통상적인 공유관계와는 달리 당사자 내부에 있어서는 각자가 특정매수한 부분은 각자의 단독 소유로 되었다 할 것이므로, 을은 위 대지 중 그가 매수하지 아니한 부분에 관하여는 갑에게 그 소유권을 주장할 수 없어 위 대지 중 을이 매수하지 아니한 부분지상에 있는 을 소유의 건물부분은 당초부터 건물과 토지의 소유자가 서로 다른 경우에 해당되어 그에 관하여는 관습상의 법정지상권이 성립될 여지가 없다(대판 1994.1.28, 93다49871).

(8) 공유물분할청구는 공유자의 일방이 그 공유지분권에 터잡아서 하여야 하는 것이므로 공유지분권을 주장하지 아니하고 목적물의 특정부분을 소유한다고 주장하는 자는 그 부분에 대하여 신탁적으로 지분등기를 가지고 있는 자들을 상대로 하여 그 특정부분에 대한 <u>명의신탁해지를 원인</u>으로 한 지분이전등기절차의 이행만을 구하면 될 것이고 <u>공유물분할 청구를 할 수 없다</u> 할 것이다 (대판 1989.9.12, 88다카10517).

(9) 1필지의 토지의 위치와 면적을 특정하여 2인 이상이 구분소유하기로 하는 약정을 하고 구분소유자의 공유로 등기하는 이른바 구분소유적 공유관계에 있어서, 1필지의 토지 중 특정 부분에 대한 구분소유적 공유관계를 표상하는 공유지분을 목적으로 하는 근저당권이 설정된 후 구분소유하고 있는 특정 부분별로 독립한 필지로 분할되고 나아가 구분소유자 상호 간에 지분이전등기를 하는 등으로 구분소유적 공유관계가 해소되더라도 그 근저당권은 종전의 구분소유적 공유지분의 비율대로 분할된 토지들 전부의 위에 그대로 존속하는 것이고, 근저당권설정자의 단독소유로 분할된 토지에 당연히 집중되는 것은 아니다(대판 2014.6.26, 2012다25944).

가등기담보 등에 관한 법률

가등기담보 등에 관한 법률

1 동법의 적용

제1조 목적

이 법은 차용물(借用物)의 반환에 관하여 차주(借主)가 차용물을 갈음하여 다른 재산권을 이전할 것을 예약할 때 그 재산의 예약 당시 가액(價額)이 차용액(借用額)과 이에 붙인 이자를 합산한 액수를 초과하는 경우에 이에 따른 담보계약(擔保契約)과 그 담보의 목적으로 마친 가등기(假登記) 또는 소유권이전등기(所有權移轉登記)의 효력을 정함을 목적으로 한다.

제2조 정의

이 법에서 사용하는 용어의 뜻은 다음과 같다.
1. "담보계약"이란 「민법」 제608조에 따라 그 효력이 상실되는 대물반환(代物返還)의 예약[환매(還買), 양도담보(讓渡擔保) 등 명목(名目)이 어떠하든 그 모두를 포함한다]에 포함되거나 병존(竝存)하는 채권담보(債權擔保) 계약을 말한다.
2. "채무자 등"이란 다음 각 목의 자를 말한다.
   가. 채무자
   나. 담보가등기목적 부동산의 물상보증인(物上保證人)
   다. 담보가등기 후 소유권을 취득한 제삼자
3. "담보가등기(擔保假登記)"란 채권담보의 목적으로 마친 가등기를 말한다.
4. "강제경매 등"이란 강제경매(强制競賣)와 담보권의 실행 등을 위한 경매를 말한다.
5. "후순위권리자(後順位權利者)"란 담보가등기 후에 등기된 저당권자·전세권자 및 담보가등기권리자를 말한다.

제18조 다른 권리를 목적으로 하는 계약에의 준용

등기 또는 등록할 수 있는 부동산소유권 외의 권리[질권(質權)·저당권 및 전세권은 제외한다]의 취득을 목적으로 하는 담보계약에 관하여는 제3조부터 제17조까지의 규정을 준용한다. 다만, 「동산·채권 등의 담보에 관한 법률」에 따라 담보등기를 마친 경우에는 그러하지 아니하다

> ### 민법 제607조 대물반환의 예약
> 차용물의 반환에 관하여 차주가 차용물을 갈음하여 다른 재산권을 이전할 것을 예약한 경우
> 에는 그 재산의 예약당시의 가액이 차용액 및 이에 붙인 이자의 합산액을 넘지 못한다.

> ### 민법 제608조 차주에 불이익한 약정의 금지
> 전2조의 규정에 위반한 당사자의 약정으로서 차주에 불리한 것은 환매 기타 여하한 명목이
> 라도 그 효력이 없다

(1) 동법은 등기 또는 등록에 의하여 공시되는 물건 또는 재산권을 목적으로 하는 비전형담보에 적
용된다. 양도담보 등에도 적용된다.

(2) 적용 제외

① 소비대차 이외의 사유로 생긴 채권에 대해서는 동법이 적용되지 않는다.

② 목적물이 동산이 경우에는 동법이 적용되지 않는다.

> 1. 가등기담보 등에 관한 법률은 재산권 이전의 예약에 의한 가등기담보에 있어서 그 재산
>   의 예약 당시의 가액이 차용액 및 이에 붙인 이자의 합산액을 초과하는 경우에 한하여
>   그 적용이 있다 할 것이므로, 가등기담보부동산에 대한 예약 당시의 시가가 그 피담보
>   채무액에 <u>미치지 못하는 경우</u>에 있어서는 같은 법 제3, 4조가 정하는 청산금평가액의
>   통지 및 청산금지급 등의 절차를 이행할 여지가 없다(대판 1993.10.26, 93다27611).
> 2. 가등기담보 등에 관한 법률은 재산권 이전의 예약에 의한 가등기담보에 있어서 재산
>   의 예약 당시의 가액이 차용액 및 이에 붙인 이자의 합산액을 초과하는 경우에 적용되
>   는바, 재산권 이전의 예약 당시 재산에 대하여 <u>선순위 근저당권이 설정되어 있는 경우</u>
>   에는 재산의 가액에서 피담보채무액을 공제한 나머지 가액이 차용액 및 이에 붙인 이
>   자의 합산액을 초과하는 경우에만 적용된다(대판 2006.8.24, 2005다61140).
> 3. 가등기담보 등에 관한 법률은 차용물의 반환에 관하여 다른 재산권을 이전할 것을 예
>   약한 경우에 적용되므로 금전소비대차나 준소비대차에 기한 차용금반환채무 이외의
>   채무를 담보하기 위하여 경료된 가등기나 양도담보에는 위 법이 적용되지 아니하나,
>   금전소비대차나 준소비대차에 기한 차용금반환채무와 그 외의 원인으로 발생한 채무
>   를 동시에 담보할 목적으로 경료된 가등기나 소유권이전등기라도 그 후 후자의 채무
>   가 변제 기타의 사유로 소멸하고 금전소비대차나 준소비대차에 기한 차용금반환채무
>   의 전부 또는 일부만이 남게 된 경우에는 그 가등기담보나 양도담보에 가등기담보 등
>   에 관한 법률이 적용된다(대판 2004.4.27, 2003다29968).

4. 가등기담보 등에 관한 법률은 차용물의 반환에 관하여 다른 재산권을 이전할 것을 예약한 경우에 적용되므로 <u>매매대금채권을 담보하기 위하여 가등기를 한 경우</u>에는 위 법률은 적용되지 아니한다(대판 2002.12.24. 2002다50484). 또한 가등기의 주된 목적이 매매대금채권의 확보에 있고, 대여금채권의 확보는 부수적 목적인 경우에도 가등기담보 등에 관한 법률이 적용되지 않는다.

5. 가등기담보 등에 관한 법률은 차용물의 반환에 관하여 다른 재산권을 이전할 것을 예약한 경우에 적용되는 것이므로 <u>물품대금선급금의 반환채무</u>를 담보할 목적으로 이루어진 가등기에 관하여는 위 법률이 적용되지 않는다(대판 1992.10.27, 92다22879).

6. 가등기담보 등에 관한 법률(이하 '가등기담보법'이라 한다) 제18조는 가등기담보법상 청산절차에 관한 규정은 등기 또는 등록할 수 있는 부동산소유권 외의 권리(질권·저당권 및 전세권을 제외한다)의 취득을 목적으로 하는 담보계약에 관하여 준용한다고 규정하고 있는데, 여기에서 등기 또는 등록할 수 있는 권리는 재산권의 설정과 이전에 관하여 등기 또는 등록이 성립요건 또는 대항요건이 되어 있는 재산권을 말하고, 단순히 행정상의 편의를 위하여 등록 등을 요구하는 경우에는 이에 해당하지 않는다(대판 2015.1.29, 2012두27404).

7. 당사자 사이에 매매대금 채무를 담보하기 위하여 부동산에 관하여 가등기를 마치고 채무를 변제하지 아니하면 가등기에 기한 본등기를 마치기로 약정한 경우에, 변제기에 채무를 변제하지 아니하면 채권채무관계가 소멸하고 부동산의 소유권이 확정적으로 채권자에게 귀속된다는 명시의 특약이 없는 이상 대물변제의 약정이 있었다고 인정할 수 없고, 단지 채무에 대한 담보권 실행을 위한 방편으로 소유권이전등기를 하는 약정, 이른바 정산절차를 예정하고 있는 '약한 의미의 양도담보' 계약이라고 봄이 타당하다.

그리고 '약한 의미의 양도담보'가 이루어진 경우에, 채권자는 채무의 변제기가 지나면 부동산의 가액에서 채권원리금 등을 공제한 나머지 금액을 채무자에게 반환하고 부동산의 소유권을 취득하거나(귀속정산), 부동산을 처분하여 매각대금에서 채권원리금 등의 변제에 충당하고 나머지 금액을 채무자에게 반환할 수도 있다(처분정산). 그렇지만 채무자가 채권자에게 적극적으로 위와 같은 정산을 요구할 청구권을 가지지는 아니하며, 다만 <u>채무자는 채무의 변제기가 지난 후에도 채권자가 담보권을 실행하여 정산절차를 마치기 전에는 언제든지 채무를 변제하고 채권자에게 가등기 및 가등기에 기한 본등기의 말소를 청구할 수 있다</u>(대판 2016.10.27, 2015다63138).

2 담보권 실행방법

(1) 권리취득을 위한 실행

> **제3조** 담보권 실행의 통지와 청산기간
>
> ① 채권자가 담보계약에 따른 담보권을 실행하여 그 담보목적부동산의 소유권을 취득하기 위하여는 그 채권(債權)의 변제기(辨濟期) 후에 제4조의 청산금(淸算金)의 평가액을 채무자 등에게 통지하고, 그 통지가 채무자 등에게 도달한 날부터 2개월(이하 "청산기간"이라 한다)이 지나야 한다. 이 경우 청산금이 없다고 인정되는 경우에는 그 뜻을 통지하여야 한다.
> ② 제1항에 따른 통지에는 통지 당시의 담보목적부동산의 평가액과 「민법」 제360조에 규정된 채권액을 밝혀야 한다. 이 경우 부동산이 둘 이상인 경우에는 각 부동산의 소유권이전에 의하여 소멸시키려는 채권과 그 비용을 밝혀야 한다.

> **제4조** 청산금의 지급과 소유권의 취득
>
> ① 채권자는 제3조 제1항에 따른 통지 당시의 담보목적부동산의 가액에서 그 채권액을 뺀 금액(이하 "청산금"이라 한다)을 채무자 등에게 지급하여야 한다. 이 경우 담보목적부동산에 선순위담보권(先順位擔保權) 등의 권리가 있을 때에는 그 채권액을 계산할 때에 선순위담보 등에 의하여 담보된 채권액을 포함한다.
> ② 채권자는 담보목적부동산에 관하여 이미 소유권이전등기를 마친 경우에는 청산기간이 지난 후 청산금을 채무자 등에게 지급한 때에 담보목적부동산의 소유권을 취득하며, 담보가등기를 마친 경우에는 청산기간이 지나야 그 가등기에 따른 본등기(本登記)를 청구할 수 있다.
> ③ 청산금의 지급채무와 부동산의 소유권이전등기 및 인도채무(引渡債務)의 이행에 관하여는 동시이행의 항변권(抗辯權)에 관한 「민법」 제536조를 준용한다.
> ④ 제1항부터 제3항까지의 규정에 어긋나는 특약(特約)으로서 채무자 등에게 불리한 것은 그 효력이 없다. 다만, 청산기간이 지난 후에 행하여진 특약으로서 제삼자의 권리를 침해하지 아니하는 것은 그러하지 아니하다.

> **제8조** 청산금의 공탁
>
> ① 청산금채권이 압류되거나 가압류된 경우에 채권자는 청산기간이 지난 후 이에 해당하는 청산금을 채무이행지(債務履行地)를 관할하는 지방법원이나 지원(支院)에 공탁(供託)하여 그 범위에서 채무를 면(免)할 수 있다.

② 제1항에 따라 공탁이 있는 경우에는 채무자 등의 공탁금출급청구권(供託金出給請求權)이 압류되거나 가압류된 것으로 본다.

③ 채권자는 제14조에 따른 경우 외에는 공탁금의 회수(回收)를 청구할 수 없다.

④ 채권자는 제1항에 따라 공탁을 한 경우에는 채무자 등과 압류채권자 또는 가압류채권자에게 지체 없이 공탁의 통지를 하여야 한다.

제9조   통지의 구속력

채권자는 제3조 제1항에 따라 그가 통지한 청산금의 금액에 관하여 다툴 수 없다.

제10조   법정지상권

토지와 그 위의 건물이 동일한 소유자에게 속하는 경우 그 토지나 건물에 대하여 제4조 제2항에 따른 소유권을 취득하거나 담보가등기에 따른 본등기가 행하여진 경우에는 그 건물의 소유를 목적으로 그 토지 위에 지상권(地上權)이 설정된 것으로 본다. 이 경우 그 존속기간과 지료(地料)는 당사자의 청구에 의하여 법원이 정한다.

① 비전형담보의 사적실행에 따른 청산방식으로는 '귀속청산'과 '처분청산'의 두 방식이 있는데, 동법은 '귀속청산'의 방식만을 인정한다.

② 가등기담보권의 사적 실행에 있어서 채권자가 청산금의 지급 이전에 본등기와 담보목적물의 인도를 받을 수 있다거나 청산기간이나 동시이행관계를 인정하지 아니하는 '처분정산'형의 담보권 실행은 가등기담보 등에 관한 법률상 허용되지 아니한다(대판 2002.12.10, 2002다42001).

③ 가등기담보 등에 관한 법률에 의하면, 가등기담보권자가 담보권실행을 위하여 담보 목적 부동산의 소유권을 취득하기 위하여는 그 채권의 변제기 후에 소정의 청산금 평가액 또는 청산금이 없다고 하는 뜻을 채무자 등에게 통지하여야 하고(제3조 제1항), 이때의 채무자 등에는 채무자와 물상보증인뿐만 아니라 담보가등기 후 소유권을 취득한 제3취득자가 포함되는 것이므로(제2조 제2호), 위 통지는 이들 모두에게 하여야 하는 것으로서 채무자 등의 전부 또는 일부에 대하여 위 통지를 하지 않으면 청산기간이 진행할 수 없게 되고, 따라서 가등기담보권자는 그 후 적절한 청산금을 지급하거나 실제 지급할 청산금이 없다고 하더라도 가등기에 기한 본등기를 청구할 수 없으며, 설령 편법으로 본등기를 마쳤다고 하더라도 그 소유권을 취득할 수 없다(대판 2002.4.23, 2001다81856).

④ 채권자가 가등기담보 등에 관한 법률(이하 '가등기담보법'이라 한다)에 의한 가등기담보권을 실행하여 그 담보목적 부동산의 소유권을 취득하기 위하여 채무자 등에게 하는 담보권 실행의 통지에는 채권자가 주관적으로 평가한 통지 당시의 목적 부동산의 가액과 피담보채권액을 명시함으로써 청산금의 평가액을 채무자 등에게 통지하면 족하며, 채권자가 이와 같이

주관적으로 평가한 청산금의 액수가 정당하게 평가된 청산금의 액수에 미치지 못한다고 하더라도 담보권 실행의 통지로서의 효력이나 청산기간의 진행에는 아무런 영향이 없고 청산기간이 경과한 후에는 그 가등기에 기한 본등기를 청구할 수 있다.

이 경우에, 채무자 등은 채권자가 통지한 청산금액을 다투고 정당하게 평가된 청산금을 지급받을 때까지 목적부동산의 소유권이전등기 및 인도채무의 이행을 거절하거나 피담보채무 전액을 채권자에게 지급하고 채권담보의 목적으로 마쳐진 가등기의 말소를 구할 수 있을 뿐 아니라 채권자에게 정당하게 평가된 청산금을 청구할 수도 있다.

한편, 채무자는 채권자가 통지한 청산금액에 동의함으로써 청산금을 확정시킬 수 있으며, 그 경우 동의는 명시적 뿐만 아니라 묵시적으로도 가능하다고 할 것이다(대판 2008.4.11, 2005다36618).

⑤ 가등기담보 등에 관한 법률 제3조, 제4조의 각 규정에 비추어 볼 때 위 각 규정을 위반하여 담보가등기에 기한 본등기가 이루어진 경우에는 그 본등기는 무효라고 할 것이고, 설령 그와 같은 본등기가 가등기권리자와 채무자 사이에 이루어진 특약에 의하여 이루어졌다고 할지라도 만일 그 특약이 채무자에게 불리한 것으로서 무효라고 한다면 그 본등기는 여전히 무효일 뿐, 이른바 약한 의미의 양도담보로서 담보의 목적 내에서는 유효하다고 할 것이 아니고, 다만 가등기권리자가 가등기담보 등에 관한 법률 제3조, 제4조에 정한 절차에 따라 청산금의 평가액을 채무자 등에게 통지한 후 채무자에게 정당한 청산금을 지급하거나 지급할 청산금이 없는 경우에는 채무자가 그 통지를 받은 날로부터 2월의 청산기간이 경과하면 위 무효인 본등기는 실체적 법률관계에 부합하는 유효한 등기가 될 수 있을 뿐이다(대판 2002.6.11, 99다41657).

⑥ 채권자가 가등기담보권을 실행하여 그 담보목적부동산의 소유권을 취득하기 위하여 가등기담보 등에 관한 법률에 따라 채무자에게 담보권 실행을 통지한 경우 청산금을 지급할 여지가 없는 때에는 2월의 청산기간이 경과함으로써 청산절차는 종료되고, 이에 따라 채권자는 더 이상의 반대급부의 제공 없이 채무자에 대하여 소유권이전등기청구권 및 목적물 인도청구권을 가진다 할 것임에도 채무자가 소유권이전등기의무 및 목적물 인도의무의 이행을 지연하면서 자신이 담보목적물을 사용·수익할 수 있다고 하는 것은 심히 공평에 반하여 허용될 수 없으므로 이러한 경우 담보목적물에 대한 과실수취권 등을 포함한 사용·수익권은 청산절차의 종료와 함께 채권자에게 귀속된다고 보아야 한다(대판 2001.2.27, 2000다20465).

(2) 경매에 의한 실행

> **제12조** 경매의 청구
>
> ① 담보가등기권리자는 그 선택에 따라 제3조에 따른 담보권을 실행하거나 담보목적부동산의 경매를 청구할 수 있다. 이 경우 경매에 관하여는 담보가등기권리를 저당권으로 본다.
> ② 후순위권리자는 청산기간에 한정하여 그 피담보채권의 변제기 도래 전이라도 담보목적부동산의 경매를 청구할 수 있다.

> **제13조** 우선변제청구권
>
> 담보가등기를 마친 부동산에 대하여 강제경매 등이 개시된 경우에 담보가등기권리자는 다른 채권자보다 자기채권을 우선변제 받을 권리가 있다. 이 경우 그 순위에 관하여는 그 담보가등기권리를 저당권으로 보고, 그 담보가등기를 마친 때에 그 저당권의 설정등기(設定登記)가 행하여진 것으로 본다.

> **제14조** 강제경매 등의 경우의 담보가등기
>
> 담보가등기를 마친 부동산에 대하여 강제경매 등의 개시 결정이 있는 경우에 그 경매의 신청이 청산금을 지급하기 전에 행하여진 경우(청산금이 없는 경우에는 청산기간이 지나기 전)에는 담보가등기권리자는 그 가등기에 따른 본등기를 청구할 수 없다.

> **제15조** 담보가등기권리의 소멸
>
> 담보가등기를 마친 부동산에 대하여 강제경매 등이 행하여진 경우에는 담보가등기권리는 그 부동산의 매각에 의하여 소멸한다.

제16조   강제경매 등에 관한 특칙

① 법원은 소유권의 이전에 관한 가등기가 되어 있는 부동산에 대한 강제경매 등의 개시결정(開始決定)이 있는 경우에는 가등기권리자에게 다음 각 호의 구분에 따른 사항을 법원에 신고하도록 적당한 기간을 정하여 최고(催告)하여야 한다.

　1. 해당 가등기가 담보가등기인 경우: 그 내용과 채권[이자나 그 밖의 부수채권(附隨債權)을 포함한다]의 존부(存否)·원인 및 금액

　2. 해당 가등기가 담보가등기가 아닌 경우: 해당 내용

② 압류등기 전에 이루어진 담보가등기권리가 매각에 의하여 소멸되면 제1항의 채권신고를 한 경우에만 그 채권자는 매각대금을 배당받거나 변제금을 받을 수 있다. 이 경우 그 담보가등기의 말소에 관하여는 매수인이 인수하지 아니한 부동산의 부담에 관한 기입을 말소하는 등기의 촉탁에 관한 「민사집행법」 제144조 제1항 제2호를 준용한다.

③ 소유권의 이전에 관한 가등기권리자는 강제경매 등 절차의 이해관계인으로 본다.

제17조   파산 등 경우의 담보가등기

① 파산재단(破産財團)에 속하는 부동산에 설정한 담보가등기권리에 대하여는 「채무자 회생 및 파산에 관한 법률」 중 저당권에 관한 규정을 적용한다.

② 파산재단에 속하지 아니하는 파산자의 부동산에 대하여 설정되어 있는 담보가등기권리자에 관하여는 준별제권자(準別除權者)에 관한 「채무자 회생 및 파산에 관한 법률」 제414조를 준용한다.

③ 담보가등기권리는 「국세기본법」, 「국세징수법」, 「지방세기본법」, 「지방세징수법」, 「채무자 회생 및 파산에 관한 법률」을 적용할 때에는 저당권으로 본다.

① 부동산의 강제경매절차에서 경매목적부동산이 낙찰된 때에도 소유권이전등기청구권의 순위보전을 위한 가등기는 그보다 선순위의 담보권이나 가압류가 없는 이상 담보목적의 가등기와는 달리 말소되지 아니한 채 낙찰인에게 인수되는 것인바, 권리신고가 되지 않아 담보가등기인지 순위보전의 가등기인지 알 수 없는 경우에도 그 가등기가 등기부상 최선순위이면 집행법원으로서는 일단 이를 순위보전을 위한 가등기로 보아 낙찰인에게 그 부담이 인수될 수 있다는 취지를 입찰물건명세서에 기재한 후 그에 기하여 경매절차를 진행하면 족한 것이지, 반드시 그 가등기가 담보가등기인지 순위보전의 가등기인지 밝혀질 때까지 경매절차를 중지하여야 하는 것은 아니다(대결 2003.10.6, 2003마1438).

② 가등기담보권자는 그 담보가등기가 경료된 부동산에 대하여 경매 등이 개시된 경우에 다른 채권자보다 자기 채권에 대하여 우선변제를 받을 권리가 있다고 할 것이고 이 경우 그 순위에 관하여는 그 담보가등기권리를 저당권으로 보고 그 담보가등기가 경료된 때에 저당권설

정등기가 행해진 것으로 보게 되므로, 가등기담보권에 대하여 선순위 및 후순위 가압류채권이 있는 경우 부동산의 경매에 의한 매득금 중 경매비용을 제외한 나머지 금원을 배당함에 있어 가등기담보권자는 선순위 가압류채권에 대하여는 우선변제권을 주장할 수 없어 그 피담보채권과 선순위 및 후순위 가압류채권에 대하여 <u>1차로 채권액에 따른 안분비례에 의하여 평등배당을 하되</u>, 담보가등기권자는 위 후순위 가압류채권에 대하여는 우선변제권이 인정되어 그 채권으로부터 받을 배당액으로부터 자기의 채권액을 만족시킬 때까지 이를 <u>흡수하여 변제받을 수 있으며</u> 선순위와 후순위 가압류채권이 동일인의 권리라 하여 그 귀결이 달라지는 것이 아니다(1992.3.27, 91다44407).

③ 가등기담보 등에 관한 법률 제16조는 소유권의 이전에 관한 가등기가 되어 있는 부동산에 대한 경매 등의 개시결정이 있는 경우 법원은 가등기권리자에 대하여 그 가등기가 담보가등기인 때에는 그 내용 및 채권의 존부·원인 및 수액을, 담보가등기가 아닌 경우에는 그 내용을 법원에 신고할 것을 상당한 기간을 정하여 최고하여야 하고(제1항), 압류등기 전에 경료된 담보가등기권리가 매각에 의하여 소멸하는 때에는 제1항의 채권신고를 한 경우에 한하여 그 채권자는 매각대금의 배당 또는 변제금의 교부를 받을 수 있다고 규정하고 있으므로(제2항), 위 제2항에 해당하는 담보가등기권리자가 집행법원이 정한 기간 안에 <u>채권신고를 하지 아니하면</u> 매각대금의 배당을 받을 권리를 상실한다(대판 2008.9.11, 2007다25278).

3 후순위권리자의 지위

> **제5조 후순위권리자의 권리행사**
>
> ① 후순위권리자는 그 순위에 따라 채무자 등이 지급받을 청산금에 대하여 제3조 제1항에 따라 통지된 평가액의 범위에서 청산금이 지급될 때까지 그 권리를 행사할 수 있고, 채권자는 후순위권리자의 요구가 있는 경우에는 청산금을 지급하여야 한다.
> ② 후순위권리자는 제1항의 권리를 행사할 때에는 그 피담보채권(被擔保債權)의 범위에서 그 채권의 명세와 증서를 채권자에게 교부하여야 한다.
> ③ 채권자가 제2항의 명세와 증서를 받고 후순위권리자에게 청산금을 지급한 때에는 그 범위에서 청산금채무는 소멸한다.
> ④ 제1항의 권리행사를 막으려는 자는 청산금을 압류(押留)하거나 가압류(假押留)하여야 한다.
> ⑤ 담보가등기 후에 대항력(對抗力) 있는 임차권(賃借權)을 취득한 자에게는 청산금의 범위에서 동시이행의 항변권에 관한 「민법」 제536조를 준용한다.

제6조 ⏐ 채무자 등 외의 권리자에 대한 통지

① 채권자는 제3조 제1항에 따른 통지가 채무자 등에게 도달하면 지체 없이 후순위권리자에게 그 통지의 사실과 내용 및 도달일을 통지하여야 한다.

② 제3조 제1항에 따른 통지가 채무자 등에게 도달한 때에는 담보가등기 후에 등기한 제삼자(제1항에 따라 통지를 받을 자를 제외하고, 대항력 있는 임차권자를 포함한다)가 있으면 채권자는 지체 없이 그 제삼자에게 제3조 제1항에 따른 통지를 한 사실과 그 채권액을 통지하여야 한다.

③ 제1항과 제2항에 따른 통지는 통지를 받을 자의 등기부상의 주소로 발송함으로써 그 효력이 있다. 그러나 대항력 있는 임차권자에게는 그 담보목적부동산의 소재지로 발송하여야 한다.

제7조 ⏐ 청산금에 대한 처분 제한

① 채무자가 청산기간이 지나기 전에 한 청산금에 관한 권리의 양도나 그 밖의 처분은 이로써 후순위권리자에게 대항하지 못한다.

② 채권자가 청산기간이 지나기 전에 청산금을 지급한 경우 또는 제6조 제1항에 따른 통지를 하지 아니하고 청산금을 지급한 경우에도 제1항과 같다.

4 채무자 등의 지위

제11조 ⏐ 채무자 등의 말소청구권

채무자 등은 청산금채권을 변제받을 때까지 그 채무액(반환할 때까지의 이자와 손해금을 포함한다)을 채권자에게 지급하고 그 채권담보의 목적으로 마친 소유권이전등기의 말소를 청구할 수 있다. 다만, 그 채무의 변제기가 지난 때부터 10년이 지나거나 선의의 제삼자가 소유권을 취득한 경우에는 그러하지 아니하다.

🗂 양도담보

1 점유개정에 의한 동산의 이중양도의 효력

(1) 금전채무를 담보하기 위하여 채무자가 그 소유의 동산을 채권자에게 양도하되 점유개정에 의하여 채무자가 이를 계속 점유하기로 한 경우 특별한 사정이 없는 한 동산의 소유권은 신탁적으로 이전됨에 불과하여 채권자와 채무자 사이의 대내적 관계에서 채무자는 의연히 소유권을 보유하나 대외적인 관계에 있어서 채무자는 동산의 소유권을 이미 채권자에게 양도한 무권리자가 되는 것이어서 다시 다른 채권자와의 사이에 양도담보 설정계약을 체결하고 점유개정의 방법으로 인도를 하더라도 선의취득이 인정되지 않는 한 나중에 설정계약을 체결한 채권자는 양도담보권을 취득할 수 없는데, 현실의 인도가 아닌 점유개정으로는 선의취득이 인정되지 아니하므로, 결국 뒤의 채권자는 양도담보권을 취득할 수 없다(대판 2004.10.28, 2003다30463).

(2) 동산의 소유자가 이를 이중으로 양도하고 각 점유개정의 방법으로 양도인이 점유를 계속하는 경우 양수인들 사이에 있어서는 먼저 현실의 인도를 받아 점유를 해온 자가 소유권을 취득한다(대판 1989.10.24, 2012다19659).

2 부동산의 양도담보

(1) 일반적으로 부동산을 채권담보의 목적으로 양도한 경우 특별한 사정이 없는 한 목적부동산에 대한 사용수익권은 채무자인 양도담보설정자에게 있는 것이므로, 설정자와 양도담보권자 사이에 양도담보권자가 목적물을 사용·수익하기로 하는 약정이 없는 이상 목적부동산을 임대할 권한은 양도담보설정자에게 있다.

(2) 일반적으로 부동산을 채권담보의 목적으로 양도한 경우 특별한 사정이 없는 한 목적부동산에 대한 사용·수익권은 채무자인 양도담보설정자에게 있으므로, 양도담보권자는 사용·수익할 수 있는 정당한 권한이 있는 채무자나 채무자로부터 그 사용·수익할 수 있는 권한을 승계한 자에 대하여는 사용·수익을 하지 못한 것을 이유로 임료 상당의 손해배상이나 부당이득반환청구를 할 수 없다(대판 2008.2.28, 2007다37394).

(3) 미등기건물에 대한 양도담보계약상의 채권자의 지위를 승계하여 건물을 관리하고 있는 자는 건물의 소유자가 아님은 물론 건물에 대하여 법률상 또는 사실상 처분권을 가지고 있는 자라고 할 수도 없다 할 것이어서 건물에 대한 철거처분권을 가지고 있는 자라고 할 수 없다(대판 2003.1.24, 2002다61521).

(4) 채권담보를 위하여 소유권이전등기를 경료한 양도담보권자는 채무자가 변제기를 도과하여 피담보채무의 이행지체에 빠졌을 때에는 담보계약에 의하여 취득한 목적 부동산의 처분권을 행사하기 위한 환가절차의 일환으로서 즉, 담보권의 실행으로서 채무자에 대하여 그 목

적 부동산의 인도를 구할 수 있고 제3자가 채무자로부터 적법하게 목적 부동산의 점유를 이전받아 있는 경우에는 그 목적 부동산의 인도청구를 할 수도 있다 할 것이나 직접 소유권에 기하여 그 인도를 구할 수는 없다(대판 1991.11.8, 91다21770).

🗍 집합건물의 소유 및 관리에 관한 법률

제1조 건물의 구분소유

1동의 건물 중 구조상 구분된 여러 개의 부분이 독립한 건물로서 사용될 수 있을 때에는 그 각 부분은 이 법에서 정하는 바에 따라 각각 소유권의 목적으로 할 수 있다.

제1조의2 상가건물의 구분소유

① 1동의 건물이 다음 각 호에 해당하는 방식으로 여러 개의 건물부분으로 이용상 구분된 경우에 그 건물부분(이하 "구분점포"라 한다)은 이 법에서 정하는 바에 따라 각각 소유권의 목적으로 할 수 있다.

1. 구분점포의 용도가 「건축법」 제2조 제2항 제7호의 판매시설 및 같은 항 제8호의 운수시설일 것
3. 경계를 명확하게 알아볼 수 있는 표지를 바닥에 견고하게 설치할 것
4. 구분점포별로 부여된 건물번호표지를 견고하게 붙일 것

② 제1항에 따른 경계표지 및 건물번호표지에 관하여 필요한 사항은 대통령령으로 정한다.

제2조 정의이 법에서 사용하는 용어의 뜻은 다음과 같다.

1. **"구분소유권"**이란 제1조 또는 제1조의2에 규정된 건물부분[제3조 제2항 및 제3항에 따라 공용부분(共用部分)으로 된 것은 제외한다]을 목적으로 하는 소유권을 말한다.
2. **"구분소유자"**란 구분소유권을 가지는 자를 말한다.
3. **"전유부분"**(專有部分)이란 구분소유권의 목적인 건물부분을 말한다.
4. **"공용부분"**이란 전유부분 외의 건물부분, 전유부분에 속하지 아니하는 건물의 부속물 및 제3조 제2항 및 제3항에 따라 공용부분으로 된 부속의 건물을 말한다.
5. **"건물의 대지"**란 전유부분이 속하는 1동의 건물이 있는 토지 및 제4조에 따라 건물의 대지로 된 토지를 말한다.
6. **"대지사용권"**이란 구분소유자가 전유부분을 소유하기 위하여 건물의 대지에 대하여 가지는 권리를 말한다.

제3조   공용부분

① 여러 개의 전유부분으로 통하는 복도, 계단, 그 밖에 구조상 구분소유자 전원 또는 일부의 공용(共用)에 제공되는 건물부분은 **구분소유권의 목적으로 할 수 없다.**

② 제1조 또는 제1조의2에 규정된 **건물부분과 부속의 건물**은 **규약으로써 공용부분**으로 정할수 있다.

③ 제1조 또는 제1조의2에 규정된 건물부분의 전부 또는 부속건물을 소유하는 자는 공정증서(公正證書)로써 제2항의 규약에 상응하는 것을 정할 수 있다.

④ 제2항과 제3항의 경우에는 **공용부분이라는 취지를 등기**하여야 한다.

제5조   구분소유자의 권리·의무 등

① 구분소유자는 건물의 보존에 해로운 행위나 그 밖에 건물의 관리 및 사용에 관하여 구분소유자 공동의 이익에 어긋나는 행위를 하여서는 아니 된다.

제6조   건물의 설치·보존상의 흠 추정

전유부분이 속하는 1동의 건물의 설치 또는 보존의 흠으로 인하여 다른 자에게 손해를 입힌경우에는 그 흠은 공용부분에 존재하는 것으로 추정한다.

제7조   구분소유권 매도청구권

대지사용권을 가지지 아니한 구분소유자가 있을 때에는 그 전유부분의 철거를 청구할 권리를 가진 자는 그 구분소유자에 대하여 구분소유권을 시가(時價)로 매도할 것을 청구할 수있다.

제8조   대지공유자의 분할청구 금지

대지 위에 구분소유권의 목적인 건물이 속하는 1동의 건물이 있을 때에는 그 대지의 공유자는 그 건물 사용에 필요한 범위의 대지에 대하여는 분할을 청구하지 못한다.

제9조   담보책임

① 제1조 또는 제1조의2의 건물을 건축하여 분양한 자(이하 "**분양자**"라 한다)와 분양자와의계약에 따라 건물을 건축한 자로서 대통령령으로 정하는 자(이하 "**시공자**"라 한다)는 구분소유자에 대하여 담보책임을 진다. 이 경우 그 담보책임에 관하여는 「민법」 제667조및 제668조를 준용한다.

② 제1항에도 불구하고 시공자가 분양자에게 부담하는 담보책임에 관하여 다른 법률에 특별한 규정이 있으면 시공자는 그 법률에서 정하는 담보책임의 범위에서 구분소유자에게 제1항의 담보책임을 진다.

③ 제1항 및 제2항에 따른 시공자의 담보책임 중 「민법」 제667조 제2항에 따른 손해배상책임은 분양자에게 회생절차개시 신청, 파산 신청, 해산, 무자력(無資力) 또는 그 밖에 이에 준하는 사유가 있는 경우에만 지며, 시공자가 이미 분양자에게 손해배상을 한 경우에는 그 범위에서 구분소유자에 대한 책임을 면(免)한다.

④ 분양자와 시공자의 담보책임에 관하여 이 법과 「민법」에 규정된 것보다 매수인에게 불리한 특약은 효력이 없다.

제9조의2 　담보책임의 존속기간

① 제9조에 따른 담보책임에 관한 구분소유자의 권리는 다음 각 호의 기간 내에 행사하여야 한다.

　1. 「건축법」 제2조 제1항 제7호에 따른 건물의 **주요구조부 및 지반공사의 하자: 10년**

　2. 제1호에 규정된 하자 외의 하자: 하자의 중대성, 내구연한, 교체가능성 등을 고려하여 5년의 범위에서 대통령령으로 정하는 기간

② 제1항의 기간은 다음 각 호의 날부터 기산한다.

　1. **전유부분**: 구분소유자에게 **인도한 날**

　2. **공용부분**: 「주택법」 제49조에 따른 **사용검사일**(집합건물 전부에 대하여 임시 사용승인을 받은 경우에는 그 임시 사용승인일을 말하고, 「주택법」 제49조 제1항 단서에 따라 분할 사용검사나 동별 사용검사를 받은 경우에는 분할 사용검사일 또는 동별 사용검사일을 말한다) 또는 「건축법」 제22조에 따른 사용승인일

③ 제1항 및 제2항에도 불구하고 제1항 각 호의 하자로 인하여 건물이 멸실되거나 훼손된 경우에는 그 멸실되거나 훼손된 날부터 **1년 이내**에 권리를 행사하여야 한다.

제10조 　공용부분의 귀속 등

① 공용부분은 구분소유자 전원의 공유에 속한다. 다만, 일부의 구분소유자만이 공용하도록 제공되는 것임이 명백한 공용부분(이하 "일부공용부분"이라 한다)은 그들 구분소유자의 공유에 속한다.

제11조 공유자의 사용권

각 공유자는 **공용부분을 그 용도에 따라** 사용할 수 있다.

제12조 공유자의 지분권

① 각 공유자의 지분은 그가 가지는 **전유부분의 면적 비율**에 따른다.
② 제1항의 경우 일부공용부분으로서 면적이 있는 것은 그 공용부분을 공용하는 구분소유자의 전유부분의 면적 비율에 따라 배분하여 그 면적을 각 구분소유자의 전유부분 면적에 포함한다.

제13조 전유부분과 공용부분에 대한 지분의 일체성

① **공용부분에 대한 공유자의 지분은** 그가 가지는 **전유부분의 처분**에 따른다.
② 공유자는 그가 가지는 전유부분과 분리하여 공용부분에 대한 지분을 처분할 수 없다.
③ **공용부분에 관한 물권의 득실변경**(得失變更)은 등기가 필요하지 아니하다.

제15조 공용부분의 변경

① 공용부분의 **변경에 관한 사항**은 관리단집회에서 구분소유자의 **3분의 2 이상** 및 의결권의 **3분의 2 이상의 결의**로써 결정한다. 다만, 다음 각 호의 어느 하나에 해당하는 경우에는 제38조 제1항에 따른 통상의 집회결의로써 결정할 수 있다.
  1. 공용부분의 개량을 위한 것으로서 지나치게 많은 비용이 드는 것이 아닐 경우
  2. 「관광진흥법」 제3조 제1항 제2호 나목에 따른 휴양 콘도미니엄업의 운영을 위한 휴양 콘도미니엄의 공용부분 변경에 관한 사항인 경우

제15조의2 권리변동 있는 공용부분의 변경

① 제15조에도 불구하고 **건물의 노후화 억제 또는 기능 향상** 등을 위한 것으로 구분소유권 및 대지사용권의 범위나 내용에 변동을 일으키는 공용부분의 변경에 관한 사항은 관리단집회에서 구분소유자의 **5분의 4 이상** 및 의결권의 **5분의 4 이상**의 결의로써 결정한다. 다만, 「관광진흥법」 제3조 제1항 제2호 나목에 따른 휴양 콘도미니엄업의 운영을 위한 휴양 콘도미니엄의 권리변동 있는 공용부분 변경에 관한 사항은 구분소유자의 3분의 2 이상 및 의결권의 3분의 2 이상의 결의로써 결정한다.

제16조 공용부분의 관리

① 공용부분의 **관리에 관한 사항**은 제15조 제1항 본문 및 제15조의2의 경우를 제외하고는 제38조 제1항에 따른 **통상의 집회결의**로써 결정한다. 다만, **보존행위는 각 공유자**가 할 수 있다.

② 구분소유자의 승낙을 받아 전유부분을 **점유하는 자**는 제1항 본문에 따른 집회에 참석하여 그 구분소유자의 의결권을 행사할 수 있다. 다만, 구분소유자와 점유자가 달리 정하여 관리단에 통지한 경우에는 그러하지 아니하며, 구분소유자의 권리·의무에 특별한 영향을 미치는 사항을 결정하기 위한 집회인 경우에는 점유자는 사전에 구분소유자에게 의결권 행사에 대한 동의를 받아야 한다.

제17조 공용부분의 부담·수익

각 공유자는 규약에 달리 정한 바가 없으면 그 지분의 비율에 따라 공용부분의 관리비용과 그 밖의 의무를 부담하며 공용부분에서 생기는 이익을 취득한다.

제18조 공용부분에 관하여 발생한 채권의 효력

공유자가 공용부분에 관하여 다른 공유자에 대하여 가지는 채권은 그 **특별승계인**에 대하여도 행사할 수 있다.

제20조 전유부분과 대지사용권의 일체성

① **구분소유자의 대지사용권**은 그가 가지는 **전유부분의 처분**에 따른다.

② 구분소유자는 그가 가지는 전유부분과 분리하여 대지사용권을 처분할 수 없다. 다만, **규약으로써 달리 정한 경우에는** 그러하지 아니하다.

③ 제2항 본문의 분리처분금지는 그 취지를 등기하지 아니하면 선의(善意)로 물권을 취득한 제3자에게 대항하지 못한다.

제23조 관리단의 당연 설립 등

① 건물에 대하여 구분소유 관계가 성립되면 **구분소유자 전원**을 구성원으로 하여 건물과 그 대지 및 부속시설의 관리에 관한 사업의 시행을 목적으로 하는 관리단이 **설립된다.**

제23조의2 관리단의 의무

관리단은 건물의 관리 및 사용에 관한 공동이익을 위하여 필요한 구분소유자의 권리와 의무를 선량한 관리자의 주의로 행사하거나 이행하여야 한다.

제24조 관리인의 선임 등

① 구분소유자가 **10인 이상**일 때에는 관리단을 대표하고 관리단의 사무를 집행할 **관리인을 선임**하여야 한다.

② 관리인은 **구분소유자일 필요가 없으며**, 그 임기는 **2년의 범위**에서 규약으로 정한다.

③ 관리인은 관리단집회의 결의로 선임되거나 해임된다. 다만, 규약으로 제26조의3에 따른 관리위원회의 결의로 선임되거나 해임되도록 정한 경우에는 그에 따른다.

④ 구분소유자의 승낙을 받아 전유부분을 **점유하는 자**는 제3항 본문에 따른 관리단집회에 참석하여 그 구분소유자의 **의결권을 행사**할 수 있다. 다만, 구분소유자와 점유자가 달리 정하여 관리단에 통지하거나 구분소유자가 집회 이전에 직접 의결권을 행사할 것을 관리단에 통지한 경우에는 그러하지 아니하다.

⑤ 관리인에게 부정한 행위나 그 밖에 그 직무를 수행하기에 적합하지 아니한 사정이 있을 때에는 **각 구분소유자**는 관리인의 해임을 법원에 청구할 수 있다.

제24조의2 임시관리인의 선임 등

① 구분소유자, 그의 승낙을 받아 전유부분을 점유하는 자, 분양자 등 이해관계인은 제24조 제3항에 따라 선임된 관리인이 없는 경우에는 법원에 임시관리인의 선임을 청구할 수 있다.

② 임시관리인은 선임된 날부터 **6개월 이내**에 제24조 제3항에 따른 관리인 선임을 위하여 관리단집회 또는 관리위원회를 소집하여야 한다.

③ 임시관리인의 임기는 선임된 날부터 제24조 제3항에 따라 관리인이 선임될 때까지로 하되, 같은 조 제2항에 따라 규약으로 정한 임기를 초과할 수 없다.

제25조 관리인의 권한과 의무

① 관리인은 다음 각 호의 행위를 할 권한과 의무를 가진다.

  1. 공용부분의 보존행위

  1의2. 공용부분의 관리 및 변경에 관한 관리단집회 결의를 집행하는 행위

  2. 공용부분의 관리비용 등 관리단의 사무 집행을 위한 비용과 분담금을 각 구분소유자

에게 청구·수령하는 행위 및 그 금원을 관리하는 행위

3. 관리단의 사업 시행과 관련하여 관리단을 대표하여 하는 재판상 또는 재판 외의 행위

3의2. 소음·진동·악취 등을 유발하여 공동생활의 평온을 해치는 행위의 중지 요청 또는 분쟁 조정절차 권고 등 필요한 조치를 하는 행위

4. 그 밖에 규약에 정하여진 행위

② 관리인의 대표권은 제한할 수 있다. 다만, 이로써 선의의 제3자에게 대항할 수 없다.

제26조 　관리인의 보고의무 등

① 관리인은 대통령령으로 정하는 바에 따라 **매년 1회 이상** 구분소유자 및 그의 승낙을 받아 전유부분을 점유하는 자에게 그 사무에 관한 보고를 하여야 한다.

제26조의2 　회계감사

① 전유부분이 **150개 이상**으로서 대통령령으로 정하는 건물의 관리인은 「주식회사 등의 외부감사에 관한 법률」 제2조 제7호에 따른 감사인(이하 이 조에서 "감사인"이라 한다)의 회계감사를 **매년 1회 이상** 받아야 한다. 다만, 관리단집회에서 구분소유자의 3분의 2 이상 및 의결권의 3분의 2 이상이 회계감사를 받지 아니하기로 결의한 연도에는 그러하지 아니하다.

제26조의3 　관리위원회의 설치 및 기능

① 관리단에는 규약으로 정하는 바에 따라 관리위원회를 둘 수 있다.

② 관리위원회는 이 법 또는 규약으로 정한 관리인의 사무 집행을 감독한다.

③ 제1항에 따라 관리위원회를 둔 경우 관리인은 제25조 제1항 각 호의 행위를 하려면 관리위원회의 결의를 거쳐야 한다. 다만, 규약으로 달리 정한 사항은 그러하지 아니하다.

제26조의4 　관리위원회의 구성 및 운영

① 관리위원회의 위원은 **구분소유자 중에서** 관리단집회의 결의에 의하여 선출한다. 다만, 규약으로 관리단집회의 결의에 관하여 달리 정한 경우에는 그에 따른다.

② **관리인은** 규약에 달리 정한 바가 없으면 **관리위원회의 위원이 될 수 없다.**

③ 관리위원회 위원의 임기는 2년의 범위에서 규약으로 정한다.

PART · 02

제27조 **관리단의 채무에 대한 구분소유자의 책임**

① 관리단이 그의 재산으로 채무를 전부 변제할 수 없는 경우에는 구분소유자는 제12조의
지분비율에 따라 관리단의 채무를 변제할 책임을 진다. 다만, 규약으로써 그 부담비율을
달리 정할 수 있다.

② 구분소유자의 특별승계인은 승계 전에 발생한 관리단의 채무에 관하여도 책임을 진다.

제28조 **규약**

① 건물과 대지 또는 부속시설의 관리 또는 사용에 관한 구분소유자들 사이의 사항 중 이
법에서 규정하지 아니한 사항은 규약으로써 정할 수 있다.

제29조 **규약의 설정 · 변경 · 폐지**

① **규약의 설정 · 변경 및 폐지**는 관리단집회에서 구분소유자의 **4분의 3 이상** 및 의결권의
4분의 3 이상의 찬성을 얻어서 한다. 이 경우 규약의 설정 · 변경 및 폐지가 일부 구분소
유자의 권리에 특별한 영향을 미칠 때에는 그 구분소유자의 승낙을 받아야 한다.

제31조 **집회의 권한**

관리단의 사무는 이 법 또는 규약으로 관리인에게 위임한 사항 외에는 관리단집회의 결의에
따라 수행한다.

제32조 **정기 관리단집회**

관리인은 매년 회계연도 종료 후 **3개월 이내**에 정기 관리단집회를 소집하여야 한다.

제33조 **임시 관리단집회**

① 관리인은 필요하다고 인정할 때에는 관리단집회를 소집할 수 있다.

② 구분소유자의 **5분의 1 이상**이 회의의 목적 사항을 구체적으로 밝혀 관리단집회의 소집을 청
구하면 관리인은 관리단집회를 소집하여야 한다. 이 정수(定數)는 규약으로 감경할 수 있다.

③ 제2항의 청구가 있은 후 1주일 내에 관리인이 청구일부터 2주일 이내의 날을 관리단집회
일로 하는 소집통지 절차를 밟지 아니하면 소집을 청구한 구분소유자는 법원의 허가를
받아 관리단집회를 소집할 수 있다.

④ 관리인이 없는 경우에는 구분소유자의 5분의 1 이상은 관리단집회를 소집할 수 있다. 이
정수는 규약으로 감경할 수 있다.

제34조　집회소집통지

① 관리단집회를 소집하려면 관리단집회일 1주일 전에 회의의 목적사항을 구체적으로 밝혀
각 구분소유자에게 통지하여야 한다. 다만, 이 기간은 규약으로 달리 정할 수 있다.

제35조　소집절차의 생략

관리단집회는 구분소유자 전원이 동의하면 소집절차를 거치지 아니하고 소집할 수 있다.

제36조　결의사항

① 관리단집회는 제34조에 따라 통지한 사항에 관하여만 결의할 수 있다.
② 제1항의 규정은 이 법에 관리단집회의 결의에 관하여 특별한 정수가 규정된 사항을 제외
하고는 규약으로 달리 정할 수 있다.

제37조　의결권

① 각 구분소유자의 의결권은 규약에 특별한 규정이 없으면 제12조에 규정된 **지분비율에 따
른다.**
② 전유부분을 여럿이 공유하는 경우에는 공유자는 관리단집회에서 의결권을 행사할 1인을
정한다.

제38조　의결 방법

① 관리단집회의 의사는 이 법 또는 규약에 특별한 규정이 없으면 **구분소유자의 과반수 및
의결권의 과반수로써 의결**한다.
② 의결권은 서면이나 전자적 방법(전자정보처리조직을 사용하거나 그 밖에 정보통신기술
을 이용하는 방법으로서 대통령령으로 정하는 방법을 말한다. 이하 같다)으로 또는 대리
인을 통하여 행사할 수 있다.

제42조　규약 및 집회의 결의의 효력

① **규약 및 관리단집회의 결의는 구분소유자의 특별승계인에 대하여도 효력이 있다.**
② 점유자는 구분소유자가 건물이나 대지 또는 부속시설의 사용과 관련하여 규약 또는 관리
단집회의 결의에 따라 부담하는 의무와 동일한 의무를 진다.

제43조   공동의 이익에 어긋나는 행위의 정지청구 등

① 구분소유자가 제5조 제1항의 행위를 한 경우 또는 그 행위를 할 우려가 있는 경우에는 **관리인** 또는 관리단집회의 결의로 **지정된 구분소유자**는 구분소유자 공동의 이익을 위하여 그 **행위를 정지**하거나 그 행위의 결과를 제거하거나 그 행위의 예방에 필요한 조치를 할 것을 청구할 수 있다.

② 제1항에 따른 소송의 제기는 관리단집회의 결의가 있어야 한다.

③ 점유자가 제5조 제4항에서 준용하는 같은 조 제1항에 규정된 행위를 한 경우 또는 그 행위를 할 우려가 있는 경우에도 제1항과 제2항을 준용한다.

제44조   사용금지의 청구

① 제43조 제1항의 경우에 제5조 제1항에 규정된 행위로 구분소유자의 공동생활상의 장해가 현저하여 제43조 제1항에 규정된 청구로는 그 장해를 제거하여 공용부분의 이용 확보나 구분소유자의 공동생활 유지를 도모함이 매우 곤란할 때에는 관리인 또는 관리단집회의 결의로 지정된 구분소유자는 소(訴)로써 적당한 기간 동안 해당 구분소유자의 전유부분 **사용금지를 청구**할 수 있다.

② 제1항의 청구는 구분소유자의 **4분의 3 이상** 및 의결권의 **4분의 3 이상**의 관리단집회 결의가 있어야 한다.

③ 제1항의 결의를 할 때에는 미리 해당 구분소유자에게 변명할 기회를 주어야 한다.

제45조   구분소유권의 경매

① 구분소유자가 제5조 제1항 및 제2항을 위반하거나 규약에서 정한 의무를 현저히 위반한 결과 공동생활을 유지하기 매우 곤란하게 된 경우에는 **관리인 또는 관리단집회의 결의로 지정된 구분소유자**는 해당 구분소유자의 전유부분 및 대지사용권의 경매를 명할 것을 법원에 청구할 수 있다.

② 제1항의 청구는 구분소유자의 **4분의 3 이상** 및 의결권의 **4분의 3 이상**의 관리단집회 결의가 있어야 한다.

③ 제2항의 결의를 할 때에는 미리 해당 구분소유자에게 변명할 기회를 주어야 한다.

④ 제1항의 청구에 따라 경매를 명한 재판이 확정되었을 때에는 그 청구를 한 자는 경매를 신청할 수 있다. 다만, 그 재판확정일부터 6개월이 지나면 그러하지 아니하다.

⑤ 제1항의 해당 구분소유자는 제4항 본문의 신청에 의한 경매에서 경락인이 되지 못한다.

제46조 전유부분의 점유자에 대한 인도청구

① 점유자가 제45조 제1항에 따른 의무위반을 한 결과 공동생활을 유지하기 매우 곤란하게 된 경우에는 관리인 또는 관리단집회의 결의로 지정된 구분소유자는 그 전유부분을 목적으로 하는 계약의 해제 및 그 전유부분의 인도를 청구할 수 있다.

② 제1항의 경우에는 제44조 제2항 및 제3항을 준용한다.

③ 제1항에 따라 전유부분을 인도받은 자는 지체 없이 그 전유부분을 점유할 권원(權原)이 있는 자에게 인도하여야 한다.

제47조 재건축 결의

① 건물 건축 후 상당한 기간이 지나 건물이 훼손되거나 일부 멸실되거나 그 밖의 사정으로 건물 가격에 비하여 지나치게 많은 수리비·복구비나 관리비용이 드는 경우 또는 부근 토지의 이용 상황의 변화나 그 밖의 사정으로 건물을 재건축하면 재건축에 드는 비용에 비하여 현저하게 효용이 증가하게 되는 경우에 관리단집회는 그 건물을 철거하여 그 대지를 구분소유권의 목적이 될 새 건물의 대지로 이용할 것을 결의할 수 있다. 다만, 재건축의 내용이 단지 내 다른 건물의 구분소유자에게 특별한 영향을 미칠 때에는 그 구분소유자의 승낙을 받아야 한다.

② 제1항의 결의는 구분소유자의 **5분의 4 이상 및 의결권의 5분의 4 이상**의 결의에 따른다. 다만, 「관광진흥법」 제3조 제1항 제2호 나목에 따른 휴양 콘도미니엄업의 운영을 위한 휴양 콘도미니엄의 재건축 결의는 구분소유자의 3분의 2 이상 및 의결권의 3분의 2 이상의 결의에 따른다.

제48조 구분소유권 등의 매도청구 등

① 재건축의 결의가 있으면 집회를 소집한 자는 지체 없이 그 결의에 찬성하지 아니한 구분소유자(그의 승계인을 포함한다)에 대하여 그 결의 내용에 따른 재건축에 참가할 것인지 여부를 회답할 것을 서면으로 촉구하여야 한다.

② 제1항의 촉구를 받은 구분소유자는 촉구를 받은 날부터 **2개월 이내에 회답**하여야 한다.

③ 제2항의 기간 내에 회답하지 아니한 경우 그 구분소유자는 **재건축에 참가하지 아니하겠다는 뜻을 회답**한 것으로 본다.

④ 제2항의 기간이 지나면 재건축 결의에 찬성한 각 구분소유자, 재건축 결의 내용에 따른 재건축에 참가할 뜻을 회답한 각 구분소유자(그의 승계인을 포함한다) 또는 이들 전원의 합의에 따라 구분소유권과 대지사용권을 매수하도록 지정된 자(이하 "매수지정자"라 한다)는 제2항의 기간 만료일부터 2개월 이내에 재건축에 참가하지 아니하겠다는 뜻을 회

답한 구분소유자(그의 승계인을 포함한다)에게 구분소유권과 대지사용권을 시가로 매도할 것을 청구할 수 있다. 재건축 결의가 있은 후에 이 구분소유자로부터 대지사용권만을 취득한 자의 대지사용권에 대하여도 또한 같다.

⑤ 제4항에 따른 청구가 있는 경우에 재건축에 참가하지 아니하겠다는 뜻을 회답한 구분소유자가 건물을 명도(明渡)하면 생활에 현저한 어려움을 겪을 우려가 있고 재건축의 수행에 큰 영향이 없을 때에는 법원은 그 구분소유자의 청구에 의하여 대금 지급일 또는 제공일부터 1년을 초과하지 아니하는 범위에서 건물 명도에 대하여 적당한 기간을 허락할 수 있다.

⑥ 재건축 결의일부터 2년 이내에 건물 철거공사가 착수되지 아니한 경우에는 제4항에 따라 구분소유권이나 대지사용권을 매도한 자는 이 기간이 만료된 날부터 6개월 이내에 매수인이 지급한 대금에 상당하는 금액을 그 구분소유권이나 대지사용권을 가지고 있는 자에게 제공하고 이들의 권리를 매도할 것을 청구할 수 있다. 다만, 건물 철거공사가 착수되지 아니한 타당한 이유가 있을 경우에는 그러하지 아니하다.

⑦ 제6항 단서에 따른 건물 철거공사가 착수되지 아니한 타당한 이유가 없어진 날부터 6개월 이내에 공사에 착수하지 아니하는 경우에는 제6항 본문을 준용한다. 이 경우 같은 항 본문 중 "이 기간이 만료된 날부터 6개월 이내에"는 "건물 철거공사가 착수되지 아니한 타당한 이유가 없어진 것을 안 날부터 6개월 또는 그 이유가 없어진 날부터 2년 중 빠른 날까지"로 본다.

제50조 건물이 일부 멸실된 경우의 복구

① **건물가격의 2분의 1 이하**에 상당하는 건물 부분이 멸실되었을 때에는 각 구분소유자는 멸실한 공용부분과 자기의 전유부분을 복구할 수 있다. 다만, 공용부분의 복구에 착수하기 전에 제47조 제1항의 결의나 공용부분의 복구에 대한 결의가 있는 경우에는 그러하지 아니하다.

② 제1항에 따라 공용부분을 복구한 자는 다른 구분소유자에게 제12조의 지분비율에 따라 복구에 든 비용의 상환을 청구할 수 있다.

③ 제1항 및 제2항의 규정은 규약으로 달리 정할 수 있다.

④ **건물이 일부 멸실**된 경우로서 제1항 본문의 경우를 제외한 경우에 관리단집회는 구분소유자의 **5분의 4 이상 및 의결권의 5분의 4 이상**으로 멸실한 공용부분을 복구할 것을 결의할 수 있다.

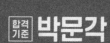

감정평가사 1차 시험대비

설민법 기본서

제2판인쇄	:	2023. 07. 20.
제2판발행	:	2023. 07. 25.
편 저 자	:	설신재
발 행 인	:	박 용
발 행 처	:	(주)박문각출판
등 록	:	2015. 04. 29. 제2015-000104호
주 소	:	06654 서울시 서초구 효령로 283 서경B/D 4층
전 화	:	(02) 723-6869
팩 스	:	(02) 723-6870

저자와의
협의하에
인지 생략

정가 30,000원

ISBN 979-11-6987-328-4

MEMO

MEMO